Computerbasierte Lernumgebungen zur Unterstützung selbstgesteuerter Lernprozesse

# Konzepte des Lehrens und Lernens

Herausgegeben von
K. Breuer, G. Tulodziecki und K. Beck

Band 9

PETER LANG
Frankfurt am Main · Berlin · Bern · Bruxelles · New York · Oxford · Wien

Frank Arnold

# Computerbasierte Lernumgebungen zur Unterstützung selbstgesteuerter Lernprozesse

## Eine objektorientierte Modellierung mit der Unified Modeling Language (UML)

PETER LANG
Europäischer Verlag der Wissenschaften

**Bibliografische Information Der Deutschen Bibliothek**
Die Deutsche Bibliothek verzeichnet diese Publikation in der Deutschen Nationalbibliografie; detaillierte bibliografische Daten sind im Internet über <http://dnb.ddb.de> abrufbar.

Zugl.: Mainz, Univ., Diss., 2003

D 77
ISSN 0724-6455
ISBN 3-631-51848-X



www.peterlang.de

Für

Isabel

und

meine Eltern

# Geleitwort

Computerbasierte Lernumgebungen oder Electronic-Learning-Systeme haben inzwischen Ihren festen Platz auf den verschiedenen Ebenen der Aus- und Weiterbildung. Aus softwaretechnischer Sicht sind diese Systeme im Vergleich zu den etablierten betrieblichen Anwendungs-, Informations- und Entscheidungssystemen von noch sehr jungen Datum. Deshalb verwundert es nicht, dass hinsichtlich der Methodik der Software-Entwicklung für E-Learning-Systeme an Stelle einer systematischen und wissenschaftlich fundierten Leitlinie im wesentlichen „How I did it"-Ansätze vorzufinden sind, die aus den individuellen Erfahrungen und Kenntnissen der jeweiligen Softwareentwickler resultierten. Demgegenüber existiert für den Bereich der etablierten Anwendungs-, Informations- und Entscheidungssysteme – und heute auch für Internet-Systeme – ein gesicherter Fundus an Vorgehensmodellen und Methoden für ein systematisches Software-Engineering.

Vor diesem Hintergrund kann der Bereich der Software-Entwicklung für E-Learning-Systeme heute noch weitgehend als „terra incognita" angesehen werden, denn es fehlt an problemadäquaten Vorgehensmodellen für Projekte dieser Art, an der Strukturierung von Lernprozessen als Vorgabe für das Entwicklungsprocedere und nicht zuletzt an dem „Was" und "Wie" der Anforderungsermittlung.

Das Buch von Frank Arnold liefert einen Beitrag zum Schliessen dieser Lücken, denn

- es wird darin ein Komponentenmodell des computerbasierten selbstgesteuerten Lernens entwickelt, das die Grundlage für die Analyse der Anforderungen an solche Lernumgebungen bildet;
- computerbasierte Lernumgebungen werden aus wirtschaftspädagogischer *und* wirtschaftsinformatischer Sicht betrachtet und analysisiert;
- der Prozess des computerbasierten selbstgesteuerten Lernens wird nach der Methode der Objektorientierung, hier insbesondere unter Anwendung der Unified Modelling Language (UML), modelliert, wodurch eine allgemeingültige „Blaupause" für den Entwurf solcher Softwaresysteme entstanden ist.

Univ.-Prof. Dr. Herbert Kargl (em.)
Universität Mainz

# Geleitwort

Bereits in der ersten Phase der Aktivitäten zum Lehren und Lernen mit Computern hat L. Stolurow (1968) für die Entwicklung von computerbasierten Lernsystemen die folgende Zielvorstellung formuliert:

*Die Logik der Unterweisung muß im einzelnen formalisiert und als Programm verfügbar sein. (...) Das muss sich nicht darauf stützen, daß die Lernpfade, die für die Teilnehmer entstehen, im Detail von dem Autor vorgedacht worden sind. Das ist möglich, wäre jedoch keine effektive Nutzung des Rechners. Vielmehr sollte die Logik der Unterweisung auf einem hohen Niveau beschrieben sein.*

Nahezu vier Dekaden später liegen unterschiedliche Modellvorstellungen zum Instruktionsdesign vor, bei denen aus verschiedenen paradigmatischen Orientierungen heraus, der Versuch unternommen worden ist, diese Zielvorstellung einzulösen. Sie sind jedoch weitgehend auf der konzeptionellen Ebene stehen geblieben. Die Entwicklung von computerbasierten Lehr-/Lernmaterialien wird nach wie vor von einer didaktischen Programmierung auf der Ebene einzelner Lehrschritte (Frames) bestimmt. Die Autoren von computergestützten Lernumgebungen konzipieren und erstellen Lernsysteme, potentielle Lernwege und Lernschritte im Rahmen von didaktisch-methodischen Orientierungen, die nicht auf einer Metaebene verankert sind. Die Digitalisierung der medialen Darstellungsmöglichkeiten hat für die Gestaltung von Lernumwelten eine zusätzliche Komplexität mit sich gebracht. Darüber hinaus hat der Einbezug der e-Komponenten einerseits die Möglichkeit zur Distribution von computerbasierten Lehr-/Lernmaterialien über Netzwerke und andererseits den Rückgriff auf die situative Flexibilität des menschlichen Tutors über die Distanz eröffnet. Das Tele-Tutoring oder das Tele-Teaching erscheinen dabei als Optionen, die eine vorausgehende Formalisierung des Lehrens als tendenziell weniger bedeutsam erscheinen lassen. Das dem nicht so ist, wird deutlich, wenn man der Frage nachgeht, wie der Megatrend des self-directed learning in computergestützter Form umgesetzt werden kann. Diese Perspektive führt nach wie vor zu der Forderung, einen systematischen Rahmen für das selbstgesteuerte computergestützte Lernen bereit zu stellen. Dem geht Herr Arnold in der Orientierung an einer zeitnahen Modellvorstellung zum selbstgesteuerten Lernen nach. Er modelliert die Zusammenhänge und entwickelt in der Notation der Unified Modelling Language eine für (Medien-) Pädagogen und Informatiker teilbare Plattform. Damit bietet die Arbeit einen bisher nicht verfügbaren interdisziplinär verankerten Bezugsrahmen, der im Sinne einer weiterführenden

Unterstützung von selbstgesteuerten computerbasierten Lernprozessen wirksam werden kann.

Klaus Breuer

# Vorwort

Neue Formen der Aus- und Weiterbildung prägen derzeit die öffentliche und universitäre Diskussion. Die kurzen Halbwertzeiten des Wissens stellen die betriebliche Aus- und Weiterbildung vor die große Herausforderung, Wissen in immer geringeren Zeitabständen ergänzen und vertiefen zu müssen. Der Leitgedanke vom „lebenslangen Lernen" steht bei Konzepten der betrieblichen Aus- und Weiterbildung immer stärker im Vordergrund.

Die Entwicklungen der Informations- und Kommunikationstechnologien haben die Möglichkeiten des Zugriffs auf Informationen und den Aufbau des Wissens für den Einzelnen grundlegend verändert. Information und Wissen werden für Unternehmen zu den entscheidenden Produktionsfaktoren und haben zudem erheblichen Einfluss auf die Entwicklungschancen einer Gesellschaft.

Die technischen Entwicklungen haben die Art der Wissensvermittlung verändert, was sich in einem zunehmenden Einsatz computerbasierter Lernsysteme in der Aus- und Weiterbildung äußert. Im Kontext von Lehren und Lernen mit neuen Medien stellt die Förderung des selbstgesteuerten Lernens ein zentrales Forschungsgebiet dar.

Die Arbeit soll durch die entwickelten Anforderungen an „Computerbasierte Lernumgebungen zur Unterstützung selbstgesteuerter Lernprozesse" einen Beitrag zu Weiterentwicklung der wissenschaftlichen Forschung im Bereich computerbasierter Lernumgebungen leisten.

Im Rahmen der Dissertation habe ich mich über den Austausch mit anderen Menschen immer besonders gefreut. Sollten Sie Anregungen und Rückmeldungen haben, freue ich mich sehr auf den Kontakt mit Ihnen (frank_arnold@gmx.de). Einigen Menschen möchte ich an dieser Stelle besonders danken.

Mein besonderer Dank gilt Herrn Prof. Dr. Herbert Kargl, der mich weit über das betriebswirtschaftliche Fachwissen hinausgefördert hat. Seiner Offenheit, mich auch bei Auslandssemestern in China während meines Studiums zu unterstützen, verdanke ich viele wertvolle Lebenserfahrungen. Die fachliche und menschliche Begleitung meiner Dissertation hat mir viele Brücken gebaut, wofür ich ihm herzlich danke.

Mein besonderer Dank gilt auch Herrn Prof. Dr. Klaus Breuer, der mich bei mehr als einer Herausforderung begleitet hat. Seine fachlichen Anregungen aus Sicht der Wirtschaftspädagogik haben viele Lösungen entstehen lassen. Für die fachliche und persönliche Begleitung meiner Dissertation möchte ich ihm von Herzen danken.

Danken möchte ich Herrn Prof. Dr. Rolf Bronner für den Vorsitz in der mündlichen Prüfung und die Unterstützung während meiner Dissertation.

Einen besonderen Dank möchte ich Herrn Prof. Dr. Klaus Evard aussprechen, der mich während meines Studiums mit den richtigen Worten sehr motiviert hat. Seiner Förderung während und nach dem Studium verdanke ich viele schöne Erfahrungen, wofür ich ihm sehr danke.

Danken möchte ich auch meinen Freunden, die mich in der Zeit der Dissertation begleitet haben. Hier danke ich besonders Herrn Jörg Dandl, Herrn David Harper und Herrn Armin Beiser für ihre unermüdliche fachliche und menschliche Unterstützung. Herrn Claus Seibel danke ich sehr für viele spannende Gespräche. Besonders danken möchte ich Herrn Christoph Evard für inspirierende Gespräche und viel Unterstützung.

Abschließend möchte ich den Menschen danken, die die Arbeit am intensivsten begleitet haben. Meinen Eltern Gunhild und Klaus Arnold danke ich von Herzen, dass ich während meines Studiums und meine Dissertation immer wusste, bei ihnen vollen Rückhalt zu haben. Besonders danken möchte ich ihnen für die vielen ermöglichten Chancen während und durch die Ausbildung.

Danken möchte ich auch meinen Geschwistern Alexandra und Stefan Arnold für ihr Verständnis, wenig Zeit für gemeinsame Unternehmungen gehabt zu haben.

Von ganzem Herzen danke ich meiner Lebenspartnerin Isabel Sawahn. Ihrer Lebensfreude verdanke ich viel Unterstützung und Sinn.

Frank Arnold

# Inhaltsverzeichnis

# Abbildungsverzeichnis

# Tabellenverzeichnis

# Abkürzungsverzeichnis

ADL................................Advanced Distributed Learning Initiative
AICC ..............................Aviation Industry CBT Committee
ANSI...............................American National Standards Institute
ARIADNE......................Alliance of Remote Instructional Authoring and
CAI ................................Computer Assisted Instruction
CAL ................................Computer Aided/Assisted Learning
CAT ................................Computer Aided/Assisted Teaching
CBI ................................Computer Based Instruction
CBL ................................Computer Based Learning
CBT ................................Computer Based Training
CD-ROM.......................Compact Disc - Read Only Memory
CGU ...............................Computergestützter Unterricht
CSCL.............................Computer Supported Collaborative Learning
CSL.................................Computerbasiertes selbstgesteuertes Lernen
CUI ................................Computerunterstützte Instruktion
CUL................................Computerunterstütztes Lernen
CUU ...............................Computerunterstützter Unterricht
Distribution Networks for Europe
DSL ................................Digital Subscriber Line
DV .................................Datenverarbeitung
E-Learning......................Electronic-Learning
E-Mail............................Electronic-Mail
FAQ................................Frequently Asked Question
GUI.................................Graphical User Interface
HTML.............................Hypertext Markup Language
HTTP .............................Hypertext Transfer Protocol
IEC .................................International Electrotechnical Commission
IEEE ..............................Institute of Electrical and Electronics Engineers
IEEE LTSC ...................IEEE Learning Technology Standards Committee

IMS ................................Instructional Management Systems Project
IRC ................................Internet Relay Chat
ISO ................................International Standardisation Organisation
IT ....................................Informationstechnologie
ITS ..................................Intelligente Tutorielle Systeme
IV ....................................Informationsverarbeitung
OECD ............................Organisation für wirtschaftliche Zusammenarbeit und Entwicklung
OMG...............................Object Management Group
OOAD ............................Object-Oriented Analysis & Design
OOSE .............................Object-Oriented Software Engineering
PC ...................................Personal Computer
PISA ...............................Programme for International Student Assessment
UML ...............................Unified Modeling Language
UP ...................................Unified Process
URL ................................Unified Resource Locator
USDP.............................Unified Software Development Process
W3C ...............................World Wide Web Consortium
WBT ...............................Web Based Training
WWW............................World Wide Web

# 1 Einführung

## 1.1 Ausgangssituation und Fragestellungen

Neue Formen der Aus- und Weiterbildung sind gegenwärtig Gegenstand der öffentlichen und universitären Diskussion. Die kurzen Halbwertzeiten des Wissens stellen die betriebliche Weiterbildung vor die große Herausforderung, in immer kürzeren Abständen Wissen zu ergänzen und zu vertiefen. Der Leitgedanke vom „lebenslangen Lernen“ rückt in Konzepten der betrieblichen Aus- und Weiterbildung immer stärker in den Vordergrund.[1]

Die im Auftrag der Organisation für wirtschaftliche Zusammenarbeit und Entwicklung (OECD) durchgeführte PISA-Studie 2000,[2] in der zyklisch basale Kompetenzen der nachwachsenden Generation erfasst werden,[3] hat international eine intensive Diskussion über die Qualität des jeweiligen nationalen Bildungswesens ausgelöst. Das schlechte, deutlich unterdurchschnittliche Abschneiden Deutschlands im internationalen Vergleich unterstreicht die Notwendigkeit, sich nach Alternativen im Ausbildungsansatz umzusehen.

Vor dem Hintergrund des hohen Bedarfs an Aus- und Weiterbildung vermehren sich gleichzeitig die Bedenken, ob die bestehenden Lehrformen dem qualitativ und quantitativ gestiegenen Lernbedarf gerecht werden können. Zentrale Engpässe sind hierbei:

- Zeit,
- geeignete Personen,
- finanzielle Mittel und

---

1 Bundesministerium für Bildung, Wissenschaft, Forschung und Technologie (Hrsg.): Das lebenslange Lernen, Leitlinien einer modernen Bildungspolitik, Kassel: Bertelsmann Verlag - Wirtschaft, Bildung, Verwaltung 1996; vgl. Liening, A.: Intelligente Tutorielle Systeme (ITS). Eine kritische Analyse unter besonderer Berücksichtigung ihrer Einsatzmöglichkeiten in der Wirtschaftsdidaktik, Münster 1992, S. 2.

2 Vgl. Baumert, Jürgen; Klieme, Eckhard; Neubrand, Michael; Prenzel, Manfred; Schiefele, Ulrich; Schneider, Wolfgang; Stanat, Petra; Tillmann, Klaus-Jürgen; Weiß, Manfred (Hrsg.): PISA 2000: Basiskompetenzen von Schülerinnen und Schülern im internationalen Vergleich. Opladen: Leske + Budrich 2001; vgl. auch OECD (Organisation für wirtschaftliche Zusammenarbeit und Entwicklung): Internationale Berichte der PISA 2000 Studie OECD, http://www.pisa.oecd.org/NatReports/cntry. htm, 2002.

3 Vgl. Artelt, Cordula; Baumert, Jürgen; Klieme, Eckhard; Neubrand, Michael; Prenzel, Manfred; Schiefele, Ulrich; Schneider, Wolfgang; Schümer, Gundel; Stanat, Petra; Tillmann, Klaus-Jürgen; Weiß, Manfred (Hrsg.): PISA 2000: Zusammenfassung zentraler Befunde, Max-Planck-Institut für Bildungsforschung, Berlin 2001, S. 4.

- geeignete Lehr-/ Lernkonzepte,

um mit Weiterbildung in der traditionellen Präsenzveranstaltung die erwünschten Lernergebnisse zu erzielen.[4]

Die Entwicklung der Informations- und Kommunikationstechniken haben die Möglichkeit des Zugriffs auf Informationen und den Aufbau von Wissen für den Einzelnen grundlegend verändert. Information und Wissen werden für die Unternehmen zu den entscheidenden Produktionsfaktoren und bestimmen maßgeblich die Zukunftschancen einer Gesellschaft.[5] Darüber hinaus hat die technische Entwicklung Auswirkungen auf die Art der Wissensvermittlung, was sich in einem zunehmenden Einsatz von computerbasierten Lernsystemen in der Aus- und Weiterbildung äußert.

In der derzeitigen Diskussion wird in wissenschaftlichen Quellen im Kontext von Lehren und Lernen mit neuen Medien das selbstgesteuerte Lernen als zentrales Aufgabenfeld der Bildungsforschung gesehen.[6] Die „Analyse und Förderung selbstgesteuerten Lernens mit neuen Medien“ und die „Untersuchung der Frage, inwieweit mit neuen Medien tatsächlich stärker selbstgesteuert und eigenverantwortlich gelernt wird, bzw. wie die Lernenden auf dem Weg zur Selbststeuerung unterstützt werden können“[7]. wird hier als wichtiges Forschungsgebiet betont.

Auch im Rahmen der PISA-Studie 2000 wurden die fächerübergreifenden Kompetenzen des selbstgesteuerten Lernens und Vertrautheit mit dem Computer als zentral erachtet und explizit untersucht,[8] welches ebenfalls die wissenschaftliche Relevanz der Themengebiete unterstreicht.

---

4 Vgl. Reglin, Thomas: Betriebliche Weiterbildung im Internet: Didaktik - Produktion - Organisation, Bielefeld: Bertelsmann 2000, S. 7; Schäfer, Roland: Computergestützte Lernumgebungen in der Betriebswirtschaftslehre: Analyse und Konstruktion aus Sicht des selbstgesteuerten Lernens, Wiesbaden: DUV - Dt. Univ.-Verl. 2000, S. 1; Seufert, Sabine: Computer Assisted Learning (CAL): Grundlagen, Varianten, Entwicklung, Wiesbaden: Gabler 1996, S. 3 f.

5 Vgl. Straka, Gerald A.: Selbstgesteuertes Lernen – das Survival Kit in der Informationsgesellschaft?, in: Zum Bildungswert des Internet, Hrsg.: Marotzki, Winfried; Meister, Dorothee M.; Sander, Uwe, in: Bildungsräume digitaler Welten, Bd. 1, Opladen: Leske + Budrich 2000, S. 217.

6 Vgl. Fischer, Frank; Mandl, Heinz.: Lehren und Lernen mit neuen Medien, Forschungsbericht Nr. 125, Juli 2000, München: Ludwig-Maximilians-Universität, Lehrstuhl für Empirische Pädagogik und Pädagogische Psychologie, S. 3.

7 Fischer, Frank; Mandl, Heinz.: Lehren und Lernen mit neuen Medien, a. a. O., S. 3.

8 Vgl. Baumert, Jürgen; Klieme, Eckhard; Neubrand, Michael; Prenzel, Manfred; Schiefele, Ulrich; Schneider, Wolfgang; Stanat, Petra; Tillmann, Klaus-Jürgen; Weiß, Manfred

Die Idealanforderungen an offene hypermediale Lernumgebungen zur Unterstützung selbstgesteuerter Lernprozesse zeichnen sich verkürzt dargestellt durch fol-gende Komponenten aus:

Der Lernende hat ein hohes Maß an Kontrolle über den eigenen Lernprozess, steckt sich selbst Ziele, aktiviert sein Vorwissen und sucht sich entsprechende Lernressourcen in der Lernumgebung, die er dann in seiner eigenen Geschwindigkeit bearbeitet. Weiter verfügt er über Kontrollstrategien, die dem Lerner helfen, seinen eigenen Lernfortschritt zu überwachen, zu regulieren und zu bewerten. Außerdem verfügt er über Strategien, mit deren Hilfe er Motivation und Konzentration über einen längeren Zeitraum aufrechterhält.[9]

In Lehr- und Forschungsprojekten hat sich gezeigt, dass diese ideale Form des selbstgesteuerten Lernprozesses mit neuen Medien nur in Ausnahmefällen spontan entsteht, weil sehr viele Voraussetzungen an die Lernenden und an die Lernsituation gestellt werden, die häufig nicht gegeben sind.[10]

## 1.2 Zielsetzung der Arbeit

Die Arbeit will durch die entwickelten Anforderungen an computerbasierte Lernumgebungen zur Unterstützung von selbstgesteuerten Lernprozessen einen Beitrag zur Weiterentwicklung der wissenschaftlichen Forschung im Bereich computerbasierter Lernumgebungen leisten.

Erstes Ziel der Arbeit ist es, auf der Basis des „Zwei-Schalen-Modells“[11] von Straka und Nenninger ein „Komponentenmodell computerbasierten selbst-

---

(Hrsg.): PISA 2000 - Deutschland: Fähigkeit zum selbstregulierten Lernen als fächerübergreifende Kompetenz, Max-Planck-Institut für Bildungsforschung, Berlin 2001; Artelt, Cordula; Baumert, Jürgen; Klieme, Eckhard; Neubrand, Michael; Prenzel, Manfred; Schiefele, Ulrich; Schneider, Wolfgang; Schümer, Gundel; Stanat, Petra; Tillmann, Klaus-Jürgen; Weiß, Manfred (Hrsg.): PISA 2000: Zusammenfassung zentraler Befunde, a. a. O., S. 4.

9 Vgl. Simons, P. R. J.: Lernen selbstständig zu denken - ein Rahmenmodell. In Mandl, H.; Friedrich, H. F. (Hrsg.), Information und Lernen mit Multimedia, 2. Aufl., Weinheim: Beltz Psychologie Verlags Union 1992, S. 46-61.

10 Fischer, Frank; Mandl, Heinz.: Lehren und Lernen mit neuen Medien, a. a. O., S. 8.

11 Vgl. Straka, Gerald; Nenninger, Peter; Spevacek, Gert; Wosnitza, Marold: Motiviertes selbstgesteuertes Lernen in der kaufmännischen Erstausbildung - Entwicklung und Validierung eines Zwei-Schalen-Modells, in: Zeitschrift für Berufs- und Wirtschaftspädagogik, Beiheft 13 (1996), Stuttgart: Franz Steiner Verlag, 1996, S. 151; Wosnitza, Marold: Motiviertes selbstgesteuertes Lernen im Studium. Theoretischer Rahmen, diagnostisches Instrumentarium und Bedingungsanalyse (Erziehungswissenschaft 5), Landau: Verlag Empirische Pädagogik, 2000, S. 41.

gesteuerten Lernens“ zu entwickeln, welches ein tragfähiges Fundament zur Analyse der Anforderungen computerbasierter selbstgesteuerter Lernumgebungen darstellt.

Zweites Ziel der Arbeit „Computerbasierte Lernumgebungen zur Unterstützung selbstgesteuerter Lernprozesse“ ist es, durch einen konsequent interdisziplinären Ansatz den Analysebereich der computerbasierten Lernumgebung aus wirtschaftspädagogischer und wirtschaftsinformatischer Sicht zu analysieren und zu modellieren. Hervorzuheben ist hierbei die differenzierte Betrachtung aller Phasen des computerbasierten selbstgesteuerten Lernprozesses, wodurch eine ausgewogene Gesamtbetrachtung geleistet wird.

Drittes Ziel der Arbeit ist es, durch die objektorientierte Modellierung mittels der Unified Modeling Language eine Brücke zwischen Wirtschaftspädagogen und Wirtschaftsinformatikern zu schlagen. Einerseits können Wirtschaftsinformatiker durch den Transfer wirtschaftspädagogischer Erkenntnisse in objektorientierte Modelle leichter einen Bezug zu einem etwaigen Softwaresystem entwickeln, andererseits können Wirtschaftspädagogen einen Einblick erhalten, wie pädagogische Konzepte in ein Softwaresystem überführt werden können. Für beide Seiten soll das erweiterte Verständnis zu einer verbesserten Kommunikation beitragen.

Viertes Ziel ist es, den Unternehmenskontext sowie das Qualitätsmanagement explizit zu berücksichtigen, um die häufig vernachlässigten organisatorischen Rahmenbedingungen computerbasierten selbstgesteuerten Lernens angemessen zu integrieren.

Durch ein gemeinsames Problemverständnis des Analysebereichs können auf der Grundlage der erarbeiteten Ausführungen und der entwickelten Modelle Wirtschaftsinformatiker und Wirtschaftspädagogen gemeinsam über eine etwaige Software diskutieren, um somit das Wünschenswerte und das Mögliche in Einklang zu bringen.

## 1.3 Methodische und inhaltliche Konzeption

Die Analyse der Grundbedingungen des selbstgesteuerten Lernens bildet das Fundament der Arbeit. Die hieraus abgeleiteten Schlüsselfaktoren dienen zur Entwicklung der Anforderungen an eine „Computerbasierte Lernumgebung zur Unterstützung selbstgesteuerter Lernprozesse“. Für den interdisziplinären Ansatz der Arbeit wird der Analysebereich aus wirtschaftspädagogischem und wirtschaftsinformatischem Blickwinkel betrachtet. Dies ist einerseits lerntheoretisch begründet, weil über das konstruktivistische Paradigma das selbstbestimmte Lernen fokussiert wird. Andererseits ist dies informationstechnisch angelegt, weil die aktuell diskutierten und in der betriebswirtschaftlichen Aus- und

Weiterbildung praktisch eingeführten computerbasierten Lernumgebungen dem selbstgesteuerten Lernen einen besonderen Stellenwert beimessen, ohne es jedoch gezielt zu unterstützen.

Die Anforderungen an die computerbasierte Lernumgebung werden hierzu systematisch aus fachlicher und organisatorischer Sicht ermittelt. Ergänzend wird kurz auf technische Rahmenbedingungen eingegangen. Die Analyse eines Untersuchungsbereichs durch die Unterteilung und Strukturierung in fachliche, organisatorische und technische Sicht ist methodisch ein in der Wirtschaftsinformatik etabliertes Verfahren zur systematischen und wissenschaftlichen Vorgehensweise.[12]

Das Themengebiet „Computerbasierte Lernumgebungen zur Unterstützung selbstgesteuerter Lernprozesse" wird rein deduktiv und top-down erarbeitet. Im Folgenden wird der Aufbau der Arbeit im Einzelnen erläutert:

In *Kapitel 2* werden die Rahmenbedingungen selbstgesteuerten Lernens dargelegt. Hierbei wird die Notwendigkeit der Wissensvermittlung (*Kap. 2.1*) erläutert, indem zentrale Begriffe und Hintergründe zur betrieblichen Weiterbildung veranschaulicht werden. Eine Abgrenzung der Begriffe Lehren und Lernen, sowie die Abgrenzung lerntheoretischer Ansätze von Behaviorismus, Kognitivismus und Konstruktivismus in *Kapitel 2.2* liefern die Basis für das Verständnis von computerbasierten Lernsystemen. Hierbei wird auch auf Grundlagen des Lehrens und Lernens mit neuen Medien eingegangen sowie eine Einordnung der Konzepte von Lernsystemen vorgestellt. Für die Darstellung und Modellierung der Problembereiche mit der Unified Modeling Language legt *Kapitel 2.3* den Grundstock, auf den im weiteren Verlauf der Arbeit Bezug genommen werden kann. Hierzu werden zentrale Elemente der objektorientierten Modellbildung sowie die Vorteile dieses Ansatzes herausgearbeitet. Nach der Darlegung der Entwicklung der Unified Modeling Language werden die Grundkomponenten der UML erläutert. Die vorgestellten Komponenten der UML dienen im weiteren Verlauf der Arbeit als Werkzeug zur Illustration der beschriebenen Problemkreise und Anforderungen. Detailliert betrachtet werden hierbei Anwendungsfalldiagramme, Essenzbeschreibungen, Aktivitätsdiagramme sowie Klassendiagramme.

*Kapitel 3* legt die fachlichen Anforderungen computerbasierten selbstgesteuerten Lernens dar und entwickelt mit dem „Komponentenmodell computer-

12 Vgl.: Scheer, August-Wilhelm: Wirtschaftsinformatik: Referenzmodelle für industrielle Geschäftsprozesse, 7., durchges. Aufl., Berlin, u.a.: Springer 1995, S. 17; Kargl, Herbert: Fachentwurf für DV-Anwendungssysteme, 2., erg. Auflage, München; Wien: Oldenbourg 1990, S. 25f.; Kargl, Herbert: Management und Controlling von IV-Projekten, München; Wien: Oldenbourg 2000., S. 109.

basierten selbstgesteuerten Lernens“ einen Analyserahmen, der im weiteren Verlauf der Arbeit zu Grunde gelegt werden kann. Die Begriffsdefintion (*Kap. 3.1*) legt die Merkmale des selbstgesteuerten Lernens dar und grenzt Selbst- und Fremdsteuerung voneinander ab. Das vom Verfasser auf der Basis des „Zwei-Schalen-Modells“[13] von Straka und Nenninger entwickelte „Komponentenmodell computerbasierten selbstgesteuerten Lernens“ (*Kap. 3.2*) bildet eine tragfähige Basis zur Analyse der Anforderungen computerbasierter selbstgesteuerter Lernumgebungen. Als zentrales Element des selbstgesteuerten Lernprozesses wird der Bereich Metakognition (*Kap. 3.3*) explizit berücksichtigt. Das Kapitel zu Möglichkeiten der Förderung selbstgesteuerten Lernens (*Kap. 3.4*) führt den zentralen Bereich des Komponentenmodells computerbasierten selbstgesteuerten Lernens weiter aus.

Im Rahmen des entwickelten „Komponentenmodells computerbasierten selbstgesteuerten Lernens“ stellt *Kapitel 4* den Prozess des computerbasierten selbstgesteuerten Lernens aus wirtschaftspädagogischer und wirtschaftsinformatischer Sicht integriert dar.

Hierzu wird zunächst in *Kapitel 4.1* ein Überblick über den Prozess computerbasierten Lernens vorgestellt und modelliert. In Anlehnung an Oestereich und Balzert wird eine Vorgehensweise zur objektorientierten Anforderungsanalyse vorgestellt. Anhand der Vorgehensweise zur objektorientierten Anforderungsanalyse wird jede Phase des selbstgesteuerten Lernprozesses mit

- Prozessbeschreibung,
- Fachkonzept und
- objektorientiertem Anforderungsmodell

dargestellt. Zur methodischen Konsistenz durchläuft jede Phase des selbstgesteuerten Lernprozesses gleichermaßen die Vorgehensweise zur objektorientierten Anforderungsanalyse.

Im Prozess computerbasierten selbstgesteuerten Lernens werden folgende Phasen im Einzelnen betrachtet:

- Lernbedarfsplanung, (*Kap. 4.2*)
- Lernzielplanung, (*Kap. 4.3*)
- Lernablaufplanung, (*Kap. 4.4*)
- Lernangebotssteuerung und Lernaktion, (*Kap. 4.5*)

13 Vgl. Straka, Gerald; Nenninger, Peter; Spevacek, Gert; Wosnitza, Marold: Motiviertes selbstgesteuertes Lernen in der kaufmännischen Erstausbildung - Entwicklung und Validierung eines Zwei-Schalen-Modells, a. a. O., S. 151.

- Lernerfolgskontrolle. (*Kap. 4.6*)

Abschließend erfolgt in *Kapitel 4.7* eine Zusammenfassung der in den einzelnen Phasen entwickelten Klassendiagramme zu einem Gesamtklassendiagramm des computerbasierten selbstgesteuerten Lernprozesses.

*Kapitel 5* legt die organisatorischen Anforderungen computerbasierten selbstgesteuerten Lernens im Rahmen des entwickelten Komponentenmodells dar. Der Unternehmenskontext (*Kap. 5.1*) wird aus Sicht der Lernkultur, der Weiterbildungsorganisation, der Lern- und Arbeitsorganisation sowie der Qualifikation der Anwender betrachtet. In *Kapitel 5.2* werden zentrale Aspekte des Qualitätsmanagements computerbasierten selbstgesteuerten Lernens mittels der UML veranschaulicht. Näher betrachtet wird hierbei exemplarisch die Kursqualitätsplanung. Ergänzend werden technische Rahmenbedingungen computerbasierten selbstgesteuerten Lernens herausgearbeitet (*Kap. 5.3*). Abschließend werden in *Kapitel 5.4* wesentliche kritische Erfolgsfaktoren bei der Einführung einer computerbasierten Lernumgebung diskutiert.

Mit einer Zusammenfassung und Reflektion werden die Ergebnisse im Resümee in *Kapitel 6* abgeschlossen.

Abbildung 1 visualisiert den Aufbau der vorliegenden Arbeit.

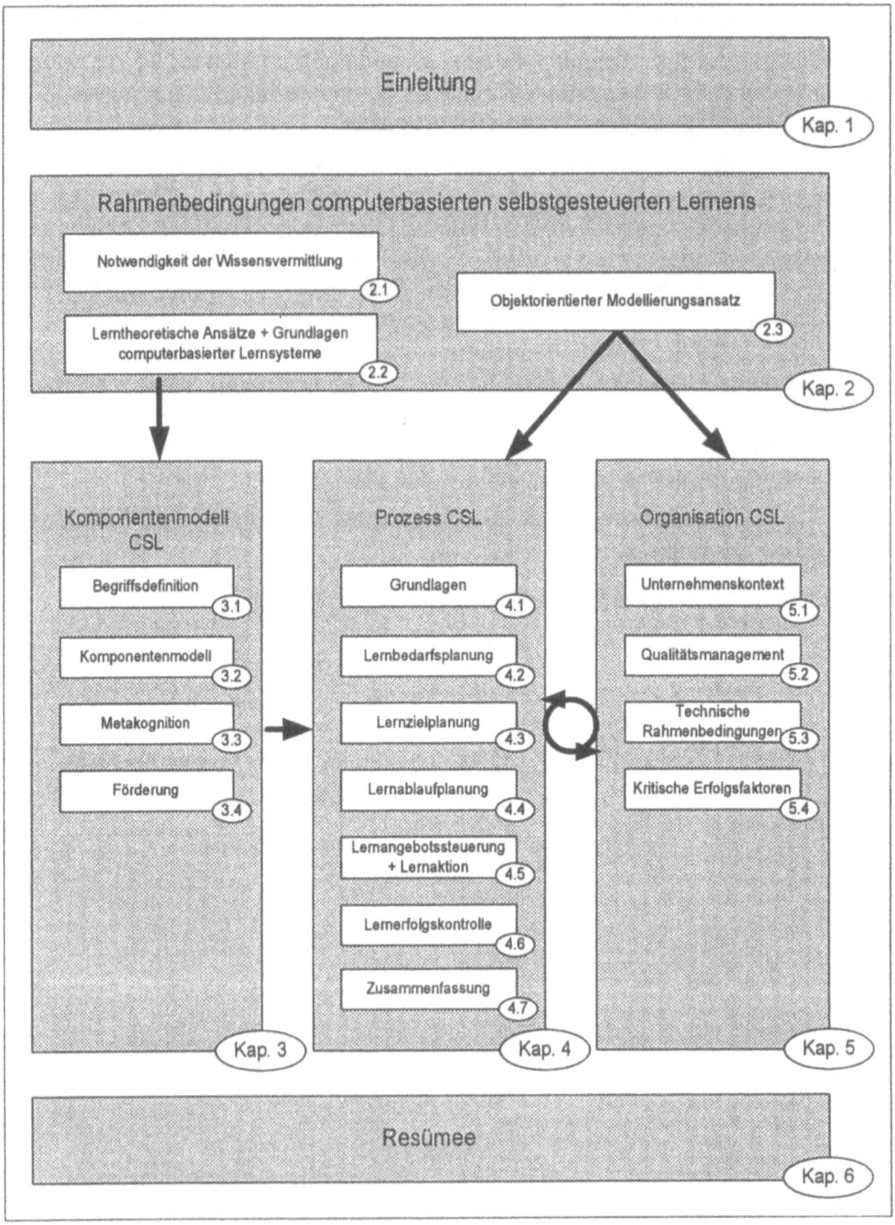


**Abb. 1: Aufbau der vorliegenden Arbeit**

# 2 Rahmenbedingungen computerbasierten selbstgesteuerten Lernens

## 2.1 Notwendigkeit der Wissensvermittlung

### 2.1.1 Information und Wissen als Produktionsfaktoren

Die über Jahrhunderte durch Landwirtschaft geprägte Gesellschaft in den nördlichen Ländern der Erde wurde Ende des 19. Jahrhunderts durch die Industriegesellschaft abgelöst. Die verarbeitende Industrie wurde ab diesem Zeitpunkt zum dominierenden Beschäftigungssektor in diesen Ländern.[14]

Die Industriegesellschaft ist durch Produktionsbetriebe gekennzeichnet; Kern jeder Produktion ist nach Gutenberg die Kombination der drei Elementarfaktoren menschliche Arbeitsleistung, Betriebsmittel und Werkstoffe. Menschliche Arbeitsleistung unterscheidet Gutenberg in objektbezogene und dispositive Arbeitsleistung. Die objektbezogene Arbeitsleistung dient der unmittelbaren Leistungserstellung, während sich die dispositive Arbeitsleistung auf das Leiten und Lenken betrieblicher Vorgänge bezieht. Unter Arbeits- und Betriebsmittel fallen alle Einrichtungen und Anlagen zur Erstellung betrieblicher Leistung wie Grundstücke, Immobilien und Maschinen. Werkstoffe sind alle Rohstoffe, Halb- und Fertigerzeugnisse, die zur Produktion von Gütern dienen. Diese von Gutenberg betrachteten Produktionsfaktoren dienen der Analyse der Betriebsprozesse, im Gegensatz zu den aus volkswirtschaftlicher Sicht geprägten Faktoren, die auf die Einkommensentstehung und -verteilung bezogen sind.[15]

Diese Produktionsfaktoren sind Kern der Leistungserstellung in der Industriegesellschaft. Durch die fortschreitende Entwicklung der Informations- und Kommunikationssysteme gewinnen Information und Wissen einen immer höheren Stellenwert in unserer Gesellschaft.[16] Dies hat dazu geführt, dass heute von einer Informations- und Wissensgesellschaft gesprochen wird mit Information und Wissen als den zentralen Produktionsfaktoren.

Um die Bedeutung von Information und Wissen als Produktionsfaktoren zu erarbeiten, ist es zunächst notwendig, die Begriffe abzugrenzen. Hierzu kann das

---

14 Vgl. Gottwald, Franz-Theo; Sprinkart, K. Peter: Multi-Media-Campus: Die Zukunft der Bildung, Düsseldorf, Regensburg: Metropolitan 1998, S. 21.

15 Vgl. Gutenberg, Erich: Grundlagen der Betriebswirtschaftslehre, Bd. 1: Die Produktion, 23., unveränd. Aufl., Berlin et al.: Springer 1979, S. 3 f.

16 Vgl. Spinner, Helmut: Informationsgesellschaft, in: Handwörterbuch zur Gesellschaft Deutschlands, Hrsg.: Schäfers, Bernhard; Zapf, Wolfgang, Opladen: Leske + Budrich 2001, S. 319.

hierarchische Verhältnis betrachtet werden, in dem Information und Wissen zueinander stehen. Auf der untersten Ebene der Begriffshierarchie befinden sich die Zeichen, die zunächst nebeneinander existieren. Wird den einzelnen Zeichen eine Bedeutung zugewiesen, entstehen Daten. Sobald Daten zueinander in Beziehung gesetzt und zur Zielerreichung eingesetzt werden, entstehen Informationen, die Basiskomponente für Wissen. Durch Bewertung, Einordnung in Zusammenhänge und Einbringung von Erfahrung wird aus Information Wissen.[17]

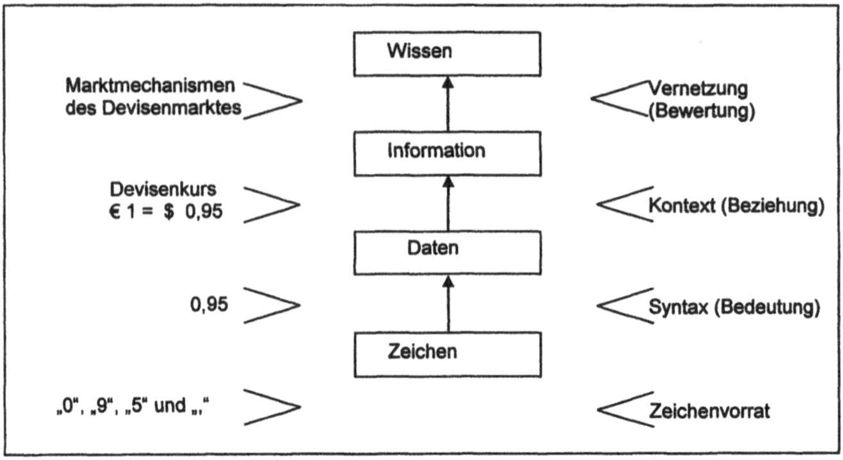


**Abb. 2: Beziehungen zwischen den Ebenen der Begriffshierarchie[18]**

Wissen ist im Gegensatz zu Daten und Informationen immer an Individuen gebunden und umfasst die Gesamtheit der Kenntnisse und Fähigkeiten, die diese zur Lösung von Problemen einsetzen. Hierzu gehören theoretische und praktische Kenntnisse und Handlungsanweisungen.[19] Wissen entsteht durch die körperlichen und geistigen Aktivitäten der Menschen. Hierbei wird neues Wissen bewusst oder unbewusst bewertet und in vorhandene Wissensstrukturen in-

---

17 Vgl. Tsichritzis, Dennis: Daten, Information, Wissen – Aspekte von Produkten in der Informationsgesellschaft, in: Mehrwert Information – Kommunikationsformen, Märkte und Arbeitsweisen in der Informationsgesellschaft, Hrsg.: Organisationsforum Wirtschaftskongress e.V., Stuttgart: Schäffer-Poeschel 1995, S. 106 f.;. Rehäuser, Jakob; Krcmar, Helmut: Wissensmanagement im Unternehmen, in: Managementforschung 6, Wissensmanagement, Hrsg.: Schreyögg, Georg; Conrad, Peter, Berlin, New York: de Gruyter 1996, S. 3 f.

18 In Anlehnung an Rehäuser, Jakob; Krcmar, Helmut: Wissensmanagement im Unternehmen, a. a. O., S. 6.

19 Vgl. Probst, Gilbert; Raub, Steffen; Romhardt, Kai: Wissen managen: wie Unternehmen ihre wertvollste Ressource optimal nutzen, 3. Aufl., Wiesbaden: Gabler 1999, S. 46.

tegriert. Dies führt dazu, dass Wissen subjektiv begründet ist und jedes Individuum demnach über unterschiedliches Wissen verfügt.[20]

Im betriebswirtschaftlichen Leistungserstellungsprozess sind Informationen notwendig, um eine optimale Kombination der klassischen Produktionsfaktoren zu erreichen. Wissen ist erforderlich, sobald es sich um planende, orientierende und koordinierende Tätigkeiten handelt, d.h. dann, wenn die Informationen über das betriebswirtschaftliche Geschehen zweckorientiert vernetzt werden müssen.[21] Dies führte dazu, dass die klassischen betriebswirtschaftlichen Produktionsfaktoren nach Gutenberg um den Faktor Information[22] und um den Faktor Wissen[23] ergänzt wurden. Die Tatsache, dass der Anteil von Wissen an der Gesamtwertschöpfung eines Unternehmens bereits auf etwa 60-80% geschätzt wird, verdeutlicht die Bedeutung dieses Faktors für den Unternehmenserfolg.[24]

Die Produktionsfaktoren Information und Wissen weisen im Vergleich zu den traditionellen Produktionsfaktoren andere Merkmale auf. Traditionelle Produktionsfaktoren sind durch Gegenständlichkeit gekennzeichnet, was dazu führt, dass sie sich durch Gebrauch abnutzen und an Wert verlieren.[25] Information und Wissen hingegen haben die besondere Eigenschaft, dass sie nicht verbraucht werden können und sich mehrfach nutzen lassen.[26] Wissen wird über die Nutzung sogar reicher. Nichtsdestoweniger kann es zu einem Wertverlust kommen, wenn die Informationen und das Wissen gegenüber Dritten bekannt werden, sie

---

20 Vgl. Zimmer, Gerhard: Didaktische Leitlinien zum „Wissensmanagement“ in den Studienmodulen der Virtuellen Fachhochschule, in: Limpact: Leitprojekte – Informationen Compact, Hrsg.: Bundesinstitut für Berufsbildung 2/2000, S. 3.

21 Vgl. Rehäuser, Jakob; Krcmar, Helmut: Wissensmanagement im Unternehmen, a. a. O., S. 9.

22 Vgl. Rehäuser, Jakob; Krcmar, Helmut: Wissensmanagement im Unternehmen, a. a. O., S. 9.

23 Vgl. Wittmann, Waldemar: Betriebswirtschaftslehre, in: Handwörterbuch der Wirtschaftswissenschaften, Bd. 1, Hrsg.: Albers, Willi et al., Stuttgart et al.: Fischer 1977, S. 590.

24 Vgl. Scheer, August-Wilhelm: Geleitwort, in: Mediengestütztes Bildungsmanagement: virtuelle Lernwelten für Unternehmen, Hrsg.: Sander, Jörg, Wiesbaden: Dt. Univ.-Verlag; Wiesbaden: Gabler 1999, S. V.

25 Vgl. Rehäuser, Jakob; Krcmar, Helmut: Wissensmanagement im Unternehmen, a. a. O., S. 10.

26 Vgl. Mohr, Hans: Wissen – Prinzip und Ressource, Berlin et al.: Springer 1999, S. 23 f.

aber bei ausschließlicher Nutzung wertvoller wären.[27] Hinzu kommt, dass Informationen und Wissen veralten können und damit an Wert verlieren.

Betrachtet man hingegen die Möglichkeit der Vervielfältigung und Verbreitung, so muss zwischen den Faktoren Information und Wissen differenziert werden. Informationen lassen sich mittels heutiger Speicher- und Übertragungsmedien relativ einfach vervielfältigen und verbreiten, wohingegen sich das von Menschen getragene Wissen nur durch Lehren und Lernen erweitern und verbreiten lässt.[28]

Die Bedeutungszunahme von Information und Wissen für die Wettbewerbsfähigkeit von Unternehmen spiegelt sich in der Gesellschaft, in Form eines Wandels von der Industriegesellschaft hin zur so genannten Informations- und Wissensgesellschaft wider.[29]

### 2.1.2 Informations- und Wissensgesellschaft

Grundlage für das Entstehen der Informationsgesellschaft ist die fortschreitende Entwicklung der Informations- und Kommunikationstechnik.[30] Kennzeichen sind vor allem die zunehmende Ausstattung der Unternehmen und privaten Haushalte mit Kommunikationstechnologie, die Entwicklung globaler Netze grenzüberschreitender Information und Kommunikation sowie eine wachsende Bedeutung der Informationsberufe und Wachstumsprozesse des Wissens.[31] Dadurch wird es für jeden, der über entsprechende Informations- und Kommunikationstechnik verfügt, möglich, Informationen zu den unterschiedlichsten Themen zu jedem Zeitpunkt abzurufen. Anstelle des physischen Austausches kennzeichnen nicht-materielle Informationsflüsse den gesellschaftlichen Umschlagprozess.[32]

---

27 Vgl. Rehäuser, Jakob; Krcmar, Helmut: Wissensmanagement im Unternehmen, a. a. O., S. 10.

28 Vgl. Rehäuser, Jakob; Krcmar, Helmut: Wissensmanagement im Unternehmen, a. a. O., S. 11 f.

29 Vgl. Stork, Werner: Die Organisation der betrieblichen Weiterbildung: eine institutionenökonomische Analyse mit Beispielen aus Deutschland und Chile, Wiesbaden: Deutscher Universitäts-Verlag 1999, S. 1.

30 Vgl. Straka, Gerald A.: Information im Netz und selbstgesteuertes Lernen, in: Lernen mit Medien: Ergebnisse und Perspektiven zu medial vermittelten Lehr- und Lernprozessen, Hrsg.: Dörr, Günter; Jüngst, Karl Ludwig, Weinheim, München: Juventa 1998, S. 179.

31 Vgl. Spinner, Helmut: Informationsgesellschaft, a. a. O., S. 319.

32 Vgl. Tully, Claus J.: Lernen in der Informationsgesellschaft: Informelle Bildung durch Computer und Medien, Opladen: Westdeutscher Verlag 1994, S. 76 f.

In der technisch geprägten Informationsgesellschaft sollten jedoch die Inhalte der Informationen nicht vernachlässigt werden, da erst durch deren problembezogene Verarbeitung und Vernetzung aus Informationen Wissen entsteht. Aus diesem Wissen lassen sich situationsbezogen zusammenhängende Wissensnetze konstruieren, die zur Weiterentwicklung der Gesellschaft beitragen können. Da die Konstruktion von Wissen nur durch Menschen erfolgen kann, bilden diese und nicht die digitalisierten Informationen das Zentrum der Wissensgesellschaft.[33] Innovationsprozesse werden künftig immer mehr durch Wissen bestimmt werden und weniger durch Kapital und Technik, wie zuvor in der Industriegesellschaft.[34]

Mit dem Entstehen der Wissensgesellschaft ergeben sich neue Anforderungen an das Aus- und Weiterbildungssystem. In der heutigen Gesellschaft wird es für deren Mitglieder notwendig, Entscheidungen auf der Grundlage fundierten Wissens zu treffen und die Bereitschaft zu lebenslangem Lernen mitzubringen.[35] Hinzu kommen der Umgang mit moderner Informationstechnologie, großen Informationsmengen, Kommunikationsfähigkeit und die Befähigung zum selbstgesteuerten Lernen. Das Aus- und Weiterbildungssystem seinerseits ist verantwortlich für die Schaffung der notwendigen Voraussetzungen, um diese Kompetenzen zu erlangen.[36] Von Schulen und Hochschulen wird verlangt, die Entwicklung von Strategien zur Selbststeuerung und Kommunikationsfähigkeit der Gesellschaftsmitglieder sowie deren Kompetenz zum Wissensmanage-

---

33 Vgl. Mandl, Heinz; Reinmann-Rothmeier, Gabi: Auf dem Weg zu einer neuen Kultur des Lehrens und Lernens, in: Lernen mit Medien: Ergebnisse und Perspektiven zu medial vermittelten Lehr- und Lernprozessen, Hrsg.: Dörr, Günter; Jüngst, Karl Ludwig, Weinheim, München: Juventa 1998, S. 193 f.; Mandl, Heinz; Reinmann-Rothmeier, Gabi; Gräsel, Cornelia: Gutachten zur Vorbereitung des Programms „Systematische Einbeziehung von Medien, Informations- und Kommunikationstechnologien in Lehr- und Lernprozesse“, Hrsg.: Bund-Länder-Kommission für Bildungsplanung und Forschungsförderung, Band 66, 1998, S. 6.

34 Vgl. Bullinger, Hans-Jörg; Braun, Martin: Virtualisierung des wissenschaftlichen Lehrens und Lernens, in: IM Information Management & Consulting, 1/1999, S. 28.

35 Vgl. Mandl, Heinz; Reinmann-Rothmeier, Gabi: Auf dem Weg zu einer neuen Kultur des Lehrens und Lernens, a. a. O., S. 194.

36 Vgl. Reimann, Peter: Bildung mit neuen Medien: Lernen in der Informationsgesellschaft, in: Bereit für die Wissensgesellschaft?: Bildung und Ausbildung auf dem Prüfstand, Hrsg.: Heidelberger Club für Wirtschaft und Kultur e.V., Berlin et al.: Springer 1998, S. 194.

ment zu fördern, um Informationen nach Inhalt, Bedeutung und Nutzen selektieren, bewerten und daraus Wissen konstruieren zu können.[37]

Die Fähigkeit, neues Wissen zu generieren, wird umso wichtiger, je schneller das verfügbare Wissen wächst. Zur Zeit wird die Verdoppelungszeit des zur Verwendung stehenden Wissens auf etwa fünf Jahre geschätzt. Die Kehrseite dieses Entwicklungsprozesses ist ein rasanter Aktualitätsverlust des Wissens. So verkürzen sich die Halbwertzeiten insbesondere des Fach- und Spezialwissens immens.[38] Abbildung 3 veranschaulicht diese Entwicklung.

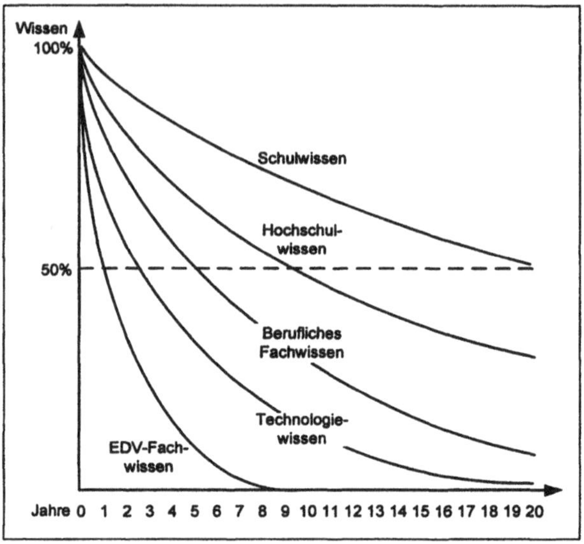


**Abb. 3: Entwicklung und Halbwertzeit des Wissens[39]**

Um das für die gesellschaftliche Weiterentwicklung notwendige Wissen zu generieren, müssen die Mitglieder der Gesellschaft Wissen erwerben. Dieser Prozess des Wissenserwerbs vollzieht sich über Lehren und Lernen der im Rahmen der lerntheoretischen Ansätze *(Kap. 2.2)* erläutert wird.

---

37 Vgl. Reinmann-Rothmeier, Gabi; Mandl, Heinz: Kompetenzen für das Leben in einer Wissensgesellschaft, in: Lernen für die Zukunft – Lernen in der Zukunft: Wissensmanagement in der Bildung, Hrsg.: Höfling, Siegfried; Mandl, Heinz, München: Hanns-Seidel-Stiftung 1997, S. 98 f.

38 Vgl. Arnold, Rolf: Weiterbildung: ermöglichungsdidaktische Grundlagen, München: Vahlen 1996, S. 113.

39 Vgl. Merk, Richard: Weiterbildungsmanagement: Bildung erfolgreich und innovativ managen, 2., überarb. Aufl., Neuwied et al.: Luchterhand 1998, S. 223.

## 2.2 Lerntheoretische Ansätze

### 2.2.1 Lehren und Lernen

#### Der Begriff des Lehrens

Ziel des Lehrens ist die Vermittlung von praktischen oder theoretischen Fertigkeiten, bei deren Aneignung der Lernende durch Einsatz geeigneter Handlungen durch den Lehrenden angeleitet wird.[40]

Im historischen Kontext lässt sich eine Entwicklung von einem kausal-mechanischen über einen erfolgsbezogenen hin zu einem absichtsbasierten Lehrbegriff beobachten.[41] Der kausal-mechanische Lehrbegriff geht davon aus, dass Lehren immer Lernen bewirkt, d. h. Lehren kann nie erfolglos sein; es gibt für Lernen keine andere Ursache als Lehren, und Lernen wird durch Lehren mechanisch erzeugt.[42] Dieser Ansatz ist problematisch, da nicht jedes Lehren zu Lernen führt. Auch wird gelernt, ohne dass Lehren stattgefunden hat. Somit findet Lernen nicht automatisch kausal-mechanisch statt, sondern ist immer auch durch Eigenaktivität des Lernenden geprägt. Der erfolgsbezogene Lehrbegriff bezeichnet eine Aktivität nur dann als Lehren, wenn auch Lernen stattgefunden hat, d.h. wenn das Lehren erfolgreich war. Die Problematik dieses Ansatzes kommt dann zum Tragen, wenn bei einem Teil der Lernenden ein Lernerfolg eingetreten ist und bei einem anderen Teil nicht, obwohl sich alle der gleichen Lehre unterzogen haben. Im einen Fall würde die Lehrtätigkeit auch als Lehren bezeichnet werden und im anderen Fall wäre sie nur Kommunikation und Interaktion. Beim absichtsbasierten Lehrbegriff liegt Lehren dann vor, wenn die Absicht zu lehren vorliegt. Hierbei kann eine Tätigkeit als Lehren bezeichnet werden, die keinen Lernerfolg hervorbringt, und ein eingetretener Lernerfolg kann auch durch andere Einflussfaktoren zustande gekommen sein. Erst der Absichtsbegriff des Lehrens lässt Lernen als aktiven Aneignungsprozess des Lernenden selbst zu.[43]

Es ist festzuhalten, dass Lehren nicht zwangsläufig Lernen zur Folge haben muss, sondern zunächst nur ein Informationsangebot darstellt. Bedeutend für die Annahme dieses Angebots durch den Lernenden ist die Instruktionskom-

---

40 Vgl. Seel, Norbert M.: Psychologie des Lernens: Lehrbuch für Pädagogen und Psychologen, München, Basel: Reinhardt 2000, S. 24.

41 Vgl. Sander, Jörg: Mediengestütztes Bildungsmanagement: virtuelle Lernwelten für Unternehmen, Wiesbaden: Dt. Univ.-Verlag; Wiesbaden: Gabler 1999, S. 56.

42 Vgl. Terhart, Ewald: Lehr-Lern-Methoden: Eine Einführung in Probleme der methodischen Organisation von Lehren und Lernen, 3., ergänzte Aufl., Weinheim, München: Juventa 2000, S. 50.

43 Vgl. Terhart, Ewald: Lehr-Lern-Methoden: Eine Einführung in Probleme der methodischen Organisation von Lehren und Lernen, a. a. O., S. 50 f.

petenz des Lehrenden. Daher kann Lehren auch als externe Darbietung dessen, was bei der inneren Repräsentation des Lernenden aufgebaut werden soll, betrachtet werden.[44]

### Der Begriff des Lernens

Aus psychologischer Sicht lässt sich Lernen als automatisch ablaufender Prozess der Veränderung von Verhaltenswahrscheinlichkeiten durch Erfahrungen beschreiben, aber auch als Erwerb und Veränderung von Wissen, Fertigkeiten und Einstellungen.[45] Dieser Prozess ist individuell und läuft nicht direkt beobachtbar innerhalb des lernenden Individuums ab.[46] Nicht jede Verhaltensänderung ist jedoch auf einen Lernprozess zurückzuführen. Daher sind Verhaltensänderungen durch andere Ursachen, wie beispielsweise durch Vererbung[47], Ermüdung oder Drogeneinwirkung vom Lernprozess zu unterscheiden.[48]

Lernen wird von kognitiven, motivationalen, affektiven und sozialkulturellen Bedingungen bestimmt.[49] Voraussetzungen für Lernen sind Wahrnehmung und Gedächtnis, denn nur das explizit Wahrgenommene kann zum Gegenstand des Lernprozesses werden und mit Hilfe des Gedächtnisses behalten und gegebenenfalls wiedergegeben werden.[50]

Lernen bezieht sich nicht nur auf die Ansammlung von Faktenwissen, sondern auch auf den Erwerb von Fertigkeiten über die Anwendung des erworbenen Wissens. Des Weiteren wird die Veränderung von Einstellungen im Sinne von positiven und negativen Bewertungen von Objekten und Sachverhalten als

---

44 Vgl. Edelmann, Walter: Lernpsychologie, 5., vollst. überarb. Aufl., Weinheim: Psychologie Verlags Union 1996, S. 11.

45 Vgl. Leutner, Detlev: Instruktionspsychologie, in: Handwörterbuch Pädagogische Psychologie, Hrsg.: Rost, Detlev H., Weinheim: Psychologie Verlags Union 1998, S. 198.

46 Vgl. Leutner, Detlev: Adaptivität und Adaptierbarkeit multimedialer Lehr- und Informationssysteme, in: Information und Lernen mit Multimedia, Hrsg.: Issing, Ludwig J.; Klimsa, Paul, 2., überarb. Aufl., Weinheim: Psychologie Verlags Union 1997, S. 140.

47 Vgl. Edelmann, Walter: Lernpsychologie, a. a. O., S. 5.

48 Vgl. Staehle, Wolfgang H.: Management: eine verhaltenswissenschaftliche Perspektive, 8., überarb. Aufl., München: Vahlen 1999, S. 207.

49 Vgl. Seel, Norbert M.: Psychologie des Lernens: Lehrbuch für Pädagogen und Psychologen, a. a. O., S. 24.

50 Vgl. Staehle, Wolfgang H.: Management: eine verhaltenswissenschaftliche Perspektive, a. a. O., S. 207.

Lernen bezeichnet.[51] Demnach bedeutet Lernen neben der Wissensansammlung auch die Entwicklung einer komplexen Persönlichkeit durch Aneignung der menschlichen Kultur in einem individuellen Lebensweg.[52]

In dieser Arbeit wird Lernen als zielgerichtete Tätigkeit des selbständigen Erwerbs von Wissen bezeichnet.[53] Der Begriff des selbstgesteuerten Lernens, der zentraler Fokus dieser Arbeit ist, wird in *Kapitel 3.1* vertieft.

Lerntheorien bilden zum selbstgesteuerten Lernen das Fundament, auf welchem die Konzepte computerbasierter selbstgesteuerter Lernsysteme beruhen sollten. Im Folgenden werden die bedeutendsten Lerntheorien Behaviorismus *(Kapitel 2.2.2)*, Kognitivismus *(Kapitel 2.2.3)* und Konstruktivismus *(Kapitel 2.2.4)*, in der Reihenfolge ihrer historischen Entwicklung, in ihren wesentlichen Aussagen vorgestellt.

### 2.2.2 Behaviorismus

Angeregt durch den russischen Physiologen Pawlow begründete Watson 1913 den Behaviorismus.[54] Im Vordergrund der behavioristischen Lerntheorie steht das direkt beobachtbare Verhalten.[55] Sie geht davon aus, dass Lernen ein konditionierter Reflex ist. Die Aufgabe des Lehrenden liegt darin, einen geeigneten Stimulus zu finden, der dann das gewünschte Verhalten beim Lernenden hervorruft. Die richtige Verhaltensweise sollte dann durch entsprechende positive Rückmeldung verstärkt werden.[56] Da mentale Prozesse nicht beobachtbar sind und somit auch nicht verstärkt werden können, werden sie im Behaviorismus auch nicht betrachtet.[57] Das Gehirn wird stattdessen als passiver Behälter gesehen, in dem das Wissen abgelagert wird, welches dann auf einen bestimmten

---

51 Vgl. Leutner, Detlev: Adaptivität und Adaptierbarkeit multimedialer Lehr- und Informationssysteme, a. a. O., S. 140.

52 Vgl. Edelmann, Walter: Lernpsychologie, a. a. O., S. 6.

53 Vgl. Leutner, Detlev: Instruktionspsychologie, a. a. O., S. 198.

54 Vgl. Edelmann, Walter: Lernpsychologie, a. a. O., S. 7. Weitere wichtige Vertreter der behavioristischen Theorie sind Guthrie, Thorndike, Skinner, Hull und Hebb; vgl. Lefrancois, Guy R.: Psychologie des Lernens, 3., unveränd. Aufl., Berlin et al.: Springer 1994, S. 9.

55 Vgl. Zimmer, Christine et al.: Erfahrungsbericht zur Telelehrveranstaltung „Informatik und Gesellschaft“ im Sommersemester 1999, in: IIG-Berichte, 1/2000, S. 7.

56 Vgl. Baumgartner, Peter; Payr, Sabine: Lernen mit Software, 2. Aufl., Innsbruck et al.: Studien-Verlag 1999, S. 101.

57 Vgl. Hoppe, Uwe: Teachware für Finanzdienstleister: Entwicklung – Integration – Einsatz, Wiesbaden: Dt. Univ.-Verlag 2000, S. 51.

Stimulus hin korrekt wiedergegeben werden sollte.[58] Ziel der behavioristischen Psychologie ist das Ableiten von Gesetzen, welche die Beziehungen erklären, die zwischen den Reizen, den Reaktionen und den Konsequenzen bestehen.[59]

Der Behaviorismus betrachtet das Gehirn als black box, die auf einen bestimmten Reiz, d. h. Input unter Einfluss von intervenierenden Variablen, mit einem entsprechenden Verhalten reagiert. Da das Reiz-Reaktions-Schema den komplexen menschlichen Lernprozess stark vereinfacht darstellt, hat die behavioristische Lerntheorie heute an Bedeutung verloren. Im Bereich der Verhaltensmodifikation, sowie im Bereich körperlicher Verhaltensweisen, wie beispielsweise beim Lernen von Maschinenschreiben oder bei Lerninhalten, die klar strukturiert sind und in der Regel unverändert bleiben, wie das Lernen von Vokabeln, finden behavioristische Lernkonzepte weiterhin ihre Anwendung.[60]

Abbildung 4 veranschaulicht das Lernmodell des Behaviorismus.

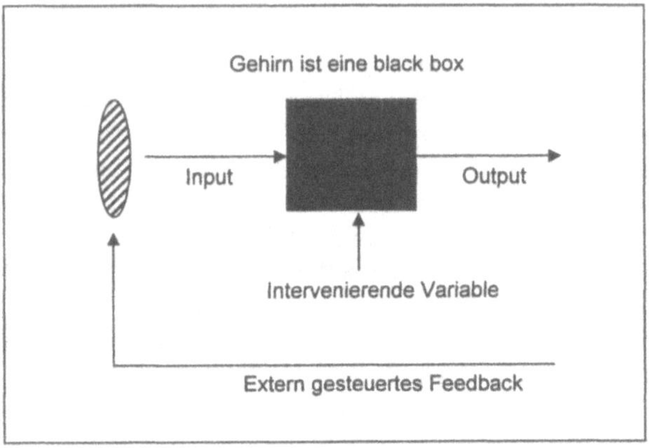


**Abb. 4: Schematisches Lernmodell des Behaviorismus**[61]

### 2.2.3 Kognitivismus

Der Kognitivismus betont im Gegensatz zum Behaviorismus die inneren Prozesse des menschlichen Gehirns. Wichtige Vertreter der kognitivistischen Theorie sind Tolman, Bruner und Piaget[62] sowie deutsche Vertreter der Problemlöse-

58 Vgl. Baumgartner, Peter; Payr, Sabine: Lernen mit Software, a. a. O., S. 101 f.

59 Vgl. Lefrancois, Guy R.: Psychologie des Lernens, a. a. O., S. 17.

60 Vgl. Baumgartner, Peter; Payr, Sabine: Lernen mit Software, a. a. O., S. 101 f.

61 Vgl. Baumgartner, Peter; Payr, Sabine: Lernen mit Software, a. a. O., S. 102.

62 Vgl. Lefrancois, Guy R.: Psychologie des Lernens, a. a. O., S. 9.

forschung Dunker, Köller und Lewin. Es wird versucht, die verschiedenen internen Verarbeitungsprozesse, wie beispielsweise Wahrnehmen, Verarbeiten, Speichern, Wiedergeben, Anwenden und Revidieren, zu unterscheiden und sie miteinander in ihrer jeweiligen Funktion in Beziehung zu setzen. Die kognitivistische Lerntheorie betrachtet den Prozess des menschlichen Denkens als einen Prozess der Informationsverarbeitung, d. h. das Gehirn ist hier kein passiver Behälter, sondern er besitzt eine eigene Verarbeitungs- und Transformationskapazität.[63] Der Lernende nimmt Eindrücke aus seiner Umwelt auf der Grundlage seines Erfahrungs- und Entwicklungsstandes selektiv wahr, interpretiert und verarbeitet sie.[64] Die Verarbeitungsergebnisse gelangen wieder an die Umwelt und können von dort erneut auf das Individuum wirken.

In Abbildung 5 werden die Grundzüge des Kognitivismus dargestellt.

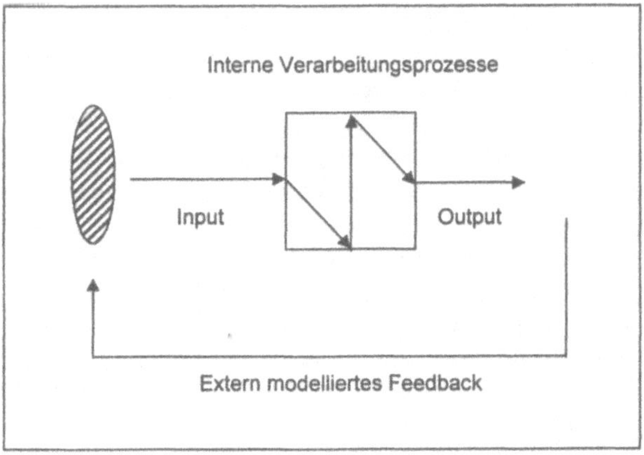


**Abb. 5: Schematisches Lernmodell des Kognitivismus**[65]

Während es beim Behaviorismus darum geht, auf einen bestimmten Reiz mit einem entsprechenden Verhalten zu reagieren, steht im Mittelpunkt der kognitivistischen Theorie das Problemlöseverhalten. Lernziel ist das Beherrschen der richtigen Methoden und Verfahren zur Antwortfindung. Erst deren richtige Anwendung führt zum Ergebnis, wobei es jedoch mehrere Verfahren geben kann, um zum richtigen Ergebnis zu kommen. Beim Kognitivismus liegt die Konzen-

---

63 Vgl. Baumgartner, Peter; Payr, Sabine: Lernen mit Software, a. a. O., S. 103 f.

64 Vgl. Kammerl, Rudolf: Computerunterstütztes Lernen – Eine Einführung, in: Computergestütztes Lernen, Hrsg.: Kammerl, Rudolf, München, Wien: Oldenbourg 2000, S. 13.

65 Vgl. Baumgartner, Peter; Payr, Sabine: Lernen mit Software, a. a. O., S. 102.

tration auf den geistigen Verarbeitungsprozessen, während der Behaviorismus das körperliche Verhalten betont.[66]

### 2.2.4 Konstruktivismus

In der konstruktivistischen Lerntheorie wird Lernen als aktiver Prozess betrachtet, bei dem der Lernende sein Wissen entwickelt, indem er es in Beziehung zu früheren Erfahrungen in komplexen realen Lebenssituationen setzt. Der Konstruktivismus geht davon aus, dass das Individuum mit nicht vorhersehbaren Situationen, die durch individuelle Probleme gekennzeichnet sind, konfrontiert wird und stellt daher das eigenständige Entwickeln von Problemlösungen in den Vordergrund.[67]

Der Konstruktivismus geht davon aus, dass die Lernenden ihr Wissen konstruieren. Daher stammt dieses nicht aus externen Quellen, sondern ist vom Individuum selbst generiert. Neue Informationen werden mit vorhandenem Wissen verknüpft, um elaborative Wissensstrukturen aufzubauen. Besonders wichtig für den Wissenserwerb ist es, den einzelnen Informationen eine Bedeutung zukommen zu lassen, da hierdurch der Grad der Aufnahmefähigkeit positiv beeinflusst wird. Aufnahmefähigkeit ist wiederum eine Voraussetzung für die notwendige Verknüpfung mit dem Vorwissen. Unterstützend können hierbei kooperative Prozesse zwischen Lehrenden und Lernenden wirken.[68] Da Wissen aus wahrgenommener Information konstruiert wird, existiert es nur in Abhängigkeit des wahrnehmenden Individuums und kann deshalb auch nicht an ein anderes Individuum übermittelt werden, ohne dass eine eigenständige Rekonstruktion des anderen stattfindet.[69]

Die konstruktivistische Lerntheorie betrachtet den menschlichen Organismus als ein informationell geschlossenes, energetisch jedoch offenes System. So lösen von außen eintreffende Reize zwar Veränderungen aus; wie diese Veränderungen ausfallen, hängt jedoch von der individuellen Struktur des Einzelnen ab. Das Gehirn wird vom Konstruktivismus als ein selbstreferentielles, zirkuläres

---

66 Vgl. Baumgartner, Peter; Payr, Sabine: Lernen mit Software, a. a. O., S. 105.

67 Vgl. Baumgartner, Peter; Payr, Sabine: Lernen mit Software, a. a. O., S. 107.

68 Vgl. Gerstenmaier, Jochen; Mandl, Heinz: Wissenserwerb unter konstruktivistischer Perspektive, in: Zeitschrift für Pädagogik, 6/1995, S. 874 f.

69 Vgl. Schulmeister, Rolf: Grundlagen hypermedialer Lernsysteme: Theorie – Didaktik – Design, 2., aktual. Aufl., München et al.: Oldenbourg 1997, S. 73 f.

System gesehen.[70] Abbildung 6 veranschaulicht das konstruktivistische Lernmodell.

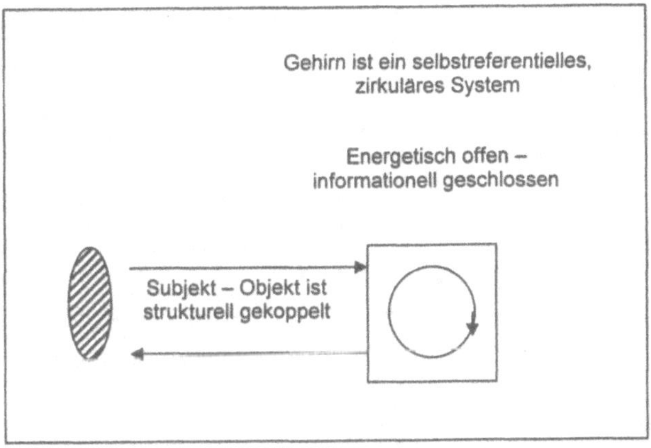


**Abb. 6: Schematisches Lernmodell des Konstruktivismus**[71]

Zusammenfassend ist zu sagen, dass der Konstruktivismus die aktive und konstruktive Rolle des Lernenden in den Vordergrund stellt. Der Lehrende nimmt nicht mehr die stark geführte Rolle wie im Behaviorismus und auch nicht mehr die beobachtende und helfende Tutorrolle des Kognitivismus, sondern die Rolle eines durchaus fehlbaren Coaches ein.[72] Da Wissen als nicht objektivierbar angesehen wird, es also von jedem Lernenden erst konstruiert werden muss, kann es auch nicht vom Lehrenden zum Lernenden transferiert werden. Daher zählen das Anbieten anregender Lernumgebungen und praxisbezogener Kontexte sowie die Gestaltung des Lernvorgangs als sozialer Prozess zu den Hauptaufgaben des Lehrenden.[73] Die Aktivität und Konstruktivität des Lernenden sollte durch eine Lernumgebung gefördert werden, die den Lernenden anregt, seine Vorstellungen anderen mitzuteilen.[74]

Abschließend fasst Tabelle 1 die wesentlichen Aussagen der drei Lerntheorien Behaviorismus, Kognitivismus und Konstruktivismus zusammen.

---

70 Vgl. Baumgartner, Peter; Payr, Sabine: Lernen mit Software, a. a. O., S. 107.

71 Vgl. Baumgartner, Peter; Payr, Sabine: Lernen mit Software, a. a. O., S. 108.

72 Vgl. Baumgartner, Peter; Payr, Sabine: Lernen mit Software, a. a. O., S. 108.

73 Vgl. Zimmer, Christine et al.: Erfahrungsbericht zur Telelehrveranstaltung „Informatik und Gesellschaft" im Sommersemester 1999, a. a. O., S. 9.

74 Vgl. Bremer, Claudia: Die Integration verschiedener Lehr- und Lernmethoden in Online-Veranstaltungen, in: IM Information Management & Consulting, 1/1999, S. 50.

| Kategorie | Behaviorismus | Kognitivismus | Konstruktivismus |
|---|---|---|---|
| Hirn ist ein | passiver Behälter | Informationsverarbeitendes „Gerät" | Informationell geschlossenes System |
| Wissen wird | abgelagert | verarbeitet | konstruiert |
| Wissen ist | eine korrekte Input-Outputrelation | ein adäquater interner Verarbeitungsprozess | mit einer Situation operieren zu können |
| Lernziele | richtige Antworten | richtige Methoden zur Antwortfindung | komplexe Situationen bewältigen |
| Paradigma | Stimulus-Response | Problemlösung | Konstruktion |
| Strategie | lehren | beobachten und helfen | kooperieren |
| Lehrer ist | Autorität | Tutor | Coach, (Spieler) Trainer |
| Feedback | extern vorgegeben | extern modelliert | intern modelliert |

**Tab. 1: Zusammenfassende Darstellung der Lerntheorien**[75]

Bei den folgenden Darstellungen des selbstgesteuerten Lernens wird deutlich, dass dem Lernenden eine aktive und konstruktive Rolle beim Wissenserwerb zugeschrieben wird. Konzepte selbstgesteuerten Lernens zeigen damit eine Affinität zum konstruktivistischen Verständnis von Lernen.[76] Entgegen radikal konstruktivistischen Positionen wird hier jedoch nicht der Verzicht auf jedwede Instruktion oder Lernhilfe, sondern eine Balance zwischen expliziter Instruktion durch den Lehrenden und konstruktiver Aktivität des Lernenden gefordert. Aus diesem Grund sind gemäßigt konstruktivistische Theorien, die kognitivistische und konstruktivistische Prinzipien integrieren, zur lerntheoretischen Begründung selbstgesteuerten Lernens besser geeignet.[77]

Im Folgenden wird der gemäßigte Konstruktivismus als zentrale Lerntheorie zugrunde gelegt, da er dem Untersuchungsgegenstand des computerbasierten selbstgesteuerten Lernens durch die Balance zwischen expliziter Instruktion und konstruktiver Lernaktivität des Lernenden am besten gerecht wird. Wesentlich sind hierbei die Annahmen des Konstruktivismus, dass Wissen selbstständig konstruiert werden muss, also nicht an den Lerner übermittelt werden kann,

75 Vgl. Baumgartner, Peter; Payr, Sabine: Lernen mit Software, a. a. O., S. 110.

76 Vgl. Friedrich, Helmut F.; Mandl, Heinz: Analyse und Förderung selbstgesteuerten Lernens, in: Psychologie der Erwachsenenbildung, Weinert, Franz E.; Mandl, Heinz (Hrsg.), Göttingen et. al.: Hogrefe, Verl. für Psychologie 1997, S. 259.

77 Vgl. Reinmann-Rothmeier, Gabi; Mandl, Heinz: Unterrichten und Lernumgebungen gestalten, in: Pädagogische Psychologie, Ein Lehrbuch, 4. Aufl., Krapp, Andreas; Weidenmann, Bernd (Hrsg.), Weinheim: Beltz 2001, S. 626 f.

sondern durch ihn eigenständig rekonstruiert werden muss. Darüber hinaus ist es für Wissen fundamental, mit selbigem in einer komplexen Situation operieren zu können. D.h. Lernen bezieht sich eben nicht nur auf das Ansammeln von Faktenwissen, sondern auch auf das Erlangen von Fähigkeiten über die Anwendung des erworbenen Wissens. Für den Lernprozess kann die aktiv handelnde und konstruktive Position des Lernenden in ihrer Wichtigkeit für den selbstgesteuerten Lernprozess kaum überschätzt werden.

### 2.2.5 Lehren und Lernen mit neuen Medien

Zur Gestaltung von Lernumgebungen stehen traditionelle und neue Medien zur Verfügung; mit ihrer Hilfe können Lerngegenstände veranschaulicht und erklärt sowie der Lernprozess unterstützt werden.

Unter die traditionellen Medien werden Sprache (die der unmittelbaren Kommunikation zwischen Menschen dient), Schrift und Zeichnungen (durch welche die Mitteilung unabhängig von der Anwesenheit des Mitteilenden wird) sowie Fotografie (durch sie wird der dargestellte Gegenstand weniger abhängig von der Interpretation des Darstellenden) und Film (der die Beschränkung des stehenden Bildes aus einem festen Blickwinkel und zu einem Zeitpunkt teilweise aufhebt) gefasst.[78] Speziell auf den Lehr- und Lerneinsatz bezogen werden häufig Buch, Tafel, Film und Overheadprojektor als traditionelle Medien bezeichnet.[79]

Neue Medien hingegen sind durch Multimedialität und Interaktivität sowie durch die Fähigkeit zur Überwindung von räumlicher und zeitlicher Distanz gekennzeichnet.[80] So ermöglichen Neue Medien die parallele Präsentation und Integration von Daten, Text und Grafik, kombiniert mit Ton, Video und Animation sowie eine Interaktivität zwischen Benutzer und Medium. Durch die Ver-

---

78 Vgl. Monnerjahn, Rolf: Die Bedeutung von Lernsoftware in einem zeitgemäßen und traditionsgerechten Unterricht, in: Computerunterstütztes Lernen an allgemeinbildenden Schulen Teil II: Abschlußbericht des Modellversuchs CULAS, Hrsg.: Rissberger, Alfons, Mainz: v. Hase & Koehler 1993, S. 22 f.

79 Vgl. Hochschulrektorenkonferenz: Moderne Informations- und Kommunikationstechnologien (Neue Medien) in der Hochschullehre, in: Dokumente zur Hochschulreform 111/1996, Hrsg.: Hochschulrektorenkonferenz, Bonn 1996, S. 6.

80 Vgl. Müller-Böling, Detlef: Neue Medien – Hoffnungsträger für die Hochschulentwicklung?, in: Hochschulentwicklung durch neue Medien: Erfahrungen – Projekte – Perspektiven; mit einer Bestandsaufnahme über Multimedia-Projekte an deutschen Hochschulen, Hrsg.: Hamm, Ingrid; Müller-Böling, Detlef, Gütersloh: Verlag Bertelsmann Stiftung 1997, S. 29 f.

netzung der Systeme wird eine orts- und zeitunabhängige Kommunikation und Kooperation zwischen Lehrenden und Lernenden und unter Lernenden ermöglicht.[81]

Mittels der Digitalisierung wird es möglich, Ton, Text, Graphik und Film miteinander zu kombinieren.[82] Der Computer steht zentral für die Umsetzung der Neuen Medien, wobei das Internet mit der zeit- und ortsunabhängigen Kommunikation dem Computer einen erweiterten Nutzen hinzugefügt hat.[83]

Medien spielen im Lehr- und Lernprozess eine unverzichtbare Rolle, da sie die Erschließung, Aneignung und Vermittlung von Wissen unterstützen. Für die traditionellen wie für die neuen Medien besteht eine enge Wechselwirkung zwischen der Aufbereitung des zu vermittelnden Lerngegenstandes, einem angemessenen Medieneinsatz sowie den sozialen Formen und Institutionen, in deren Rahmen die Wissensvermittlung stattfindet.[84] Durch den Einsatz neuer Medien in der Lehre kann eine Qualitätsverbesserung und Effektivitätssteigerung erreicht werden, da die neuen Medien eine bessere Anpassung an individuelle Lernbedürfnisse, Lerngeschwindigkeiten und Zeitbudgets der Lernenden zulassen sollen.[85]

Das Lehren und Lernen mit neuen Medien wird mehrheitlich in der populärwissenschaftlichen Literatur als E-Learning bezeichnet. Dieser Begriff ist ein Schlagwort, unter dem viele Bereiche des Lernens mit dem Computer subsumiert werden. Der Begriff E-Learning ist daher im Weiteren dieser Arbeit von nachrangiger Bedeutung.

Für das Lehren und Lernen mit Neuen Medien wird der Begriff der computerbasierten Lernumgebung näher betrachtet. Eine computerbasierte Lernumgebung ist ein automatisiertes System, welches dem Lernenden Lerninhalte interaktiv anbietet und dessen Lernprozess unterstützt, so dass der Lernende nach Abschluss eines Lernprozesses über Sach- und Handlungswissen verfügt und

---

81 Vgl. Reinmann-Rothmeier, Gabi; Mandl, Heinz: Lernumgebungen mit Neuen Medien gestalten, in: Telelearning: Aufgabe und Chance für Bildung und Gesellschaft, Hrsg.: Günther, Wilfried; Mandl, Heinz, Bonn: Economica 1997, S. 105.

82 Vgl. Keil-Slawik, Reinhard: Multimedia in der Hochschullehre, in: Virtueller Campus: Forschung und Entwicklung für neues Lehren und Lernen, Hrsg.: Simon, Hartmut, Münster et al.: Waxmann 1997, S. 29.

83 Vgl. Fasching, Thomas: Internet und Pädagogik: Kommunikation, Bildung und Lernen im Netz, a. a. O., S. 64.

84 Vgl. Keil-Slawik, Reinhard: Multimedia in der Hochschullehre, a. a. O., S. 29.

85 Vgl. Hochschulrektorenkonferenz: Moderne Informations- und Kommunikationstechnologien (Neue Medien) in der Hochschullehre, a. a. O., S. 12.

dieses auch anwenden kann.[86] In der Literatur ist eine Vielzahl von Begriffen für den Bereich der computerbasierten Lernumgebung zu finden. Diese Begriffe sollen im Folgenden abgegrenzt werden:

Das Lehren und Lernen mit neuen Medien wird im englischen Sprachgebrauch häufig allgemein als Computer Aided/Assisted Instruction (CAI) bzw. als Computer Based Instruction (CBI) bezeichnet, was den gebräuchlichen deutschen Bezeichnungen Computerunterstützter Unterricht (CUU) bzw. Computergestützter Unterricht (CGU) entspricht. Weitere, häufig synonym verwendete Begriffe sind „Instruktion", „Lernen" bzw. „Learning" und „Training". Mit dem Begriff der Computerunterstützten Instruktion (CUI) wird eher der lehrorientierte Aspekt verbunden, während Computerunterstütztes Lernen (CUL) bzw. im Englischen Computer Aided/Assisted Learning (CAL) oder Computer Based Learning (CBL) eine eher lernerorientierte Sichtweise beschreiben. Diese Unterscheidung wird jedoch nicht immer getroffen. Von den Begriffen Computer Aided/Assisted Teaching (CAT) und Computer Based Training (CBT) hat sich CBT als Bezeichnung für das Lernen mit dem Computer durchgesetzt.[87]

Abbildung 7 zeigt diese am häufigsten und in der Regel synonym verwendeten Begriffe für das Lehren und Lernen mit dem Computer.

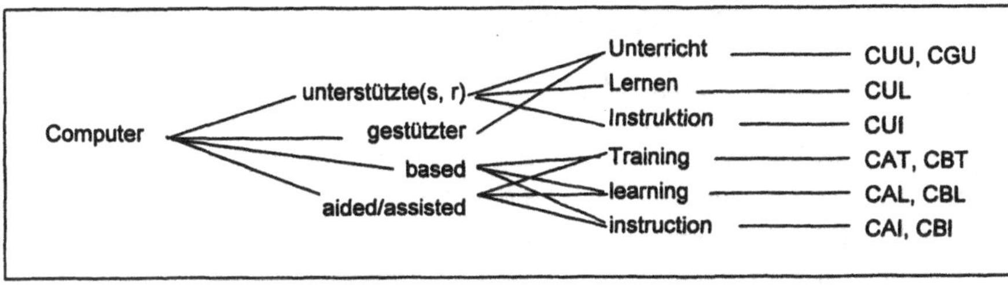


**Abb. 7: Begriffe für das Lehren und Lernen mit dem Computer[88]**

Sind computerbasierte Lernumgebungen durch Multimedialität, Interaktivität, Selbstinstruktionsqualität und Kommunikationsflexibilität über das Internet ge-

---

86 Vgl. Schäfer, Roland: Computergestützte Lernumgebungen in der Betriebswirtschaftslehre: Analyse und Konstruktion aus Sicht des selbstgesteuerten Lernens, a. a. O., S. 36 f.

87 Vgl. Bodendorf, Freimut: Computer in der fachlichen und universitären Ausbildung, in: Handbuch der Informatik, Bd. 15.1, Hrsg.: Endres, Albert; Krallmann, Hermann; Schnupp, Peter, München, Wien: Oldenbourg 1990, S. 37.

88 Hoppe, Uwe: Teachware für Finanzdienstleister: Entwicklung – Integration – Einsatz, a. a. O., S. 32.

kennzeichnet, werden sie auch als webbasierte Lernumgebungen bezeichnet.[89] Häufig wird für webbasiertes Lernen auch die Bezeichnung Web Based Training (WBT) verwendet.

In dieser Arbeit werden die verschiedenen computer- und webbasierten Lernformen als Lernen mit computerbasierten Lernsystemen bzw. Lernen in computerbasierten Lernumgebungen bezeichnet. Begründet ist dies zu einen durch eine fehlende, allgemein anerkannte scharfe Abgrenzung der verschiedenen Termini, zum anderen werden mit den steigenden Nutzungspotenzialen internetbasierter Anwendungen die Grenzen zwischen computerbasierten und webbasierten Lernumgebungen zunehmend verschwinden.

Ergänzend bleibt anzumerken, dass das Internet als technisches Konstrukt aus Sicht der Wirtschaftsinformatik keine nennenswerte Innovation der 90er Jahre ist. In dieser Wissenschaftsdisziplin werden die technischen Infrastrukturen vernetzter Verarbeitung von Information in digitaler Form seit mehr als 30 Jahren erforscht und weiterentwickelt. Erst seit 3-4 Jahren eröffnet diese Informationstechnologie ein breites Spektrum von Handlungsoptionen für den nutzenbringenden Einsatz durch Unternehmen.[90]

### 2.2.6 Einordnung der Konzepte von Lernsystemen

Im Rahmen der vorliegenden Arbeit soll sich auf die Einordnung der Konzepte von Lernsystemen beschränkt werden. Die verschiedenen Lernsysteme werden nicht erneut beschrieben, da ausführliche Abhandlungen von anderen Autoren bereits geleistet wurden. Im Einzelnen handelt es sich um Trainings- und Übungsprogramme, Tutorielle Systeme, intelligente tutorielle Systeme, Simulationssysteme, Spielsysteme, Hilfesysteme, Hypermedia-Systeme, Systeme zur Unterstützung der asynchronen und synchronen Kommunikation sowie Gruppenlernsysteme. Der interessierte Leser sei für weiterführende Information auf folgende Quellen verwiesen.[91]

---

89 Vgl. Astleitner, Hermann, Schinagl, Wolfgang: High-level-Telelernen und Wissensmanagement: Grundpfeiler virtueller Ausbildung, Frankfurt am Main et al.: Lang 2000, S. 132.

90 Vgl. Schwickert, Axel C.: Web Site Engineering: Ökonomische Analyse und Entwicklungssystematik für eBusiness-Präsenzen, Stuttgart; Leipzig Wiesbaden: B.G. Teubner 2001, S. 31.

91 Vgl. Euler, Dieter: Didaktik des computerunterstützten Lernens: Praktische Gestaltung und theoretische Grundlagen, in: Bd. 3 der Reihe Multimediales Lernen in der Berufsbildung, Hrsg.: Holz, Heinz; Zimmer Gerhard, Nürnberg: BW Bildung und Wissen, Verlag und Software GmbH 1992; Kammerl, Rudolf: Computerunterstütztes Lernen – Eine Ein-

Die angeführten Konzepte von Lernsystemen sollen im Folgenden in Anlehnung an Bodendorf anhand der Merkmale Lernerinitiative und Systemflexibilität klassifiziert werden.

Das Merkmal Lernerinitiative beschreibt den Grad der Interaktivität, mit dem sich der Lernende den Lerninhalt erarbeitet. Es lassen sich drei Interaktionsstile unterscheiden: systemgesteuerter, lernergesteuerter und gemischt-initiativer Dialog.[92]

Beim systemgesteuerten Dialog wird die Dialogfolge im Wesentlichen durch das System vorgegeben. Der Lernende befindet sich in einer passiven Rolle, da er nur die vom System vorgegebenen Informationen aufnimmt und nur auf Anfragen und Vorgaben des Systems reagiert. In die Kategorie der systemgesteuerten Lernumgebungen lassen sich Hilfesysteme, Trainings- und Übungsprogramme sowie tutorielle Systeme einordnen.[93]

Lernergesteuerte Systeme überlassen dem Lernenden die Ablaufsteuerung seines Lernprozesses. Sie setzen daher beim Lernenden die Kenntnis über sein Lernziel voraus. Der Lernende beseitigt aktiv Wissensdefizite, indem er die

---

führung, a. a. O.; Schulmeister, Rolf: Grundlagen hypermedialer Lernsysteme: Theorie – Didaktik – Design, a. a. O.; Bodendorf, Freimut: Computer in der fachlichen und universitären Ausbildung, a. a. O.; Hoppe, Uwe: Teachware für Finanzdienstleister: Entwicklung – Integration – Einsatz, a. a. O.; Dick, Egon: Multimediale Lernprogramme und telematische Lernarrangements: Einführung in die didaktische Gestaltung, Nürnberg: BW, Bildung und Wissen, Verlag und Software GmbH 2000; Bodendorf, Freimut: Typologie von Systemen für die computergestützte Weiterbildung, in: Computer in der betrieblichen Weiterbildung, Hrsg.: Bodendorf, Freimut; Hofmann, Jürgen, in: Handbuch der Informatik, Bd. 15.2, Hrsg.: Endres, Albert; Krallmann, Hermann; Schnupp, Peter, München, Wien: Oldenbourg 1993; Wedekind, Joachim: Neue Medien – Neues Lernen?, in: Neue Lernverfahren: Zweite Festschrift für Walther Zifreund aus Anlass seiner Emeritierung, Hrsg.: Klinzing, Hans Gerhard, Tübingen: Dgvt-Verlag 1998; Tergan, Sigmar-Olaf: Hypertext und Hypermedia: Konzeption, Lernmöglichkeiten, Lernprobleme, in: Information und Lernen mit Multimedia, Hrsg.: Issing, Ludwig J.; Klimsa, Paul, 2., überarb. Aufl., Weinheim: Psychologie Verlags Union 1997; Döring, Nicola: Lernen mit dem Internet, in: Information und Lernen mit Multimedia, Hrsg.: Issing, Ludwig J.; Klimsa, Paul, 2., überarb. Aufl., Weinheim: Psychologie Verlags Union 1997; Diepold, Peter: Internet: Neue Chancen für die Lehre, in: Handbuch Hochschullehre-Highlights Bd. 2: Neue Medien in der Hochschullehre: Perspektiven – Modelle – Methoden, Hrsg.: Balogh, Heike, Stuttgart et al.: Raabe 1996, B 1.7.

92 Vgl. Bodendorf, Freimut: Typologie von Systemen für die computergestützte Weiterbildung, a. a. O., S. 64.

93 Vgl. Bodendorf, Freimut: Typologie von Systemen für die computergestützte Weiterbildung, a. a. O., S. 64.

Lernumgebung nach bestimmten Lerninhalten durchsucht.[94] Unter die lernergesteuerten Lernumgebungen lassen sich Simulationssysteme und Spielsysteme fassen. Auch Hypertext- und Hypermedia-Systeme fallen in diese Kategorie. Bei diesen Systemen kann sich der Lernende durch freies Navigieren in einem Informationsnetzwerk die von ihm benötigten Informationen individuell zusammenstellen. Des Weiteren lassen sich auch Gruppenlernsysteme hier einordnen. Gruppenlernsysteme sollen durch Vernetzung einzelner Systeme das Erreichen von Lernzielen im Team unterstützen. Hierzu ist es notwendig, dass einzelne Gruppenmitglieder bei Verständnisschwierigkeiten ad hoc Unterstützung erhalten.[95]

Gemischt-initiative Lernumgebungen sind dadurch gekennzeichnet, dass Lernender und System jeweils aktive und passive Rollen übernehmen. Nach einer Phase der Lernerinitiative folgt beispielsweise ein systemgesteuerter Dialog, der wiederum beim Lernenden zu erneuten Aktivitäten führt. Zu dieser Kategorie gehören didaktisch aufbereitete Simulations- und Spielsysteme, sowie intelligente tutorielle Systeme.[96]

Das zweite Klassifizierungsmerkmal Systemflexibilität beschreibt die Fähigkeit des Systems, dem Lernenden in einer bestimmten Dialogsituation eine große Auswahl unterschiedlicher Informations- und Aktionsmöglichkeiten anzubieten, und den Grad, nach dem das System die unterschiedlichen individuellen Bedürfnisse des Lernenden berücksichtigt. Flexible Systeme passen sich den Vorkenntnissen, dem Verhalten und den Zielen des einzelnen Lernenden an. Sie erzeugen abhängig von der konkreten Dialogsituation und dem aktuellen Verhalten des Lernenden entsprechende Informationen oder bieten passende Funktionen an. Für diese Flexibilität benötigt das System Wissen über den Lehrstoff und Wissen über den Lernenden selbst. Da beispielsweise tutorielle Systeme über dieses Wissen verfügen, sind sie als sehr flexibel zu klassifizieren. Passive Hilfesysteme hingegen, die vorgefertigte Texte wiedergeben, gelten als sehr unflexibel.[97]

---

94 Vgl. Schäfer, Roland: Computergestützte Lernumgebungen in der Betriebswirtschaftslehre: Analyse und Konstruktion aus Sicht des selbstgesteuerten Lernens, a. a. O., S. 40.

95 Vgl. Bodendorf, Freimut: Typologie von Systemen für die computergestützte Weiterbildung, a. a. O., S. 65.

96 Vgl. Bodendorf, Freimut: Typologie von Systemen für die computergestützte Weiterbildung, a. a. O., S. 65.

97 Vgl. Bodendorf, Freimut: Typologie von Systemen für die computergestützte Weiterbildung, a. a. O., S. 65 f.

Abbildung 8 klassifiziert abschließend die dargestellten computerbasierten Lernsysteme nach dem Grad der geforderten Lernerinitiative und der möglichen Systemflexibilität.

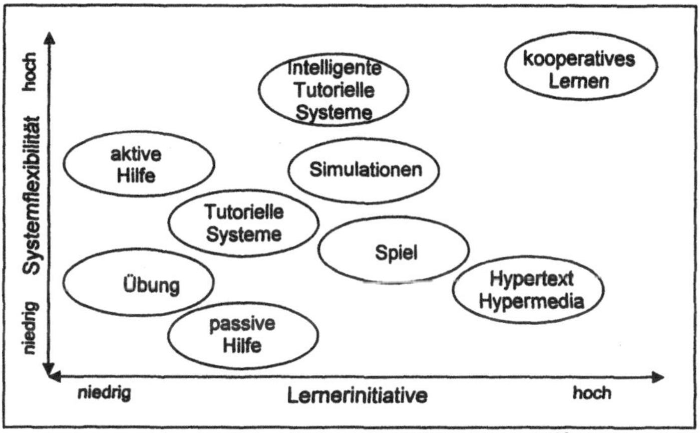


**Abb. 8: Klassifikation computerbasierter Lernsysteme**[98]

## 2.3 Objektorientierter Modellierungsansatz

### 2.3.1 Objektorientierte Modellbildung

In den vorangegangen Kapiteln wurden die Notwendigkeit der Wissensvermittlung sowie grundlegende lerntheoretische Ansätze dargelegt. Um die fachlichen Anforderungen des computerbasierten selbstgesteuerten Lernens systematisch beschreiben und modellieren zu können, ist zunächst ein Modellierungsansatz festzulegen und zu erläutern. Die Grundlagen hierfür zu legen, ist Ziel dieses Kapitels.

Die Entwicklung hochwertiger Software wird immer aufwendiger. Der Umstieg von alphanumerischen Benutzeroberflächen zu ereignisorientierten graphischen (GUIs), verteilte Datenhaltung, Internet, und andere Themen lösten einen beachtlichen Komplexitätssprung aus.[99] Hinzu kommt, dass Software nie als end-

---

98 Vgl. Bodendorf, Freimut: Typologie von Systemen für die computergestützte Weiterbildung, a. a. O., S. 64; Schäfer, Roland: Computergestützte Lernumgebungen in der Betriebswirtschaftslehre: Analyse und Konstruktion aus Sicht des selbstgesteuerten Lernens, a. a. O., S. 39.

99 Vgl. Oestereich, Bernd: Objektorientierte Softwareentwicklung: Analyse und Design mit der Unified Modeling Language, 5., völlig überarb. Aufl., München, Wien: Oldenburg 2001, S. 17.

gültig fertig betrachtet werden kann. Selbst wenn Änderungen nicht zwingend notwendig sind, so bleiben Verbesserungen dennoch immer wünschenswert.[100] Gerade bei erfolgreichen Programmen besteht durch die ständige Weiterentwicklung die Gefahr, sich immer mehr vom ursprünglichen Konzept zu entfernen. Aus diesem Grund ist es sinnvoll, sich nach geeigneten Methoden umzusehen, die die Komplexität beherrschbar machen, den Zerfallsprozess verzögern, die Weiterentwicklung fördern und dabei helfen, die Qualität und Zuverlässigkeit der Software aufrechtzuerhalten.[101]

Neben der technischen Komplexität von Softwareentwicklung wird die soziale Komplexität häufig unterschätzt. „Softwareentwicklung ist heutzutage auch ein komplexer sozialer Prozess. Die entscheidenden Gründe hierfür liegen darin, dass die Entwicklung von Software ein sehr personenbezogener Vorgang ist, bei dem immer mehr auch psychologisches, linguistisches und erkenntnistheoretisches Wissen sowie kommunikative Fähigkeiten wichtig sind."[102] Insbesondere Lernsoftwaresysteme sind in ein soziales Umfeld eingebettet, d.h. in eine Organisation mit Menschen – solchen Systemen (im Gegensatz zu technischen u. ä. Systemen) gilt das Interesse dieser Arbeit.

Im Kontext von Informationstechnologiesystemen werden oft Modelle erstellt, um existierende oder zukünftige Systeme besser zu verstehen. Ein Modell ist jedoch nie mit der Realität identisch. Vielmehr ist es Ziel, Wesentliches hervorzuheben und unwichtige Details wegzulassen. Welche Aspekte als wesentlich oder unwichtig eingestuft werden, lässt sich nicht allgemeingültig beantworten, sondern hängt davon ab, was mit dem Modell für Ziele verfolgt werden und wer die Leser des Modells sind.[103]

Ein Modell wird umso komplexer und schwieriger, je mehr Informationen in einem Modell gezeigt werden sollen. Ähnlich einer Landkarte, die ihre Übersichtlichkeit verliert, wenn sie gleichzeitig geographische, politische, verkehrstechnische und demographische Informationen veranschaulicht, so werden auch überladene Modelle unlesbar. Die Lösung liegt in der Aufteilung der Einzelaspekte in verschiedene Perspektiven. Diese verschiedenen Perspektiven auf

---

100 Vgl. Oestereich, Bernd: Objektorientierte Softwareentwicklung: Analyse und Design mit der Unified Modeling Language, a. a. O., S. 17.

101 Vgl. Oestereich, Bernd: Objektorientierte Softwareentwicklung: Analyse und Design mit der Unified Modeling Language, a. a. O., S. 18.

102 Oestereich, Bernd: Objektorientierte Softwareentwicklung: Analyse und Design mit der Unified Modeling Language, a. a. O., S. 18.

103 Vgl. Grässle, Patrick; Baumann, Henriette; Baumann, Philippe: UML projektorientiert, Geschäftsprozessmodellierung, IT-System-Spezifikation und Systemintegration mit UML, Bonn: Galileo Press 2000, S. 20 f.

den betrachteten Gegenstandsbereich sind jedoch in vielfältiger Weise miteinander verbunden.[104]

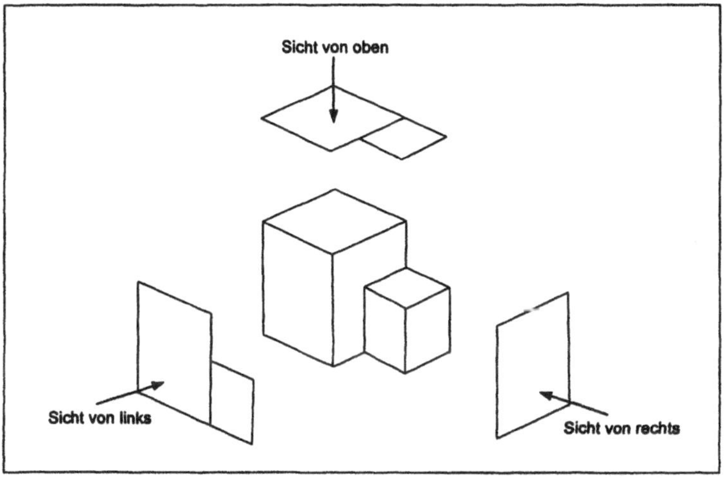


**Abb. 9: Verschiedene Perspektiven auf einen Gegenstand**

## 2.3.2 Vorteile objektorientierter Methoden

Für die Betrachtung computerbasierter Lernumgebungen zur Unterstützung selbstgesteuerter Lernprozesse wird der Analysebereich durch statische und dynamische Aspekte untersucht. Die Modellierung sowohl statischer als auch dynamischer Systemaspekte besitzt in der Softwareentwicklung Tradition. Zu diesen Methoden zählen beispielsweise Programmablaufpläne, Struktogramme, Datenflusspläne u. a..[105] Diese Methoden werden als strukturierte Beschreibungsmethoden bezeichnet. Die Reduktion von Komplexität wird bei der strukturierten Modellbildung durch Bildung von Sichten erlangt.[106] Sichten auf das

---

104 Vgl. Grässle, Patrick; Baumann, Henriette; Baumann, Philippe: UML projektorientiert, Geschäftsprozessmodellierung, IT-System-Spezifikation und Systemintegration mit UML, a. a. O., S. 21.

105 Vgl. Balzert, Helmut: Lehrbuch der Software-Technik, 2. Aufl., Heidelberg, Berlin: Spektrum, Akad. Verl. 2001, S. 35.

106 Vgl. Sander, Jörg: Mediengestütztes Bildungsmanagement: virtuelle Lernwelten für Unternehmen, a. a. O., S. 69.

Unternehmen sind beispielsweise die Organisations-, die Funktions-, die Daten - , die Leistungs- und die Prozesssicht.[107]

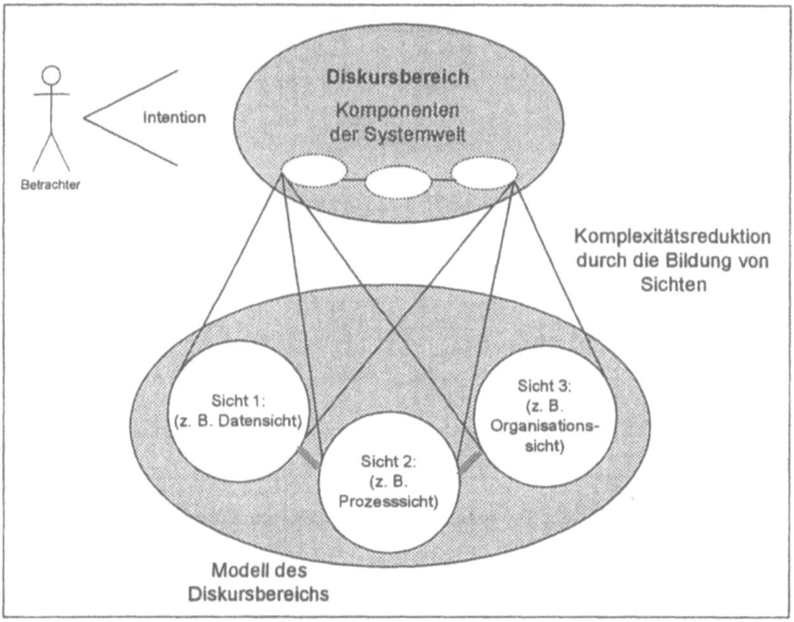


**Abb. 10: Strukturierte Modellbildung**[108]

Im Gegensatz zur strukturierten Modellbildung erfolgt die Reduktion der Komplexität bei der Objektorientierung durch Abstraktion von miteinander in Beziehung stehenden Komponenten des Systems.[109]

Die eindeutige Definition von Schnittstellen zwischen Teilsystemen ermöglicht es dem Betrachter, sich ausschließlich auf eine Komponente zu konzentrieren,

---

107 Vgl. Scheer, August-Wilhelm: ARIS – Vom Geschäftsprozess zum Anwendungssystem, 3. Aufl., Berlin: Springer 1998, S. 33 ff.

108 In Anlehnung an Sander, Jörg: Mediengestütztes Bildungsmanagement: virtuelle Lernwelten für Unternehmen, a. a. O., S. 70.

109 Vgl. Meyer, Bertrand: Erfolgsschlüssel Objekttechnologie: Managementführer zur Neuorganisation des Softwareprozesses, München: Hanser Verlag 1996, S. 15 f.; Sander, Jörg: Mediengestütztes Bildungsmanagement: virtuelle Lernwelten für Unternehmen, a. a. O., S. 70.

wodurch die Komplexität ähnlich der Sichtenbildung strukturierter Modellierung erheblich reduziert wird.[110]

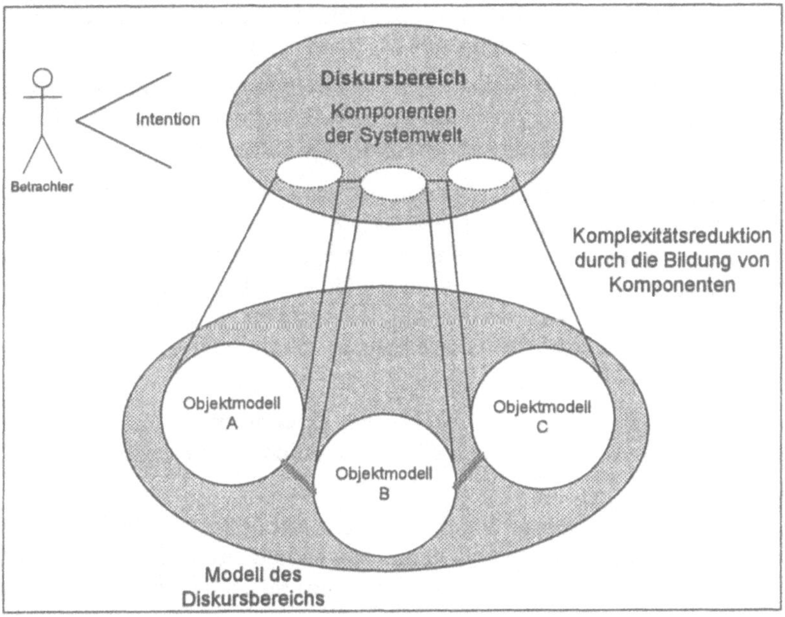


**Abb. 11: Objektorientierte Modellbildung[111]**

Die strukturierten Softwareentwicklungsmethoden helfen bei der Bewältigung der Komplexität, sie stoßen jedoch durch die gepflegte Trennung zwischen Daten- und Funktionssicht bei komplexer Software an ihre Grenzen, da die Beschreibung und Realisierung komplexer Software nicht mehr oder nur zu hohen Kosten beherrschbar bleibt.[112]

In kompakter Form dargestellt weist die objektorientierte Modellierung folgende Vorteile und Charakteristika auf:[113]

---

110 Vgl. Sander, Jörg: Mediengestütztes Bildungsmanagement: virtuelle Lernwelten für Unternehmen, a. a. O., S. 70.

111 In Anlehnung an Sander, Jörg: Mediengestütztes Bildungsmanagement: virtuelle Lernwelten für Unternehmen, a. a. O., S. 71.

112 Vgl. Oestereich, Bernd: Objektorientierte Softwareentwicklung: Analyse und Design mit der Unified Modeling Language, a. a. O., S. 27.

113 Vgl. Grässle, Patrick; Baumann, Henriette; Baumann, Philippe: UML projektorientiert, Geschäftsprozessmodellierung, IT-System-Spezifikation und Systemintegration mit

Evolutionäre Entwicklung: Neue Anforderungen können durch den evolutionären Prozess auch während des Entwicklungsprozesses nachgereicht und vergleichsweise einfach integriert werden. Hierdurch können auch anspruchsvollere und komplexere Anwendungsgebiete erschlossen werden.

Erleichterung der Kommunikation: Die Kommunikation zwischen Softwareentwicklern und Experten im Anwendungsbereich verbessert sich durch die menschenorientiertere (statt maschinenorientierte) Sichtweise.

Methodische Durchgängigkeit: Im objektorientierten Entwicklungsprozess lassen sich die Ergebnisse einer Aktivität i ohne weiteres in die Aktivität i+1 übernehmen und umgekehrt. In allen Phasen der Softwareentwicklung wird mit denselben Konzepten gearbeitet, d.h. es findet kein Wechsel in der Modellrepräsentation statt. Dies begünstigt die Qualität der Arbeitsergebnisse, steigert die Konsistenz der Entwicklungsschritte zueinander, vereinfacht die Entwicklung und erleichtert die Dokumentation.

Ganzheitliche Sichtweise: Den Strukturen, Zusammenhängen und Abhängigkeiten der realen Welt wird durch die ganzheitliche Sichtweise besser entsprochen.

Bessere Wiederverwendung: Objektorientierte Modelle sind über ihre Gesamtlebenszeit betrachtet stabiler und damit anwendungsfreundlicher. Hierbei sich auch wesentliche, globale Systemänderungen meistens ursächlich lokal begrenzt.

### 2.3.3 Entwicklung der objektorientierten Methoden

Die Idee der Objektorientierung ist über 30 Jahre alt und mit Smalltalk liegt die Entwicklung erster objektorientierter Programmiersprachen fast ebenso lange zurück. Die ersten Bücher zur objektorientierten Analyse- und Designmethoden erschienen jedoch erst Anfang der 90er Jahre.[114] Zu ihnen gehören die von Booch, Coad und Yourdon, Rumbaugh u. a., Wirfs-Brock und Johnson, Shlaer und Mellor, Martin und Odell, Henderson-Sellers, Jacobson.[115]

---

UML, a. a. O., S. 13; Oestereich, Bernd: Objektorientierte Softwareentwicklung: Analyse und Design mit der Unified Modeling Language, a. a. O., S. 27 u. S. 32.

114 Vgl. Oestereich, Bernd: Objektorientierte Softwareentwicklung: Analyse und Design mit der Unified Modeling Language, a. a. O., S. 19.

115 Vgl. Booch, G.: Object-oriented design with applications, Redwood City: Benjamin/Cummings 1991; Coad, P.; Yourdon, E.: Object-Oriented Design, Engelwood Cliffs: Prentice-Hall 1991; Rumbaugh, J.; Blaha, M.; Permerlani, W.; Eddy, F.; Lorenson, W.: Object-Oriented Modeling and Design, Englewood Cliffs: Prentice-Hall 1991; Wirfs-

Im Oktober 1994 schlossen sich Grady Booch und Jim Rumbaugh bei Rational Software Corporation zusammen, um ihre erfolgreichen Methoden zu einem einheitlichen Industriestandard weiterzuentwickeln. Diese publizierten sie unter dem Namen Unified Method 0.8 im Oktober 1995. Ivar Jacobson beteiligte sich ab Herbst 1995 an der Entwicklung und integrierte seine OOSE-Methode in die Unified Modeling Language (UML). Die UML 0.9 wurde im Juni 1996 veröffentlicht.[116] Die Autoren Booch, Rumbaugh und Jacobson nannten sich fortan „Amigos", wobei ihre Methoden durch die große Popularität einen Quasi-Standard bildeten. Im November 1997 wurde die UML 1.1 bei der Object Management Group (OMG) zur Standardisierung eingereicht und akzeptiert. Die Versionen 1.2, 1.3 und 1.4 beinhalten jeweils einige Korrekturen.[117] Derzeit ist die Version 2.0 bei der OMG in Vorbereitung, die umfangreiche Erweiterungen beinhalten soll.[118]

---

Brock, R; Wilkerson, B.; Wiener, L: Designing Object-Oriented Software, Englewood Cliffs: Prentice-Hall 1990; Shlaer, S; Mellor, S.: Object Lifecycles – Modeling the World in States, Englewood Cliffs: Prentice-Hall 1991; Jacobson, I; Christerson, M.; Jonsson, P; Övergaard, G.: Object-Oriented Software Engineering, A Use Case Driven Approach, Workingham: Addison-Wesley 1992; Martin, J.; Odell, J.: Object-Oriented Analysis & Design, Englewood Cliffs: Prentice-Hall 1992; Oestereich, Bernd: Objektorientierte Softwareentwicklung: Analyse und Design mit der Unified Modeling Language, a. a. O., S. 19.

116 Vgl. Balzert, Heide: UML kompakt: mit Checklisten, Heidelberg, Berlin: Spektrum, Akad. Verlag 2001, S. 1.

117 Vgl. Oestereich, Bernd: Objektorientierte Softwareentwicklung: Analyse und Design mit der Unified Modeling Language, a. a. O., S. 20.

118 Aktuelle Informationen hierzu finden der interessierte Leser unter http://www.omg.org/uml/.

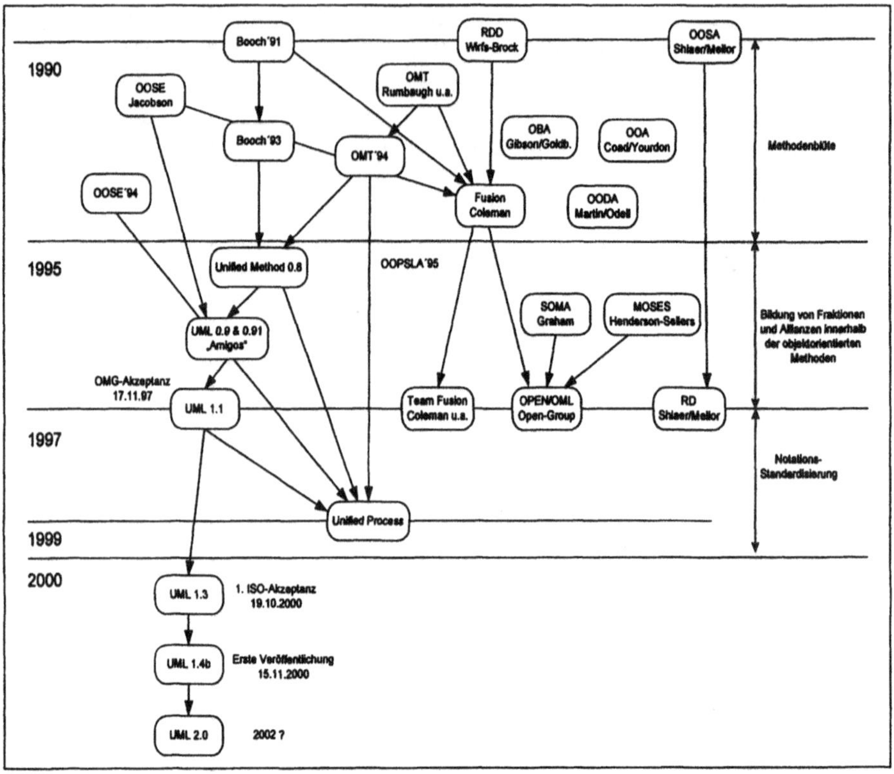


**Abb. 12: Historische Entwicklung objektorientierter Methoden und der UML**[119]

## 2.3.4 Grundlagen der Unified Modeling Language

### 2.3.4.1 Einführung in Grundbegriffe der UML

Die Unified Modeling Language besteht aus graphischen Elementen, die man so kombinieren kann, dass sie Diagramme bilden. Da sie eine Sprache ist, unterliegt sie Regeln, nach denen diese Elemente zu kombinieren sind.[120] Die UML

119 In Anlehnung an: Oestereich, Bernd: Objektorientierte Softwareentwicklung: Analyse und Design mit der Unified Modeling Language, a. a. O., S. 21.

120 Schmuller, Joseph: UML – Einstieg in die visuelle Objektmodellierung mit der Unified Modeling Language, München: Markt + Technik Verlag 2000, S. 28.

beschränkte sich zunächst auf die Notation und Semantik.[121] Unter der Führung von I. Jacobson wurde auch ein Vorgehensmodell, das auf UML basiert, entwickelt. Das Resultat ist der Unified Software Development Process (USDP oder Unified Process abgekürzt).[122]

Im Folgenden soll die Modellierungssprache UML dazu genutzt werden, den Diskussionsbereich systematisch zu beschreiben. Die Dimensionen Sprache und Notation, also die UML, soll in den weiteren Abschnitten kurz mit den gebräuchlichsten Diagrammen sowie die in ihnen dargestellten Konzepte dargelegt werden.

Die Objektorientierung erhielt ihren Namen, weil diese Methode die in der realen Welt vorkommenden Gegenstände als Objekte ansieht. Durch Generierung von abstrakten Modellen werden komplexe Realitäten einfacher handhabbar.[123]

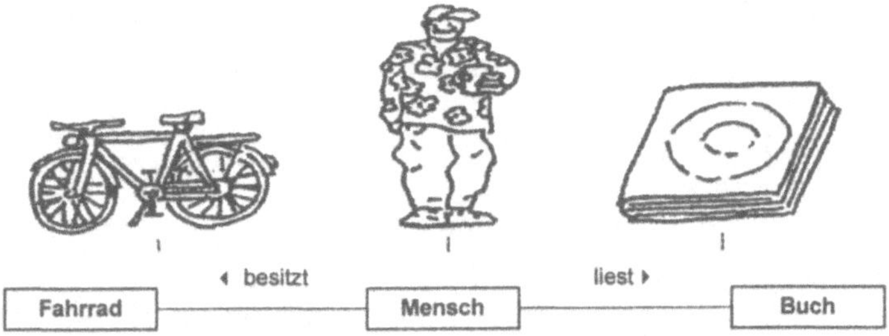


**Abb. 13: Vereinfachung komplexer Realitäten durch abstrakte Modelle**

---

121 Vgl. Oestereich, Bernd (Hrsg.); Hruschka, P.; Josuttis, N.; Kocher, H.; Krasemann, H.; Reinhold, M.: Erfolgreich mit Objektorientierung: Vorgehensmodelle und Managementpraktiken für die objektorientierte Softwareentwicklung, 2., aktualisierte und erg. Aufl., München: Oldenbourg Wissenschaftsverlag 2001, S. 15.

122 Vgl. Oestereich, Bernd (Hrsg.); Hruschka, P.; Josuttis, N.; Kocher, H.; Krasemann, H.; Reinhold, M.: Erfolgreich mit Objektorientierung: Vorgehensmodelle und Managementpraktiken für die objektorientierte Softwareentwicklung, a. a. O., S. 15. Der interessierte Leser sei auf folgende Quellen verwiesen: Object Engineering Process, http://www.oose.de/oep; Kruchten, P.: The Rational Unified Process, An Introduction, Longman: Addison-Wesley 1998; Oestereich, Bernd (Hrsg.); Hruschka, P.; Josuttis, N.; Kocher, H.; Krasemann, H.; Reinhold, M.: Erfolgreich mit Objektorientierung: Vorgehensmodelle und Managementpraktiken für die objektorientierte Softwareentwicklung, a. a. O.; Jacobson. I.; Booch, G.; Rumbaugh, J.: The Unified Software Development Process, Longman: Addison-Wesley 1999.

123 Vgl. Oestereich, Bernd: Objektorientierte Softwareentwicklung: Analyse und Design mit der Unified Modeling Language, a. a. O., S. 37.

Ein Objekt (object) besitzt einen bestimmten Zustand und reagiert mit einem definierten Verhalten auf seine Umgebung. Außerdem hat jedes Objekt eine Identität, die es von allen anderen Objekten unterscheidet.[124] Ein Objekt kann ein oder mehrere Objekte kennen, man spricht hierbei von Objektbeziehungen (links).[125]

Die zu berücksichtigenden Objekte werden im Modell nicht alle individuell konzipiert. Für gleichartige Objekte wird ein Bauplan erstellt, der in der Objektorientierung Klasse genannt wird. Mittels dieser Klasse werden die konkreten Objekte erzeugt. Zur übersichtlicheren Darstellung werden Attribute und Operationen der Klasse nicht immer angegeben. In diesem Fall wird die Klasse als Rechteck veranschaulicht. Bei dem Objekt wird der Objektname unterstrichen. Stellt man die Objekt-Klassen-Beziehung dar, so wird zwischen dem Objekt und seiner Klasse ein gestrichelter Pfeil in Richtung der Klasse gezeichnet.[126]

**Abb. 14: Notation und Beispiel einer Objekt-Klassen-Beziehung**

Im Rahmen der UML ist es zulässig Stereotype zu verwenden. Ein Stereotyp ist definiert als projekt-, unternehmens-, oder methodenspezifische Erweiterung vorhandener Modellelemente des UML-Metamodells.[127] Ein Metamodell ist ein Modell, das die Sprache definiert, mit der ein Modell definiert werden kann.[128] In Abbildung 15 sind ein textueller Stereotyp, ein visueller Stereotyp und eine gemischte Form dargestellt.[129]

---

124 Vgl. Balzert, Heide: UML kompakt: mit Checklisten, a. a. O., S. 3.

125 Vgl. Oestereich, Bernd: Objektorientierte Softwareentwicklung: Analyse und Design mit der Unified Modeling Language, a. a. O., S. 330.

126 Vgl. Oestereich, Bernd: Objektorientierte Softwareentwicklung: Analyse und Design mit der Unified Modeling Language, a. a. O., S. 39.

127 Vgl. Oestereich, Bernd: Objektorientierte Softwareentwicklung: Analyse und Design mit der Unified Modeling Language, a. a. O., S. 335.

128 Vgl. Oestereich, Bernd: Objektorientierte Softwareentwicklung: Analyse und Design mit der Unified Modeling Language, a. a. O., S. 328.

129 Vgl. Oestereich, Bernd: Objektorientierte Softwareentwicklung: Analyse und Design mit der Unified Modeling Language, a. a. O., S. 202.

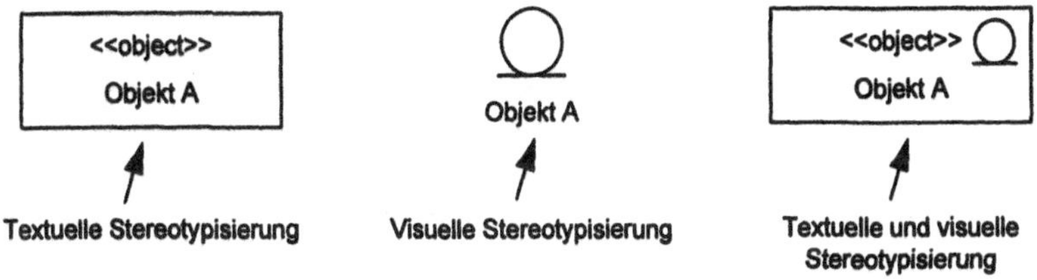


**Abb. 15: Stereotype**

Zur besseren Lesbarkeit der Modelle wird das Objekt in Anlehnung an Oestereich mit einem visuellen Stereotyp dargestellt.[130]

Im Folgenden werden die für die vorliegende Arbeit wesentlichen Modellelemente der UML erläutert. Sie werden nach den Diagrammtypen gegliedert, in denen sie primär Verwendung finden. Folgende Diagrammtypen werden hierbei näher betrachtet:

- Anwendungsfalldiagramm (*use case diagram*): Es zeigt Akteure, Anwendungsfälle und ihre Beziehungen. Zur detaillierten Beschreibung der Anwendungsfälle werden hierbei Essenzbeschreibungen näher betrachtet.
- Aktivitätsdiagramm (*activity diagram*), Objektflussdiagramm: Es ist eine spezielle Ausprägung von Zustandsdiagrammen und zeigt Aktivitäten, Objektzustände, Zustände, Zustandsübergänge und Ereignisse.
- Klassendiagramm (*class diagram*): Zeigt Klassen sowie ihre Beziehung untereinander.

Zustandsdiagramme, Sequenzdiagramme und Kollaborationsdiagramme als weitere Repräsentanten der Verhaltensdiagramme[131] werden im Rahmen dieser Arbeit nicht näher betrachtet, da die zu veranschaulichenden dynamischen Aspekte mit dem Aktivitätsdiagramm und dem Objektflussdiagramm am besten dargelegt werden können. Die primär in der Implementierung Anwendung findenden Diagramme, Komponentendiagramm und Verteilungsdiagramm,[132] werden aufgrund ihrer Ausrichtung an der technischen Umsetzung ebenfalls nicht vertieft.

---

130 Vgl. Oestereich, Bernd: Objektorientierte Softwareentwicklung: Analyse und Design mit der Unified Modeling Language, a. a. O., S. 133.

131 Vgl. Oestereich, Bernd: Objektorientierte Softwareentwicklung: Analyse und Design mit der Unified Modeling Language, a. a. O., S. 195

132 Vgl. Oestereich, Bernd: Objektorientierte Softwareentwicklung: Analyse und Design mit der Unified Modeling Language, a. a. O., S. 255 u. S. 313.

### 2.3.4.2 Anwendungsfalldiagramm

Ein Anwendungsfalldiagramm (use case diagram) zeigt den Zusammenhang zwischen Anwendungsfällen und den daran beteiligten Akteuren. Der Anwendungsfall beschreibt eine typische Interaktion zwischen dem Anwender und dem System, d.h., er veranschaulicht das externe Systemverhalten aus Sicht des Anwenders. Der Anwender wird dabei als so genannter Akteur dargestellt. Der Anwendungsfall muss für den Akteur zu einem wahrnehmbaren Ergebnis führen und wird durch den Akteur initiert.[133]

Anwendungsfalldiagramme sollen es ermöglichen, mit dem zukünftigen Benutzer über die Funktionalität des Softwaresystems zu sprechen, ohne sich gleich in Details zu verlieren. Das Anwendungsfalldiagramm gibt somit auf hohem Abstraktionsniveau einen guten Überblick über das Softwaresystem und seine Schnittstellen zur Umgebung.[134]

Akteure werden als Strichmännchen dargestellt, die Anwendungsfälle als Ovale. Die Anwendungsfälle sind durch Linien mit den beteiligten Akteuren verbunden. Optional kann die Systemgrenze durch einen Rahmen um die Anwendungsfälle veranschaulicht werden.[135]

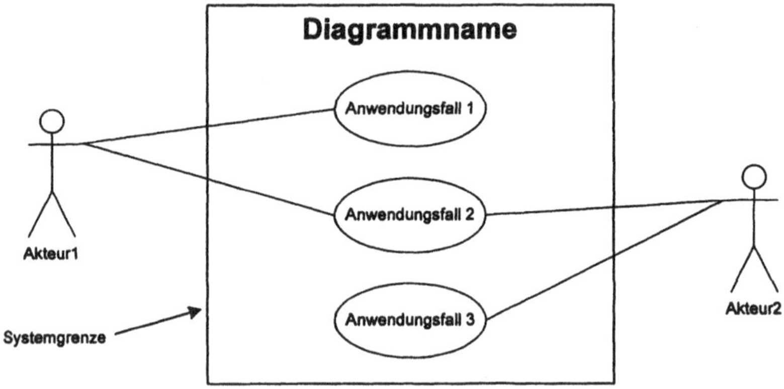


**Abb. 16: Anwendungsfalldiagramm**

133 Vgl. Herold, Helmut; Klar, Michael; Klar, Susanne: Objektorientierung – Angewandte Objektorientierung mit C++ und UML, München et al: Addison-Wesley 2001, S. 434.

134 Vgl. Balzert, Heide: UML kompakt: mit Checklisten, a. a. O., S. 19 f.

135 Vgl. Oestereich, Bernd: Objektorientierte Softwareentwicklung: Analyse und Design mit der Unified Modeling Language, a. a. O., S. 198.

Bevor die Anwendungsfälle inhaltlich konkretisiert und detailliert werden, ist es zentral, den jeweils eigentlichen geschäftlichen Zweck herauszuarbeiten. Viele sich später ergebenden Details sind auf konkrete Rahmenbedingungen und technologische Gegebenheiten bezogen und deshalb selten langfristig stabil.[136]

Die Essenzbeschreibung sollte die vermutlich stabilen Anforderungen von den vermutlich instabilen abgrenzen. Ziel hierbei ist, die eigentliche geschäftliche Intention herauszuarbeiten. Meist sind Essenzbeschreibungen sehr abstrakte und allgemeine Formulierungen, die helfen, den geschäftlichen Kern zu finden, um einfacher anpassbare Systeme zu entwickeln. Die Essenzbeschreibung kann als die komprimierteste und abstrakteste Form eines Anwendungsfalls gesehen werden und bietet einen guten Überblick über den Problemraum eines Projektes insgesamt.[137] Eine Essenzbeschreibung enthält den Namen des Anwendungsfalls, eine Kurzbeschreibung, eine Auflistung der Vorbedingungen, eingehende Daten und Ereignisse, alle Nachbedingungen und ausgehenden Daten, beteiligte Akteure und eine Auflistung der essentiellen Aktivitäten, d.h. Schritte im Ablauf.[138] Im exemplarischen Anwendungsfall „Buch entleihen" wird dies verdeutlicht.

| **Name:** | **Buch entleihen** |
|---|---|
| *Kurzbeschreibung:* | Ein Kunde entleiht aus der Bibliothek ein Buch für einen definierten Zeitraum. |
| *Akteure:* | Kunde, Bibliothekar |
| *Auslöser:* | Kunde möchte ein Buch entleihen |
| *Vorbedingungen, Annahmen:* | Keine |
| *Eingehende Informationen:* | Kundendaten, Entleihungswunsch |
| *Ergebnisse:* | Entleihung, Entleihungsbestätigung, Rückgabetermin |
| *Nachbedingungen::* | Kunde hat ein Buch entliehen. |
| *Ablauf:* | 1. Kunden identifizieren<br>2. Entleihungswunsch aufnehmen<br>3. Entleihungsmöglichkeit prüfen<br>4. Buch entleihen<br>5. Entleihung bestätigen |

**Tab. 2: Essenzbeschreibung: Buch entleihen**

136 Vgl. Oestereich, Bernd: Objektorientierte Softwareentwicklung: Analyse und Design mit der Unified Modeling Language, a. a. O., S. 101.

137 Vgl. Oestereich, Bernd: Objektorientierte Softwareentwicklung: Analyse und Design mit der Unified Modeling Language, a. a. O., S. 103.

138 Vgl. Oestereich, Bernd: Objektorientierte Softwareentwicklung: Analyse und Design mit der Unified Modeling Language, a. a. O., S. 103.

### 2.3.4.3 Aktivitätsdiagramm

Ein Aktivitätsdiagramm (activity diagram) ist ein Ablaufdiagramm, mit dem die einzelnen Schritte in einem Geschäftsprozess bzw. einem Arbeitsablauf anschaulich modelliert werden können.[139] Das Aktivitätsdiagramm ist eine spezielle Ausprägung des Zustandsdiagramms, das überwiegend oder ausschließlich Aktivitäten enthält. Eine Aktivität ist ein Zustand mit einer internen Aktion und einer oder mehreren ausgehenden Transitionen (Zustandsübergängen), die automatisch dem Abschluss der internen Aktion folgen. Eine Aktivität ist ein einzelner Schritt innerhalb eines Ablaufs.[140] Abbildung 17 veranschaulicht das Aktivitätsdiagramm mit Verzweigung, Bedingung und Zusammenführung.

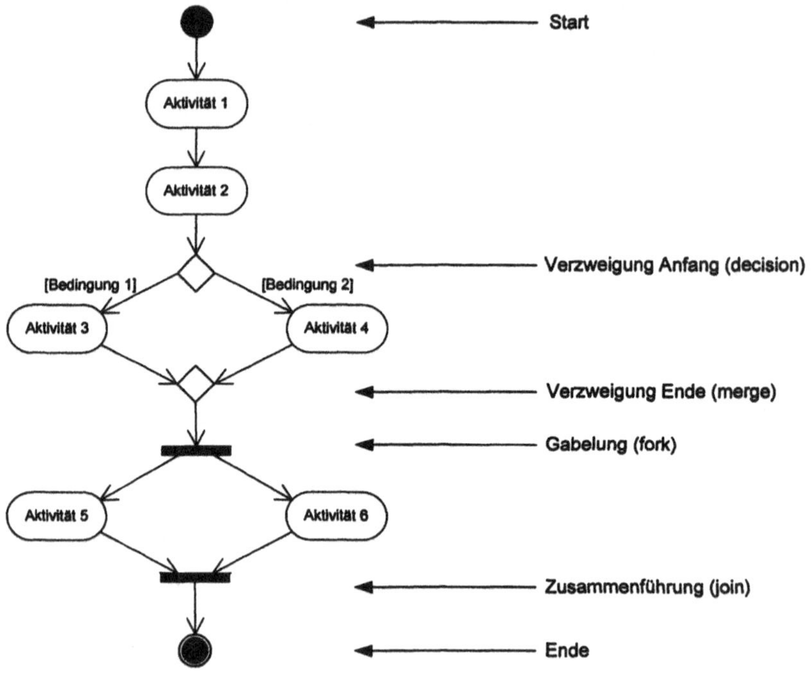


Abb. 17: Aktivitätsdiagramm[141]

139 Vgl. Balzert, Heide: Objektorientierung in 7 Tagen: vom UML-Modell zur fertigen Web Anwendung, a. a. O., S. 137.

140 Vgl. Oestereich, Bernd: Objektorientierte Softwareentwicklung: Analyse und Design mit der Unified Modeling Language, a. a. O., S. 288.

141 Vgl. Balzert, Heide: UML kompakt: mit Checklisten, a. a. O., S. 26.

### 2.3.4.4 Klassendiagramm

Eine Klasse definiert für eine Kollektion von Objekten deren Struktur (Attribute), Verhalten (Operationen) sowie Beziehungen (Assoziationen und Vererbungen).[142] Das Zusammenfassen von Attributen und Operationen zu einer Einheit wird auch als Kapselung bezeichnet. Ein Attribut ist ein Datenelement, welches in jedem Objekt einer Klasse gleichermaßen enthalten ist und von jedem Objekt mit einem individuellen Wert repräsentiert wird. Operationen sind Dienstleistungen, die von einem Objekt mit einer Nachricht angefordert werden können, um ein bestimmtes Verhalten zu bewirken. Bei Operationen ist das Konzept der Polymorphie von Bedeutung, welches besagt, dass sich eine Operation in unterschiedlichen Klassen verschieden verhalten kann. Beziehungen beschreiben Verbindungen zwischen Modellelementen mit semantischem Gehalt.[143]

Für die Klasse Kursteilnehmer sind beispielhaft die Attribute Personalnummer, Abteilung, interne Anschrift, wahrgenommene Weiterbildungszeit, das für einen Zeitraum zur Verfügung stehende Weiterbildungskontingent, das Gehalt u. a. erfasst. Operationen sind hier exemplarisch das Erfassen wahrgenommener Weiterbildungszeit, das Berechnen des verfügbaren Restkontingents an Weiterbildungszeit, die Übermittlung des aktuellen Weiterbildungskontingents an den Kursteilnehmer sowie die Berechnung des Gehalts.

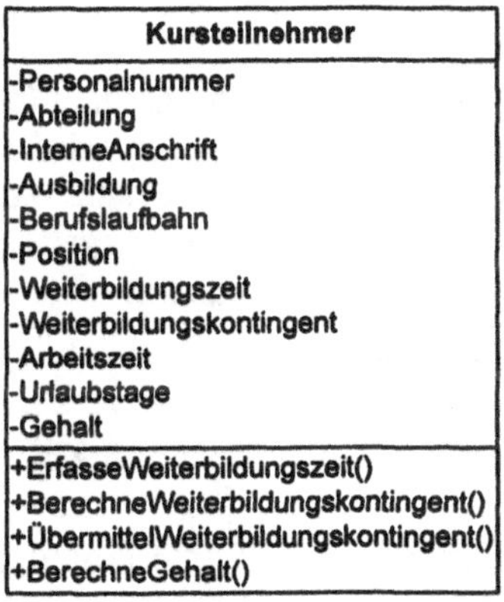


**Abb. 18: Klasse - Kursteilnehmer**

142 Vgl. Balzert, Heide: UML kompakt: mit Checklisten, a. a. O., S. 5.

143 Vgl. Oestereich, Bernd: Objektorientierte Softwareentwicklung: Analyse und Design mit der Unified Modeling Language, a. a. O., S. 40, S. 66, S. 321, S. 330.

Abstrakte Klassen sind Klassen, von denen keine konkreten Exemplare erzeugt werden können, d.h. von denen es grundsätzlich keine Objekte geben wird. Im aufgeführten Beispiel wird es Objekte der Klassen Kreis und Rechteck geben. Ein Objekt der Klasse Geometrische Figur jedoch nicht, denn sie ist lediglich eine Abstraktion. Sie ist im Modell enthalten, um die gemeinsamen Eigenschaften sinnvoll zu abstrahieren.[144] Gekennzeichnet wird sie mit dem englischen Begriff „abstract".

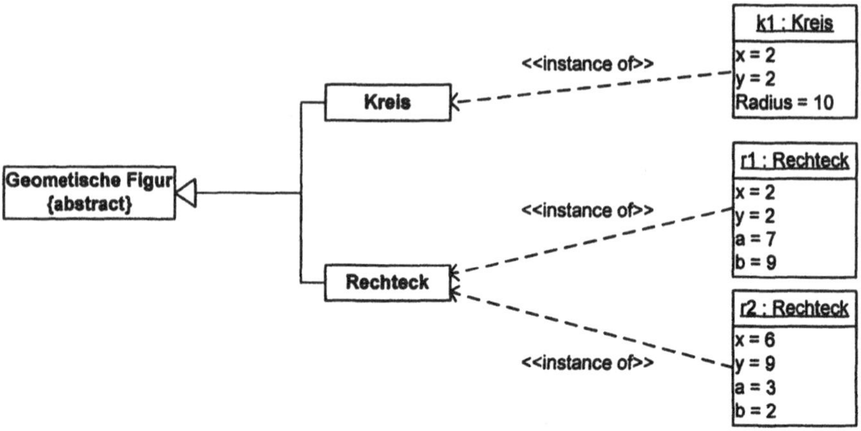


**Abb. 19: Abstrakte Klassen**

Ein wesentliches Element von Klassendiagrammen (class diagrams) sind die in ihm dargestellten Beziehungen. Im Folgenden wird eine kurze Übersicht über verschiedene, im Rahmen dieser Arbeit relevante Arten von Beziehungen gegeben. Im Einzelnen sind dies: Assoziationen, gerichtete Assoziation, attributierte Assoziation, Aggregation und Komposition.

Nicht näher betrachtet werden Realisierungsbeziehungen, qualifizierte Assoziation, mehrgliedrige Assoziation sowie die spezialisierte Assoziation, da diese im weiteren Verlauf der Arbeit zur Darstellung selbstgesteuerter Lernprozesse keine Verwendung finden.[145]

Eine Assoziation (association) modelliert Verbindungen zwischen Objekten einer oder mehrerer Klassen. Binäre Assoziationen verbinden zwei Objekte.

144 Vgl. Oestereich, Bernd: Objektorientierte Softwareentwicklung: Analyse und Design mit der Unified Modeling Language, a. a. O., S. 55.

145 Für weitere Informationen sei verwiesen auf Oestereich, Bernd: Objektorientierte Softwareentwicklung: Analyse und Design mit der Unified Modeling Language, a. a. O., S. 256 ff. und o. V.: http://www.omg.org/uml.

Eine Assoziation zwischen Objekten einer Klasse wird als reflexiv bezeichnet. Jede Assoziation wird optional durch einen Assoziationsnamen oder Rollennamen beschrieben. Zusätzlich kann auch die Leserichtung indiziert werden. Eine Assoziation wird durch Multiplizitäten, auch Kardinalitäten genannt, beschrieben. D.h. sie spezifiziert die Anzahl der Objekte, die ein bestimmtes Objekt kennen kann.[146]

**Abb. 20: Assoziation**

Eine gerichtete Assoziation ist eine Assoziation, bei der von der einen beteiligten Assoziationsrolle zur anderen direkt navigiert werden kann, nicht aber umgekehrt. Im folgenden Beispiel kann die Rechnung auf die Anschrift zugreifen, umgekehrt bleibt es der Anschrift verborgen, in welcher Rechnung sie Verwendung findet.[147]

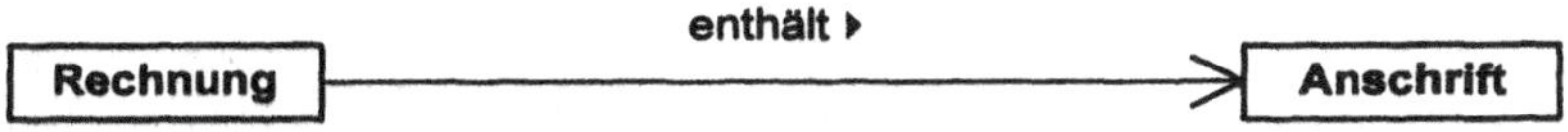


**Abb. 21: Gerichtete Assoziation**

Eine attributierte Assoziation ist ein Modellelement, das sowohl über Eigenschaften einer Klasse als auch über die einer Assoziation verfügt. Die Eigenschaften der Beziehung werden als Klasse modelliert, die der Assoziation notationell zugeordnet ist.[148]

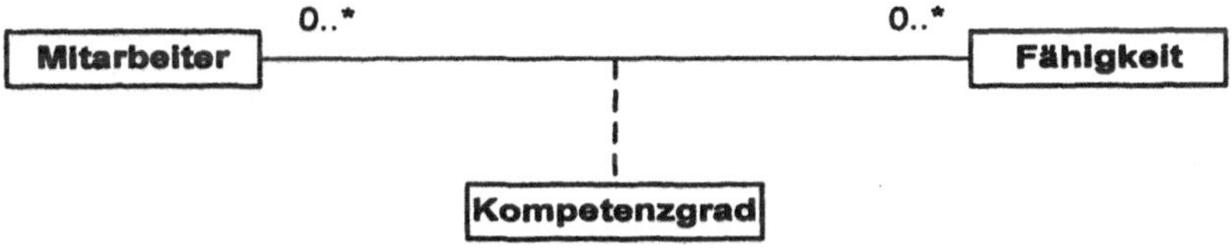


**Abb. 22: Attributierte Assoziation**[149]

---

146 Vgl. Balzert, Heide: UML kompakt: mit Checklisten, a. a. O., S. 10.

147 Vgl. Oestereich, Bernd: Objektorientierte Softwareentwicklung: Analyse und Design mit der Unified Modeling Language, a. a. O., S. 275.

148 Vgl. Oestereich, Bernd: Die UML-Kurzreferenz für die Praxis: kurz, bündig, ballastfrei, München; Wien: Oldenbourg 2001, S. 70.

149 Vgl. Oestereich, Bernd: Die UML-Kurzreferenz für die Praxis: kurz, bündig, ballastfrei, München; Wien: Oldenbourg 2001, S. 72.

Die Aggregation ist ein Sonderfall der Assoziation. Sie besteht, wenn zwischen den beteiligten Objekten eine Beziehung existiert, die sich als „ist Teil von" oder „besteht aus" beschreiben lässt. Die Komposition ist eine Sonderform der Aggregation. Die Lebensdauer der Teile ist existenzabhängig vom Ganzen. Jedes Teil kann zu einem bestimmten Zeitpunkt nur zu einem Ganzen gehören.[150]

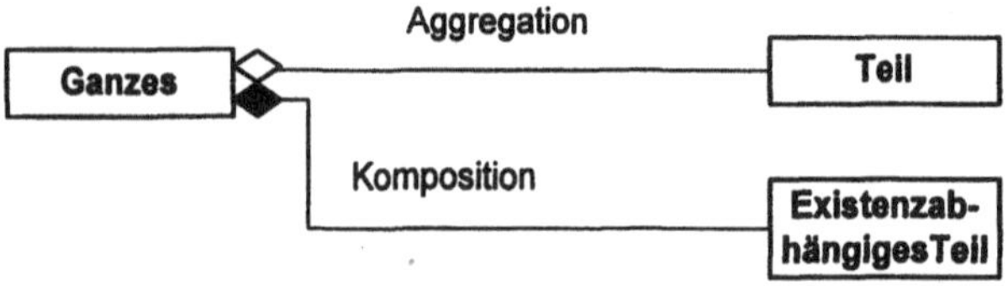


**Abb. 23: Aggregation und Komposition[151]**

Bevor man an die Modellierung der Anforderungen computerbasierten selbstgesteuerten Lernens gehen kann, ist zunächst eine präzise Analyse des Anwendungsgebietes notwendig. Hierfür wird in *Kapitel 3* das selbstgesteuerte Lernen näher betrachtet. Es erfolgt zunächst eine Begriffsdefinition, die im Weiteren zu Grunde gelegt wird. Basierend auf dem Zwei-Schalen-Modell von Straka wird dann das Komponentenmodell computerbasierten selbstgesteuerten Lernens entwickelt, welches den Analyserahmen liefert, der in den folgenden Kapiteln abgehandelt werden kann.

150 Vgl. Balzert, Heide: Objektorientierung in 7 Tagen: vom UML-Modell zur fertigen Web Anwendung, Heidelberg; Berlin: Spektrum, Akad. Verlag 2000, S. 69.

151 Vgl. Oestereich, Bernd: Die UML-Kurzreferenz für die Praxis: kurz, bündig, ballastfrei, München; Wien: Oldenbourg 2001, S. 86.

# 3 Fachliche Anforderungen computerbasierten selbstgesteuerten Lernens

## 3.1 Begriffsklärung

### 3.1.1 Begriff und Bedeutung des selbstgesteuerten Lernens

Selbstgesteuertes Lernen ist „eine Form des Lernens, bei der die Person in Abhängigkeit von der Art ihrer Lernmotivation selbstbestimmt eine oder mehrere Selbststeuerungsmaßnahmen kognitiver, metakognitiver, volitionaler oder verhaltensmäßiger Art ergreift und den Fortgang des Lernprozesses selbst überwacht"[152]

In der Forschung zum selbstgesteuerten Lernen spiegelt sich der Wandel des Menschenbildes in der Psychologie vom passiven, extern gesteuerten zum aktiv-reflexiven, intern gesteuerten Menschen wider. Der Lernende wird nicht mehr als passiv betrachtet, sondern als Individuum, welches aktiv und konstruktiv neue Informationen verarbeitet. Dieser spezielle Bereich der Lernforschung beruht demnach auf dem Hintergrund allgemeinerer Ansätze in der Psychologie, die sich mit verschiedenen Aspekten der Selbstregulation menschlichen Verhaltens (z. B. Zielsetzung, Selbstverstärkung, Selbstbeobachtung, Selbstinstruktion) beschäftigt haben und betont die Beeinflussbarkeit der Lernergebnisse durch selbstinitiierte Aktivitäten des Lernenden.[153]

Selbstgesteuertem Lernen wird in letzter Zeit eine immer größere Bedeutung beigemessen, da die Selbststeuerung von Lernprozessen als Grundvoraussetzung für erfolgreiches Lernen außerhalb organisierten Unterrichts, also insbesondere im Studium und im Berufsleben, gesehen wird.[154] Auch sehen Arbeit-

---

152 Schiefele, Ulrich; Pekrun, Reinhard: Psychologische Modelle des fremdgesteuerten und selbstgesteuerten Lernens, in: Psychologie des Lernens und der Instruktion, Hrsg.: Weinert, Franz E., in: Enzyklopädie der Psychologie, Themenbereich D, Praxisgebiete Serie I, Pädagogische Psychologie, Bd. 2, Hrsg.: Birbaumer, Niels; Frey, Dieter; Kuhl, Julius; Prinz, Wolfgang; Weinert, Franz E., Göttingen et al.: Hogrefe 1996, S. 258; Baumert, Jürgen; Klieme, Eckhard; Neubrand, Michael; Prenzel, Manfred; Schiefele, Ulrich; Schneider, Wolfgang; Stanat, Petra; Tillmann, Klaus-Jürgen; Weiß, Manfred (Hrsg.): PISA 2000 - Deutschland: Erfassung fächerübergreifender Problemlösekompetenzen in PISA, Max-Planck-Institut für Bildungsforschung, Berlin 2001, S. 2.

153 Vgl. Schiefele, Ulrich; Pekrun, Reinhard: Psychologische Modelle des fremdgesteuerten und selbstgesteuerten Lernens, a. a. O., S. 256.

154 Vgl. Schiefele, Ulrich; Pekrun, Reinhard: Psychologische Modelle des fremdgesteuerten und selbstgesteuerten Lernens, a. a. O., S. 257; Baumert, Jürgen; Klieme, Eckhard; Neubrand, Michael; Prenzel, Manfred; Schiefele, Ulrich; Schneider, Wolfgang; Stanat,

nehmer im Lernen eine Möglichkeit der Selbstverwirklichung. Unternehmen ihrerseits sehen durch Veränderung und technischen Fortschritt im Lernen eine Notwendigkeit und fordern von ihren Mitarbeitern immer mehr die Bereitschaft zu lebenslangem Lernen.[155] Berufliches Wissen und Können unterliegt einer ständig sinkenden Verfallszeit. Dies bedeutet, dass spezielles Fachwissen schnell veraltet, hingegen Wissen und Fähigkeiten zum Aneignen neuen Wissens sehr gefragt sind.[156] So sollten die Individuen einer Gesellschaft über Kompetenzen verfügen, die es ihnen ermöglichen, den ständig wachsenden Umfang und die Veränderungsgeschwindigkeit von erforderlichem Wissen bewältigen zu können. Hierfür sind lernmethodische Kompetenzen, Sozialkompetenzen, die Fähigkeit zum Umgang mit Risiko und Unsicherheit sowie die Bewältigung von sich rasch verändernden Inhalten und Rahmenbedingungen notwendig. Somit stellt selbstgesteuertes Lernen eine grundlegende gesellschaftliche Anforderung an die Individuen dar.[157]

Eine Begründung für die Förderung selbstgesteuerten Lernens liefert die konstruktivistische Lerntheorie. Wie dargelegt ist Lernen ein individueller Prozess, der nur vom Lernenden selbst ausgeht, so dass jeder Lernende die im Unterricht aufgenommenen Inhalte individuell verarbeiten muss. Die Lernenden sollten daher über Fähigkeiten verfügen, die es ihnen ermöglichen, ihre Lernprozesse selbst zu steuern. Hierzu müssen sie die Möglichkeit erhalten, ihren Lerntyp, ihre Lernstrategien und ihre Lerntechniken herauszufinden.[158] Auch die Tatsache, dass Lernprozesse zunehmend durch den Computer unterstützt werden, lässt dem Begriff des selbstgesteuerten Lernens in letzter Zeit eine steigende Bedeutung zukommen.[159]

---

Petra; Tillmann, Klaus-Jürgen; Weiß, Manfred (Hrsg.): PISA 2000 - Deutschland: Erfassung fächerübergreifender Problemlösekompetenzen in PISA, a. a. O., S. 2.

155 Vgl. Dietrich, Stephan: Selbstgesteuertes Lernen – eine neue Lernkultur für die institutionelle Erwachsenenbildung?, in: Selbstgesteuertes Lernen – auf dem Weg zu einer neuen Lernkultur, Hrsg.: Dietrich, Stephan; Fuchs-Brüninghoff, Elisabeth, in: DIE Materialien für Erwachsenenbildung, Bd. 18, Frankfurt am Main: Deutsches Institut für Erwachsenenbildung (DIE) 1999, S. 17.

156 Vgl. Konrad, Klaus; Traub, Silke: Selbstgesteuertes Lernen in Theorie und Praxis, München: Oldenbourg 1999, S. 23.

157 Vgl. Dietrich, Stephan: Selbstgesteuertes Lernen – eine neue Lernkultur für die institutionelle Erwachsenenbildung?, a. a. O., S. 17.

158 Vgl. Konrad, Klaus; Traub, Silke: Selbstgesteuertes Lernen in Theorie und Praxis, a. a. O., S. 24.

159 Vgl. Schäfer, Roland: Computergestützte Lernumgebungen in der Betriebswirtschaftslehre: Analyse und Konstruktion aus Sicht des selbstgesteuerten Lernens, a. a. O., S. 29.

Zur genaueren Darstellung des selbstgesteuerten Lernens, in Orientierung an Straka und Koautoren, werden in diesem Kapitel als nächstes die Merkmale des selbstgesteuerten Lernens erläutert *(Kapitel 3.1.2)*. Anschließend wird eine Abgrenzung zwischen Selbststeuerung und Fremdsteuerung vorgenommen *(Kapitel 3.1.3)*.

### 3.1.2 Merkmale selbstgesteuerter Lernprozesse

Selbstgesteuertes Lernen ist idealtypisch dadurch gekennzeichnet, dass der Lernende seinen Lernprozess zum großen Teil selbst steuert. Er steckt sich seine eigenen Lernziele, aktiviert sein Vorwissen, entscheidet sich für eine Lernumgebung, in der er sich selbst seine Lernressourcen sucht und bearbeitet diese dann in seiner selbstgewählten Geschwindigkeit. Des Weiteren verfügt er über Steuerungsstrategien, um seinen Lernprozess zu regulieren. Dies bedeutet, dass der Lernende seinen eigenen Lernfortschritt überwacht und beurteilt, über die Fähigkeit verfügt, sich flexibel an die sich verändernden Anforderungen des Lernmaterials anzupassen und immer wieder kontrolliert, inwieweit er die Inhalte verstanden hat. Außerdem sollte der Lernende über Strategien verfügen, die es ihm ermöglichen, sich über einen längeren Zeitraum selbst zu motivieren und seine Konzentration aufrecht zu erhalten.[160]

Straka charakterisiert selbstgesteuertes Lernen als *Interesse* des Lernenden am Lerngegenstand (inhaltliches Interesse und Vorgehensinteresse), Einsatz von *Strategien* (Ressourcenmanagement, Sequenzierung und Aneignung), *Kontrolle* der eingesetzten Strategien (kognitive, metakognitive und motivationale Kontrolle) und *Evaluation* der erreichten Lernergebnisse (Diagnose und Attribution).[161]

---

160 Vgl. Simons, P. Robert Jan: Lernen, selbständig zu lernen – ein Rahmenmodell, in: Lern- und Denkstrategien: Analyse und Intervention, Hrsg.: Mandl, Heinz; Friedrich, Helmut F., Göttingen et al.: Hogrefe 1992, S. 255; Fischer, Frank; Mandl, Heinz: Lehren und Lernen mit neuen Medien, a. a. O., S. 8.

161 Vgl. Straka, Gerald A.: Selbstgesteuertes Lernen – das Survival Kit in der Informationsgesellschaft?, a. a. O., S. 219; Straka, Gerald A.: Information im Netz und selbstgesteuertes Lernen, a. a. O., S. 181; Tulodziecki, Gerhard; Straka, Gerald A.: Medien lern-lehrtheoretisch betrachtet, in: Berufliches Lernen im Wandel – Konsequenzen für die Lernorte? Dokumentation des 3. Forums Berufsbildungsforschung 1997 an der Friedrich-Alexander-Universität Erlangen-Nürnberg, Hrsg.: Arbeitsgemeinschaft Berufsbildungsforschungsnetz, Euler, Dieter, Nürnberg: Institut für Arbeitsmarkt und Berufsforschung der Bundesanstalt für Arbeit 1998, S. 106.

Abbildung 24 zeigt diese Konzepte und die zugehörigen Konstrukte selbstgesteuerten Lernens.

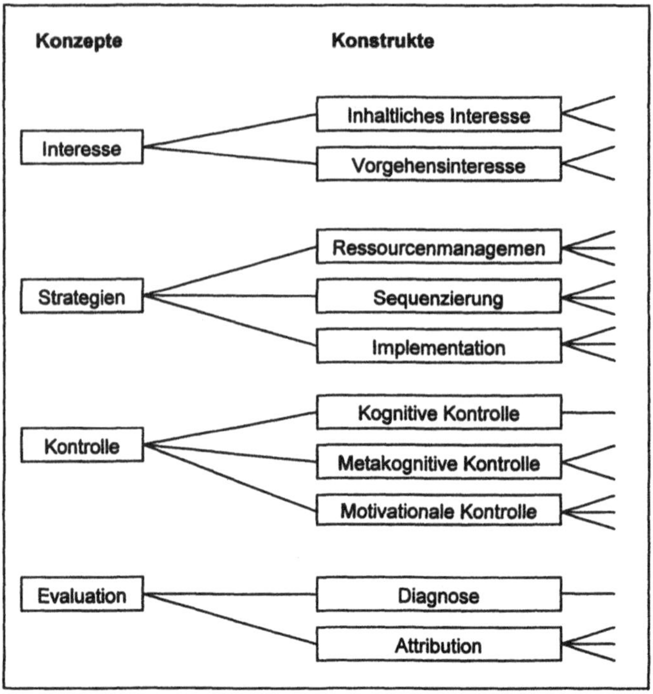


**Abb. 24: Konzepte und Konstrukte selbstgesteuerten Lernens**[162]

Selbstgesteuertes Lernen kann durch die Nutzung computerbasierter Lernumgebungen unterstützt werden. Im Folgenden wird auf die Charakteristika selbstgesteuerten Lernens im Einzelnen eingegangen, und es werden einige Unterstützungsmöglichkeiten durch computerbasierte Lernumgebungen aufgezeigt.

- Interesse:

  Vor dem Zugriff auf eine computerbasierte Lernumgebung sollte beim Lernenden *inhaltliches Interesse* vorhanden sein.[163] Dieses ist umso größer, je mehr Bedeutung der Lernende dem Lerngegenstand und dem Lernziel bei-

---

162 Vgl. Straka, Gerald A.: Selbstgesteuertes Lernen – das Survival Kit in der Informationsgesellschaft?, a. a. O., S. 221; Straka, Gerald A.: Information im Netz und selbstgesteuertes Lernen, a. a. O., S. 182.

163 Vgl. Tulodziecki, Gerhard; Straka, Gerald A.: Medien lern-lehrtheoretisch betrachtet, a. a. O., S. 107.

misst.[164] Computerbasierte Lernumgebungen sollten daher so gestaltet sein, dass sie dieses Interesse unterstützen, indem sie nicht nur Informationen enthalten, sondern auch Aufgaben wie beispielsweise Probleme, Entscheidungsfälle, Gestaltungs- oder Beurteilungsfälle bereitstellen.[165] Das *Vorgehensinteresse* ergibt sich aus der Bedeutsamkeit, die der Lernende einem bestimmten Verhalten zuschreibt, welches er zur Realisierung des Lernziels einsetzt.[166] Verfügt der Lernende über eine entsprechende Handhabungskompetenz computerbasierter Lernumgebungen, so kann diese das Vorgehensinteresse stärken.[167]

- Strategien:

  Wenn das erforderliche Interesse beim Lernenden vorhanden ist, muss er, um selbstgesteuert lernen zu können, über Strategien für Ressourcenmanagement, Sequenzierung und Implementation verfügen. Unter *Ressourcenmanagement* fallen die Aktivitäten der Informationsbeschaffung, der Lernplatzgestaltung und der Zusammenarbeit. Zur *Sequenzierung* kann die Planung von Zeit, Lernschritten und Entspannungsphasen gerechnet werden.[168] Insbesondere die Nutzung von hypermedialen Lernangeboten setzt eine ausgeprägte Planungskompetenz beim Lernenden voraus, um die Möglichkeiten, die sich ihm durch die Nutzung so genannter „Guided Tours“ oder beim freien „Surfen“ bieten, auszuschöpfen.[169] Unter *Implementation* werden Strategien zusammengefasst, mit denen Informationen verdichtet und geordnet werden. Sie umfasst aber auch die Fähigkeiten des Lernenden, neue Informationen mit bereits vorhandenem Wissen zu verknüpfen, sich kritisch

---

164 Vgl. Straka, Gerald A.: Selbstgesteuertes Lernen – das Survival Kit in der Informationsgesellschaft?, a. a. O., S. 221 f.; Straka, Gerald A.: Information im Netz und selbstgesteuertes Lernen, a. a. O., S. 183.

165 Vgl. Tulodziecki, Gerhard; Straka, Gerald A.: Medien lern-lehrtheoretisch betrachtet, a. a. O., S. 107.

166 Vgl. Straka, Gerald A.: Selbstgesteuertes Lernen – das Survival Kit in der Informationsgesellschaft?, a. a. O., S. 222; Straka, Gerald A.: Information im Netz und selbstgesteuertes Lernen, a. a. O., S. 183.

167 Vgl. Tulodziecki, Gerhard; Straka, Gerald A.: Medien lern-lehrtheoretisch betrachtet, a. a. O., S. 107.

168 Vgl. Straka, Gerald A.: Selbstgesteuertes Lernen – das Survival Kit in der Informationsgesellschaft?, a. a. O., S. 220; Straka, Gerald A.: Information im Netz und selbstgesteuertes Lernen, a. a. O., S. 182.

169 Vgl. Tulodziecki, Gerhard; Straka, Gerald A.: Medien lern-lehrtheoretisch betrachtet, a. a. O., S. 107.

mit Informationen auseinander zu setzen und diese zu behalten.[170] Computerbasierte Lernumgebungen bieten zur Unterstützung der Wissensaneignung besondere Möglichkeiten. So kann beispielsweise die Kombination von Text und Bild, die externe Simulation gedanklicher Vorgänge und die sinnesgerechte Vermittlung dem Lernenden Unterstützung beim selbstgesteuerten Lernen bieten. Gleichzeitig besteht jedoch für Lernende, deren Kompetenzen der Informationssuche und -erarbeitung weniger ausgeprägt sind, die Gefahr, in den Querverweisen des Hypertextes die Orientierung zu verlieren und vom Lernziel abzukommen.[171]

- Kontrolle:

  Ressourcenmanagement, Implementation und Sequenzierung sind beim selbstgesteuerten Lernen der Kontrolle durch den Lernenden unterworfen. Diese lässt sich in kognitive, metakognitive und motivationale Kontrolle unterteilen.[172] Bezogen auf die *kognitive Kontrolle*, dass sich der Lernende nicht von seinem Lernvorgang ablenken lässt, erfordert eine computerbasierte, insbesondere hypermediale Lernumgebung eine besondere Disziplin des Lernenden, da die Gefahr der Ablenkung durch das vielfältige Angebot an Pfaden groß ist.[173] Unter *metakognitiver Kontrolle* wird die Fähigkeit verstanden, den Lernvorgang zu unterbrechen, um das bisherige Vorgehen zu überdenken,[174] d.h. die eigene Kognition zu kontrollieren und zu regulieren.[175] Computerbasierte Lernumgebungen sollen durch die Möglichkeit, den

---

170 Vgl. Straka, Gerald A.: Selbstgesteuertes Lernen – das Survival Kit in der Informationsgesellschaft?, a. a. O., S. 219 f.; Straka, Gerald A.: Information im Netz und selbstgesteuertes Lernen, a. a. O., S. 181 f.

171 Vgl. Tulodziecki, Gerhard; Straka, Gerald A.: Medien lern-lehrtheoretisch betrachtet, a. a. O., S. 107 f.

172 Vgl. Straka, Gerald A.: Selbstgesteuertes Lernen – das Survival Kit in der Informationsgesellschaft?, a. a. O., S. 220; Straka, Gerald A.: Information im Netz und selbstgesteuertes Lernen, a. a. O., S. 183.

173 Vgl. Tulodziecki, Gerhard; Straka, Gerald A.: Medien lern-lehrtheoretisch betrachtet, a. a. O., S. 108.

174 Vgl. Straka, Gerald A.: Selbstgesteuertes Lernen – das Survival Kit in der Informationsgesellschaft?, a. a. O., S. 220; Straka, Gerald A.: Information im Netz und selbstgesteuertes Lernen, a. a. O., S. 183. Anmerkung: Das Thema Metakognition wird in *Kap. 3.3* eingehender erläutert.

175 Vgl. Konrad, Klaus; Wosnitza, Marold: Neue Formen des Lernens in Schule, Aus- und Weiterbildung: Einführung in die Thematik motivierten selbstgesteuerten Lernens mit Bibliographie, in: Berichte des Zentrums für empirische pädagogische Forschung, Nr. 13, Hrsg.: Zentrum für empirische pädagogische Forschung, Landau: Empirische Pädagogik 1995, S. 12. Vgl. hierzu die Ausführungen zur Metakognition in *Kapitel 3.3*.

Lernvorgang zu protokollieren und die Lernschritte zurückzuverfolgen, die metakognitive Kontrolle anregen und unterstützen.[176] Individuelle Wert- und Erwartungseinschätzungen bestimmen im Wesentlichen den Grad der *motivationalen Kontrolle* Die Motivation des Lernenden ist demnach um so höher, je wichtiger dem Lernenden die Zielerreichung ist.[177]

- Evaluation:

  Als weitere Fähigkeit, um selbstgesteuert zu lernen, muss der Lernende über Kompetenzen zur Beurteilung seines Lernergebnisses verfügen. Eine Evaluation der Lernergebnisse erfordert Diagnose- und Attributionsfähigkeiten. Als *Diagnose* wird die abschließende individuelle Einschätzung des Lernergebnisses durch den Lernenden bezeichnet, die sich aus der Differenz zwischen dem gedanklich vorweggenommenen Ziel und dem erreichten Lernergebnis ergibt.[178] Computerbasierte Lernumgebungen können Instrumente enthalten, die den Lernenden bei der Diagnose seiner Lernergebnisse unterstützen.[179] Die Gründe für das diagnostizierte Lernergebnis werden bei der *Attribution* ermittelt.[180] Da die Rückmeldung, die computerbasierte Lernumgebungen an den Lernenden geben, auf diesen bezogen ist, wird die Attribution erleichtert. Die Kopplung von Subjekt und Objekt spiegelt die Lerntheorie des Konstruktivismus wieder.[181] Positive Rückmeldung und eine daraus folgende Feststellung, dass das Lernziel erreicht wurde, kann sich wiederum positiv auf das inhaltliche Interesse des Lernenden auswirken.[182]

Wegen der Vielfalt an benötigten Voraussetzungen tritt Selbststeuerung jedoch fast nie in Idealform auf. Es sind meistens Anteile an Fremdsteuerung notwendig, um ein effektives Lernen zu ermöglichen. Unter Einbeziehung der

---

176 Vgl. Tulodziecki, Gerhard; Straka, Gerald A.: Medien lern-lehrtheoretisch betrachtet, a. a. O., S. 108.

177 Vgl. Tulodziecki, Gerhard; Straka, Gerald A.: Medien lern-lehrtheoretisch betrachtet, a. a. O., S. 108.

178 Vgl. Straka, Gerald A.: Selbstgesteuertes Lernen – das Survival Kit in der Informationsgesellschaft?, a. a. O., S. 220; Straka, Gerald A.: Information im Netz und selbstgesteuertes Lernen, a. a. O., S. 183.

179 Vgl. Tulodziecki, Gerhard; Straka, Gerald A.: Medien lern-lehrtheoretisch betrachtet, a. a. O., S. 108.

180 Vgl. Straka, Gerald A.: Selbstgesteuertes Lernen – das Survival Kit in der Informationsgesellschaft?, a. a. O., S. 220; Straka, Gerald A.: Information im Netz und selbstgesteuertes Lernen, a. a. O., S. 183.

181 Vgl. Ausführungen in Kap. 2.2.4 in dieser Arbeit.

182 Vgl. Tulodziecki, Gerhard; Straka, Gerald A.: Medien lern-lehrtheoretisch betrachtet, a. a. O., S. 108.

neuen Medien können direkte und indirekte Förderungsansätze differenziert werden. Bei der *direkten* Förderung werden im Rahmen eines Strategietrainings kognitive und motivationale Komponenten der Selbststeuerung gefördert. Die neuen Medien eignen sich jedoch besonders zur *indirekten* Förderung.[183] Computerbasierte Lernumgebungen sollten hierbei so gestaltet werden, dass sie die Lernenden unterstützen, selbstgesteuert zu lernen. In *Kapitel 4* wird der computerbasierte selbstgesteuerte Lernprozess eingehend analysiert, wobei Unterstützungsmöglichkeiten für den Lerner aufgezeigt werden.

### 3.1.3 Selbst- versus Fremdsteuerung

Die Lernaktivität unterliegt einer Reihe von Steuerungseinflüssen, die sich in interne und externe unterteilen lassen. Während die *interne Steuerung* (Selbststeuerung), die Einflüsse auf die Lerngestaltung umfasst, die vom Lernenden selbst ausgehen, beinhaltet die *externe Steuerung* (Fremdsteuerung) solche Einflüsse, die von außen auf den Lernenden und seine Lerngestaltung ausgeübt werden. Fremdsteuerung kann direkt von anderen Personen (z.B. durch einen Lehrer), von Instruktionsmedien und -techniken (z.B. durch computerbasierte Lernumgebungen) oder von Merkmalen des Lernumfeldes (z.B. durch die Gestaltung des Seminarraums) ausgehen.[184]

Eine reine Fremdsteuerung sowie eine reine Selbststeuerung des Lernprozesses ist nicht realisierbar. Fremdgesteuerte Lernprozesse sind immer dadurch gekennzeichnet, dass diese externen Einflüsse vom Lernenden selbst kognitiv verarbeitet werden müssen und auch der Vorgang des Dekodierens neuen Wissens vom Lernenden selbst ausgeht. Auch reines selbstgesteuertes Lernen ist nur bedingt realisierbar. Es sind zwar Lernsituationen denkbar, die weitgehend von äußeren Einflüssen frei sind, aber auch hier ist die Charakteristik des Lerngegenstandes zu beachten, die als externer Faktor die Art der Lernaktivitäten mitbestimmt.[185] So interagiert der Lernende beim Lernen immer mit einer zweiten Instanz, sei es ein Lehrer, ein Buch, ein Computer oder auch eine verinnerlichte Repräsentation einer anderen Person.[186] Ob sich der Lernende von der anderen Instanz steuern lässt, liegt beim Lernenden selbst. So kann der Lernen-

183 Vgl. Fischer, Frank; Mandl, Heinz: Lehren und Lernen mit neuen Medien, a. a. O., S. 9.

184 Vgl. Schiefele, Ulrich; Pekrun, Reinhard: Psychologische Modelle des fremdgesteuerten und selbstgesteuerten Lernens, a. a. O., S. 249.

185 Vgl. Schiefele, Ulrich; Pekrun, Reinhard: Psychologische Modelle des fremdgesteuerten und selbstgesteuerten Lernens, a. a. O., S. 249 f.

186 Vgl. Simons, P. Robert Jan: Lernen, selbständig zu lernen – ein Rahmenmodell, a. a. O., S. 251.

de selbst entscheiden, ob er dem Lehrenden zuhört und dessen Informationen annimmt oder auf seinen eigenen Vorstellungen beharrt. Er hat aber auch die Möglichkeit, die Lehrerinformationen zu modifizieren und seinen kognitiven Strukturen anzupassen.[187] Umso weniger der Lernprozess demnach durch die Lernumgebung determiniert wird, desto größer ist die Steuerungskomponente, die vom Lernenden selbst erzeugt werden kann.[188]

Selbstgesteuertes Lernen lässt sich somit auf einem Kontinuum ansiedeln, dessen Pole *ausschließlich selbstgesteuert* und *ausschließlich fremdgesteuert* sind.[189] Die folgende Abbildung 25 stellt das Kontinuum zwischen selbst- und fremdgesteuertem Lernen dar.

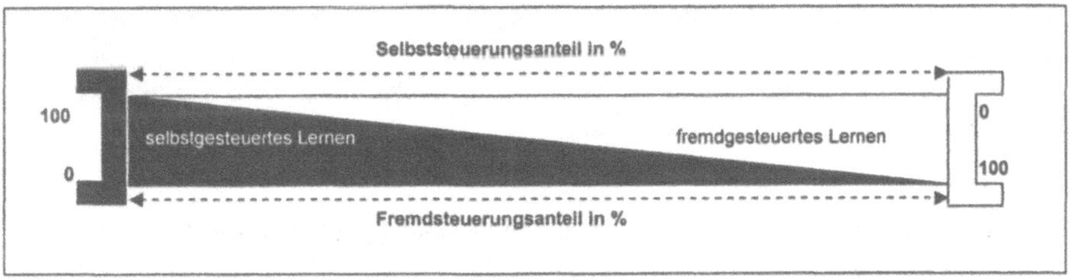


**Abb. 25: Kontinuum zwischen selbst- und fremdgesteuertem Lernen[190]**

In dem Maße, in dem der Lernende seinen Handlungsspielraum nutzt, steigt sein Steuerungsanteil (dunkle Fläche in der Graphik). Je größer dieser Steuerungsanteil ist, desto eher kann der Lernprozess als selbstgesteuert bezeichnet werden.[191] Ein steigender Selbststeuerungsanteil führt zu einem sinkenden Fremdsteuerungsanteil und vice versa. Hierbei lässt sich festhalten, dass die

---

187 Vgl. Simons, P. Robert Jan: Lernen, selbständig zu lernen – ein Rahmenmodell, a. a. O., S. 252.

188 Vgl. Neber, Heinz: Selbstgesteuertes Lernen (lern- und handlungspsychologische Aspekte), in: Selbstgesteuertes Lernen: psychologische und pädagogische Aspekte eines handlungsorientierten Lernens, Hrsg.: Neber, Heinz; Wagner, Angelika C.; Einsiedler, Wolfgang, Weinheim, Basel: Beltz 1978, S. 40.

189 Vgl. Schäfer, Roland: Computergestützte Lernumgebungen in der Betriebswirtschaftslehre: Analyse und Konstruktion aus Sicht des selbstgesteuerten Lernens, a. a. O., S. 67; Konrad, Klaus; Traub, Silke: Selbstgesteuertes Lernen in Theorie und Praxis, a. a. O., S. 13.

190 In Anlehnung an: Schäfer, Roland: Computergestützte Lernumgebungen in der Betriebswirtschaftslehre: Analyse und Konstruktion aus Sicht des selbstgesteuerten Lernens, a. a. O., S. 67.

191 Vgl. Schäfer, Roland: Computergestützte Lernumgebungen in der Betriebswirtschaftslehre: Analyse und Konstruktion aus Sicht des selbstgesteuerten Lernens, a. a. O., S. 68.

Möglichkeiten der Selbststeuerung beim autonomen Selbststudium größer sind als beim Lernen, welches durch einen Lehrenden angeleitet wird.[192]

Für die computerbasierte selbstgesteuerte Lernumgebung folgt hieraus, dass eine Lernumgebung mit dem Anspruch, die Reinform des selbstgesteuerten Lernens zu repräsentieren nicht zu realisieren ist. Jede Lernumgebung wird an einem Punkt an die Grenzen des Realisierbaren stoßen und somit Handlungsspielräume begrenzen.

Darüber hinaus ist die ausschließliche Selbststeuerung gar nicht unbedingt wünschenswert, da gerade Anteile von Fremdsteuerung im Lernprozess helfen können, ein unbekanntes Wissensgebiet geführt schneller zu erschließen. Folglich sollte der Lerner die Möglichkeit haben, dass Kontinuum zwischen selbst- und fremdgesteuertem Lernen selber gezielt ausschöpfen zu können. Die computerbasierte selbstgesteuerte Lernumgebung sollte diese Wahlmöglichkeit bewusst machen und unterstützen.

## 3.2 Komponentenmodell computerbasierten selbstgesteuerten Lernens

### 3.2.1 Zwei-Schalen-Modell motivierten selbstgesteuerten Lernens

Das „Zwei-Schalen-Modell motivierten selbstgesteuerten Lernens“ integriert in einem Modell kognitive, metakognitive, volitionale und verhaltensmäßige Aspekte des selbstgesteuerten Lernprozesses. Hierbei ist das Modell aus zwei theoretischen Teilbereichen zusammengesetzt. Der äußere Bereich des Modells umfasst die auf den Lernprozess einflussnehmenden lernerspezifischen (inneren) Bedingungen, sowie die umgebungsspezifischen Bedingungen. Der zentrale Bereich des Modells gibt den eigentlichen Lernprozess, in Gestalt zweier wechselseitig aufeinander bezogener Schalen, wider. Die sich simultan vollziehenden Prozesse des Lernvorgangs sind hierbei aus analytischen Zwecken voneinander abgegrenzt und unterscheiden sich auf der Konzeptebene in Bedarfbestimmung, Lernstrategien, Handlungskontrolle und Evaluation.[193]

Das „Zwei-Schalen-Modell motivierten selbstgesteuerten Lernens“ auf der Konzeptebene eignet sich für die Analyse der Anforderungen an computergestützte

---

192 Vgl. Schiefele, Ulrich; Pekrun, Reinhard: Psychologische Modelle des fremdgesteuerten und selbstgesteuerten Lernens, a. a. O., S. 250.

193 Vgl. Wosnitza, Marold: Motiviertes selbstgesteuertes Lernen im Studium. Theoretischer Rahmen, diagnostisches Instrumentarium und Bedingungsanalyse (Erziehungswissenschaft 5), Landau: Verlag Empirische Pädagogik 2000, S. 40.

Lernumgebungen zur Förderung selbstgesteuerter Lernprozesse, da es einen systematischen und wissenschaftlich fundierten Gliederungsrahmen liefert. Die wissenschaftliche Fundierung wurde auf theoretischer Seite besonders von Straka und Nenninger sehr detailliert erarbeitet[194] und darauf aufbauend in Bezug auf seine Einzelkomponenten und sein Wirkungsgefüge empirisch validiert.[195] Abbildung 26 veranschaulicht das „Zwei-Schalen-Modell motivierten selbstgesteuerten Lernens" auf der Konzeptebene.

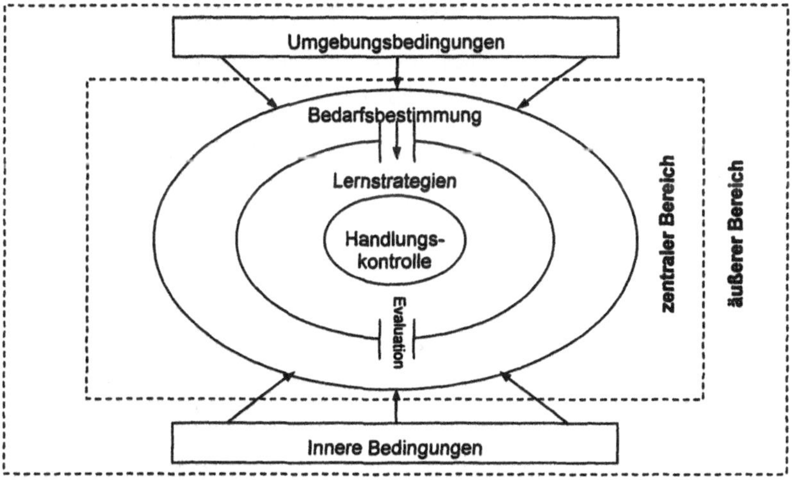


**Abb. 26: Zwei-Schalen-Modell motivierten selbstgesteuerten Lernens[196]**

---

194 Vgl. Straka, Gerald; Nenninger, Peter; Spevacek, Gert; Wosnitza, Marold: Motiviertes selbstgesteuertes Lernen in der kaufmännischen Erstausbildung - Entwicklung und Validierung eines Zwei-Schalen-Modells, a. a. O., S. 151; Nenniger, Peter; Wosnitza, Marold: Motiviertes selbstgesteuertes Lernen - eine Alternative zum methodischen angeleiteten Unterricht? In: Dubs, R.; Luzi, R. (Hrsg.): 25 Jahre IWP: Schule der Wissenschaft, Politik und Praxis, St. Gallen: Universität St. Gallen, IWP 1997, S. 545-560.

195 Vgl. Nenninger, P.; Staka, G.; Binder, R.; Hagmann, S.; Spevacek, G.: MOSLISB - ein Instrument zur Erfassung motivierten selbstgesteuerten Lernens. In: Beck, K.; Dubs, R. (Hrsg.): Kompetenzentwicklung in der Berufserziehung: Kognitive, motivationale und moralische Dimensionen kaufmännischer Qualifizierungsprozesse, Beiheft 14, Zeitschrift für Berufs- und Wirtschaftspädagogik, S. 118-130, Stuttgart: Franz Steiner Verlag 1998; Straka, Gerald; Nenninger, Peter; Spevacek, Gert; Wosnitza, Marold: Motiviertes selbstgesteuertes Lernen in der kaufmännischen Erstausbildung - Entwicklung und Validierung eines Zwei-Schalen-Modells, a. a. O., 1996.

196 Vgl. Wosnitza, Marold: Motiviertes selbstgesteuertes Lernen im Studium. Theoretischer Rahmen, diagnostisches Instrumentarium und Bedingungsanalyse a. a. O., S. 41; Anmerkung: Das Zwei-Schalen-Modell motivierten selbstgesteuerten Lernens ist hier auf der

Im Folgenden werden der äußere und der zentrale Bereich des Zwei-Schalen-Modells motivierten selbstgesteuerten Lernens näher beschrieben und zum „Komponentenmodell computerbasierten selbstgesteuerten Lernens“ weiterentwickelt.

### 3.2.2 Äußerer Bereich des Komponentenmodells computerbasierter selbstgesteuerter Lernumgebungen

#### 3.2.2.1 Umgebungsbezogene Bedingungen computerbasierter selbstgesteuerter Lernumgebungen

Der äußere Bereich umfasst die umgebungsbezogenen und die inneren Bedingungen des Lernprozesses. Hierbei ist davon auszugehen, dass je nach der Gestaltung der Umgebungsbedingungen und je nach Ausprägung der inneren Bedingungen mit unterschiedlichen Verlaufsformen motivierten selbstgesteuerten Lernens zu rechnen ist.[197]

Bei der Beschreibung von Bedingungen selbstgesteuerten Lernens müssen den Bedingungen der Lernumgebung eine bedeutende Funktion zugesprochen werden, da die Lernenden in ihrem Lernprozess stets in einem reflexiven Austausch mit ihrer Lernumgebung stehen.[198] Die Umgebungsbedingungen im Lernprozess lassen sich aus verschiedenen Perspektiven beschreiben. Wosnitza differenziert die Umgebungsbedingungen des Zwei-Schalen-Modells von Straka mittels eines „Vierfelderschemas zur Beschreibung von Lernumgebungen“.[199]

Im Rahmen dieser Arbeit sollen die von Wosnitza dargestellte „subjektiv wahrgenommene soziale Lernumgebung“ auf die Anwendung in einer computerbasierten Lernumgebung transferiert werden. Aus einer pädagogischen und lernpsychologischen Sichtweise scheint der Bereich der subjektiv wahrgenommen

---

Konzeptebene dargestellt. Vgl. auch Straka, Gerald; Nenninger, Peter; Spevacek, Gert; Wosnitza, Marold: Motiviertes selbstgesteuertes Lernen in der kaufmännischen Erstausbildung - Entwicklung und Validierung eines Zwei-Schalen-Modells, a. a. O., S. 151.

197 Vgl. Straka, Gerald; Nenninger, Peter; Spevacek, Gert; Wosnitza, Marold: Motiviertes selbstgesteuertes Lernen in der kaufmännischen Erstausbildung - Entwicklung und Validierung eines Zwei-Schalen-Modells, a. a. O., S. 160.

198 Vgl. Wosnitza, Marold: Motiviertes selbstgesteuertes Lernen im Studium. Theoretischer Rahmen, diagnostisches Instrumentarium und Bedingungsanalyse, a. a. O., S. 66.

199 Ausführliche Darstellung vgl. bei Wosnitza, Marold: Motiviertes selbstgesteuertes Lernen im Studium. Theoretischer Rahmen, diagnostisches Instrumentarium und Bedingungsanalyse, a. a. O., S. 66-83.

sozialen Lernumgebung im Vergleich zu den anderen drei Bereichen den größten Einfluss auf den Lernprozess zu haben.[200]

Die subjektive Wahrnehmung der sozialen Lernumgebung beschreibt die sozialen Aspekte der Lernumgebung auf individueller Wahrnehmungsebene. Um die subjektive Wahrnehmung beschreiben zu können, werden drei Systemkomponenten sowie deren Beziehung zueinander dargelegt. Wosnitza identifiziert am Lernort „Hochschule" die Systemkomponenten „Dozenten", „Studierende" und „Gruppe der Studierenden".[201] Transferiert auf die computerbasierte Lernumgebung lassen sich folgend Komponenten unterscheiden:

- die „computerbasierte Lernumgebung" des Lernenden,
- der „Lernender" selbst sowie
- die „Gruppe der Lernenden", in die der individuelle Lernende eingebunden ist.

Die drei Komponenten stehen in einem Systemzusammenhang, der sich durch die Beschreibung der Beziehungsebenen darstellen lässt:

- „Lernender - computerbasierte Lernumgebung-Beziehung"
- „Lernender - Gruppe der Lernenden-Beziehung" und
- „Gruppe der Lernenden - computerbasierte Lernumgebung-Beziehung".

Der Zusammenhang zwischen den Systemkomponenten und den drei Beziehungsebenen wird im Sozialsystem der computerbasierten Lernumgebung in Abbildung 27 veranschaulicht.

---

200 Vgl. Wosnitza, Marold: Motiviertes selbstgesteuertes Lernen im Studium. Theoretischer Rahmen, diagnostisches Instrumentarium und Bedingungsanalyse, a. a. O., S. 70; Fichten, W.: Unterricht aus Schülersicht: Die Schülerwahrnehmung von Unterricht als erziehungswissenschaftlicher Gegenstand und ihre Verarbeitung im Unterricht, Frankfurt: Lang 1993.

201 Vgl. Wosnitza, Marold: Motiviertes selbstgesteuertes Lernen im Studium. Theoretischer Rahmen, diagnostisches Instrumentarium und Bedingungsanalyse, a. a. O., S. 73.

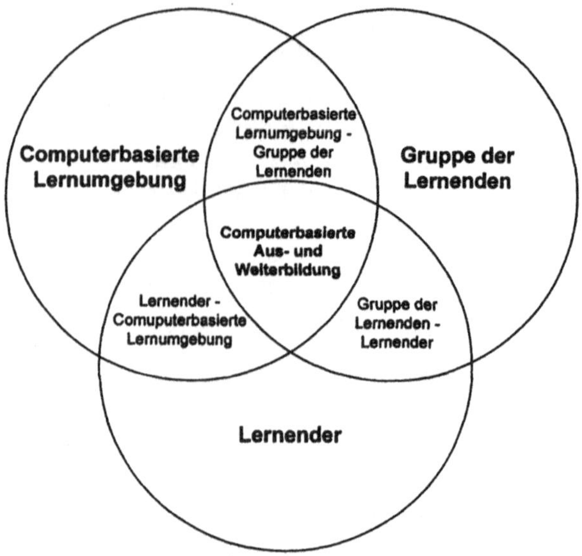


**Abb. 27: Sozialsystem der computerbasierten Lernumgebung**[202]

Die Substitution des Dozenten durch eine computergestützte Lernumgebung bedingt, dass die koordinativen und organisatorischen Funktionen des Dozenten von der computergestützten Lernumgebung geleistet werden.

In Weiterentwicklung des „Zwei-Schalen-Modells motivierten selbstgesteuerten Lernens“[203] von Straka ist es für die computergestützte Lernumgebung zweckmäßig, dieses Modell aus Analysezwecken abzuwandeln. Die *umgebungsbezogenen Bedingungen*, welche den selbstgesteuerten Lernprozess unterstützen sollen, sind für die computerbasierte Lernumgebung hierbei auf organisatorische Anforderungen hin zu analysieren. Dies erfolgt im Rahmen der Lernangebotssteuerung des selbstgesteuerten Lernprozesses.

---

202 Transfer auf die computerbasierte Lernumgebung des Modells von Wosnitza: „Das Sozialsystem 'Lernen an der Hochschule' und sein Beziehungsgefüge“, vgl. Wosnitza, Marold: Motiviertes selbstgesteuertes Lernen im Studium. Theoretischer Rahmen, diagnostisches Instrumentarium und Bedingungsanalyse, a. a. O., S. 74.

203 Vgl. Straka, Gerald; Nenninger, Peter; Spevacek, Gert; Wosnitza, Marold: Motiviertes selbstgesteuertes Lernen in der kaufmännischen Erstausbildung - Entwicklung und Validierung eines Zwei-Schalen-Modells, a. a. O., S. 151.

#### 3.2.2.2 Personenbezogene Bedingungen computerbasierter selbstgesteuerter Lernumgebungen

Das Zwei-Schalen-Modell motivierten selbstgesteuerten Lernens verankert neben den umgebungsbezogenen Bedingungen im äußeren Bereich auch die „inneren Bedingungen", welche im Folgenden zur Anwendung in der computerbasierten Lernumgebung weiterentwickelt werden.

In Abgrenzung zu Wosnitza und Straka wird für die computerbasierte Lernumgebung der Begriff „innere Bedingungen" nicht übernommen, da er für die Darstellung in computerbasierten Lernumgebungen nicht deckungsgleich mit der Definition von Straka und Wosnitza ist. Die „inneren Bedingungen" werden durch den Begriff „personenbezogene Bedingungen" ersetzt.

Dies konstatiert, dass auch in der computerbasierten Lernumgebung die Förderung des selbstgesteuerten Lernens in erheblichen Maße von den „Wissens- und Fähigkeitsstrukturen des jeweiligen Lerners"[204] abhängt, jedoch die Ausführungen von Wosnitza zum „inneren Bereich" mit den Erläuterungen zu „deklarativem und prozeduralem Wissen"[205] in weiten Teilen deckungsgleich sind mit den im Kapitel „Metakognition" vorgestellten Forderungen.

Für den Bereich der computerbasierten Lernumgebung zur Förderung selbstgesteuerter Lernprozesse werden die „personenbezogenen Bedingungen" im Folgenden detaillierter vorgestellt.

Das bloße Wissen um geeignete kognitive und metakognitive Lernstrategien hat nicht zwangsläufig deren Anwendung zur Folge. Ein Lernender kann wissen, was in diesem Moment das Richtige oder Beste zu tun wäre, aber ob hieraus tatsächlich eine Handlung resultiert, ist eine andere Thematik. Erst wenn zu der Fähigkeit und dem Wissen um die Möglichkeiten und Grenzen einer Lernaktivität bzw. -strategie (d. h. Kompetenz) auch die ziel- bzw. leistungsorientierte Absicht (d. h. Zielmotivation) des Lernenden hinzukommt, werden diese Strategien nutzbar.[206]

Von motivationalen Komponenten wird angenommen, dass sie sich zentral auf folgende Parameter selbstgesteuerten Lernens auswirken: auf die Aufgaben-

---

204 Vgl. Wosnitza, Marold: Motiviertes selbstgesteuertes Lernen im Studium. Theoretischer Rahmen, diagnostisches Instrumentarium und Bedingungsanalyse, a. a. O., S. 92.

205 Vgl. Wosnitza, Marold: Motiviertes selbstgesteuertes Lernen im Studium. Theoretischer Rahmen, diagnostisches Instrumentarium und Bedingungsanalyse, a. a. O., S. 82-92.

206 Vgl. Konrad, Klaus; Wosnitza, Marold: Neue Formen des Lernens in Schule, Aus- und Weiterbildung: Einführung in die Thematik motivierten selbstgesteuerten Lernens mit Bibliographie, a. a. O., S. 13.

wahl, auf die Wahl der kognitiven Lernstrategie und auf das Ausmaß an Anstrengung und Ausdauer.[207] Auch innerhalb der PISA-Studie 2000 wird auf die Bedeutung des Vorhandenseins einer hinreichenden Lernmotivation hingewiesen, welche bei den Untersuchungen zu Fähigkeiten zum selbstregulierten Lernen im Rahmen der fächerübergreifenden Kompetenzen erfasst wurde.[208]

Abbildung 28 zeigt im Überblick einige motivationale Strukturen und Prozesse, die derzeit als wichtige lernerseitige Voraussetzungen für selbstgesteuertes Lernen diskutiert werden. *Strukturen* werden hier als überdauernde, habituelle Verhaltensdispositionen der Lernenden verstanden; *Prozesse* als aktuelles, offenes und verdecktes Verhalten in konkreten Situationen. Die Unterscheidung zwischen Strukturen und Prozessen soll den Umstand widerspiegeln, dass Lernerfolg und Lernergebnisse bei selbstgesteuertem Lernen nicht nur von überdauernden habituellen Inputvariablen wie bspw. Intelligenz beeinflusst werden, sondern auch von dem aktuellen Geschehen während des Lernens.[209]

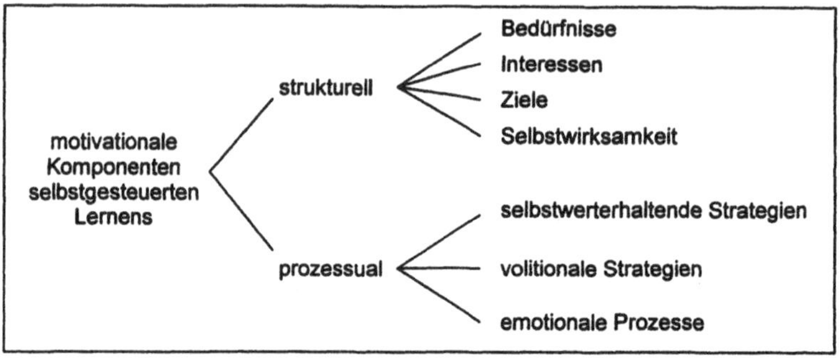


**Abb. 28: Motivationale Komponenten selbstgesteuerten Lernens**[210]

---

207 Vgl. Friedrich, Helmut; Mandl, Heinz: Analyse und Förderung des selbstgesteuerten Lernens, a. a. O., S. 243; Krapp, A.: Konzepte und Forschungsansätze zur Analyse des Zusammenhangs von Interesse, Lernen und Leistung, in: Krapp, A.; Prenzel, M. (Hrsg.): Interesse, Lernen und Leistung, Münster: Aschendorff 1992, S. 9-52.

208 Vgl. Baumert, Jürgen; Klieme, Eckhard; Neubrand, Michael; Prenzel, Manfred; Schiefele, Ulrich; Schneider, Wolfgang; Stanat, Petra; Tillmann, Klaus-Jürgen; Weiß, Manfred (Hrsg.): PISA 2000 - Deutschland: Fähigkeit zum selbstregulierten Lernen als fächerübergreifende Kompetenz, a. a. O., S. 11.

209 Vgl. Friedrich, Helmut; Mandl, Heinz: Analyse und Förderung des selbstgesteuerten Lernens, in: Psychologie der Erwachsenenbildung, Hrsg.: Weinert, Franz E.; Mandl, Heinz, a. a. O., S. 242.

210 In Anlehnung an Friedrich, Helmut; Mandl, Heinz: Analyse und Förderung des selbstgesteuerten Lernens, in: Psychologie der Erwachsenenbildung, Hrsg.: Weinert, Franz E.; Mandl, Heinz, a. a. O., S. 242.

**Strukturelle motivationale Komponenten**

Da selbstgesteuertes Lernen eine gewisse Ausdauer erfordert, ist es sinnvoll, zeitlich stabile motivationale Komponenten zu berücksichtigen. Die Beschreibung und Analyse dieser *strukturellen Lernvoraussetzungen* wird durch motivationstheoretische Konzepte wie Bedürfnisse, thematisches Interesse, Ziele und Selbstwirksamkeit u. a. beschrieben.[211]

*Bedürfnisse* sind relativ breite, wenig spezifizierte Antriebsdeterminanten. Deci und Ryan postulieren in ihrer Selbstbestimmungstheorie der Motivation drei angeborene psychologische Bedürfnisse: Das Bedürfnis nach Kompetenz, das nach Selbstbestimmung und jenes nach sozialer Eingebundenheit.[212] Die Bedürfnisse nach Kompetenz und Selbstbestimmung sind die Grundlage für das Entstehen intrinsischer Motivation, welche ihrerseits ein wichtiger Faktor für selbstgesteuertes Lernen ist.[213]

*Interesse* kann als spezifischer Person-Gegenstands-Bezug definiert werden, der in der Regel gefühlsbezogene und wertbesetzte Gegenstandvalenz besitzt.[214] Thematisches Interesse bildet sich bei der Auseinandersetzung mit verschiedenen Inhaltsgebieten im Verlauf der Zeit heraus. Im Zusammenhang mit selbstgesteuertem Lernen ist ein hohes Interesse am Gegenstandsbereich (Lerngegenstand) von Vorteil, was u. a. die intrinsische Motivation fördert.[215] Intrinsische Motivation bezeichnet das Verhalten einer Person, die eine Tätigkeit ausführt, ohne Erwartung auf Belohnung und nur aufgrund von Werten oder Motiven, die in der Handlung selbst liegen. Wird ein Verhalten dagegen ausgeführt, weil die Folgen einer Handlung attraktiv oder vermeidbar erscheinen, ist

---

211 Vgl. Schiefel, Ulrich; Pekrun, Reinhard: Psychologische Modelle des fremdgesteuerten und selbstgesteuerten Lernens, a. a. O., S. 266.

212 Vgl. Deci, E.; Ryan, R.: Die Selbstbestimmungstheorie der Motivation und ihre Bedeutung für die Pädagogik. Zeitschrift für Pädagogik, 39, 1993, S. 223-238.

213 Vgl. Friedrich, Helmut; Mandl, Heinz: Analyse und Förderung des selbstgesteuerten Lernens, in: Psychologie der Erwachsenenbildung, Hrsg.: Weinert, Franz E.; Mandl, Heinz, a. a. O., S. 243.

214 Vgl. Pekrun, Reinhard; Schiefele, Ulrich: Emotions- und motivationspsychologische Bedingungen der Lernleistung, in: Psychologie des Lernens und der Instruktion, Hrsg.: Weinert, Franz E., in: Enzyklopädie der Psychologie, Themenbereich D, Praxisgebiete Serie I, Pädagogische Psychologie, Bd. 2, Hrsg.: Birbaumer, Niels; Frey, Dieter; Kuhl, Julius; Prinz, Wolfgang; Weinert, Franz E., Göttingen et al.: Hogrefe-Verlag 1996, S. 163.

215 Vgl. Friedrich, Helmut; Mandl, Heinz: Analyse und Förderung des selbstgesteuerten Lernens, in: Psychologie der Erwachsenenbildung, Hrsg.: Weinert, Franz E.; Mandl, Heinz, a. a. O., S. 244.

dies extrinsisch motiviert.[216] „Nur Lernumgebungen, die intrinsische Motivation wecken und Interessen aktualisieren, führen zum Einsatz von Lernaktivitäten und Lernstrategien, die mit bedeutungshaltigem und nicht nur mechanischem, faktenorientierten Lernen einhergehen. Bedeutungshaltiges Lernen ist eine Voraussetzung für die Anwendbarkeit bzw. Transferierbarkeit des erworbenen Wissens auf komplexe Problemstellungen des Berufslebens. Computerunterstützte Lernumgebungen bieten eine solche Möglichkeit zu intrinsisch motiviertem Lernen."[217]

Der Einfluss stabiler, habitueller *Zielsetzungen* auf quantitative (z. B. Ausdauer, Anstrengung) und qualitativer Aspekte (z. B. Aufgabenwahl, Strategiewahl) des Lernens wird in der Zieltheorie der Motivation untersucht. Die persönlichen Lernziele lassen sich auch als habituelle intrinsische bzw. extrinsische Lernmotivationen interpretieren.[218]

Bandura hat die Bedeutung von *Selbstwirksamkeit* als wesentliche Determinante des selbstgesteuerten Verhaltens herausgearbeitet.[219] Selbstwirksamkeitsüberzeugungen betreffen die Gewissheit einer Person, über die Fähigkeiten zu verfügen, die zur Ausführung einer bestimmten Aufgabe erforderlich sind. Im Unterschied zur Verhaltens-Ergebnis-Erwartung richtet sich die Selbstwirksamkeits-Erwartung nicht auf die Zielerreichung selbst; vielmehr ist sie dieser vorgeschaltet und impliziert subjektive Erwartungen über die Fähigkeiten, mit mehrdeutigen, unvorhersagbaren und belastenden Problemsituationen fertig zu werden.[220] (Vgl. Abb. 29)

---

216 Vgl. Eiwan, Barbara: Lehren und Lernen mit dem Computer: eine experimentelle Studie um Einfluss von Lerner- und Programmermerkmalen auf Lernprozess und Lernergebnis, Regensburg: Roderer 1998, S. 26.

217 Mandl, Heinz; Gruber, Hans; Renkl, Alexander: Lernen und Lehren mit dem Computer, in: Psychologie der Erwachsenenbildung, Hrsg.: Weinert, Franz E.; Mandl, Heinz, in: Enzyklopädie der Psychologie, Themenbereich D, Praxisgebiete, Serie I, Pädagogische Psychologie, Bd. 4, Hrsg.: Birbaumer, Niels; Frey, Dieter; Kuhl, Julius; Prinz, Wolfgang; Weinert, Franz E., Göttingen et al.: Hogrefe-Verlag 1997, S. 456.

218 Vgl. Friedrich, Helmut; Mandl, Heinz: Analyse und Förderung des selbstgesteuerten Lernens, in: Psychologie der Erwachsenenbildung, Hrsg.: Weinert, Franz E.; Mandl, Heinz, a. a. O., S. 244.

219 Vgl. Bandura, A.: Social foundations of thought and action: A social cognitive theory. Englewood Cliff, NJ: Prentice-Hall 1986.

220 Vgl. Konrad, Klaus: Kontrollüberzeugungen und Kontrollhandlungen in der Interaktion mit dem Computer in der Schule, Beiheft 3, Zeitschrift Empirische Pädagogik, Landau: Empirische Pädagogik 1993, S. 49.

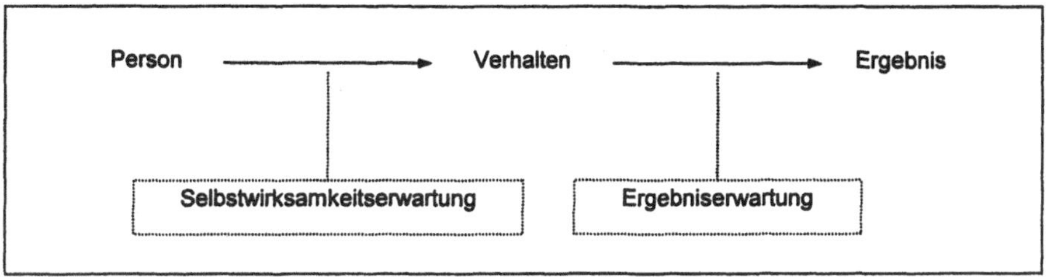


**Abb. 29: Unterschied zwischen Selbstwirksamkeitserwartungen und Ergebniserwartungen**[221]

Die grundsätzliche Annahme der Selbstwirksamkeitstheorie von Bandura ist, dass psychische Prozesse als Mittel zur Herstellung und Verstärkung von Erwartungen hinsichtlich der Selbstwirksamkeit einer Person in Bezug auf eine bestimmte Tätigkeit oder Aufgabe dienen können. Die Stärke der Selbstwirksamkeitsüberzeugung einer Person übt einen entscheidenden Einfluss darauf aus, wie sie mit gegebenen Situationen umzugehen versucht. Je höher die wahrgenommene Selbstwirksamkeit, desto stärker wird sich eine Person bemühen, ihr Ziel zu erreichen.[222] In der Forschungsliteratur lassen sich zahlreiche Belege dafür finden, dass Selbstwirksamkeitserwartungen einen erheblichen Einfluss auf Zielsetzung, Strategieanwendung und Lernerfolge haben.[223]

Die Ausführungen zu den *strukturellen motivationalen Komponenten* selbstgesteuerten Lernens im Rahmen der personenbezogenen Bedingungen legen nahe, dass die computerbasierte Lernumgebung die genannten Elemente Bedürfnisse, Interesse, Ziele und Selbstwirksamkeit gezielt unterstützen sollte. Auch wenn ein Großteil der Komponenten vom Lerner selbst geleistet werden muss, kann die gezielte Berücksichtigung und Integration der strukturell motivationalen Komponenten den selbstgesteuerten Lernprozess fördern.

---

221 Vgl. Bandura, A.: Self-efficacy: Toward a unifying theory of behavioral change. Psychological Review, 84 - 2, 1977, S. 193.

222 Vgl. Eiwan, Barbara: Lehren und Lernen mit dem Computer: eine experimentelle Studie um Einfluss von Lerner- und Programmermerkmalen auf Lernprozess und Lernergebnis, a. a. O., S. 33.

223 Vgl. Baumert, Jürgen; Klieme, Eckhard; Neubrand, Michael; Prenzel, Manfred; Schiefele, Ulrich; Schneider, Wolfgang; Stanat, Petra; Tillmann, Klaus-Jürgen; Weiß, Manfred (Hrsg.): PISA 2000 - Deutschland: Fähigkeit zum selbstregulierten Lernen als fächerübergreifende Kompetenz, a. a. O., S. 12; Zimmerman, B. J.: Commentary: towards a cyclically interactive view of self-regulated learning. International Journal of Educational Research, 31, 1999, S. 545-551.

**Prozessuale motivationale Komponenten**

Zu den prozessualen motivationalen Komponenten selbstgesteuerten Lernens werden hier Bewältigungsstrategien, welche sich in *selbstwerterhaltende Strategien* und *volitionale Strategien* unterscheiden lassen, und lernbegleitende *emotionale Prozesse* gerechnet.[224]

*Selbstwerterhaltende Strategien* dienen der Aufrechterhaltung des eigenen Selbstkonzeptes. Friedrich und Mandl nennen vier selbstbilderhaltende Bewältigungsstrategien, die auch für die Analyse des selbstgesteuerten Lernens von Bedeutung sind: Selbstbehinderung, defensiver Pessimismus, Selbstaffirmation und Attributionen. *Selbstbehinderung* ist dadurch gekennzeichnet, dass in Situationen, die Scheitern implizieren und somit ein negatives Selbstbild induzieren könnten, Hindernisse aufgerichtet werden, die das Vermeiden von Anstrengungen rechtfertigen. *Defensiver Pessimismus* bezeichnet ein Bewältigungsstrategie, bei der negative Selbstschemata (z.B. geringe Einschätzung der eigenen Fähigkeiten) bei hoher wahrgenommener Aufgabenanforderung aktiviert werden, um die eigene Anstrengung zu erhöhen, was letztlich auch zum Erfolg führen kann. Charakteristisch für die *Selbstaffirmation* ist, dass das selbstwertbedrohende Handlungsfeld abgewertet wird und das Individuum in Bereiche ausweicht, die weniger bedrohend sind. Auch *Attributionen* sind Bewältigungsstrategien, durch welche Motivation und Strategieeinsatz beim selbstgesteuerten Lernen gelenkt werden. Beispielsweise sind interne Kontrollüberzeugungen und Anstrengungsattributionen wichtige Voraussetzungen dafür, dass jemand beim Lernen von sich aus überhaupt aktiv wird und Lernstrategien aktiviert.[225]

*Volitionale Strategien* bezeichnen Bewältigungsstrategien, durch die der Lerner seine ursprüngliche Lernmotivation und Lernziele gegen konkurrierende Handlungstendenzen abschirmt und beschützt. Die Relevanz volitionaler Bewältigungsstrategien für selbstgesteuerte Lernprozesse ist offensichtlich. Personen, die mehr von ihren Absichten in die Tat umsetzen als andere, scheinen sich hierbei folgender Strategien zu bedienen: (1) Kontrolle der Motivation, (2) Kontrolle der Aufmerksamkeit, (3) Kontrolle der eigenen Emotionen, (4) Kontrolle der Wahrnehmung auf Zielrelevantes, (5) handlungsorientierte Bewälti-

---

224 Vgl. Friedrich, Helmut; Mandl, Heinz: Analyse und Förderung des selbstgesteuerten Lernens, in: Psychologie der Erwachsenenbildung, Hrsg.: Weinert, Franz E.; Mandl, Heinz, a. a. O., S. 245.

225 Vgl. Friedrich, Helmut; Mandl, Heinz: Analyse und Förderung des selbstgesteuerten Lernens, in: Psychologie der Erwachsenenbildung, Hrsg.: Weinert, Franz E.; Mandl, Heinz, a. a. O., S. 245.

gung von Misserfolgserlebnissen, (6) Gestaltung und Kontrolle der unmittelbaren Umgebung sowie durch eine sparsame Informationsverarbeitung.[226]

*Emotionale Prozesse* üben einen erheblichen Einfluss auf Kognitions- und Motivationsabläufe beim Lernen und Leisten aus. Theoretisch ist dies von einer Reihe von Forschungstraditionen anerkannt worden. Empirisch sind Lern- und Leistungsemotionen vor allem im Bereich der Prüfungsangstforschung untersucht worden. Neuere Studien untersuchen verstärkt die Rolle weiterer lernrelevanter positiver und negativer emotionaler Prozesse (Freude, Langweile) für das selbstgesteuerte Lernen.[227]

Auch wenn die hier skizzierten *prozessualen motivationalen Komponenten* des selbstgesteuerten Lernens in Form von selbstwerterhaltenden und volitionalen Bewältigungsstrategien sowie die lernbegleitenden Emotionen bislang erst ansatzweise im Kontext des Lernens untersucht wurden, so ist ihre Bedeutung für das selbstgesteuerte Lernen dennoch offensichtlich.[228] Computerbasierte Lernumgebungen sollten diese Komponenten integrieren und gezielt fördern.

#### 3.2.2.3 Zusammenfassung des äußeren Bereichs des Komponentenmodells computerbasierten selbstgesteuerten Lernens

Der äußere Bereich des „Komponentenmodells computerbasierten selbstgesteuerten Lernens" wird über zwei, auf den zentralen Bereich des Modells einflussnehmende, Komponenten definiert. Mit der ersten Komponente „umgebungsbezogene Bedingungen" wird die Notwendigkeit unterstrichen, bei der Analyse computerbasierter selbstgesteuerter Lernumgebungen explizit organisatorische Anforderungen zu berücksichtigen.[229]

---

226 Vgl. Kuhl, Julius: Wille und Freiheitserleben: Formen der Selbststeuerung, in: Motivation, Volition und Handlung, Hrsg.: Kuhl, Julius; Heckhausen, Heinz, in: Enzyklopädie der Psychologie, Themenbereich C, Theorie und Forschung, Serie IV, Motivation und Emotion, Bd. 4, Hrsg.: Birbaumer, Niels; Frey, Dieter; Kuhl, Julius; Prinz, Wolfgang; Weinert, Franz E., Göttingen et al.: Hogrefe-Verlag 1996, S. 684.

227 Vgl. Pekrun, Reinhard; Schiefele, Ulrich: Emotions- und motivationspsychologische Bedingungen der Lernleistung, in: Psychologie des Lernens und der Instruktion, a. a. O., S. 164.

228 Vgl. Friedrich, Helmut; Mandl, Heinz: Analyse und Förderung des selbstgesteuerten Lernens, in: Psychologie der Erwachsenenbildung, Hrsg.: Weinert, Franz E.; Mandl, Heinz, a. a. O., S. 247.

229 Vgl. hierzu die Ausführungen zu umgebungsbezogene Bedingungen computerbasierten selbstgesteuerten Lernens in *Kapitel 3.2.2.1*.

Über die zweite Komponente „personenbezogene Bedingungen computerbasierter selbstgesteuerter Lernumgebungen“ wird die Analyse der strukturellen und prozessualen motivationalen Bedingungen selbstgesteuerten Lernens in computerbasierten Lernumgebungen unterstützt.[230]

Zusammenfassend werden in Abbildung 30 die dargelegten Ausführungen zum äußeren Bereich des Komponentenmodells computerbasierten selbstgesteuerten Lernens veranschaulicht.

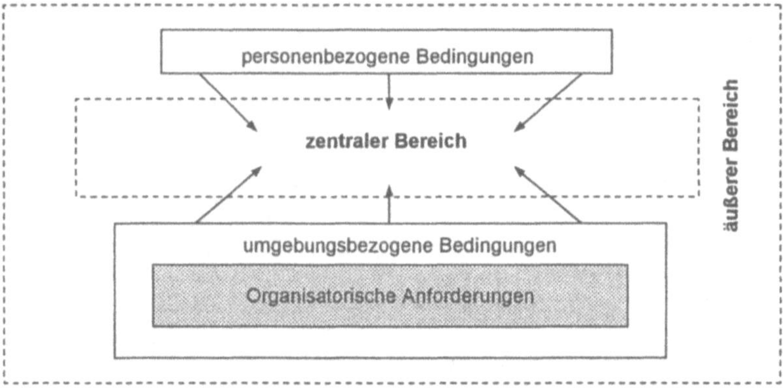


**Abb. 30: Äußerer Bereich des Komponentenmodells computerbasierten selbstgesteuerten Lernens**

## 3.2.3 Zentraler Bereich des Komponentenmodells computerbasierten selbstgesteuerten Lernens

Der zentrale Bereich des Komponentenmodells computerbasierten selbstgesteuerten Lernens gibt die fachlichen Anforderungen an computerbasierte Lernumgebungen wider. Definiert werden die fachlichen Anforderungen über die folgenden drei Komponenten:

a) Metakognition,

b) Förderung des computerbasierten selbstgesteuerten Lernens und

c) Prozess des computerbasierten selbstgesteuerten Lernens.

230 Vgl. hierzu die Ausführungen zu personenbezogene Bedingungen computerbasierten selbstgesteuerten Lernens in *Kapitel 3.2.2.2.*

**a) Metakognition**

Die erste Komponente im zentralen Bereich ist die Metakognition. Im Komponentenmodell computerbasierten selbstgesteuerten Lernens wird mit der Ansiedlung im Zentrum des Modells zum einen der herausragende Einfluss der Metakognition auf den selbstgesteuerten Lernprozess erfasst, zum anderen wird dem Defizit entgegen gewirkt, dass der Bereich der Metakognition in der betrieblichen und allgemeinen Weiterbildung bisher nur unzureichend berücksichtigt wurde.[231] Auf Grund ihrer zentralen Bedeutung für das selbstgesteuerte Lernen wird der Bereich der Metakognition in *Kapitel 3.3* ausführlich dargestellt.

**b) Förderung des computerbasierten selbstgesteuerten Lernens**

Die zweite Komponente des zentralen Bereichs bildet die Förderung des computerbasierten selbstgesteuerten Lernens. Prinzipiell gibt es zwei - einander ergänzende - Ansatzpunkte für die Förderung des computerbasierten selbstgesteuerten Lernens. Der eine besteht darin, dem Lerner die oben skizzierten kognitiven, metakognitiven und volitionalen Faktoren computerbasierten selbstgesteuerten Lernens *direkt* zu vermitteln, so dass das Individuum über ein Repertoire von Strategien und Techniken verfügt, das es bewusst und gezielt einsetzen kann, um gegebenenfalls auch unter suboptimalen äußeren Lernbedingungen erfolgreich selbstgesteuert zu lernen. Hierbei handelt es sich um den Ansatz des Lernstrategietrainings. Der andere, *indirekte* Förderungsansatz besteht darin, die Lernumgebung so zu gestalten, dass sie den Lernenden die Möglichkeiten für selbstgesteuertes Lernen bietet, respektive diese erfordert.[232]

Die Möglichkeiten zur Förderung des computerbasierten selbstgesteuerten Lernens werden in *Kapitel 3.4* dargestellt.

**c) Prozess des computerbasierten selbstgesteuerten Lernen**

Das Vorgehen beim computerbasierten selbstgesteuerten Lernen stellt den eigentlichen Selbstlernprozess dar. Definiert wird dieses Vorgehen in der dritten Komponente des zentralen Bereichs über folgende Schritte:

- Lernbedarfsplanung, (*Kapitel 4.2*)
- Lernzielbildung, (*Kapitel 4.3*)

---

231 Vgl. Kaiser, Arnim; Kaiser Ruth: Metakognition: Denken und Problemlösen optimieren, Neuwied, Kriftel: Luchterhand 1999, S. 5.

232 Vgl. Friedrich, Helmut; Mandl, Heinz: Analyse und Förderung des selbstgesteuerten Lernens, in: Psychologie der Erwachsenenbildung, a. a. O., S. 253; Krapp, Andreas; Weidenmann, Bernd (Hrsg.): Pädagogische Psychologie - Ein Lehrbuch, 4., vollständig überarb. Aufl., Weinheim: Psychologische Verlags Union, Beltz 2001., S. 634.

- Lernablaufplanung, (*Kapitel 4.4*)
- Lernangebotssteuerung und Lernaktion, (*Kapitel 4.5*)
- Lernkontrolle. (*Kapitel 4.6*)

In Abgrenzung zu Straka wird die Unterteilung des Zwei-Schalen-Modells in eine innere und eine äußere Schale im zentralen Bereich nicht übernommen.[233] Für die computerbasierte selbstgesteuerte Lernumgebung ist die Zuordnung „einer Reihe zwar analytisch zu trennender, jedoch sich simultan im Lernprozesse vollziehender Prozesse",[234] zu einer inneren und äußeren Schale nicht zweckmäßig. Sinnvoller erscheint es, jede einzelne der oben dargestellten Phasen daraufhin abzuprüfen, in welchem Maße von der computerbasierten Lernumgebung Unterstützung geleistet werden sollte, um den selbstgesteuerten Lernprozess zu fördern.

Das Vorgehen computerbasierten selbstgesteuerten Lernens sowie die Unterstützungsmöglichkeiten, welche die computerbasierte Lernumgebung leisten sollte, werden in der oben dargelegten Gliederung in *Kapitel 4* ausführlich dargestellt und mittels der Unified Modeling Language objektorientiert modelliert.

Zusammenfassend werden in Abbildung 31 die dargelegten Ausführungen zum zentralen Bereich des Komponentenmodells computerbasierten selbstgesteuerten Lernens veranschaulicht.

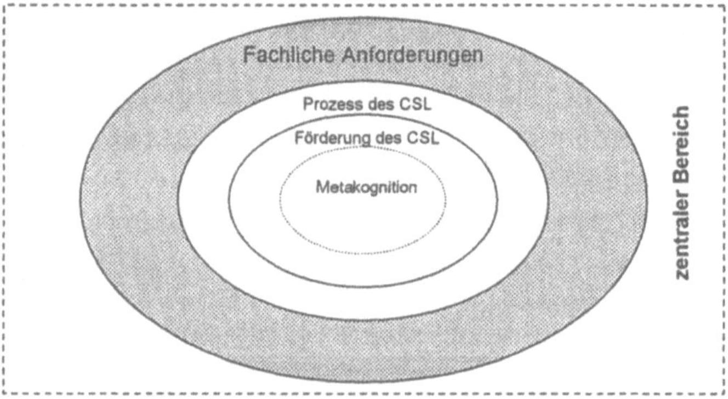


**Abb. 31: Zentraler Bereich des Komponentenmodells computerbasierten selbstgesteuerten Lernens**

233 Vgl. Straka, Gerald; Nenninger, Peter; Spevacek, Gert; Wosnitza, Marold: Motiviertes selbstgesteuertes Lernen in der kaufmännischen Erstausbildung - Entwicklung und Validierung eines Zwei-Schalen-Modells, a. a. O., S. 151.

234 Wosnitza, Marold: Motiviertes selbstgesteuertes Lernen im Studium. Theoretischer Rahmen, diagnostisches Instrumentarium und Bedingungsanalyse, a. a. O., S. 40.

### 3.2.4 Zusammenfassung zum Komponentenmodell computerbasierten selbstgesteuerten Lernens

Das Komponentenmodell computerbasierten selbstgesteuerten Lernens wird über die zwei Komponenten des äußeren Bereichs, sowie die drei Komponenten des zentralen Bereichs definiert.

Mit dem äußeren Bereich wurden durch die erste Komponente „umgebungsbezogene Bedingungen" (*Kapitel 3.2.2.1*) und die zweite Komponente „personenbezogene Bedingungen" (*Kapitel 3.2.2.2*) des computerbasierten selbstgesteuerten Lernprozesses Umfeldbedingungen explizit in die Analyse der computerbasierten Lernumgebung einbezogen. Die umgebungsbezogenen Bedingungen berücksichtigen die organisatorischen Anforderungen des computerbasierten selbstgesteuerten Lernprozesses. Die organisatorischen Anforderungen an die computerbasierte Lernumgebung werden in *Kapitel 5* ausführlich dargestellt und in zentralen Aspekten, durch Modellierung in der Unified Modeling Language, analysiert.

Der zentrale Bereich mit den fachlichen Anforderungen computerbasierten selbstgesteuerten Lernens definiert sich wie dargestellt über die drei Komponenten: Metakognition (*Kapitel 3.3*), Förderung des computerbasierten selbstgesteuerten Lernens (*Kapitel 3.4*) und den Prozess des computerbasierten selbstgesteuerten Lernens (*Kapitel 4*).

Zusammen bilden der äußere und der zentrale Bereich das „Komponentenmodell computerbasierten selbstgesteuerten Lernens". Es liefert hiermit eine umfassende Analysestruktur für computerbasierte selbstgesteuerte Lernumgebungen.

Abschließend werden die dargelegten Ausführungen zum Komponentenmodell computerbasierten selbstgesteuerten Lernens in Abbildung 32 samt ihrer Kapitelnummern veranschaulicht.

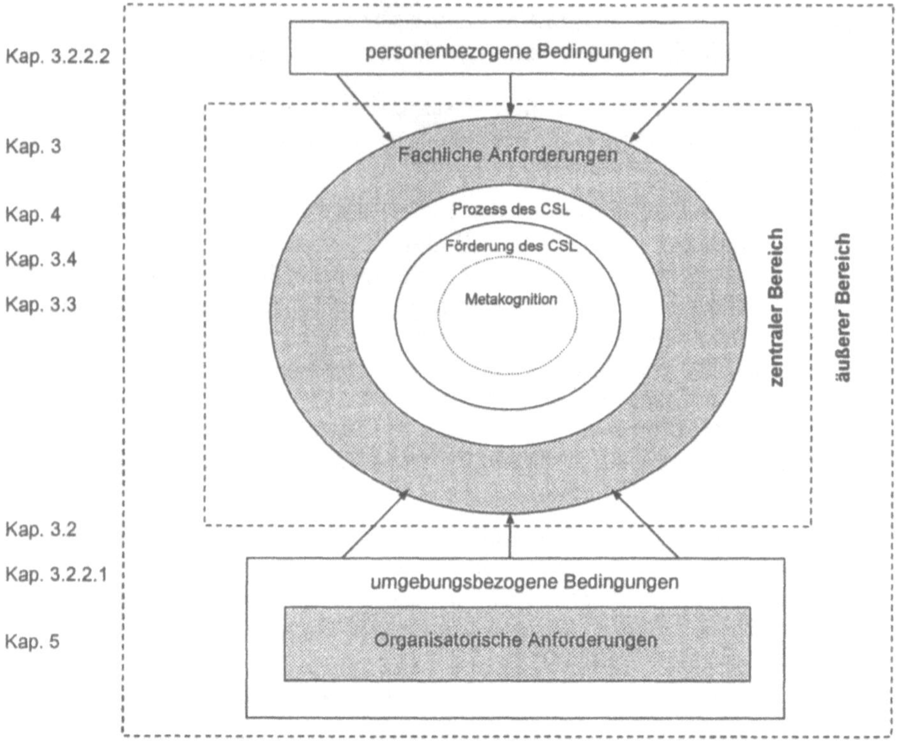


**Abb. 32: Komponentenmodell computerbasierten selbstgesteuerten Lernens**

Das hier entwickelte „Komponentenmodell computerbasierten selbstgesteuerten Lernens" dient im Folgenden als Analyserahmen. Im Folgenden werden seine Elemente wie folgt detailliert ausgeführt:

- Metakognition (*Kapitel 3.3*)
- Förderung computerbasierten selbstgesteuerten Lernens (*Kapitel 3.4*)
- Prozess des computerbasierten selbstgesteuerten Lernens (*Kapitel 4*)
- Organisatorische Anforderungen computerbasierten selbstgesteuerten Lernens (*Kapitel 5*)

## 3.3 Metakognition

### 3.3.1 Begriff und Dimensionen von Metakognition

Metakognition hat sich in den vergangen Jahren zu einem zentralen Thema in der Kognitionsforschung entwickelt,[235] nicht zuletzt, weil metakognitiven Prozessen zunehmend eine Schlüsselfunktion im menschlichen Denken und Problemlösen zugeschrieben wird.[236] Die betriebliche und allgemeine Weiterbildung hat das Konzept der Metakognition jedoch bislang nur unzureichend rezipiert.[237]

Zu jedem selbstinitiierten Lernprozess gehören kontinuierliche Anpassungen und Feinabstimmungen der Lernhandlungen durch Prozesse der Selbstregulation. Im Handlungsvollzug muss der Lernende u. a.

- den Ausgangspunkt der Handlungen bestimmen
- Ziele definieren
- Handlungswege ableiten
- Handlungsschwierigkeiten erkennen
- die erforderlichen Lernschritte ausführen
- das eigene Vorgehen bzw. die bisherigen Ziele im Handlungsvollzug modifizieren.[238]

Die Untersuchung dieser Anpassungsprozesse vollzieht sich im Bereich der Metakognitionsforschung.[239] Die Definition, welche von einer Vielzahl von Autoren vertreten wird, beschreibt den Begriff Metakognition wie folgt:

„Metakognition hat - vorsichtig formuliert - mit dem Wissen und der Kontrolle über das eigene kognitive System zu tun".[240]

---

235 Vgl. Baumert, Jürgen; Klieme, Eckhard; Neubrand, Michael; Prenzel, Manfred; Schiefele, Ulrich; Schneider, Wolfgang; Stanat, Petra; Tillmann, Klaus-Jürgen; Weiß, Manfred (Hrsg.): PISA 2000 - Deutschland: Fähigkeit zum selbstregulierten Lernen als fächerübergreifende Kompetenz, a. a. O., S. 3.

236 Vgl. Kaiser, Arnim; Kaiser Ruth: Metakognition: Denken und Problemlösen optimieren, a. a. O., S. 5.

237 Vgl. Kaiser, Arnim; Kaiser Ruth: Metakognition: Denken und Problemlösen optimieren, a. a. O., S. 5.

238 Vgl. Konrad, Klaus; Traub, Silke: Selbstgesteuertes Lernen in Theorie und Praxis, a. a. O., S. 36.

239 Vgl. Konrad, Klaus; Traub, Silke: Selbstgesteuertes Lernen in Theorie und Praxis, a. a. O., S. 36.

In einfacheren Worten beschreibt Kaiser Metakognition als das Denken über das Denken.[241]

In der psychologischen Literatur lassen sich zwei Forschungsfragestellungen zum Begriff der Metakognition ausmachen: Erstens das Wissen über Kognition (*Metakognitives Wissen*) und zweitens Wissen über die Kontrolle und Steuerung von Kognition (*Metakognitive Kontrolle*).[242] Diese Unterscheidung wird in Anlehnung an Flavell, einen der führenden Theoretiker auf diesem Gebiet, getroffen.[243] Man bezeichnet das metakognitive Wissen als *deklarativen* Aspekt der Metakognition, wohingegen die metakognitive Kontrolle den *exekutiven* Aspekt darstellt.[244] Diese zwei Fragegestellungen der Metakognition sind eng miteinander verknüpft, da sie sich gegenseitig verstärken. Beide sind in der reflexiven Tätigkeit des Individuums verankert und sind konstitutiv für ein Lernen, das in großen Umfang seine eigenen Schritte, Zustände, Zwischen- und Endergebnisse reflektiert.[245]

---

240 Brown, A. L: Metakognition, Handlungskontrolle, Selbststeuerung und andere, noch geheimnisvollere Mechanismen, in: Weinert, F. E.; Kluwe, R. H. (Hrsg.): Metakognition, Motivation und Lernen, Stuttgart: Kohlhammer 1984, S. 61; Diese Definition vertreten u. a. auch: Beck, Erwin; Guldimann, Titus; Zutavern, Michael (Hrsg.): Eigenständig lernen, St. Gallen: UVK, Fachverlag für Wiss. und Studium 1995, S. 16; Fischer, Peter; Mandl, Heinz: Selbstwahrnehmung und Selbstbewertung beim Lernen. Metakognitive Komponenten der Selbststeuerung beim Lernen mit Texten (Forschungsbericht 10), Tübingen: Deutsches Institut für Fernstudien an der Universität Tübingen 1980, S. 62; Guldimann, Titus: Eigenständiger Lernen: durch metakognitive Bewusstheit und Erweiterung des kognitiven und metakognitiven Strategierepetoires, Bern, Stuttgart, Wien: Haupt 1996, S. 25; Konrad, Klaus: Lernen eigenständig reflektieren, überwachen und kontrollieren, Explorative Analyse handlungsgerechter Kognitionen, Landau: Verlag Empirische Pädagogik 1997, S. 10.

241 Vgl. Kaiser, Arnim; Kaiser Ruth: Metakognition: Denken und Problemlösen optimieren, a. a. O., S. 25 u. S. 171.

242 Vgl. Brown, A. L: Metakognition, Handlungskontrolle, Selbststeuerung und andere, noch geheimnisvollere Mechanismen, In: Weinert, F. E.; Kluwe, R. H. (Hrsg.): Metakognition, Motivation und Lernen a. a. O., S. 62; Konrad, Klaus; Traub, Silke: Selbstgesteuertes Lernen in Theorie und Praxis, a. a. O., S. 37.

243 Vgl. Kaiser, Arnim; Kaiser Ruth: Metakognition: Denken und Problemlösen optimieren, a. a. O., S. 25

244 Vgl. Opwis, K.: Reflexionen über eigenes und fremdes Wissen. In: Klix, Friedhart., Spada, Hans (Hrsg.): Wissen. Enzyklopädie der Psychologie, Göttingen: Hogrefe Verlag für Psychologie 1998, S. 372.

245 Vgl. Konrad, Klaus; Traub, Silke: Selbstgesteuertes Lernen in Theorie und Praxis, a. a. O., S. 37.

**Metakognitives Wissen (deklarativer Aspekt)**

Metakognitives Wissen, d. h. der deklarative Aspekt, umfasst die Kenntnisse eines Menschen über das eigene kognitive System.[246] Wissen über Kognition richtet sich auf die Kenntnisse des Lernenden in drei Bereichen:[247]

- Personenvariablen,
- Aufgabenvariablen
- Strategievariablen.

*Personenbezogenes Wissen* bezeichnet jenes Wissen, das sich auf Merkmale von Personen als denkende, affektive und motivierte Organismen bezieht. Nach Flavell bezeichnet man dies auch als metamemoriales Wissen und Metagedächtnis.[248] Personenbezogenes Wissen lässt sich ausdifferenzieren in intra-, inter-, und allgemein-personbezogenes Wissen.[249]

Zum *intrapersonalen Wissen* zählt das, was man über sein eigenes Denken und Gedächtnis weiß (z. B. gute Gedächtnisleistung, wenn man etwas aufgeschrieben hat). *Interpersonales Wissen* ergibt sich aus den Kenntnissen über das Denken anderer Menschen. Beobachtungen eines Lerners werden durch Vergleich auch in Beziehung zu sich selber gebracht, was rückwirkend Wissen über das eigene Denken anreichert. *Allgemeines personbezogenes Wissen* ist das Ergebnis eines Generalisierungsprozesses, der sich auf die zuvor genannten Wissensaspekte richtet. Beobachtungen zur eigenen oder zur anderen Person werden hierbei zu generellen Aussagen über menschliches Denken verdichtet.[250]

---

246 Vgl. Konrad, Klaus; Traub, Silke: Selbstgesteuertes Lernen in Theorie und Praxis, a. a. O., S. 38.

247 Vgl. Guldimann, Titus: Eigenständiger Lernen: durch metakognitive Bewusstheit und Erweiterung des kognitiven und metakognitiven Strategierepetoires, a. a. O., S. 27; Kaiser, Arnim; Kaiser Ruth: Metakognition: Denken und Problemlösen optimieren, a. a. O., S. 26; Konrad, Klaus; Traub, Silke: Selbstgesteuertes Lernen in Theorie und Praxis, a. a. O., S. 38, Konrad, Klaus; Wosnitza, Marold: Neue Formen des Lernens in Schule, Aus- und Weiterbildung. Einführung in die Thematik des motivierten selbstgesteuerten Lernens mit Bibliographie, a. a. O., S. 13.

248 Konrad, Klaus; Traub, Silke: Selbstgesteuertes Lernen in Theorie und Praxis, a. a. O., S. 38.

249 Vgl. Kaiser, Arnim; Kaiser Ruth: Metakognition: Denken und Problemlösen optimieren, a. a. O., S. 26.

250 Vgl. Kaiser, Arnim; Kaiser Ruth: Metakognition: Denken und Problemlösen optimieren, a. a. O., S. 26.

Der zweite Aspekt an metakognitivem Wissen thematisiert *Aufgabenvariablen*, die sich nach Art und Ziel des Aufgabenwissens unterscheiden lassen. Die *Art des Aufgabenwissens* bezeichnet die Beschaffenheit der Information (z. B. einfach vs. kompliziert, vertraut vs. fremd). Das Wissen um konkrete Aufgabenanforderungen ermöglicht es, *Ziele* nach ihrem Schwierigkeitsgrad einzuschätzen. Aus beidem kann der Lerner die Folgen für seinen Lernprozess abschätzen, beispielsweise in zeitlicher Hinsicht.[251]

Der dritte Aspekt metakognitiven Wissens umfasst Kenntnisse über *Strategievariablen*. Dieses Wissen erlaubt es, Lösungswege, mit denen ein Ziel erreicht werden soll, auf ihre Angemessenheit hin zu überprüfen.[252]

**Metakognitive Kontrolle (exekutiver Aspekt)**

Unter metakognitiver Kontrolle, d. h. dem exekutiven Aspekt, werden zwei grundlegende Prozesse gefasst:

- Metakognitive Steuerung
- Kontrolle.

Diese Aspekte des Lernens und Problemlösens werden als höchst bedeutsame Funktionen zur Selbststeuerung exekutiver Prozesse angesehen.[253]

*Metakognitive Steuerung* fasst jene Aktivitäten zusammen, die sich auf Planung, Regulierung und Bewertung der Bearbeitungsaktivitäten beziehen.[254] *Planungsaktivitäten* implizieren das Setzen von Zielen, die Generierung von Fragen sowie die Durchführung einer Problemanalyse. Ziel ist es, den Lerner auf den Gebrauch von Lernstrategien vorzubereiten, Querverbindungen zu anderen Wissensgebieten zu ziehen sowie die Organisation des Lernmaterials zu unterstützen. *Regulationsprozesse* sind eng mit Überwachungstätigkeiten verbunden. Sie werden vom Lernenden zur Diagnose des Lerngeschehens herangezogen, mit dem Ziel, die angebotenen oder selbst erarbeiteten Informationen zu verstehen

---

251 Vgl. Kaiser, Arnim; Kaiser Ruth: Metakognition: Denken und Problemlösen optimieren, a. a. O., S. 26 f.

252 Vgl. Konrad, Klaus; Traub, Silke: Selbstgesteuertes Lernen in Theorie und Praxis, a. a. O., S. 38.

253 Vgl. Brown, A. L: Metakognition, Handlungskontrolle, Selbststeuerung und andere, noch geheimnisvollere Mechanismen, a. a. O., S. 61 f.

254 Vgl. Kaiser, Arnim; Kaiser Ruth: Metakognition: Denken und Problemlösen optimieren, a. a. O., S. 27.

und in vorhandenes Wissen zu integrieren. Die Regulation von Kognition ist besonders bei der aktuellen Bearbeitung von Problemlösungen relevant.[255]

*Kontrolle* umfasst die Prozesse, mittels derer man Aufschluss über den Fortschritt der Bearbeitungsaktivitäten erhält. Durch Kontrolle (engl. self-monitoring) kann man ermitteln, ob man die in der Planung festgesetzten Zwischenziele oder Endziele erreicht hat.[256]

Die Begriffe und Dimensionen von Metakognition werden zusammenfassend in Abbildung 33 dargestellt.[257]

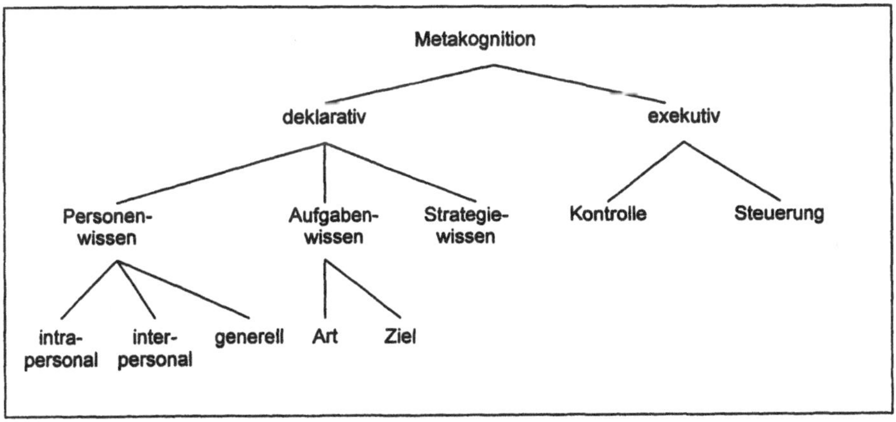


**Abb. 33: Begriff und Dimensionen von Metakognition**

Metakognition unterscheidet sich von Kognition dadurch, dass sie sich auf Kognitionen beziehen und diese steuern; d. h. der Gegenstandsbereich bzw. das Erkenntnisobjekt des Wissens bestimmt letztlich die Unterscheidung zwischen Kognition und Metakognition.[258]

In der wissenschaftlichen Literatur wird häufig zwischen kognitiven und metakognitiven Strategien differenziert.[259] Strategien können hierbei als Aktivitäts-

---

255 Vgl. Konrad, Klaus; Traub, Silke: Selbstgesteuertes Lernen in Theorie und Praxis, a. a. O., S. 37.

256 Vgl. Kaiser, Arnim; Kaiser Ruth: Metakognition: Denken und Problemlösen optimieren, a. a. O., S. 27.

257 In Anlehnung an: Kaiser, Arnim; Kaiser Ruth: Metakognition: Denken und Problemlösen optimieren, a. a. O., S. 27.

258 Vgl. Guldimann, Titus: Eigenständiger Lernen: durch metakognitive Bewusstheit und Erweiterung des kognitiven und metakognitiven Strategierepetoires, a. a. O., S. 30.

259 Vgl. Royer, J., Cisero, C., Carlo, M.: Techniques and Procedures for Assessing Cognitive Skills, in: Review of Educational Research, 63, 1993, S. 204; Schäfer, Roland: Computer-

sequenzen begriffen werden, als Handlungsfolgen in der Bearbeitung einer Aufgabe.[260] Boekaerts verweist wiederholt (1992, 1997, 1999) auf die wechselseitige Abhängigkeit der einzelnen Komponenten, die neben den kognitiven und metakognitiven Strategien auch die motivationalen Aspekte umfassen.[261]

Kognitive Strategien sind dadurch gekennzeichnet, dass sie:[262]

- zur Bearbeitung unterschiedlicher Aufgaben in einem bestimmten Wissensgebiet geeignet,
- zugleich aber auch auf dieses Feld begrenzt sind,
- durch Einübung und Gewöhnung erworben und
- schrittweise bis zur vollen Beherrschung angeeignet werden.

Metakognitive Strategien sind charakterisierbar als:

- universell einsetzbar,
- auf ablaufende Denkprozesse ausgerichtet und
- durch Bewusstmachen und Einüben optimierbar.

Metakognitive Strategien sind jene Zugriffsweisen, die bei der Auswahl, dem Einsatz und der Kontrolle kognitiver Strategien helfen. Kognitive Strategien richten sich also auf die Bearbeitung der Aufgabe, wohingegen metakognitive Strategien auf die Steuerung und Kontrolle der kognitiven Strategien gerichtet sind. Abbildung 34 veranschaulicht das Verhältnis von metakognitiven und kognitiven Strategien.

---

gestützte Lernumgebungen in der Betriebswirtschaftslehre: Analyse und Konstruktion aus Sicht des selbstgesteuerten Lernens, a. a. O., S. 35.

260 Vgl. Kaiser, Arnim; Kaiser Ruth: Metakognition: Denken und Problemlösen optimieren, a. a. O., S. 29

261 Vgl. Boekaerts, M.: The adaptable learning process: Initiating and maintaining behavioural change, Applied Psychology, 41/4, 1992, S. 377-397; Boekaerts, M.: Self-regulated learning: A new concept embraced by researchers, policy makers, educators, teachers and students, Learning and Instruction, 7/2, 1997, S. 161-186; Boekaerts, M.: Self-regulated learning: Where we are today, International Journal of Educational Research, 31, 1999, S. 445-475; Baumert, Jürgen; Klieme, Eckhard; Neubrand, Michael; Prenzel, Manfred; Schiefele, Ulrich; Schneider, Wolfgang; Stanat, Petra; Tillmann, Klaus-Jürgen; Weiß, Manfred (Hrsg.): PISA 2000 - Deutschland: Fähigkeit zum selbstregulierten Lernen als fächerübergreifende Kompetenz, a. a. O., S. 4.

262 Vgl. Royer, J., Cisero, C., Carlo, M.: Techniques and Procedures for Assessing Cognitive Skills, a. a. O., S. 204; Kaiser, Arnim; Kaiser Ruth: Metakognition: Denken und Problemlösen optimieren, a. a. O., S. 29.

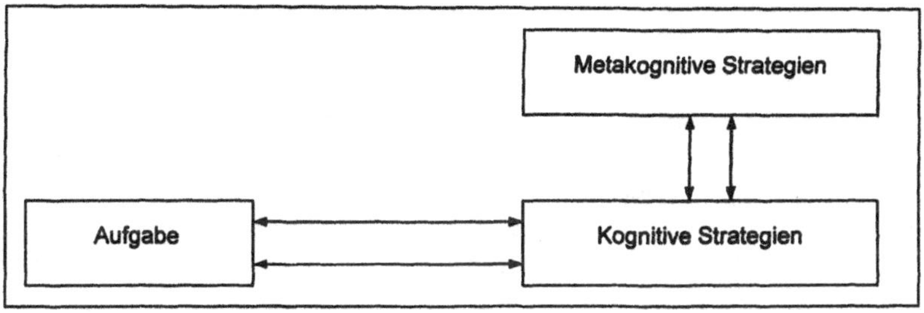


**Abb. 34: Verhältnis von metakognitiven und kognitiven Strategien**[263]

Kognitive Strategien lassen sich in die Gruppen *Wiederholungsstrategien*, *Organisationsstrategien* und *Elaborationsstrategien* unterteilen.[264]

Ziel des *Wiederholens* ist es, einen zu behaltenden Inhalt in möglichst unveränderter Form im Gedächtnis aufzunehmen. Beispiele für diese Strategiegruppe sind das Unterstreichen, Wiederholen sowie das Anfertigen von Notizen. *Organisieren*, als die nächst komplexere Strategiegruppe, ist gekennzeichnet durch die Umstrukturierung von Lernstoff, um ihn bedeutungshaltiger werden zu lassen. Organisationsstrategien dienen vorrangig der Selektion von Informationen, die dem Aufbau von Beziehungen zwischen Wissenseinheiten dienlich sein können. Kategorisieren, clustern und sortieren von Information sind hierfür Beispiele. *Elaborierende Strategien* dienen zur Herstellung von Verbindungen zwischen neuen Informationen und Wissensbeständen, über welche der Lernende bereits verfügt. Die Bildung von Analogien ist hier als prototypisches Beispiel zu nennen.

Metakognitive Strategien sind in ihrer dargelegten Funktion für Planung, Steuerung und Kontrolle des Lernprozesses zuständig. Darüber hinaus sind sie den kognitiven Lernstrategien übergeordnet. Aus Sicht des selbstgesteuerten Lernens sind sie als die interessantere Kategorie von Lernstrategien zu betrachten. Nichts desto weniger werden auch kognitive Lernstrategien in den Lernprozess mit computergestützten Lernumgebungen eingebunden.

---

263 Vgl. Kaiser, Arnim; Kaiser Ruth: Metakognition: Denken und Problemlösen optimieren, a. a. O., S. 30.

264 Vgl. Flavell, J., Miller, P., Miller, S.: Cognitive Development. Englewood Cliffs 1993, S. 235 ff; Kaiser, Arnim; Kaiser Ruth: Metakognition: Denken und Problemlösen optimieren, a. a. O., S. 30; Schiefele, Ulrich; Pekrun, Reinhard: Psychologische Modelle des fremdgesteuerten und selbstgesteuerten Lernens, in: Psychologie des Lernens und der Instruktion, a. a. O., S. 261; Schäfer, Roland: Computergestützte Lernumgebungen in der Betriebswirtschaftslehre: Analyse und Konstruktion aus Sicht des selbstgesteuerten Lernens, a. a. O., S. 35.

### 3.3.2 Bedeutung metakognitiver Prozesse für den Wissenserwerb

Metakognitive Strategien sind von zentraler Bedeutung für selbstgesteuertes motiviertes Lernen. Lerner, die in der Lage sind, metakognitive Aktivitäten effizient zu nutzen und ihre Kognition entsprechend zu kontrollieren und zu regulieren, zeigen bessere Lernleistung.[265] Hierbei profitieren insbesondere lernschwache Schüler von einer Förderung in diesem Bereich.[266] Die Ergebnisse empirischer Untersuchungen unterstreichen die denkoptimierende Funktion von Metakognition:[267]

- Die Überlegenheit von Experten gegenüber Novizen basiert neben ihrem umfassenderen bereichsspezifischen Wissens auch auf ihrer Fähigkeit, Denk- und Problemlösungsprozesse zu reflektieren, d. h. diese metakognitiv zu begleiten.
- Lernstrategien entfalten ihre problemlösende Funktion erst, wenn sie dem Aufgabentyp angemessen sind. Die Auswahl und Modifikation der Lernstrategie verlangt gezielte metakognitive Einstellung.
- Der Strategiegebrauch lässt sich trainieren und damit metakognitiv steuern.
- Die Denk- und Problemlösungsleistung hängt unter anderem von der Sicherheit ab, mit der man über die Verfügbarkeit von Informationen im Gedächtnis eine Einschätzung treffen kann. Dieses „Feeling of knowing" ist ein wichtiges Element für den aufwandsökonomischen Suchprozess nach Informationen.
- Metakognition wirkt besonders lernfördernd, wenn der Lerner über ein günstiges Lerner-Selbstkonzept und über eine positive Selbstwirksamkeitserwartung verfügt.[268]

---

265 Konrad, Klaus; Wosnitza, Marold: Neue Formen des Lernens in Schule, Aus- und Weiterbildung: Einführung in die Thematik motivierten selbstgesteuerten Lernens mit Bibliographie, in: Berichte des Zentrums für empirische pädagogische Forschung, a. a. O., S. 12.

266 Beck, Erwin; Guldimann, Titus; Zutavern, Michael (Hrsg.): Eigenständig lernen, a. a. O., S. 44.

267 Vgl. Kaiser, Arnim; Kaiser Ruth: Metakognition: Denken und Problemlösen optimieren, a. a. O., S. 171 f.

268 Vgl. Guldimann, Titus: Eigenständiger Lernen: durch metakognitive Bewusstheit und Erweiterung des kognitiven und metakognitiven Strategierepetoires, a. a. O., S. 49.

- Der Einsatz von Metakognition zur Problemlösung unterliegt der Diskrepanz zwischen Wissen und Tun. Die Verfügbarkeit des Lerners über Metakognition garantiert nicht deren lernfördernde Wirkung.

Angesichts dieser Sachlage ist es wohl angemessen zu behaupten, dass Metakognition eine Grundqualifikation zur Durchführung von Lernprozessen und eine Schlüsselqualifikation für das Lernen darstellt. Metakognition kann der Charakter einer „Protokompetenz" zugeschrieben werden, da sie Bedingung für den Erwerb und die Anwendung einer Vielzahl von Schlüsselkompetenzen ist. In diesem Sinne optimiert Metakognition das Lernen und fördert den Transfer. Metakognition setzt somit die umfassenden Möglichkeiten eines Individuums frei, sein Repertoire an kognitiven Strategien zu nutzen.[269]

Auf der Basis der vorangegangenen Ausführungen gehen die Überlegungen zur Metakognition von drei grundsätzlichen Annahmen aus:[270]

- Sowohl metakognitives Wissen (deklarativer Aspekt) als auch Überwachung und Steuerung (exekutiver Aspekt) sind konstitutive Bestandteile menschlichen Denkens.
- Vorhandenes metakognitives Wissen wird vom Lerner nicht immer vollständig zum Einsatz gebracht.
- Der bewusste Einsatz metakognitiver Strategien wirkt sich unter bestimmten Bedingungen positiv auf die Lerneffektivität aus.

Weiterbildungsseminare stehen hierbei, ungeachtet ihrer methodischen Umsetzung, vor folgenden Aufgaben:[271]

- Weiterbildung sollte den Lernern ihr metakognitives Wissen zur Bewusstheit bringen.
- Weiterbildung sollte den Lernern das Ausmaß ihrer metakognitiven Aktivitäten einsichtig werden lassen.
- Weiterbildung sollte den Lernern den gezielten Einsatz metakognitiver Strategien ermöglichen.

Diesen Anforderungen gerecht zu werden, sollte der Anspruch einer computerbasierten Lernplattform sein.

---

269 Vgl. Kaiser, Arnim; Kaiser Ruth: Metakognition: Denken und Problemlösen optimieren, a. a. O., S. 172.

270 Vgl. Kaiser, Arnim; Kaiser Ruth: Metakognition: Denken und Problemlösen optimieren, a. a. O., S. 41 f.

271 Vgl. Kaiser, Arnim; Kaiser Ruth: Metakognition: Denken und Problemlösen optimieren, a. a. O., S. 42.

Nicht zuletzt die Forschung zum Metagedächtniskonstrukt sowie zu motivationalen und volitionalen Aspekten beim Lernen hat jedoch gezeigt, dass das Wissen über adäquate Lernstrategien nicht automatisch zur Anwendung dieser Strategien führt.[272] Dies deutet daraufhin, dass bei der Untersuchung selbstgesteuerter Lernprozesse neben metakognitiven vor allem auch motivational-emotionale Komponenten im Lernprozess berücksichtigt werden müssen.[273] Daraus lässt sich wiederum ableiten, dass die computerbasierte selbstgesteuerte Lernumgebung sich nicht isoliert auf die Vermittlung und Förderung kognitiver und metakognitiver Strategien beschränken darf.

## 3.4 Förderung computerbasierten selbstgesteuerten Lernens

### 3.4.1 Direkte Förderung des computerbasierten selbstgesteuerten Lernens

Direkte Förderungsansätze sind dadurch gekennzeichnet, dass dem Lernenden durch *Strategietraining* die Prinzipien selbstgesteuerten Lernens explizit vermittelt werden.

In der Literatur zur kognitiven Trainingsforschung[274] lassen sich Trainingsprinzipien unterscheiden, die den Kern direkten Trainings ausmachen, und solche, die mehr akzessorischen Charakter haben. Die folgenden drei zentralen Prinzipien des direkten Strategietrainings machen die jeweilige Zielstrategie explizit.[275] Diese Prinzipien sind anschließend auf die computerbasierte selbstge-

---

272 Vgl. Baumert, Jürgen; Klieme, Eckhard; Neubrand, Michael; Prenzel, Manfred; Schiefele, Ulrich; Schneider, Wolfgang; Stanat, Petra; Tillmann, Klaus-Jürgen; Weiß, Manfred (Hrsg.): PISA 2000 - Deutschland: Fähigkeit zum selbstregulierten Lernen als fächerübergreifende Kompetenz, a. a. O., S. 3.

273 Vgl. Baumert, Jürgen; Klieme, Eckhard; Neubrand, Michael; Prenzel, Manfred; Schiefele, Ulrich; Schneider, Wolfgang; Stanat, Petra; Tillmann, Klaus-Jürgen; Weiß, Manfred (Hrsg.): PISA 2000 - Deutschland: Fähigkeit zum selbstregulierten Lernen als fächerübergreifende Kompetenz, a. a. O., S. 3.

274 Vgl. Mandl, Heinz; Friedrich, Helmut (Hrsg.): Lern- und Denkstrategien. Analyse und Intervention, Göttingen: Hogrefe 1992. Kaiser, Arnim; Kaiser Ruth: Metakognition: Denken und Problemlösen optimieren, a. a. O.; Niegemann, Helmut M.: Computergestützte Instruktion in Schule, Aus- und Weiterbildung: Theoretische Grundlagen, empirische Befunde und Probleme der Entwicklung von Lernprogrammen, Frankfurt a. M. et al.: Lang 1995; Simons, P. Robert Jan: Lernen, selbständig zu lernen – ein Rahmenmodell, a. a. O., S. 251-264.

275 Vgl. Friedrich, Helmut; Mandl, Heinz: Analyse und Förderung des selbstgesteuerten Lernens, in: Psychologie der Erwachsenenbildung, Hrsg.: Weinert, Franz E.; Mandl,

steuerte Lernumgebung zu übertragen, bzw. sollten durch selbige gefördert werden.

*Kognitives Modellieren:* Da beim selbstgesteuerten Lernen motivationale und kognitive Komponenten zumeist nicht offen beobachtbar sind, müssen diese explizit gemacht werden, damit Lernende eine kognitive Repräsentation zu der jeweiligen Strategie aufbauen können.

*Informiertes Training:* Es ist nicht ausreichend, die jeweilige Lernstrategie nur zu üben (blindes Training), sondern die Lernenden müssen auch über Wirkung, Vorzüge und Nachteile der jeweiligen Strategie sowie ihre Anwendungsbedingungen informiert werden.

*Vermittlung von Kontroll- und Selbstreflexionsstrategien:* Diese sind ein integraler Bestandteil des direkten Trainings von Lernstrategien. Dem Lernenden werden Planungsstrategien, Strategien für die Verstehensüberwachung oder Techniken für die prozessbegleitende Verbalisierung vermittelt. Für das selbstgesteuerte Lernen sind Kontroll- und Selbstreflexionsstrategien von herausragender Bedeutung, da hier zumeist externe Kontroll- und Regulationsinstanzen fehlen.[276]

Die folgenden fünf, eher akzessorischen Trainingsprinzipien dienen nicht primär dazu, Zielstrategien bewusst zu machen, sie haben sich jedoch generell bei kognitiven Trainingsmaßnahmen als effektiv erwiesen.[277]

*Authentischer Nutzungs- und Anwendungskontext*: Das Erlernen der Strategien mit einem authentischen Anwendungsbezug macht den Lernenden den Problemlösewert der trainierten Lernstrategie deutlich und fördert den Transfer in reale Handlungskontexte.

*Variierte Aufgabenbedingungen*: Das Üben unter veränderten Aufgabenbedingungen soll dazu beitragen, das internalisierte Modell flexibel einzusetzen und somit den Transfer zu unterstützen. Charakteristisch ist, dass an zunehmend schwierigeren und verschiedenen Aufgaben geübt wird.

*Abbau anfänglicher Unterstützung*: Während zu Beginn zumeist versucht wird, die kognitive Belastung gering zu halten, um eine Überforderung zu vermeiden, werden mit zunehmendem Trainingsfortschritt externe Hilfen ab-

---

Heinz, a. a. O., S. 254 f.; Konrad, Klaus; Traub, Silke: Selbstgesteuertes Lernen in Theorie und Praxis, a. a. O., S. 55 f.

276 Vgl. hierzu die Ausführungen zur Metakognition in *Kapitel 3.3.*

277 Vgl. Friedrich, Helmut; Mandl, Heinz: Analyse und Förderung des selbstgesteuerten Lernens, in: Psychologie der Erwachsenenbildung, Hrsg.: Weinert, Franz E.; Mandl, Heinz, a. a. O., S. 255 f.

gebaut und die Verantwortung stärker auf den Lernenden übertragen. Beim selbstgesteuerten Lernen ist dieser Aspekt von besonderer Bedeutung.

*Veränderung motivationaler Lernvoraussetzungen*: Neben dem Können erweist sich das Wollen zunehmend als eine wichtige Voraussetzung für die Übertragung von Lernstrategien.[278]

*Förderung kooperativen Lernens*: Das Lernen im sozialen Kontext wirkt sich auf verschiedene Aspekte wie etwa Motivation und Strategietransfer positiv aus.[279] Seit den 80er Jahren wächst das Interesse an kooperativem Lernen mit Computern, wobei insbesondere durch die Telekommunikationstechnologien vielfältige Möglichkeiten zur Kooperation zur Verfügung stehen.[280]

Computerbasierte selbstgesteuerte Lernumgebungen sollten die vorgestellten direkten Förderungsansätze aufgreifen und integrieren.

Einschränkend muss angemerkt werden, dass experimentelle Trainingsforschung zwar insgesamt gezeigt hat, dass selbstgesteuertes Lernen gefördert werden kann, Personen mit ungünstigen Lernvoraussetzungen jedoch selten das Niveau von Personen mit guten Lernvoraussetzungen erreichen.[281]

### 3.4.2 Indirekte Förderung des computerbasierten selbstgesteuerten Lernens

Indirekte Förderungsansätze gestalten die Lernumgebung derart, dass sie den Lernenden Freiheitsgrade bezüglich der Selbststeuerung einräumen, bzw. vom Lernenden Selbststeuerung fordern.[282]

---

278 Vgl. hierzu die Ausführungen zu personenbezogenen Bedingungen computerbasierter selbstgesteuerter Lernumgebungen in *Kapitel 3.2.2.2*.

279 Vgl. Friedrich, Helmut; Mandl, Heinz: Analyse und Förderung des selbstgesteuerten Lernens, in: Psychologie der Erwachsenenbildung, Hrsg.: Weinert, Franz E.; Mandl, Heinz, a. a. O., S. 256.

280 Vgl. Reinmann-Rothmeier, Gabi; Mandl, Heinz: Wissensvermittlung: Ansätze zur Förderung des Wissenserwerbs, in: Wissen, Hrsg.: Klix, Friedhart; Spada, Hans, in: Enzyklopädie der Psychologie, Themenbereich C, Praxisgebiete, Serie II, Kognition, Bd. 6, Hrsg.: Birbaumer, Niels; Frey, Dieter; Kuhl, Julius; Prinz, Wolfgang; Weinert, Franz E., Göttingen et al.: Hogrefe-Verlag 1998, S. 473.

281 Vgl. Friedrich, Helmut; Mandl, Heinz: Analyse und Förderung des selbstgesteuerten Lernens, in: Psychologie der Erwachsenenbildung, Hrsg.: Weinert, Franz E.; Mandl, Heinz, a. a. O., S. 257.

282 Vgl. Friedrich, Helmut; Mandl, Heinz: Analyse und Förderung des selbstgesteuerten Lernens, in: Psychologie der Erwachsenenbildung, Hrsg.: Weinert, Franz E.; Mandl, Heinz, a. a. O., S. 258.

Grundsätzlich kann zwischen *individualisiertem* und *kooperativem* computerbasierten selbstgesteuerten Lernen differenziert werden. Lernumgebungen für individualisiertes selbstgesteuertes Lernen zielen darauf ab, selbstgesteuertes Lernen *einzelner* zu fördern. Sie werden danach unterschieden, ob sie eher einem *expositorischen* oder einem *explorativen* Instruktionskonzept verpflichtet sind.[283]

**Expositorische Lernumgebung**

*Expositorische Lernumgebungen* für individuelles selbstgesteuertes Lernen überlassen als wesentliches Charakteristikum die Steuerung des Lerntempos dem Lernenden selbst. Dies geschieht zumeist dadurch, dass große Teile der Instruktion in Form von selbstinstruktionalen Medien realisiert werden, die die Lernenden in ihrem eigenen Tempo bearbeiten können. Weitere wichtige Merkmale des individualisierten Unterrichts sind Lernzielorientierung der Selbststudienmaterialien und möglichst unmittelbare Evaluation des Lernerfolgs.[284]

Expositorische Lernumgebungen orientieren sich an rezeptiven Lernvorgängen, wobei der Lernende eine eher passive Rolle im Lernprozess einnimmt. Expositorische Lernumgebungen sind geeignet für Wissensgebiete, die sich gut strukturieren lassen. Hierbei dienen sie der Vermittlung von Wissen bei geringen oder keinen Vorkenntnissen. Der Lernende wird von der Lernumgebung instruiert und kontrolliert.[285]

Im Gegensatz zum Lerntempo stehen andere relevante Aspekte des Lernens, z. B. die Sequenzierung der Inhalte, Formen der Lernkontrolle, Inhaltsauswahl und Lernzielentscheidungen, nicht in der Verfügung des Lernenden. Analysen zu verschiedenen Varianten des computerbasierten Lernens zeigen, dass sie, verglichen mit traditionellen Unterrichtsformen, positive Auswirkungen auf die Lernleistung und auf die Einstellung zum jeweiligen Kursangebot haben.[286] Aber auch für computerbasierte expositorische Lernumgebungen scheint zu gelten, dass in das System integrierte instruktionale Hilfen, z. B. formative Lernerfolgskontrollen und Systemrückmeldungen, zu besseren Lernergebnissen führen

---

283 Vgl. Konrad, Klaus; Traub, Silke: Selbstgesteuertes Lernen in Theorie und Praxis, a. a. O., S. 76.

284 Vgl. Friedrich, Helmut; Mandl, Heinz: Analyse und Förderung des selbstgesteuerten Lernens, in: Psychologie der Erwachsenenbildung, Hrsg.: Weinert, Franz E.; Mandl, Heinz, a. a. O., S. 262.

285 Vgl. Schäfer, Roland: Computergestützte Lernumgebungen in der Betriebswirtschaftslehre: Analyse und Konstruktion aus Sicht des selbstgesteuerten Lernens, a. a. O., S. 40.

286 Kulik, J. A.; Kulbik, Ch. C.: Meta-analysis in education, in: International Journal of Educational Research, 13, 1989.

als reine Selbststeuerungsvarianten, bei denen formative Lernerfolgskontrollen dem Belieben des Lernenden überlassen bleiben.[287]

**Exploratorische Lernumgebungen**

*Exploratorische Lernumgebungen* für selbstgesteuertes Lernen verlangen tendenziell mehr und auch komplexere Eigenaktivitäten des Lernenden als expositorische Lernumgebungen.[288] In exploratorischen Lernumgebungen wird der Ablauf der Lernprozesse vom Lernenden selbst bestimmt. Hierbei wird der Lernprozess vom Lerner selbst geplant, gesteuert und kontrolliert. Dies wiederum setzt voraus, dass dem Lernenden das Lernziel bekannt ist. Wissensdefizite werden aktiv beseitigt, indem gezielt Inhalte der Lernumgebung erforscht werden. Exploratorisches Lernen eignet sich bei begrenztem Informationsbedarf und setzt bezüglich der Lerninhalte Kenntnisse voraus.[289]

Exploratorische Lernumgebungen bergen ein großes Potential für selbstgesteuertes Lernen. Besonders Hypertext- und Hypermediasysteme bieten, aufgrund ihrer nichtlinearen Verknüpfungsmöglichkeiten, große Freiräume bei der Auswahl und Sequenzierung der Lernschritte. Außerdem unterstützen sie den Aufbau multipler Perspektiven in einem Lernbereich.[290]

Forschungsbefunde von Friedrich und Mandl deuten darauf hin, dass die Nutzung des Potentials von Hypertext- und Hypermediaumgebungen für selbstgesteuertes Lernen bisher erst am Anfang steht. Zielloses Explorieren, sich Verirren, so genanntes „lost in hyper space“, kognitive Überlastung sowie die Beschränkung auf kleine thematische Einheiten zeigen, dass auch bei Hypertext- und Hypermediaumgebungen ein zentrales Problem darin besteht, eine angemessene Balance zwischen Selbststeuerung und Komplexitätsreduktion, d.h. Fremdsteuerung zu finden. Erfahrungen mit anspruchsvolleren computerbasierten Lernumgebungen bestätigen die Vermutung, dass ein Maximum an Selbst-

---

287 Vgl. Friedrich, Helmut; Mandl, Heinz: Analyse und Förderung des selbstgesteuerten Lernens, in: Psychologie der Erwachsenenbildung, Hrsg.: Weinert, Franz E.; Mandl, Heinz, a. a. O., S. 263.

288 Vgl. Friedrich, Helmut; Mandl, Heinz: Analyse und Förderung des selbstgesteuerten Lernens, in: Psychologie der Erwachsenenbildung, Hrsg.: Weinert, Franz E.; Mandl, Heinz, a. a. O., S. 263.

289 Vgl. Schäfer, Roland: Computergestützte Lernumgebungen in der Betriebswirtschaftslehre: Analyse und Konstruktion aus Sicht des selbstgesteuerten Lernens, a. a. O., S. 40.

290 Vgl. Friedrich, Helmut; Mandl, Heinz: Analyse und Förderung des selbstgesteuerten Lernens, in: Psychologie der Erwachsenenbildung, Hrsg.: Weinert, Franz E.; Mandl, Heinz, a. a. O., S. 264.

steuerungsmöglichkeiten nicht unbedingt mit dem Optimum gleichzusetzen ist.[291]

**Kooperatives selbstgesteuertes Lernen**

„Lernen und andere kognitive Prozesse sind keine ausschließlich individuellen Vorgänge, sondern beinhalten immer auch soziale Aspekte."[292] Auf der Makroebene werden soziale Einflüsse dadurch deutlich, dass menschliches Denken und Handeln durch allgemeine soziale Normen und die in einem sozialen Kontext von allen geteilten Wissensbeständen beeinflusst werden. Auf der Mikroebene ergeben sich Einflussnahmen durch die Interaktion innerhalb der Lerngruppe. Insofern ist das soziale Lernumfeld kaum von den Inhalten und Vorgängen des Lernens zu trennen. Dies macht den Lernvorgang in sozialer Hinsicht zu einem situierten Prozess.[293]

Skeptiker sehen im Einsatz von computergestützten Lernumgebungen die Gefahr, dass durch den Computergebrauch kommunikationsentwöhnte Einzelgänger sozialisiert werden. Diese These ist jedoch empirisch nicht ausreichend untermauert.[294]

Dem steht entgegen, dass der Computer in den letzten Jahren, gerade als Medium für kooperatives Lernen und Arbeiten sowie für Kommunikationszwecke eingesetzt wird.[295] Insbesondere durch die Nutzung der Telekommunikationstechnologien stehen vielfältige Möglichkeiten zur Kooperation selbst über große Distanz zur Verfügung.[296] Die einseitige Betonung ungünstiger

---

291 Vgl. Friedrich, Helmut; Mandl, Heinz: Analyse und Förderung des selbstgesteuerten Lernens, in: Psychologie der Erwachsenenbildung, Hrsg.: Weinert, Franz E.; Mandl, Heinz, a. a. O., S. 266.

292 Krapp, Andreas; Weidenmann, Bernd (Hrsg.): Pädagogische Psychologie - Ein Lehrbuch, a. a. O., S. 636.

293 Vgl. Krapp, Andreas; Weidenmann, Bernd (Hrsg.): Pädagogische Psychologie - Ein Lehrbuch, a. a. O., S. 636.

294 Vgl. Mandl, Heinz; Gruber, Hans; Renkl, Alexander: Lernen und Lehren mit dem Computer, in: Psychologie der Erwachsenenbildung, Hrsg.: Weinert, Franz E.; Mandl, Heinz, a. a. O., S. 457.

295 Vgl. Reinmann-Rothmeier, Gabi; Mandl, Heinz: Wissensvermittlung: Ansätze zur Förderung des Wissenserwerbs, in: Wissen, Hrsg.: Klix, Friedhart; Spada, Hans, a. a. O., S. 473; Mandl, Heinz; Gruber, Hans; Renkl, Alexander: Lernen und Lehren mit dem Computer, in: Psychologie der Erwachsenenbildung, Hrsg.: Weinert, Franz E.; Mandl, Heinz, a. a. O., S. 457.

296 Vgl. Reinmann-Rothmeier, Gabi; Mandl, Heinz: Wissensvermittlung: Ansätze zur Förderung des Wissenserwerbs, in: Wissen, Hrsg.: Klix, Friedhart; Spada, Hans, a. a. O., S. 473.

Sozialisationseffekte hinsichtlich sozialen Verhaltens aufgrund der Computerbenutzung müssen angesichts dieser Entwicklungen als überholt angesehen werden.[297]

Die Vorteile, die dem kooperativen Lernen zugeschrieben werden, sind zum einen aus der unterstützenden Funktion von Gruppen durch geteilte Verantwortlichkeit, Vorhandensein von Modellen für kognitive Prozesse sowie eine erweiterte Wissensbasis bewirkt. Zum anderen werden kognitive Konflikte, welche die Interaktion in Gruppen häufig mit sich bringt, sowie das Einnehmen und Rechtfertigen eines eigenen Standpunktes als lernfördernd eingestuft.[298]

Automatisch kommen die genannten Vorteile des kooperativen Lernens, durch Interaktion von Menschen in einem Lernkontext, jedoch nicht zum Tragen. Die Zusammenarbeit von Lernenden muss organisiert und strukturiert werden, wobei die Interaktion in Lerngruppen in Abhängigkeit von der jeweiligen Lernaufgabe gesehen werden sollte. Hierbei können bei Aufgaben mit klarer Struktur und eindeutiger Lösung die Interaktionen zwischen den Gruppenmitgliedern detaillierter festgelegt sein, als bei offenen, unstrukturierten Aufgabenstellungen. Begleitend kann der Lernprozess durch vorgeschaltete Trainingsmaßnahmen begünstig werden, welche die Lernenden auf die Anforderungen kooperativen Lernens vorbereiten.[299]

Insgesamt gesehen besteht auch bei der Gestaltung von kooperativen selbstgesteuerten Lernumgebungen das Dilemma in der angemessenen Balance zwischen Strukturiertheit und Offenheit der Lernumgebung. Zu starke Vorgaben bei der Interaktion bergen die Gefahr, dass produktive aufgabenbezogene Gruppenaktivitäten unterdrückt werden; zu geringe Struktur birgt die Gefahr, dass die Lernenden überhaupt nicht in produktive aufgabenbezogene Interaktionen eintreten.[300]

---

297 Vgl. Mandl, Heinz; Gruber, Hans; Renkl, Alexander: Lernen und Lehren mit dem Computer, in: Psychologie der Erwachsenenbildung, Hrsg.: Weinert, Franz E.; Mandl, Heinz, a. a. O., S. 457.

298 Vgl. Friedrich, Helmut; Mandl, Heinz: Analyse und Förderung des selbstgesteuerten Lernens, in: Psychologie der Erwachsenenbildung, Hrsg.: Weinert, Franz E.; Mandl, Heinz, a. a. O., S. 267.

299 Vgl. Friedrich, Helmut; Mandl, Heinz: Analyse und Förderung des selbstgesteuerten Lernens, in: Psychologie der Erwachsenenbildung, Hrsg.: Weinert, Franz E.; Mandl, Heinz, a. a. O., S. 268.

300 Vgl. Friedrich, Helmut; Mandl, Heinz: Analyse und Förderung des selbstgesteuerten Lernens, in: Psychologie der Erwachsenenbildung, Hrsg.: Weinert, Franz E.; Mandl, Heinz, a. a. O., S. 268.

### 3.4.3 Kombination direkter und indirekter Förderungsansätze computerbasierten selbstgesteuerten Lernens

Von direkten oder indirekten Förderungsansätzen zu unterschieden sind Lernumgebungen mit gemischter Inhalts- und Prozessorientierung.[301] Kombinierte Förderungsansätze stellen den Versuch dar, indirekte und direkte Förderung miteinander zu verbinden. Die Inhaltsvermittlung wird zugunsten der Vermittlung solcher Strategien reduziert, die dem Individuum später den Erwerb neuen Wissens erleichtern. Das Ziel derart gestalteter Lernumgebungen besteht einerseits darin, selbstgesteuertes Lernens zu ermöglichen, andererseits in der Verbesserung der individuellen Kompetenz für selbstgesteuertes Lernen im Sinne eines direkten Strategietrainings.[302]

Entsprechende Anforderungsprofile haben insbesondere der „anchored instruction"- Ansatz[303] und der „cognitive apprenticeship"-Ansatz[304] entwickelt. Mit unterschiedlicher Akzentuierung orientieren sich diese Förderstrategien an grundlegenden didaktischen Prinzipien:[305]

*Authentizität der Lernumgebung*: Strategien können nicht losgelöst von Anwendungssituationen vermittelt werden. Die Lernumgebung muss dem Lernenden reale Aufgaben und Problemstellungen anbieten. Diese müssen den tatsächlichen Handlungskontext mit seiner Komplexität abbilden, um so-

301 Vgl. Konrad, Klaus; Wosnitza, Marold: Neue Formen des Lernens in Schule, Aus- und Weiterbildung: Einführung in die Thematik motivierten selbstgesteuerten Lernens mit Bibliographie, a. a. O., S. 24.

302 Vgl. Friedrich, Helmut; Mandl, Heinz: Analyse und Förderung des selbstgesteuerten Lernens, in: Psychologie der Erwachsenenbildung, Hrsg.: Weinert, Franz E.; Mandl, Heinz, a. a. O., S. 273; vgl. hierzu die Ausführungen zu Metakognition in *Kap. 3.3* sowie Abb.: Verhältnis von metakognitiven und kognitiven Strategien.

303 Vgl. The Cognition and Technology Group at Vanderbilt: Anchored instruction and its relationship to situated cognition, Educational Researcher, 19, 1990, S. 2-10; The Cognition and Technology Group at Vanderbilt: Technology and the design of generative learning enviroments, Educational Technology, 31, 1991, S. 34-40.

304 Vgl. Collins, A.; Brown, J.; Newmann, S.: Cognitive apprenticeship: Teaching the crafts of reading, writing and mathematics, in: Resnick, L. (Hrsg.): Knowing, learning and instruction, Hillsdale, N.J.: Erlbaum 1989, S. 453-494; Brown, A.; Collins, A.; Duguid, P.: Situated cognition and culture of learning, Educational Researcher, 18, 1989, S. 32-42.

305 Vgl. Konrad, Klaus; Wosnitza, Marold: Neue Formen des Lernens in Schule, Aus- und Weiterbildung: Einführung in die Thematik motivierten selbstgesteuerten Lernens mit Bibliographie, a. a. O., S. 24.

mit die Einbettung eines Einzelproblems in den Kontext einer für den Lerner relevanten Gesamtsituation zu ermöglichen.[306]

*Situierte Anwendungskontexte*: Im anchored instruction-Ansatz werden situierte Anwendungskontexte durch narrative offene Anker hergestellt. Eine Episode oder Geschichte soll die Reflexion der Lernenden anregen und für die folgende theoretische Erklärung aufnahmebereit machen. Ziel ist es, die Inhalte besser mit der Alltagswelt zu verknüpfen. Darüber hinaus erhalten die Lernenden handlungsorientierte Anleitungen, z. B. modeling, coaching, und scaffolding, um das selbstgesteuerte Lernen anzuregen.[307]

*Multiple Kontexte und Perspektiven*: Die Lernumgebung sollte so gestaltet sein, dass die Lernenden das zu erwerbende Wissen aus verschieden Perspektiven betrachten können. Multiple Perspektiven können einerseits unterschiedliche soziale Sichtweisen, andererseits verschiedene Problemsichtweisen sein. Durch multiple Kontexte soll sichergestellt werden, dass das Wissen nicht auf einen Kontext fixiert bleibt und auch auf andere Probleme und Situationen übertragen und flexibel genutzt werden kann.[308]

*Sozialer Kontext*: Neuere, vor allem sozial-konstruktivistisch geprägte Ansätze rücken die Gestaltung der Lernumgebung bei der Unterstützung der Selbststeuerung ins Zentrum ihrer Bemühungen.[309] Kognitivistisch-konstruktivistische Konzeptionen des Lernens betonen hierbei insbesondere auch die Bedeutung sozialer Interaktion für das Lernen.[310] Konsequenterweise wird hier die Schaffung eines sozialen Kontextes gefordert. Über Kooperation zwischen Lernenden sowie zwischen Lernenden und Experten kann vermit-

---

306 Vgl. Breuer, Klaus; Hillen, Stefanie; Berendes, Kai: Entwicklung und Elaboration Mentaler Modelle zu komplexen betriebswirtschaftlichen Erklärungsmustern über die computergestützte Modellbildung und Simulation, Reihe: Arbeitspapiere, 37, Mainz: Lehrstuhl für Wirtschaftpädagogik: Prof. Dr. K. Beck; Prof. Dr. K. Breuer (Hrsg.), 2001, S. 14.

307 Vgl. Konrad, Klaus; Wosnitza, Marold: Neue Formen des Lernens in Schule, Aus- und Weiterbildung: Einführung in die Thematik motivierten selbstgesteuerten Lernens mit Bibliographie, a. a. O., S. 24.

308 Vgl. Reinmann-Rothmeier, Gabi; Mandl, Heinz; Prenzel, Manfred: Computerunterstützte Lernumgebungen: Planung, Gestaltung und Bewertung, Hrsg.: Arzberger, Heinz; Brehm, Karl-Heinz, Erlangen: Publicis-MCD-Verlag 1994, S. 47.

309 Vgl. Konrad, Klaus; Traub, Silke: Selbstgesteuertes Lernen in Theorie und Praxis, a. a. O., S. 72.

310 Vgl. Konrad, Klaus; Traub, Silke: Selbstgesteuertes Lernen in Theorie und Praxis, a. a. O., S. 72; Friedrich, Helmut; Mandl, Heinz: Analyse und Förderung des selbstgesteuerten Lernens, in: Psychologie der Erwachsenenbildung, Hrsg.: Weinert, Franz E.; Mandl, Heinz, a. a. O., S. 272.

telt werden, dass Wissen auch soziales Wissen bedeutet, das es gemeinschaftlich zu erarbeiten, zu erkunden und anzuwenden gilt.[311]

Lernumgebungen, welche die genannten Merkmale aufgreifen, werden auch als „starke" Lernumgebungen bezeichnet.[312]

Ähnliche Vorstellungen trifft man auch im Ansatz des prozessorientierten Lehrens und Lernens.[313] Simons postuliert eine Reihe von Prinzipien der prozessorientierten Unterrichtsgestaltung.[314] „Diese Prinzipien sind in erster Linie für den lehrergeleiteten Unterricht gedacht; die meisten können jedoch auch entsprechend modifiziert bei der Entwicklung von Computerlehrprogrammen berücksichtigt werden."[315]

„Das allgemeine Ziel von prozessorientiertem Unterricht besteht in der Förderung der Informationsverarbeitungsfähigkeit der Lernenden."[316] Im Einzelnen betreffen die Prinzipien prozessorientierten Lehrens und Lernens folgende Aspekte:[317]

---

311 Vgl. Reinmann-Rothmeier, Gabi; Mandl, Heinz; Prenzel, Manfred: Computerunterstützte Lernumgebungen: Planung, Gestaltung und Bewertung, a. a. O., S. 48.

312 Vgl. Konrad, Klaus; Traub, Silke: Selbstgesteuertes Lernen in Theorie und Praxis, a. a. O., S. 73; Breuer, Klaus; Hillen, Stefanie; Berendes, Kai: Entwicklung und Elaboration Mentaler Modelle zu komplexen betriebswirtschaftlichen Erklärungsmustern über die computergestützte Modellbildung und Simulation, a. a. O., S. 13.

313 Vgl. Konrad, Klaus; Wosnitza, Marold: Neue Formen des Lernens in Schule, Aus- und Weiterbildung: Einführung in die Thematik motivierten selbstgesteuerten Lernens mit Bibliographie, a. a. O., S. 24.

314 Vgl. Simons, P. Robert Jan: Lernen, selbständig zu lernen – ein Rahmenmodell, in: Lern- und Denkstrategien: Analyse und Intervention, a. a. O., S. 260 f.

315 Niegemann, Helmut M.: Computergestützte Instruktion in Schule, Aus- und Weiterbildung: Theoretische Grundlagen, empirische Befunde und Probleme der Entwicklung von Lernprogrammen, a. a. O., S. 224.

316 Breuer, Klaus: Computerunterstütztes Lernen auf der Basis eines Informationsprogramms, Eine explorative empirische Studie zu den Lernmöglichkeiten von Studierenden bei der selbstgesteuerten computerunterstützten Informationssuche und -verarbeitung, Hochschuldidaktische Forschungsberichte, 17, Hamburg: AHD 1981, S. 81.

317 Vgl. Simons, P. Robert Jan: Lernen, selbständig zu lernen – ein Rahmenmodell, in: Lern- und Denkstrategien: Analyse und Intervention, a. a. O., S. 260 f.; Konrad, Klaus; Traub, Silke: Selbstgesteuertes Lernen in Theorie und Praxis, a. a. O., S. 89 f.; Niegemann, Helmut M.: Computergestützte Instruktion in Schule, Aus- und Weiterbildung: Theoretische Grundlagen, empirische Befunde und Probleme der Entwicklung von Lernprogrammen, a. a. O., S. 224 f.; Konrad, Klaus; Wosnitza, Marold: Neue Formen des Lernens in Schule, Aus- und Weiterbildung: Einführung in die Thematik motivierten selbstgesteuerten Lernens mit Bibliographie, a. a. O., S. 25.

*Prozessprinzip*: Die Betonung von Lernaktivitäten und konstruktiven Lernprozessen statt des ausschließlichen Blicks auf Lernergebnisse.

*Rückbesinnungsprinzip*: Damit sich die Lernenden ihrer Lernstrategie und Selbstregulierungsfähigkeit sowie der Relation der beiden Lernziele bewusst werden, wird Lernen zum Diskussions- und Unterrichtthema gemacht.

*Affektivitätsprinzip*: Affektiv-emotionale Prozesse und deren Interaktion mit kognitiven und metakognitiven Prozessen werden berücksichtigt.

*Nützlichkeitsprinzip*: Die Relevanz und Nützlichkeit der Kenntnisse und Fähigkeiten, welche die Lernenden integrieren sollen, wird ihnen bewusst gemacht.

*Transferprinzip*: Transfer und Generalisierbarkeit des Gelernten werden explizit im Lernprozess berücksichtigt.

*Kontextprinzip*: Lernstrategien und Selbstregulierungsfähigkeit werden längerfristig und im Kontext der Lernumgebung geübt.

*Selbstdiagnoseprinzip*: Ein explizites Training der Selbstbeobachtung und Selbstdiagnose entspricht der besonderen Bedeutung, die der Selbstwahrnehmung beim selbstgesteuerten Lernen zukommt.

*Aktivitätsprinzip*: Die Lernumgebung sollte so gestaltet sein, dass Lernende aktiv lernen und dass sie konstruktive Lernaktivitäten wählen können.

*Prinzip des allmählichen Abbaus von Hilfen*: Die allmähliche Übertragung der Verantwortung für das Lerngeschehen auf die Person des Lernenden.

*Betreuungsprinzip*: Maßnahmen zur Realisierung des selbstgesteuerten Lernens können mit anderen Bezugspersonen abgestimmt werden.

*Kooperationsprinzip*: Für die Förderung der Kooperation unter den Lernenden müssen entsprechende Voraussetzungen in der computerbasierten Lernumgebung geschaffen werden.

*Vorwissensprinzip*: Neues Wissen wird auf Vorwissen bezogen. Für computerbasierte Lernumgebungen ist dies ein Teil der Forderung nach Adaptivität.[318]

Die computerbasierte selbstgesteuerte Lernumgebung sollte die Möglichkeiten der direkten, indirekten sowie der kombinierten Förderungsansätze umfassend integrieren. Bei derzeitigen computerbasierten Lernplattformen vermisst man eine derartige Integration weitgehend.

---

318 Vgl. Leutner, Detlev: Adaptive Lehrsysteme, Instruktionspsychologische Grundlagen und experimentelle Analysen, Weinheim: Psychologie-Verl.-Union 1992.

# 4 Prozess computerbasierten selbstgesteuerten Lernens

## 4.1 Grundlagen zur Analyse computerbasierten selbstgesteuerten Lernens

### 4.1.1 Prozessübersicht computerbasierten selbstgesteuerten Lernens

Aufbauend auf dem in *Kapitel 3* entwickelten Analyserahmen des „Komponentenmodells computerbasierten selbstgesteuerten Lernens“[319] wird in *Kapitel 4* der Prozess des computerbasierten selbstgesteuerten Lernens detailliert in seinen einzelnen Phasen betrachtet. Hierbei wird jede Phase mit einer Prozessbeschreibung, einem Fachkonzept und einem objektorientierten Anforderungsmodell analysiert. Die in *Kapitel 2* vorgestellte objektorientierte Modellierung mittels der UML wird hierbei wieder aufgegriffen.

Ziel ist es, Anforderungen zu formulieren und zu modellieren, die bei einer späteren Systemrealisation von Softwareentwicklern zu Grunde gelegt werden können. Auch können die entwickelten Modelle als Diskussionsgrundlage zwischen Softwareentwicklern und Anwendern dienen, um das Wünschenswerte mit dem Möglichen in Einklang zu bringen. Die Gesamtbetrachtung und Modellierung aller Phasen ist hierbei als eine besondere Stärke hervorzuheben, weil dadurch die Gefahr von „Insellösungen“, die eine Phase sehr gut, andere fast gar nicht unterstützen, reduziert wird. Auch gelingt es gerade durch diese Gesamtbetrachtung, eine Brücke zwischen wirtschaftspädagogischer Sicht auf der einen Seite und wirtschaftsinformatischer Sicht auf der anderen Seite zu schlagen und somit den Analysebereich der computerbasierten Lernumgebung ausgewogen zu betrachten.

Zur Strukturierung des computerbasierten selbstgesteuerten Lernprozesses wird der komplexe Lernvorgang in Phasen unterteilt. Ein solches Phasenmodell hat heuristischen Nutzen, wenn Problemlöseprozesse, als didaktische Strukturierung oder als Raster zur Diagnose von Problemlöseleistungen dienen.[320] Die

---

319 Vgl. Ausführungen in *Kap. 3.2.4* Zusammenfassung zum Komponentenmodell computerbasierten selbstgesteuerten Lernens.

320 Vgl. Baumert, Jürgen; Klieme, Eckhard; Neubrand, Michael; Prenzel, Manfred; Schiefele, Ulrich; Schneider, Wolfgang; Stanat, Petra; Tillmann, Klaus-Jürgen; Weiß, Manfred (Hrsg.): PISA 2000 - Deutschland: Erfassung fächerübergreifender Problemlösekompetenzen in PISA, a. a. O., S. 4.

Phasen des Problemlösens werden seit Polya mit folgenden Teilbereichen beschrieben:[321]

- Bestimmen des Ziels,
- Analyse der Ausgangssituation und Aufbau einer mentalen Repräsentation, eines Situationsmodells,
- Bestimmung der Lösungsstrategie und Planung von Lösungsschritten,
- Ausführen des Lösungsplans, begleitende Kontrolle und gegebenenfalls Modifizierung der Lösung
- Evaluation der Lösung.

Für die Analyse computerbasierter selbstgesteuerter Lernprozesse darf dieses Modell nicht als empirisches Modell verstanden werden, d.h. als Beschreibung tatsächlicher kognitiver Prozesse. Diese sind sicherlich vielschichtiger und stärker verschachtelt als es ein Phasenmodell beschreibt.[322] Nichtsdestoweniger lassen sich durch die systematische Analyse des computerbasierten selbstgesteuerten Lernprozesses in Form eben solcher heuristischer Phasen Anforderungen an die Lernumgebung ableiten. Im Folgenden werden in Anlehnung an diese heuristischen Phasen die einzelnen Phasen des computerbasierten selbstgesteuerten Lernprozesses analysiert.

Abbildung 35 veranschaulicht vorab in einem Aktivitätsdiagramm mit Objektfluss den computerbasierten selbstgesteuerten Lernprozess. Der selbstgesteuerte Lernprozess wird anschließend aufbauend auf dieses Aktivitätsdiagramm erläutert. Zur Orientierung für den weiteren Verlauf der Arbeit sind die Unterkapitel in der Abbildung vermerkt.

---

321 Vgl. Polya, George: How to solve it, Princeton Univ. Press: Princeton, N.J., 1948; Polya, George: Schule des Denkens: vom Lösen mathematischer Probleme, Bern: Francke 1949. Baumert, Jürgen; Klieme, Eckhard; Neubrand, Michael; Prenzel, Manfred; Schiefele, Ulrich; Schneider, Wolfgang; Stanat, Petra; Tillmann, Klaus-Jürgen; Weiß, Manfred (Hrsg.): PISA 2000 - Deutschland: Erfassung fächerübergreifender Problemlösekompetenzen in PISA, a. a. O., S. 4.

322 Baumert, Jürgen; Klieme, Eckhard; Neubrand, Michael; Prenzel, Manfred; Schiefele, Ulrich; Schneider, Wolfgang; Stanat, Petra; Tillmann, Klaus-Jürgen; Weiß, Manfred (Hrsg.): PISA 2000 - Deutschland: Erfassung fächerübergreifender Problemlösekompetenzen in PISA, a. a. O., S. 4.

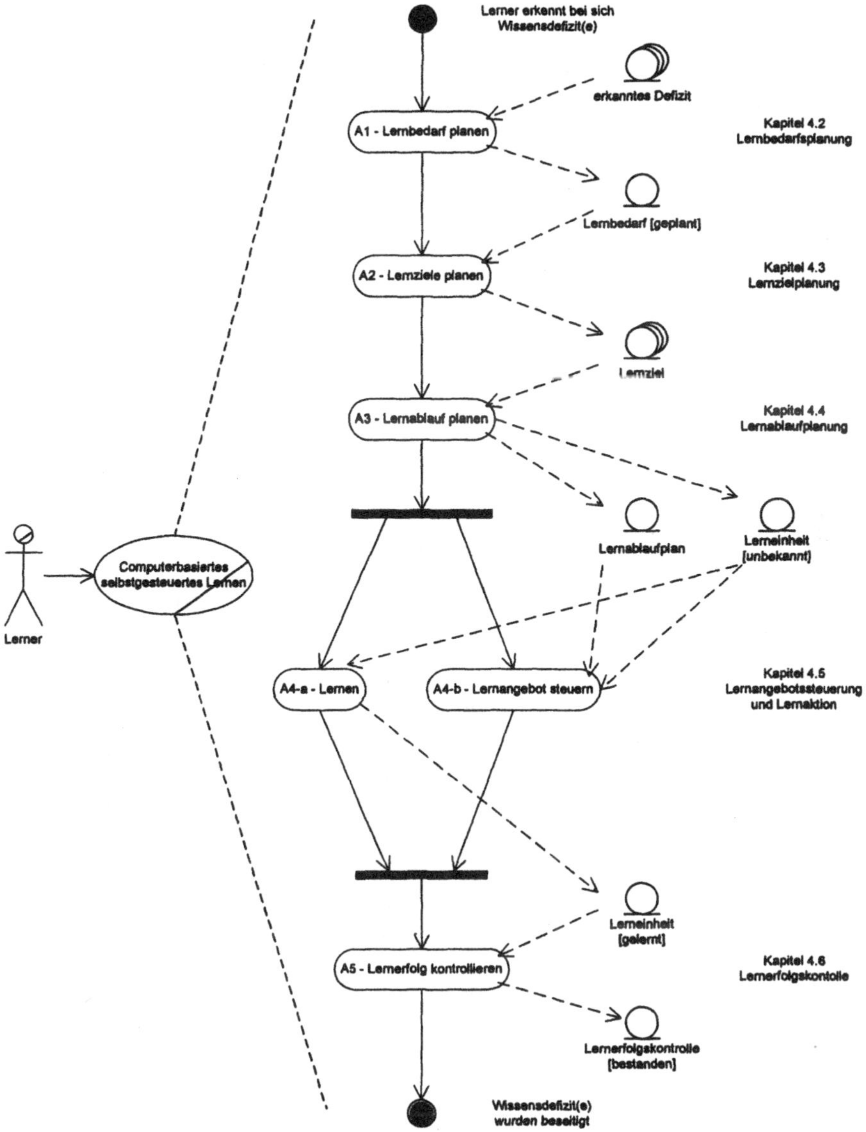


**Abb. 35: Aktivitätsdiagramm: Computerbasierter selbstgesteuerter Lernprozess**

Im Folgenden werden die Aktivitäten in ihrem Zusammenhang mit dem Objektfluss kurz beschrieben und in den weiteren Kapitelverlauf eingebettet. Objekte und Aktivitäten sind zur besseren Orientierung kursiv gesetzt.

Auslöser des computerbasierten selbstgesteuerten Lernprozesses ist, dass der Lerner bei sich ein Wissensdefizit erkennt und dieses beseitigen möchte. Aus den *„erkannten Defiziten"* wird der Lerner den *„geplanten Lernbedarf"* ableiten. Die Lernbedarfsplanung wird in *Kapitel 4.2* ausführlich erläutert (Aktivität *„A1 - Lernbedarf planen"*).

Anhand des *„geplanten Lernbedarfs"* werden die *„Lernziele"* bestimmt. Die Lernzielplanung wird in *Kapitel 4.3* beschrieben (Aktivität *„A2 - Lernziel planen"*).

Die *„Lernziele"* dienen als Grundlage, um den Lernablauf zu planen. Hieraus resultieren ein *„Lernablaufplan"* sowie die Entscheidung, welche *„Lerneinheiten"* bearbeitet werden. Die Lernablaufplanung wird in *Kapitel 4.4* behandelt (Aktivität *„A3 - Lernablauf planen"*).

Das Lernen und das Steuern des Lernangebots finden parallel zueinander statt. Der *„Lernablaufplan"* dient als Richtlinie für die Steuerungsaktivitäten. Die *„Lerneinheiten"* beinhalten den noch unbekannten Lernstoff. Der Lerner steuert den Lernablauf so, dass er den Lernstoff verinnerlichen kann. Der Lernstoff ist dem Lerner am Ende vertraut. Die *„Lerneinheit"* hat aus Sicht des Lerners ihren Zustand von *„unbekannt"* zu *„gelernt"* gewandelt. Die Lernangebotssteuerung und Lernaktion werden detailliert in *Kapitel 4.5* betrachtet (Aktivität *„A4a+b - Lernen und Lernangebot steuern"*).

Zum Abschluss des Lernvorgangs wird die Erreichung des *„Lernziels"* mittels einer *„Lernerfolgskontrolle"* überprüft. Im positiven Fall wird die *„Lernerfolgskontrolle"* bestanden. Das Ergebnis ist hierbei die Beseitigung des Wissensdefizits. Die Lernerfolgskontrolle wird in *Kapitel 4.6* erläutert (Aktivität *„A5 - Lernerfolg kontrollieren"*).

Mit der Notation der Unified Modeling Language werden zentrale Aspekte der einzelnen Phasen des computerbasierten Lernprozesses im Verlauf des *Kapitels 4* modelliert. Zur Abgrenzung dieser Arbeit konzentriert sich die objektorientierte Modellierung auf die Prozesskette des computerbasierten selbstgesteuerten Lernens. D.h. es wird der implizite „Hauptstrom" des Lernprozesses modelliert. Der Hauptstrom sind eben jene Phasen, die zurückgehend auf Polya[323] als die zentralen Phasen des Problemlösens definiert sind. Zur Abgrenzung dieser Arbeit ist es somit berechtigt und sinnvoll, auf diesen zentralen

323 Vgl. Polya, George: How to solve it, a. a. O.; Polya, George: Schule des Denkens: vom Lösen mathematischer Probleme, a. a. O.; Baumert, Jürgen; Klieme, Eckhard; Neubrand, Michael; Prenzel, Manfred; Schiefele, Ulrich; Schneider, Wolfgang; Stanat, Petra; Tillmann, Klaus-Jürgen; Weiß, Manfred (Hrsg.): PISA 2000 - Deutschland: Erfassung fächerübergreifender Problemlösekompetenzen in PISA, a. a. O., S. 4.

Prozess in der Modellierung zu fokussieren. Eine umfassende Betrachtung sämtlicher Systemanwendungsfälle eines computerbasierten Lernsystems würde den Umfang dieser Arbeit um ein Vielfaches übersteigen und ist an dieser Stelle nicht realisierbar. Es wird innerhalb jeder Phase exemplarisch ein Systemanwendungsfall mit Anwendungsfalldiagramm, Essenzbeschreibung, Aktivitätsdiagramm und Klassendiagramm entlang der Prozesskette ausdifferenziert und modelliert.

Abschließend werden in *Kapitel 4.7* alle in den Unterkapiteln entwickelten Klassendiagramme zu einem Gesamtklassendiagramm zusammengeführt. Hieraus kann ein Gesamtüberblick über die statischen Elemente des computerbasierten selbstgesteuerten Lernprozesses gewonnen werden. Auch kann hieraus ersehen werden, wie die einzelnen Phasen des Lernprozesses und somit auch die Klassendiagramme verzahnt sind und ineinander greifen. Durch das nahtlose Ineinanderfügen wird darüber hinaus die Stimmigkeit der Einzelbetrachtungen in der Gesamtbetrachtung validiert.

### 4.1.2 Vorgehensweise zur objektorientierten Anforderungsanalyse

Die Vorgehensweise zur objektorientierten Anforderungsanalyse wird in diesem Kapitel in Anlehnung an Oestereich und Balzert vorgestellt.[324] Abbildung 36 stellt die in *Kapitel 4* zu Grunde gelegte Vorgehensweise zur objektorientierten Anforderungsanalyse dar. Die einzelnen Aktivitäten mit ihrem Objektfluss werden anschließend erläutert.

---

324 Vgl. Oestereich, Bernd: Objektorientierte Softwareentwicklung: Analyse und Design mit der Unified Modeling Language, a. a. O., S. 87; Oestereich, Bernd (Hrsg.); Hruschka, P.; Josuttis, N.; Kocher, H.; Krasemann, H.; Reinhold, M.: Erfolgreich mit Objektorientierung: Vorgehensmodelle und Managementpraktiken für die objektorientierte Softwareentwicklung, a. a. O., S. 153; Balzert, Heide: UML kompakt: mit Checklisten, a. a. O., S. 38.

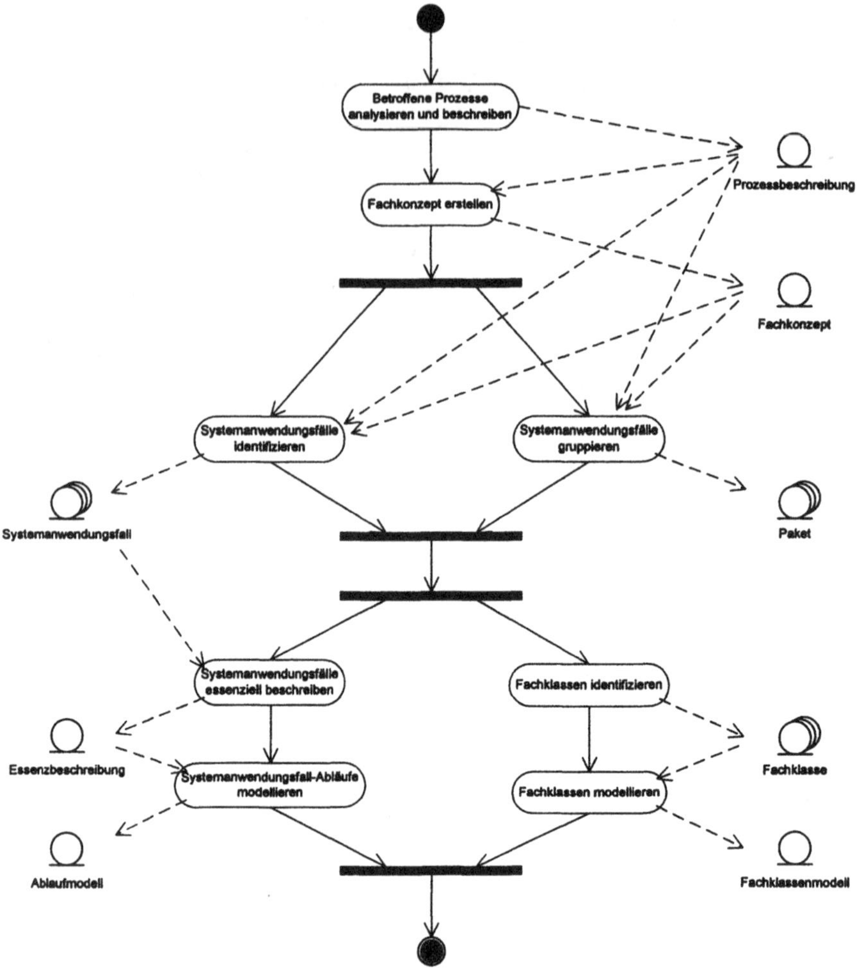


**Abb. 36: Vorgehensweise zur objektorientierten Anforderungsanalyse**

In diesem Kapitel werden die einzelnen Aktivitäten der objektorientierten Analyse in einer sequenziellen Abfolge beschrieben. In der Praxis werden viele dieser Einzelaktivitäten parallel, in anderer Reihenfolge oder auch mehrfach durchlaufen.[325] Dies lässt sich in diesem Kapitel nur begrenzt darstellen. Die

325 Vgl. Oestereich, Bernd: Objektorientierte Softwareentwicklung: Analyse und Design mit der Unified Modeling Language, a. a. O., S. 87.

hier zu Grunde gelegte Reihenfolge ist vor allem didaktisch hilfreich und sinnvoll, stellt aber eben kein Dogma dar.[326]

***Betroffene Prozesse analysieren und beschreiben:***

Die Entwicklung eines Systems beginnt damit, dass die grundsätzliche Zielsetzung und Systemidee gefunden werden muss.[327] Die dahinter liegende Frage lautet: Was soll mit dem System erreicht werden? Oestereich schreibt dazu: „Gewöhnlich beginnt alles mit vagen Ideen und Visionen, Absichtsbekundungen und naiven Wünschen“.[328] Balzert stellt an den Beginn ihrer Vorgehensweise zum UML-Modell den Begriff der „Idee“.[329]

Für die Analyse des computerbasierten selbstgesteuerten Lernens werden hierzu die betroffenen Prozesse analysiert und beschrieben. Die Ausführungen aus wirtschaftspädagogischer Sicht werden hier mittels der objektorientierten Modellierung durch die UML zusammengefasst. Das Ergebnis dieser Analyse ist die Prozessbeschreibung jeder einzelnen Phase des selbstgesteuerten Lernprozesses. Diese Prozessbeschreibung wird bei der Suche nach Systemanwendungsfällen zu Grunde gelegt.

Das über die Vorgehensweise insgesamt Gesagte, gilt für die Beschreibung der Prozesse in gleichem Maße. In der Praxis werden die aufgeführten Aktivitäten unter Umständen parallel, mehrfach oder in anderer Reihenfolge ablaufen. Die Prozessbeschreibungen der einzelnen Phasen des Lernprozesses werden hier aus didaktischen Gründen aufgeschlüsselt, um den Zugang zum Themenbereich des computerbasierten selbstgesteuerten Lernens zu erleichtern.

***Fachkonzept erstellen***

Das Fachkonzept aus wirtschaftspädagogischer Sicht wird an dieser Stelle in Form einer Prosabeschreibung erstellt, da das Verständnis des Sachverhalts schneller durch Prosa erschlossen werden kann, als durch ein semi-formales Modell. Ein semi-formales Modell würde sich in der Prosabeschreibung an UML-konforme Konventionen halten (z. B. durch den Einsatz von Vorlagen). Eine detaillierte Anwendungsfall-Beschreibung sowie Dokumentation anderer nicht-funktionaler Anforderungen, wäre für die Vermittlung der wirtschaftspä-

---

326 Vgl. Oestereich, Bernd: Objektorientierte Softwareentwicklung: Analyse und Design mit der Unified Modeling Language, a. a. O., S. 87.

327 Vgl. Oestereich, Bernd: Objektorientierte Softwareentwicklung: Analyse und Design mit der Unified Modeling Language, a. a. O., S. 87.

328 Oestereich, Bernd: Objektorientierte Softwareentwicklung: Analyse und Design mit der Unified Modeling Language, a. a. O., S. 87.

329 Vgl. Balzert, Heide: UML kompakt: mit Checklisten, Heidelberg, Berlin: Spektrum, Akad. Verlag, 2001, S. 38.

dagogischen Zusammenhänge an dieser Stelle deutlich umfangreicher. Der Vorteil einer semi-formalen Beschreibung durch die UML wäre eine wesentlich größere Exaktheit. Auf diese UML-konforme Exaktheit kommt es beim Verständnis des Problembereichs nicht so sehr an. Sie ist an dieser Stelle ggf. sogar eher hinderlich, da der Leser sich üblicherweise einen Problembereich nicht in Form von semi-formalen Modellen erschließt. Die semi-formale Exaktheit wird erst bei der konkreten Umsetzung in einer Programmiersprache notwendig. Spätestens dann muss man sich aber darüber Gedanken machen. Das bedeutet für diese Arbeit, dass Schwächen in der Exaktheit der Anforderungen im Sinne der UML, an dieser Stelle zugunsten des besseren Verständnisses des Problembereichs bewusst akzeptiert werden.

Eine exakte formale (d.h. durch UML-Modelle) und semi-formale Umsetzung (d.h. durch detaillierte Prosabeschreibung von Systemanwendungsfällen und nicht-funktionalen Anforderungen) erfolgt anhand von exemplarischen Systemanwendungsfällen in den folgenden Schritten der Vorgehensweise zur objektorientierten Anforderungsanalyse.

***Systemanwendungsfälle identifizieren:***

In diesem Schritt sind Anwendungsfälle mit zugehörigen Akteuren zu identifizieren und zu modellieren.[330]

Auf der Basis der Prozessbeschreibung und des Fachkonzepts werden konkrete Systemanwendungsfälle ermittelt, wobei jeder Systemanwendungsfall die abstrakte Beschreibung einer Funktionalität darstellt, die ein Anwender aufgrund eines auslösenden Ereignisses zu einem Zeitpunkt zeitlich zusammenhängend mit dem System durchführt, um ein für ihn verwertbares Ergebnis zu erzielen. Zur zusätzlichen Differenzierung werden exemplarisch auch sekundäre Anwendungsfälle dargestellt. Sekundäre Anwendungsfälle entstehen durch die funktionale Zerlegung bestehender Anwendungsfälle, d.h. beispielsweise durch Anwendung von Include- und Extend-Beziehungen.[331] Die gefundenen Systemanwendungsfälle werden in einem Systemanwendungsfalldiagramm abgebildet.

***Systemanwendungsfälle gruppieren:***

Systemanwendungsfälle können mittels Paketen gruppiert werden. Pakete sind definiert als eine Ansammlung von Modellelementen beliebigen Typs, mit denen das Gesamtmodell in kleinere überschaubare Einheiten gegliedert

---

330 Vgl. Balzert, Heide: UML kompakt: mit Checklisten, Heidelberg, Berlin: Spektrum, Akad. Verlag, 2001, S. 39.

331 Vgl. Oestereich, Bernd: Objektorientierte Softwareentwicklung: Analyse und Design mit der Unified Modeling Language, a. a. O., S. 200.

wird.[332] Die gefunden Systemanwendungsfälle werden zu Paketen gruppiert, um eine Zuordnung der Systemanwendungsfälle zu den Phasen des Lernprozesses ersichtlich werden zu lassen.

***Systemanwendungsfälle essenziell beschreiben:***

Die gefundenen Systemanwendungsfälle werden daraufhin essenziell beschrieben, woraus Essenzbeschreibungen resultieren. Bei Essenzbeschreibungen handelt es sich um die komprimierteste Form eines Anwendungsfalls und bietet einen guten Überblick über den Problemraum.[333] Exemplarisch wird im Rahmen dieser Arbeit zu jeder Phase des Lernprozesses ein gefundener Systemanwendungsfall ausdifferenziert.

***Systemanwendungsfall-Abläufe modellieren:***

Der in den Essenzbeschreibungen erfasste Ablauf stellt seinerseits die Grundlage dar, um die Systemanwendungsfall-Abläufe zu modellieren. Die exemplarisch vorgestellten Systemanwendungsfall-Abläufe konkretisieren sich in Ablaufmodellen und werden mittels Aktivitätsdiagrammen dargestellt. In den Aktivitätsdiagrammen der jeweiligen Phasen des Lernprozesses wird zusätzlich der Objektfluss mit modelliert. Die entstehenden Objekte werden bei der Identifikation und Modellierung der Fachklassen wieder aufgegriffen.

***Fachklassen identifizieren:***

Parallel zur essenziellen Beschreibung der Systemanwendungsfälle und zur Modellierung der Systemanwendungsfall-Abläufe werden Fachklassen identifiziert. Fachklassen sind fachlich motivierte Mengen gleichartiger Objekte, die einen Begriff aus dem Problembereich repräsentieren.[334]

***Fachklassen modellieren:***

Die identifizierten Fachklassen werden anschließend zum Fachklassenmodell modelliert. Es handelt sich hierbei um ein Klassenmodell, das ausschließlich oder vorwiegend Fachklassen enthält.[335] Hierbei werden die im Objektfluss der Aktivitätsdiagramme integrierten Objekte aufgegriffen und zu einem Klassendiagramm für die jeweilige Phase des Lernprozesses zusammengefasst. Die ein-

---

332 Vgl. Oestereich, Bernd: Die UML-Kurzreferenz für die Praxis: kurz, bündig, ballastfrei, a. a. O., S. 134.

333 Vgl. Oestereich, Bernd: Objektorientierte Softwareentwicklung: Analyse und Design mit der Unified Modeling Language, a. a. O., S. 103.

334 Vgl. Oestereich, Bernd: Die UML-Kurzreferenz für die Praxis: kurz, bündig, ballastfrei, a. a. O., S. 127.

335 Vgl. Oestereich, Bernd: Objektorientierte Softwareentwicklung: Analyse und Design mit der Unified Modeling Language, a. a. O., S. 324.

zelnen Fachklassenmodelle der unterschiedlichen Phasen des Lernprozesses werden in einem abschließenden Kapitel zusammengeführt.

Hiermit schließt die objektorientierte Anforderungsanalyse computerbasierter selbstgesteuerter Lernsysteme auf der Fachkonzeptebene. Das DV-Konzept wird im Rahmen dieser Arbeit nicht näher betrachtet.

Im weiteren Verlauf der Arbeit wird die hier vorgestellte Vorgehensweise zu Grunde gelegt. Jede zu analysierende Phase des Lernprozesses durchläuft die Analyseschritte von oben in der beschriebenen Reihenfolge.

## 4.2 Lernbedarfsplanung

### 4.2.1 Prozessbeschreibung der Lernbedarfsplanung

Im Rahmen des selbstgesteuerten Lernprozesses spielt das Erkennen eines Lernbedarfs eine ausschlaggebende Rolle und gewährleistet einen Einstieg in den Lernprozess. Nur wenn der Lernende einen persönlich relevanten Lernbedarf wahrnimmt, z. B. ein vorhandenes Interesse, das Bewältigen einer anstehenden Prüfung oder eine berufliche Notwendigkeit, tritt er in den Lernprozess ein.[336]

Entsprechend der vorgestellten Vorgehensweise zur objektorientierten Anforderungsanalyse werden in einem ersten Schritt die *„betroffenen Prozesse analysiert und beschrieben"*. Die Ausführungen aus wirtschaftspädagogischer Sicht erfolgen im Rahmen der Erläuterungen der Aktivitäten im Anschluss an das Aktivitätsdiagramm. Aus der Prozessbeschreibung der Lernbedarfsplanung werden anschließend exemplarische Systemanwendungsfälle abgeleitet, die durch ein elektronisches System unterstützt werden können.

Abbildung 37 veranschaulicht die Lernbedarfsplanung in einem Aktivitätsdiagramm. Die Top-Level-Aktivität *„A1 - Lernbedarf planen"*, setzt sich hierbei aus verschieden zentralen Unteraktivitäten zusammen: *„A1.1 - Wissensdefizit aufspüren"* und *„A1.2 - Lernbedarf definieren"*.

---

336 Vgl. Wosnitza, Marold: Motiviertes selbstgesteuertes Lernen im Studium: Theoretischer Rahmen, diagnostisches Instrumentarium und Bedingungsanalyse, a. a. O., S. 43.

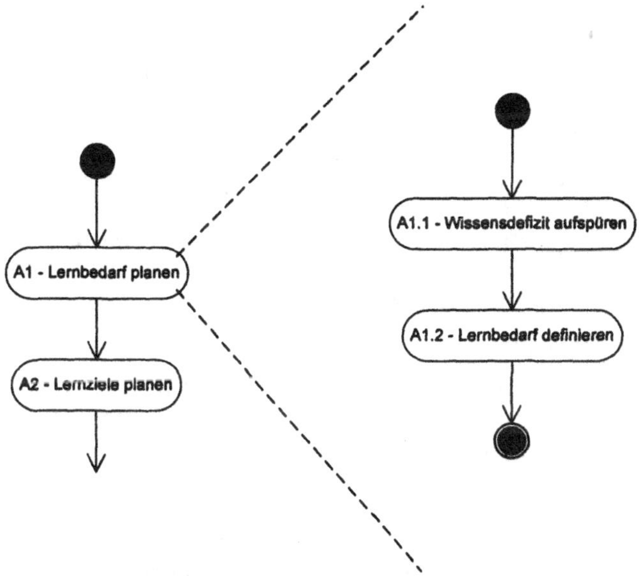


**Abb. 37: Aktivitätsdiagramm: Lernbedarfsplanung im CSL**

### *A1.1 - Wissensdefizit aufspüren:*

Der Lerner muss ein Kenntnisdefizit erfahren, zu dessen Verminderung oder Abbau er durch eigenes Tun im Stande ist.[337] Metakognitives Wissen, d. h. die Orientierung über das eigene kognitive System sowie die Fähigkeit zu metakognitivem Denken, vermag die Planung hinsichtlich eines erfassten Bedarfs wirksam zu unterstützen.[338]

Das Auffinden von Defiziten steht in enger Beziehung zu einem ausreichenden Vorwissen des Lernenden über den Lerninhalt. Durch dieses Vorwissen können vorhandene Lücken sowie deren Umfang entdeckt werden. Eine hieraus entstandene Fragehaltung sollte auf Beantwortung drängen. Was will oder muss der Lerner warum und wozu lernen?[339]

Die persönliche Bedeutsamkeit des angestrebten Ziels wird durch das inhaltliche Interesse unterstrichen, das speziell vom Umfang und von

337 Vgl. Dubs, Rolf: Selbständiges, eigenständiges oder selbstgeleitetes Lernen: Liegt darin die Zukunft?, in: Zeitschrift für Berufs- und Wirtschaftspädagogik, 2/1993, S. 115.

338 Vgl. Gage, Nathaniel L.; Berliner, David C.: Pädagogische Psychologie, 5., vollst. überarb. Aufl., Weinheim: Psychologie Verlags Union 1996, S. 321.

339 Vgl. Dubs, Rolf: Selbständiges, eigenständiges oder selbstgeleitetes Lernen: Liegt darin die Zukunft?, a. a. O., S. 115.

der Organisation der Wissensstruktur des Lernenden abhängt. Besitzt der Lerner ein umfangreiches, stabiles und mit vielen Anknüpfungspunkten für neue Lerninhalte ausgestattetes Wissensgefüge, darf man von einer hohen inhaltlichen Erschließbarkeit ausgehen.[340] Ausubel bezeichnet diese Lerner als „advance organizers".[341]

Das Vorwissen des Lerners über die jeweils abzuhandelnden Themengebiete stellt in der Phase der Lernbedarfsplanung eine Grundlage dar. Darüber hinaus beeinflusst es den gesamten weiteren Verlauf im selbstgesteuerten Lernprozess, da Lernziele, Lernstrategien, Lernwege und Lernerfolgskontrollen je nach vorhandenem Vorwissen ausgewählt werden.

***A1.2 - Lernbedarf definieren***

Aufgabe des Lerners in dieser Phase ist das Erfassen bereits vorhandener Kenntnisse und Fähigkeiten sowie das Ermitteln des Lernbedarfs durch einen Abgleich des Istzustandes mit dem Sollzustand.[342] Zu abzusolvierende Testverfahren sollten zur Unterstützung hinzugezogen werden können, um Ergebnisse zu erhalten, die dem selbstgesteuerten Lerner helfen, seinen Lernbedarf zu erkennen. Die Ergebnisse der Testverfahren können dem Lerner außerdem helfen, im nächsten Schritt des Lernprozesses, der Lernzielplanung, seinen Lernbedarf als konkrete Lernziele zu formulieren.

Aufbauend auf die einleitende Prozessbeschreibung der Lernbedarfsplanung, wird entsprechend der Vorgehensweise zur objektorientierten Anforderungsanalyse das Fachkonzept im folgenden Kapitel beschrieben.

### 4.2.2 Fachkonzept der Lernbedarfsplanung

Zur Unterstützung des Lerners in der Phase der Lernbedarfsplanung des Lernprozesses sollte die computerbasierte Lernumgebung diagnostische Funktionen in Form von Eingangstests bereitstellen. Mit Hilfe eines oder gegebenenfalls mehrerer Eingangstests werden die Voraussetzungen überprüft, die der Lerner

340 Vgl. Straka, Gerald; Nenninger, Peter; Spevacek, Gert; Wosnitza, Marold: Motiviertes selbstgesteuertes Lernen in der kaufmännischen Erstausbildung - Entwicklung und Validierung eines Zwei-Schalen-Modells, a. a. O., S. 152.

341 Vgl. Gage, Nathaniel L.; Berliner, David C.: Pädagogische Psychologie, a. a. O., S. 407f.; Straka, Gerald A.; Macke, Gerd: Lern-Lehr-Theoretische Didaktik, Reihe: Lernen, organisiert und selbstgesteuert - Forschung - Lehre - Praxis, Bd. 3, Münster; New York; München; Berlin: Waxmann 2002, S. 100.

342 Vgl. Sander, Jörg: Mediengestütztes Bildungsmanagement: Virtuelle Lernwelten für Unternehmen, a. a. O., S. 64.

für die Bearbeitung von Lerneinheiten mitbringen sollte.[343] Auf der Grundlage des eingebrachten Vorwissens bzw. Kenntnisstandes erfolgt eine Einstufung und somit eine Klassifikation zu einem bestimmten Lernniveau.[344]

Mögliche Klassifizierungen bestehen in der Zuweisung zu entsprechenden Gruppen, wie:[345]

- Lerner ohne Vorkenntnisse,
- Lerner mit geringen Vorkenntnissen und
- Lerner mit umfassenden Vorkenntnissen.

Eine differenziertere Klassifizierung des Lernniveaus bietet eine Ordinalskala, z. B. mit den Ausprägungen von „1" für niedriges Lernniveau bis „5" für hohes Lernniveau. Die Lernumgebung sollte ihr Verhalten im weiteren Lernprozess auf diese Einordnung ausrichteten.

Um eine individuelle Behandlung des Lernenden zu gewährleisten, sollten in der Lernumgebung zusätzlich weitere Daten zur Charakterisierung des Benutzers enthalten sein. Das Speichern *langfristiger* und *kurzfristiger Merkmale* des Lerners erlaubt Konsequenzen für eine angepasste Dialogführung in den verschiedenen Phasen des Lernprozesses.[346]

*Langfristige Merkmale* bezeichnen Benutzereigenschaften, die sich über mehrere Lernsitzungen hinweg nicht ändern.[347] Diese Daten können unabhängig von den Lernvorgängen des Lernenden erfasst werden und definieren das Lernerprofil. Einstellungsmöglichkeiten in den folgenden Kategorien sollten dem Lerner angeboten werden:[348]

- Das *Vorwissen* des Lernenden muss in der Lernumgebung erfasst werden, da es sich als signifikant für den weiteren Verlauf des Lernprozesses erweist.

---

343 Vgl. Mandl, Heinz; Fischer, P. M.; Frey, H.-D.; Jeuck, J.: Wissensvermittlung durch ein computerunterstütztes Rückmeldungssystem, in: Lernen im Dialog mit dem Computer, Hrsg.: Mandl, Heinz; Fischer, P. M., München: Urban und Schwarzenberg 1985, S. 188.

344 Vgl. Seufert, Sabine: Computer Assisted Learning (CAL): Grundlagen, Varianten, Entwicklung, a. a. O., S. 19.

345 Vgl. Gabele, Eduard; Zürn, Brigitte: Entwicklung interaktiver Lernprogramme, Bd. 1: Grundlagen und Leitfaden, Stuttgart: Schäfer-Poeschel Verlag 1993, S. 119.

346 Vgl. Bodendorf, Freimut: Computer in der fachlichen und universitären Ausbildung, a. a. O., S. 122.

347 Vgl. Bodendorf, Freimut: Computer in der fachlichen und universitären Ausbildung, a. a. O., S. 129.

348 Vgl. Bodendorf, Freimut: Computer in der fachlichen und universitären Ausbildung, a. a. O., S. 129.

Der Lerner sollte jedoch zwischen einer automatischen Erfassung aufgrund der Testergebnisse und einer von ihm vorgenommenen manuellen Einstellung, die sich nicht an den Testergebnissen orientieren muss, wählen können. Diese Option verhindert eine möglicherweise fehlerhafte Interpretation der Testergebnisse durch das Computer-System.

- *Persönlichkeitsmerkmale* dienen der Identifizierung des Lernenden im Lernprozess; der Benutzer nimmt Einstellungen wie z. B. den Namen, die Adresse, das Alter, das Geschlecht und den bisherigen Bildungsweg vor. Durch die individuelle Anrede mit dem Vor- und Nachnamen beispielsweise lässt sich eine persönlichere Atmosphäre zwischen dem Mensch-Maschine-System schaffen. Die suggerierte Vertrautheit kann gesteigert werden, indem die Ansprache nicht im anonym-nüchternen „Sie", sondern im „Du" erfolgt. Der Lernende sollte jedoch selbst über die Anredeform entscheiden können, da bei vielen Erwachsenen im Unterschied zu Jugendlichen eher von einer diffus-aversiven Einstellung gegenüber der persönlichen Ansprache durch die Lernumgebung auszugehen ist.[349]
- *Präferenzen* erlauben dem Lerner, Einstellungen in Bezug auf Lernziele, Wissensvermittlung, Wissensdarstellung, expositorischen oder exploratorischen Lernweg, Kommunikationsart und Lernkontrolle, z. B. Typ und Schwierigkeitsgrad von Übungs- und Prüfungsaufgaben, vorzunehmen. Jedoch sollte die Lernumgebung bei den Einstellungen zu diesen Punkten darauf achten, dass die Eingaben mit dem ermittelten Wissensstand kompatibel sind. Gibt beispielsweise ein Lerner mit geringem oder keinem Vorwissen einen hohen Schwierigkeitsgrad bei Kontrollaufgaben ein, sollte die Lernumgebung intervenieren und auf den Fehler hinweisen. Wählt der Lernende keine persönlichen Präferenzen aus, sollte die Lernumgebung über eine automatische Ausfüllfunktion verfügen, die in Anlehnung an das ermittelte Vorwissen Einstellungen vornimmt.

*Kurzfristige Merkmale* des Lerners sind Benutzereigenschaften, die sich während der Lernsitzung mehrmals ändern.[350] In kurzen zeitlichen Abständen werden sie vom System überprüft und aktualisiert.[351] Sie kennzeichnen den

---

349 Vgl. Euler, Dieter: Didaktik des computerunterstützten Lernens: Praktische Gestaltung und theoretische Grundlagen, in: Reihe: Multimediales Lernen in der Berufsausbildung, a. a. O., S. 170.

350 Vgl. Bodendorf, Freimut: Computer in der fachlichen und universitären Ausbildung, a. a. O., S. 129.

351 Vgl. Leutner, Detlev: Adaptivität und Adaptierbarkeit multimedialer Lehr- und Informationssysteme, in: Information und Lernen mit Multimedia, a. a. O., S. 144.

Lernprozess, indem sie den Lernfortschritt und das Lernverhalten beschreiben. Folgende Merkmale sind anzuführen:[352]

- Erfassung des bisherigen Lernwegs und Charakterisierung der Lerngeschichte,
- Beurteilung des aktuellen Wissenstandes des Lerners, z. B. durch Auswertung der bearbeiteten Lerneinheiten, Beurteilung der Fähigkeit, das erworbene Wissen umzusetzen und anzuwenden, z. B. durch Auswertung der bearbeiteten Übungs- und Prüfungsaufgaben,
- Ermittlung der Art und Weise, wie der Benutzer lernt,
- Erkennen der Ziele, Wünsche und konkreten Bedürfnisse des Lernenden.

Das kontinuierlich erfasste und verwaltete Wissen über den Lerner ermöglicht ein an dem individuellen Lernprozess ausgerichtetes, adaptives Verhalten der computerbasierten Lernumgebung. Einstellungen zu langfristigen Merkmalen des Lernenden werden als Makro-Adaptation bezeichnet, da die Anpassung der Lernumgebung meist durch externe Eingriffe in größeren zeitlichen Abständen vorgenommen wird.[353] Im Gegensatz zur Makro-Adaptation spricht man von Mikro-Adaptation, wenn kurzfristige Merkmale des Lerners laufend vom System selbständig diagnostiziert werden und das Ergebnis der Diagnose in geeignete angeglichene Instruktionsschritte umgesetzt wird.[354]

Da in der eigenen Kontrolle des Lernenden über seinen Lernprozess ein wesentliches Charakteristikum selbstgesteuerter Lernprozesse besteht, müssen unkontrollierbare oder undurchschaubare Systementscheidungen vermieden werden. Adaptiv wirkende Verfahren der Lernumgebung, hauptsächlich im Kontext der Mikro-Adaptation, müssen verstärkt durch explizite Entscheidungen des Lernenden ausgelöst werden.[355]

Hilfestellungen im selbstgesteuerten Lernprozess vermag eine Lernumgebung zu leisten, die sich transparent und einsehbar darstellt. Der Lernende muss die

---

352 Vgl. Bodendorf, Freimut: Computer in der fachlichen und universitären Ausbildung, a. a. O., S. 129 f.

353 Vgl. Leutner, Detlev: Adaptivität und Adaptierbarkeit multimedialer Lehr- und Informationssysteme, a. a. O., S. 142. Leutner, Detlev: Adaptive Lehrsysteme: Instruktionspsychologische Grundlagen und experimentelle Analysen, in: Reihe: Fortschritte der psychologischen Forschung, a. a. O., S. 8 f.

354 Vgl. Leutner, Detlev: Adaptivität und Adaptierbarkeit multimedialer Lehr- und Informationssysteme, a. a. O., S. 143 f., Leutner, Detlev: Adaptive Lehrsysteme: Instruktionspsychologische Grundlagen und experimentelle Analysen, a. a. O., S. 8 f.

355 Vgl. Schäfer, Roland: Computergestützte Lernumgebungen in der Betriebswirtschaftslehre: Analyse und Konstruktion aus Sicht des selbstgesteuerten Lernens, a. a. O., S. 11.

Möglichkeit erhalten, sich das bezüglich seiner Person erfasste Wissen anzeigen zu lassen und dies zur Bewältigung seiner Aufgaben im Lernprozess zu nutzen. Die Lernumgebung übernimmt somit Dokumentationsfunktionen wahr, die zu einem effizienten selbstgesteuerten Lernprozess beitragen.

### 4.2.3 Objektorientiertes Anforderungsmodell der Lernbedarfs planung

Entsprechend der Vorgehensweise zur objektorientierten Anforderungsanalyse sind aufbauend auf der Prozessbeschreibung und dem Fachkonzept *„Systemanwendungsfälle zu finden"* und *„zu gruppieren"*. Die exemplarischen Systemanwendungsfälle inklusive ihrer funktionalen Zerlegung in sekundäre Anwendungsfälle, sind zum Paket der Lernbedarfsplanung computerbasierten selbstgesteuerten Lernens zusammengefasst worden.

Beispielhaft wurden die Systemanwendungsfälle *„Kenntnisstand definieren"*, *„Lernbedarf bearbeiten"*, *„Wissensdefizite betrachten"*, *„Lernbedarf definieren"* und *„Kenntnisstand testen"* ausgewählt. Der Systemanwendungsfall *„Lernbedarf definieren"* wird exemplarisch durch die sekundären Anwendungsfälle *„Wissensdefizite zu einem Thema ermitteln"* und *„Test durchführen"* mittels Include- und Extend-Beziehung spezifiziert. Der nicht definierte Systemanwendungsfall deutet an, dass durch eine umfassende Systemanwendungsfallanalyse weitere Anwendungsfälle gefunden werden können.

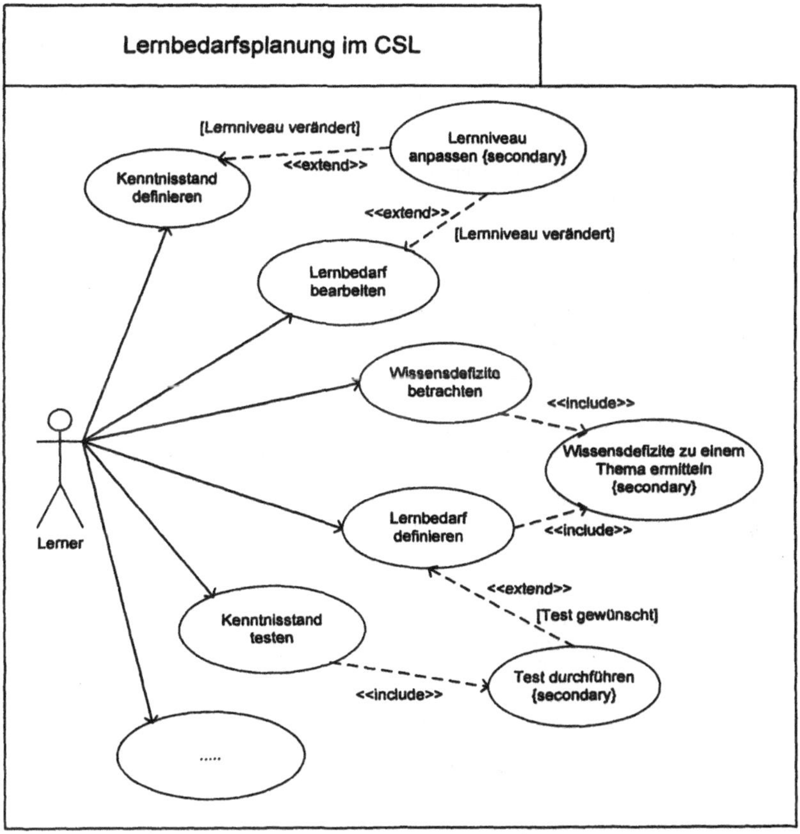


**Abb. 38: Anwendungsfalldiagramm: Lernbedarfplanung im CSL**

Aufbauend auf die Systemanwendungsfälle wird im Folgenden exemplarisch der oben als Beispiel aufgegriffene Systemanwendungsfall *„Lernbedarf definieren“* ausgeführt und *„essenziell beschrieben“*.

| Name: | Lernbedarf definieren |
|---|---|
| *Kurzbeschreibung:* | Für einen Lerner werden (evtl. mit Tests) diejenigen Fakten aus seinem Wissensdefizit zu einem Thema bestimmt, für die tatsächlich Bedarf zum Ausgleich besteht. |
| *Akteure:* | Lerner |
| *Auslöser:* | Der Lerner erkennt ein Wissensdefizit. |
| *Vorbedingungen, Annahmen:* | Keine |
| *Eingehende Informationen:* | Keine |
| *Ergebnisse:* | Ermitteltes Wissensdefizit, definierter Lernbedarf, ggf. durchgeführter Test |
| *Nachbedingungen:* | Lernbedarf wurde definiert. |
| *Ablauf:* | 1. **Lerner identifizieren** Anhand authentifizierender Informationen wird der Lerner identifiziert.<br>2. **Thema festlegen** Aus den vorhandenen Themen wird dasjenige ausgewählt, zum dem vermutlich Lernbedarf besteht.<br>3. **ggf. Test durchführen** Sofern gewünscht, wird der Kenntnisstand des Lerners zu dem ausgewählten Thema überprüft und ggf. ergänzt.<br>4. **Wissensdefizit zu einem Thema ermitteln** Aus den vorhandenen Fakten zu dem Thema und dem Kenntnisstand des Lerners zu demselben Thema wird durch Differenzbildung das Wissensdefizit ermittelt und in Form von dem Lerner nicht bekannten Fakten präsentiert.<br>5. **ggf. Lernniveau anpassen** Sofern das neue Wissensdefizit eine Veränderung des Lernniveaus impliziert, wird dieses entsprechend angepasst, das heißt erhöht, falls das Wissensdefizit geringer geworden ist oder vermindert, wenn sich das Wissensdefizit als größer erwiesen hat, als zu Grunde gelegt (z.B. durch Unterschreiten von Mindestpunktzahlen im Test).<br>6. **Lernbedarf definieren** Aus den nicht bekannten Fakten zu dem festgelegten Thema werden diejenigen Fakten bestimmt, zu denen der Lerner einen Wunsch nach Wissen hat. Diese bilden den Lernbedarf. |

**Tab. 3: Essenzbeschreibung: Lernbedarf definieren**

Aufbauend auf die entwickelte Essenzbeschreibung wird der Systemanwendungsfall *„Lernbedarf definieren"* im folgenden Aktivitätsdiagramm veranschaulicht. Der im Aktivitätsdiagramm entwickelte Objektfluss wird später im Klassendiagramm berücksichtigt.

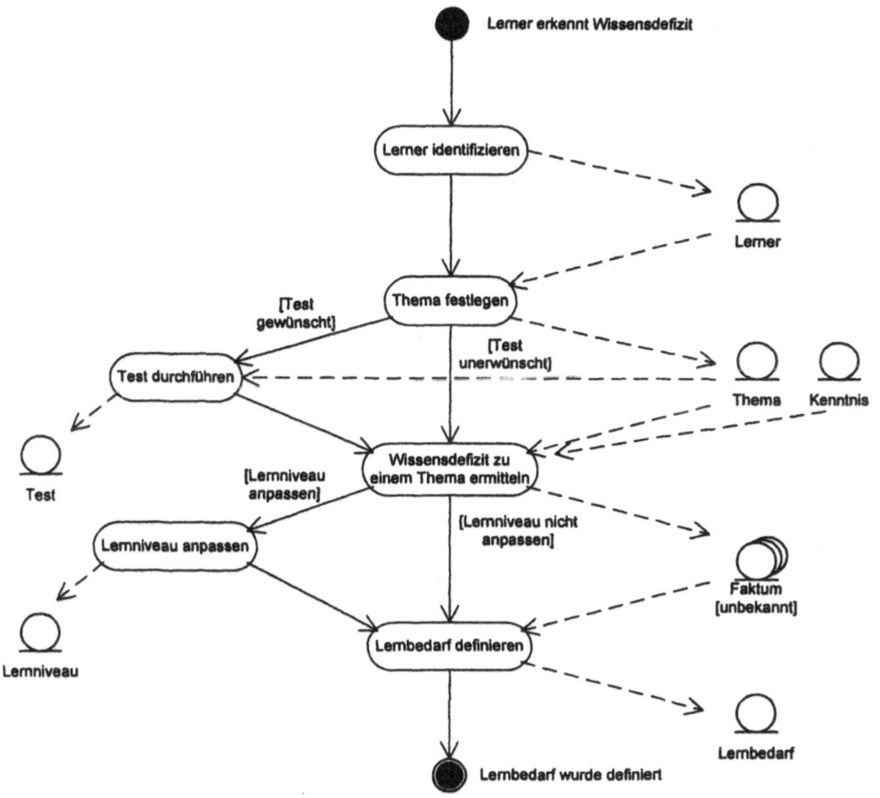


**Abb. 39: Aktivitätsdiagramm: Lernbedarf definieren**

Neben der Betrachtung der dynamischen Aspekte der Lernbedarfplanung sind auch die statischen Aspekte zu beachten. Diese werden im folgenden Klassendiagramm der Lernbedarfsplanung erfasst. Bei der Erstellung des Klassendiagramms wird der durch die Modellierung des Aktivitätsdiagramms gefundene Objektfluss berücksichtigt. Entsprechend der Vorgehensweise zur objektorientierten Anforderungsanalyse sind im Folgenden für die Lernbedarfsplanung die *„Fachklassen zu identifizieren"* und im *„Fachklassenmodell zu modellieren"*.

Das Fachklassenmodell wird zur besseren Orientierung vorab dargestellt und anschließend verbal erläutert.

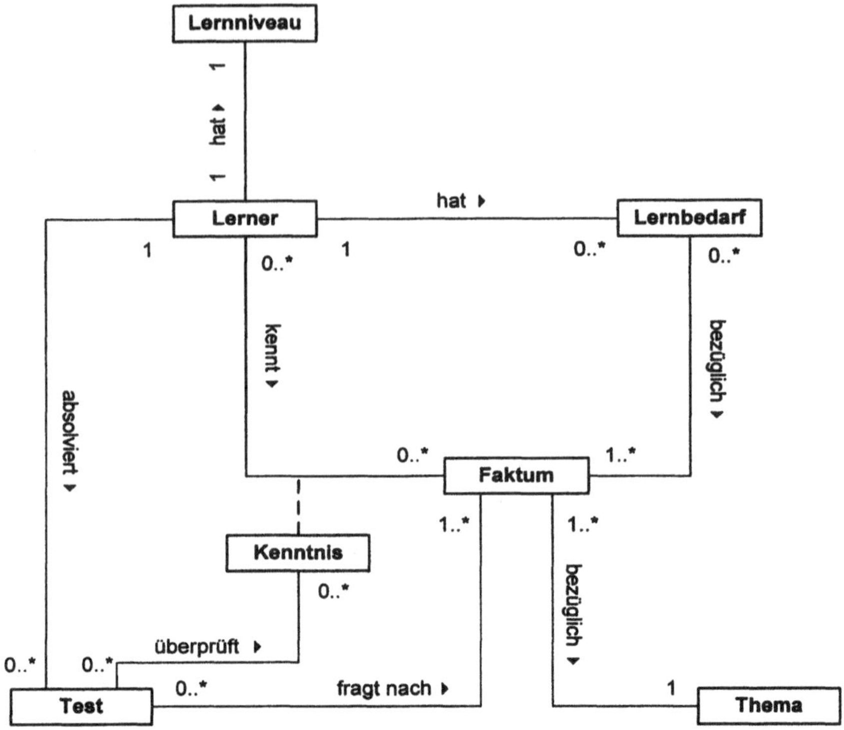


**Abb. 40: Klassendiagramm: Lernbedarfplanung im CSL**

Das entwickelte Klassenmodell wird im Folgenden beschrieben. Auf die exakte verbale Ausformulierung aller differenzierten Multiplizitäten, wird zu Gunsten einer besseren Lesbarkeit verzichtet. Die exakten Multiplizitäten können aus dem Modell selber ersehen werden. Dieses Vorgehen wird wegen der Übersichtlichkeit analog auch für die Folgekapitel angewendet.

Das dargestellte Fachklassendiagramm repräsentiert die Struktur zwischen den im Rahmen der Lernbedarfsplanung relevanten gleichartigen Objekte, über deren Eigenschaften ein etwaiges computerbasiertes Lernsystem etwas wissen müsste, um die durch die Systemanwendungsfälle beschriebenen funktionalen Anforderungen erfüllen zu können. Die Fachklassen stellen somit nur einen Ausschnitt des real existierenden Problemraums dar.

Jeder Lerner wird mit dem System im Laufe der Zeit mehrere Lernbedarfe verwalten wollen, wobei sich jeder Lernbedarf stets auf mindestens ein Faktum bezieht (oder mehrere). In der Regel wird es dabei um Fakten handeln, über die der Lerner nichts weiß. Ein Faktum ist eine im System vorhandene Information, die sich jeweils immer genau einem Thema zuordnen lässt, z.B. Informationen über die Steuerorgane eines Flugzeugs im Thema Flugzeugkunde. Umgekehrt gruppiert jedes Thema in der Regel eine Vielzahl von Fakten. Ein Lernsystem wird typischerweise eine Großzahl von einzelnen Fakten zu unterschiedlichen Themen beinhalten und dynamisch um weitere Fakten und Themen erweitert werden können. Auf der anderen Seite erscheint es sinnvoll, dass der Lerner seine Kenntnis über vorhandene Fakten verwalten kann. Allerdings wird man fordern, dass das Kennen eines einzelnen Faktums sinnvoll nur einmal vorkommen kann. Daher ist die Kenntnis in dem Diagramm als Assoziationsklasse modelliert. Die Menge der Fakten, die der Lerner kennt, stellt gewissermaßen seinen Wissensstand dar. Sein Wissensdefizit wiederum ließe sich dann als Differenz aus vorhandenen Fakten und Wissenstand ermitteln, so dass er nicht explizit verwaltet werden müsste und daher auch nicht als Fachklasse im Diagramm dargestellt wurde. Jeder Lerner kann mehrere Tests absolvieren, die den Lerner nach mehreren Fakten fragen. Dabei kann ein Test sowohl Fakten erfragen, die der Lerner noch nicht kennt, beispielsweise um sein Wissensdefizit aufzuspüren, oder auch nach Fakten, über die er bereits Kenntnis hat, etwa um bereits Gelerntes zu repetieren. Auch diese durchgeführten Tests wird man je Lerner mit einem computerbasierten Lernsystem verwalten wollen.

Abschließend soll an dieser Stelle ein kurzer Exkurs zu den administrativen Tätigkeiten geleistet werden, die durch die computerbasierte Lernumgebung zu unterstützen sind, aber hier nicht näher betrachtet werden.

Die im Anwendungsfalldiagramm Lernbedarfsplanung computerbasierten selbstgesteuerten Lernens sind administrativen Tätigkeiten bewusst nicht aufgeführt worden, da sie mit dem Lernprozess als solchem nicht unmittelbar zu tun haben. Ein Beispiel soll dies verdeutlichen:

Es ist nicht sinnvoll, z. B. den Systemanwendungsfall „Neuen Lerner registrieren“ innerhalb der Lernbedarfsplanung aufzunehmen. Denn ein Systemanwendungsfall bezeichnet das, was ein Benutzer an einem System zu einem Zeitpunkt macht, um einen Auslöser ergebnisorientiert zu bearbeiten. Der Lerner wird sich nicht jedes Mal im System einrichten, wenn er seinen Lernbedarf ermittelt. Natürlich muss er beim Ermitteln des Lernbedarfs dem System mitteilen, dass er es ist, für den der Bedarf ermittelt werden soll. Ein solcher Schritt innerhalb eines Anwendungsfalls, der durchaus in vielen anderen Anwendungsfällen auch vorkommen kann, wird nicht als Anwendungsfall der Lernbedarfsplanung dargestellt. Um beim Beispiel zu bleiben, ist mit „Neuen Lerner registrieren" das erstmalige Einrichten eines ganz neuen Lerners (Name, Alter, Adresse, etc.) gemeint.

Nichtsdestoweniger ist es wichtig, diese Anwendungsfälle des Systems zu erfassen, da sie beispielsweise auch für die Aufwandsschätzung und Projektplanung von Bedeutung sind. Sie gehören fachlich nicht zum Kern des computerbasierten selbstgesteuerten Lernsystems, sie sind aber trotzdem unverzichtbar. Der Kern wird durch die Fokussierung auf den Prozess des computerbasierten selbstgesteuerten Lernens beschrieben.[356] Abbildung 41 veranschaulicht exemplarische Anwendungsfälle des Systems, die sich auf die Administration computerbasierten selbstgesteuerten Lernens beziehen. Diese werden im Folgenden nicht näher betrachtet, sind aber im Rahmen einer umfassenden Systembeschreibung ebenfalls mit Essenzbeschreibungen, Aktivitätsdiagrammen und Klassendiagrammen auszudifferenzieren.

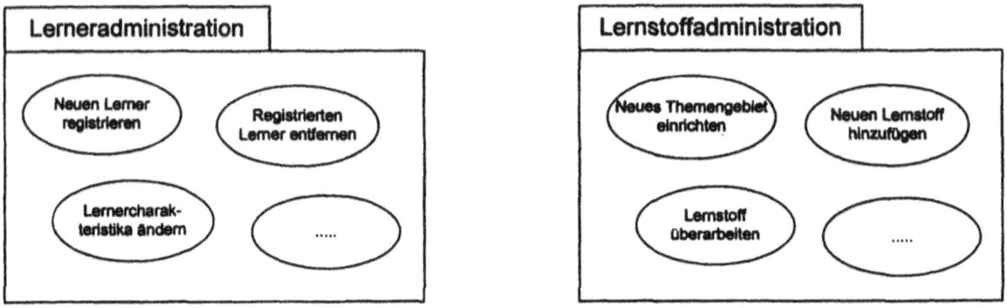


**Abb. 41: Paketdiagramm: Administration des computerbasierten selbstgesteuerten Lernens**

## 4.3 Lernzielplanung

### 4.3.1 Prozessbeschreibung der Lernzielplanung

Basierend auf dem ermittelten Lernbedarf der vorherigen Phase arbeitet der Lernende in der Phase der Lernzielplanung die angestrebten Lernziele aus. Sie werden detailliert formuliert und bilden die Grundlagen für eine erfolgreiche Durchführung des Lernprozesses.[357]

356 Vgl. *Kap. 4.1.1* Prozessübersicht computerbasierten selbstgesteuerten Lernens, Abb. 35 „Aktivitätsdiagramm: Computerbasierter selbstgesteuerter Lernprozess"

357 Vgl. Gage, Nathaniel L.; Berliner, David C.: Pädagogische Psychologie, a. a. O., S. 32.

Analog zur Vorgehensweise zur objektorientierten Anforderungsanalyse soll zunächst für die Lernzielplanung der *„betroffene Prozess analysiert und beschrieben"* werden. Abbildung 42 veranschaulicht die Top-Level-Aktivität *„A2 - Lernziele planen"* untergliedert in den Teilprozess *„A2.1 - Mögliche Lernziele aufschlüsseln"*, *„A2.2 - Lernziele festlegen"* und *„A2.3 - Zwischenziele ableiten"*.

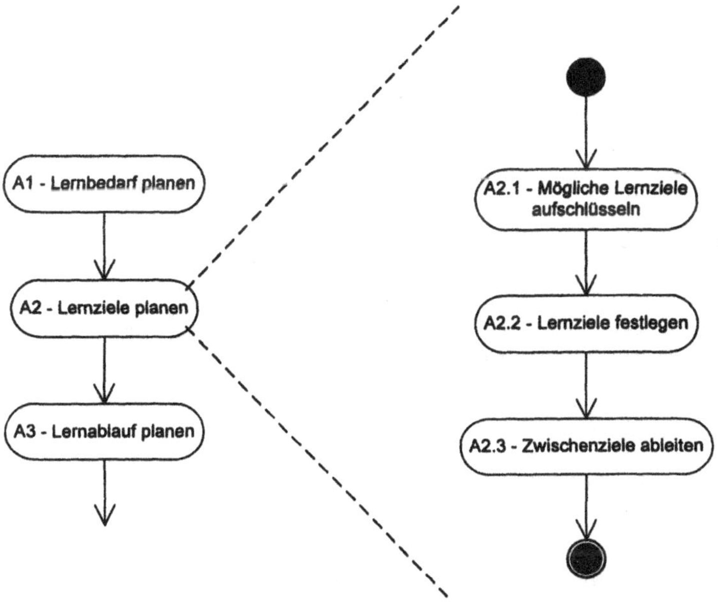


**Abb. 42: Aktivitätsdiagramm: Lernzielplanung im CSL**

### *A2.1 - Mögliche Lernziele aufschlüsseln*

Das Lernziel ist eine Absicht des Lernenden, die durch die Beschreibung der erwünschten Veränderung der Fähigkeiten des Lernenden mitgeteilt wird. Es handelt sich um Beschreibungen von Eigenschaften, die der Lerner nach erfolgreicher Lernerfahrung erworben haben möchte. Als Ergebnis der Lernzieldefinition liegt ein Katalog von Verhaltensweisen vor, die der Lernende äußern können soll.[358] Grundsätzlich sollte der Lerner zwischen Lernzielen aus dem *affektiven*, *psychomotorischen* und *kognitiven Bereich* differenzieren können.[359]

---

358 Vgl. Mager, Robert F.: Lernziele und Unterricht, Weinheim et al.: Beltz Verlag 1965, S. 3.

359 Vgl. Ballstaedt, Steffen-Peter: Wissensvermittlung: Die Gestaltung von Lernmaterial, Weinheim et al.: Beltz Verlag 1997, S. 43.

*Affektive Lernziele* beschäftigen sich mit Gefühl, Emotion, Einstellung, Anerkennung oder Wertschätzung. Sie beeinflussen die Einstellung, das Interesse und die Werthaltung des Lernenden. *Psychomotorische Lernziele* beziehen sich auf den Bewegungsablauf, die Koordination der Bewegung und die Feinmotorik; sie fördern praktische Fähigkeiten.[360] Obwohl die Vermittlung affektiver und psychomotorischer Lernziele durch computerbasierte Lernumgebungen nicht ausgeschlossen ist,[361] sollen sich im weiteren Verlauf die Ziele des Lerners auf diejenigen des *kognitiven Bereichs* konzentrieren; sie sind vom Lernenden leicht nachvollzieh- und überprüfbar.[362]

### *A2.2 - Lernziele festlegen*

*Kognitive Lernziele* betreffen die Vermittlung von Wissen und intellektuellen Fähigkeiten. In Anlehnung an die Lernzieltaxonomie von Bloom können kognitive Lernziele aus den folgenden Bereichen bzw. Stufen stammen:[363]

- *Wissen*: Das Ziel des Lernenden besteht darin, sich reines Faktenwissen anzueignen und wiederzugeben.
- *Verstehen*: Der Lernende will neue Informationen verarbeiten und in einen größeren Kontext einordnen.
- *Anwendung*: Regeln und Prinzipien können in festgelegten, konkreten Situationen verwendet werden.
- *Analyse*: Der Lernende kann einen Sachverhalt in seine Bestandteile aufgliedern.
- *Synthese*: Teile oder Elemente sind zu einem Ganzen zusammenzufügen, wobei auch neue Strukturen gebildet werden können.
- *Bewertung*: Der Lernende kann Urteile darüber fällen, ob bestimmte Kriterien erfüllt sind.

Die Aufgabe des Lernenden im selbstgesteuerten Lernprozess muss der Erwerb von Fähigkeiten auf allen Stufen der Taxonomie sein. Lernziele, die über das

---

360 Vgl. Gage, Nathaniel L.; Berliner, David C.: Pädagogische Psychologie, a. a. O., S. 40.

361 Vgl. Hoppe, Uwe: Teachware für Finanzdienstleister: Entwicklung - Integration - Einsatz, a. a. O., S. 227; Schanda, Franz: Computer-Lernprogramme: Wie damit gelernt wird, wie sie entwickelt werden, was sie im Unternehmen leisten, Weinheim et al.: Beltz Verlag 1995, S. 29.

362 Vgl. Sander, Jörg: Mediengestütztes Bildungsmanagement: Virtuelle Lernwelten für Unternehmen, a. a. O., S. 117.

363 Vgl. Bloom, Benjamin S.: Taxonomie von Lernzielen im kognitiven Bereich, 5. Aufl., Weinheim et al.: Beltz Verlag 1976, S. 31; Gage, Nathaniel L.; Berliner, David C.: Pädagogische Psychologie, a. a. O., S. 41 f.

reine Auswendiglernen hinausgehen, befinden sich auf einer höheren Stufe der Taxonomie, was sich positiv auf den selbstgesteuerten Lernprozess auswirkt. Bei der Wahl des angestrebten Wissensniveaus hat der Lerner allerdings sein ermitteltes Vorwissen hinsichtlich der Lerninhalte zu berücksichtigen, da das Wissensniveau im Schwierigkeitsgrad der Lernziele Ausdruck findet.

***A2.3 - Zwischenziele ableiten***

Neben der Klassifikation der Lernziele nach ihren Schwierigkeitsgraden sollte der Lerner eine Operationalisierung seiner Lernziele durchführen. Operationale Lernziele bilden ein Mittel, um sicherzustellen, dass der Lernprozess zu den gewünschten Qualifikationen führt, die dann durch entsprechende Lernerfolgskontrollen überprüft werden können.[364]

Ziele verstehen sich als operational, wenn mindestens die Zieldimensionen *Zielinhalt* und *Zielvorschrift* in Formulierungen vorliegen. Als dritte Zieldimension wird der *zeitliche Bezug* bezeichnet. Der *Zielinhalt* beschreibt das Zielobjekt; die *Zielvorschrift* präzisiert den Zielinhalt im Hinblick auf das angestrebte Ausmaß der Zielerreichung, der *zeitliche Bezug* drückt die Fristigkeit des Zieles aus.[365]

Die operationalisierten Lernziele können weiterhin nach Richt-, Grob- und Feinzielen oder Ober- und Unterzielen unterteilt werden. So behält der Lernende zu jeder Zeit den Überblick, welche Unterziele noch zu bearbeiten sind, um das entsprechende Oberziel zu erreichen.[366]

Die computerbasierte Lernumgebung sollte in der Phase der Lernzielplanung unterstützend fungieren, indem sie dem Lerner Auswahlmöglichkeiten und Hilfen zur individuellen Lernzielgestaltung zur Verfügung stellt; das Fachkonzept bietet Ansatzpunkte hierfür.

## 4.3.2 Fachkonzept der Lernzielplanung

### 4.3.2.1 Lerninhalte

Bevor der Lernende in der computerbasierten Lernumgebung detaillierte Lernziele zu bestimmen vermag, ist zu hinterfragen, welche Lerninhalte bzw.

---

364 Vgl. Hacker, Hartmut: Elemente des Curriculums, in: Reihe: Schulpädagogik: eine Einführung, Hrsg.: Einsiedler, Wolfgang; Oblinger, Hermann, Donauwörth: Auer Verlag 1979, S. 22.

365 Vgl. Kargl, Herbert: Management und Controlling von IV-Projekten, a. a. O., S. 35.

366 Vgl. Glöckel, Hans: Vom Unterricht: Lehrbuch der allgemeinen Didaktik, 3. Aufl., Heilbrunn: Klinkhardt Verlag 1996, S. 138.

welches Wissen überhaupt im Rahmen der Ziele erworben werden können. Lerninhalte lassen sich in nachfolgende Kategorien unterteilen, die die Lernziele in ihrer inhaltlichen Ausprägung definieren:[367]

- *Fakten* sind Informationseinheiten wie Namen, Bezeichnungen, Daten oder Symbole, die bestimmte Objekte oder Ereignisse benennen bzw. charakterisieren. Sie müssen für sich betrachtet in keinem übergeordneten Zusammenhang stehen. Historische Daten oder Vokabeln stellen Beispiele dar.
- *Konzepte* sind Gruppen von Objekten oder Ereignissen, die aufgrund gemeinsamer charakteristischer Eigenschaften einer bestimmten Art oder Klasse zugeordnet werden. Konzepte können wiederum Bestandteile oder Variationen eines übergeordneten Konzepts sein oder mehreren Konzepten angehören. Beispielsweise zählen Umsatz, Gewinn und Return on Investment zum Aufbau des Rechnungswesens.
- *Prinzipien* bzw. Regeln sind Erklärungen oder Voraussagen, warum bestimmte Ereignisse eintreffen oder kausale Zusammenhänge bestehen. Sie zeigen die Wechselwirkung zwischen Bedingungen und eingetretenem Ereignis (Ursache-Wirkungs-Beziehungen) auf. Hypothesen, Gesetze und Lehrsätze dienen als Beispiele.
- *Prozeduren,* d. h. Handlungswissen, beinhalten Vorgehensweisen zur Lösung einer Aufgabe. Prozedurale Wissensstrukturen verdeutlichen Beziehungen zwischen Arbeitsschritten mit alternativen Entscheidungsmöglichkeiten. Beispiele sind Geschäftsprozessstrukturierungen und Planungsverfahren.

Die beschriebenen Lerninhalte müssen in der Lernumgebung als Sach- und Handlungswissen (deklaratives und prozedurales Wissen) zu den jeweiligen Themengebieten abgebildet sein. Weiterhin sollte bei der Aufbereitung der Themen, Überlegungen zur Metakognition, in Form von metakognitivem Wissen und metakognitiver Kontrolle, explizit berücksichtigt werden,[368] um den Lernenden im selbstgesteuerten Lernprozess effektiv zu unterstützen. Dies kann z. B. erreicht werden, indem bei der Themenpräsentation durch die Lernumgebung, die Darstellungstiefe der Lerninhalte, der Beitrag der Lerninhalte zur Zielerreichung, didaktische Abhängigkeiten, inhaltliche Zusammenhänge zwischen den einzelnen Lerneinheiten, Lernniveau und Lernziele des Lerners

---

367 Vgl. Merrill, David M.: Component Display Theory, in: Instructional-Design Theories and Models: An Overview of their Current Status, Ed.: Reigeluth Charles M., New Jersey: Lawrence Erlbaum Associates 1983, S. 287 f.; Alessi, Stephen M.; Trollip, Stanley R.: Computer-Based Instruction: Methods and Development, 2nd Ed., New Jersey: Prentice Hall 1991, S. 44.

368 Vgl. Ausführungen zur Metakognition in *Kap. 3.3.*

berücksichtigt werden. Darüber hinaus sollten auch Fragen zur Selbstreflexion integriert sein.

#### 4.3.2.2 Lernintentionen

Im Rahmen der Lernintentionen präzisiert der Lernende seine Absichten bezüglich des angestrebten Wissensniveaus und der Wissensnutzung.[369] Die Voraussetzung für eine Entscheidung zwischen verschiedenen Detaillierungsgraden bzw. Schwierigkeitsstufen bei der Vermittlung der Lerninhalte bildet das in der Lernumgebung erfasste Wissen über Lerner und Lernniveau. Unter Berücksichtigung der dargelegten Bloom`schen Taxonomie sollte der Lerner zwischen folgenden Kategorien des Lernverhaltens wählen können:[370]

- *Einprägen* bzw. reproduzieren bedeutet, dass Wissen im Gedächtnis abgespeichert und jederzeit wiedergeben werden kann. Das Ziel besteht im Auswendiglernen von Sachverhalten.
- *Verstehen* umfasst nicht nur das einfache Einprägen von Informationen, sondern erlaubt das Erkennen von Beziehungen und Zusammenhängen zwischen einzelnen Wissensobjekten.
- *Anwenden* beinhaltet die Fähigkeit, abstraktes oder theoretisches Wissen in konkreten Fällen praktisch umsetzen zu können.
- *Entwickeln* beschreibt die in der Regel nur über eine längere Lernzeit zu erreichende Fähigkeit, aus den vorhandenen Kenntnissen neues Wissen abzuleiten oder zu entdecken.

#### 4.3.2.3 Lernzielformulierungen

Durch eine Kombination der Lerninhalte mit den Lernintentionen ergeben sich differenzierbare Lernziele, wie Tabelle 4 veranschaulicht. Aufsteigende Schwierigkeitsgrade der Lerninhalte werden durch die Reihenfolge von oben nach unten verdeutlicht, die der Lernintentionen durch die Abfolge von links

369 Vgl. Mager, Robert F.: Lernziele und Unterricht, a. a. O., S. XIV.

370 Vgl. Krammer, Hein P. M.; Bosch, Jan; Dijkstra, Sanne: Scalability in Instructional Method Specification: An Experiment-Directed Approach, in: Automating Instructional Design: Computer-Based Development and Delivery Tools, Eds.: Tennyson, Robert D.; Barron, Ann E., in: Series F: Computer and Systems Sciences, Vol. 140, NATO ASI Series, Berlin et al.: Springer-Verlag 1995, S. 230.

nach rechts. Die möglichen Kombinationen sind mit einem „Plus-Zeichen" gekennzeichnet.

Der Lernende vermag, je nach Vorwissen und angestrebtem Wissensniveau, zwischen leichteren Lernzielen, wie z. B. *Fakten einprägen* und anspruchsvolleren, wie z. B. *Prozeduren verstehen*, *Prozeduren anwenden* und *Prozeduren entwickeln,* zu wählen. Die Verknüpfungen *Fakten verstehen*, *Fakten anwenden* und *Fakten entwickeln* stellen keine sinnvollen Lernziele dar, da Fakten jeweils nur aus einem Wert bestehen und folglich keine abstrakte oder interpretierbare Darstellungsform besitzen.[371]

| | | LERNINTENTION | | | |
|---|---|---|---|---|---|
| | | einprägen | verstehen | anwenden | entwickeln |
| LERNINHALTE | Fakten | + | | | |
| | Konzepte | + | + | + | + |
| | Prinzipien | + | + | + | + |
| | Prozeduren | + | + | + | + |

**Tab. 4: Lernziele**

Als unterstützende Maßnahme muss die computerbasierte Lernumgebung die ausgewählten Lernziele einer Konsistenzprüfung unterziehen. Der Lernende kann beispielsweise das Lernziel *Prozeduren anwenden* nicht auswählen, ohne vorher das Lernziel *Prozeduren verstehen* erreicht zu haben oder ein entsprechendes Vorwissen zu besitzen. Auf diesen Zielkonflikt sollte die Lernumgebung hinweisen und vorausschaltend das Lernziel *Prozeduren verstehen* zur Bearbeitung anbieten.

Zusätzlich sollten Lernziele auf verschiedenen Hierarchieebenen zur Verfügung stehen, beispielsweise analog zu einem Lehrbuch mit den Unterteilungen in Kapitel, Abschnitte und Lernschritte.[372] Grundsätzlich können Hierarchieebenen z. B. mit Hilfe von Ziel-Mittel-Ketten visualisiert werden.[373] Der Lernende vermag jederzeit zu erkennen, welche Lernschritte noch durchzuführen sind, bzw. aus welchen Unterzielen sein Oberziel besteht und welche Lernschritte bzw. Unterziele er schon erledigt hat. Ergänzend sollten Angaben

371 Vgl. Merrill, M. D.: Component Display Theory, a. a. O., S. 288.

372 Vgl. Gabele, Eduard; Zürn, Brigitte: Entwicklung interaktiver Lernprogramme, a. a. O., S. 136 f.

373 Vgl. Kargl, Herbert: Management und Controlling von IV-Projekten, a. a. O., S. 36 f.

zur voraussichtlichen Bearbeitungsdauer der Ziele sowie Aussagen über deren Beitrag zum Oberziel bei der Lernzielplanung angeboten werden.

### 4.3.3 Objektorientiertes Anforderungsmodell der Lernzielplanung

An dieser Stelle sind entsprechend der Vorgehensweise zur objektorientierten Anforderungsanalyse auch für die Lernzielplanung exemplarische *„Systemanwendungsfälle zu finden“* und im Paket der Lernzielplanung *„zu gruppieren“*. Die funktionale Zerlegung in sekundäre Anwendungsfälle wird ebenfalls dargestellt. Exemplarisch wurden die Systemanwendungsfälle *„Lernziele entfernen“*, *„Lernziele festlegen“* und *„Lernziele anpassen“* ausgewählt. Der Systemanwendungsfall *„Lernziel festlegen“* wird beispielhaft genauer betrachtet. Er beinhaltet den sekundären Systemanwendungsfall *„Lernzieleignung prüfen“* und wird erweitert vom sekundären Anwendungsfall *„Zwischenziel ableiten“*. Der nicht definierte Systemanwendungfall deutet an, dass weiter Systemanwendungsfälle bei einer umfassenden Betrachtung gefunden werden können.

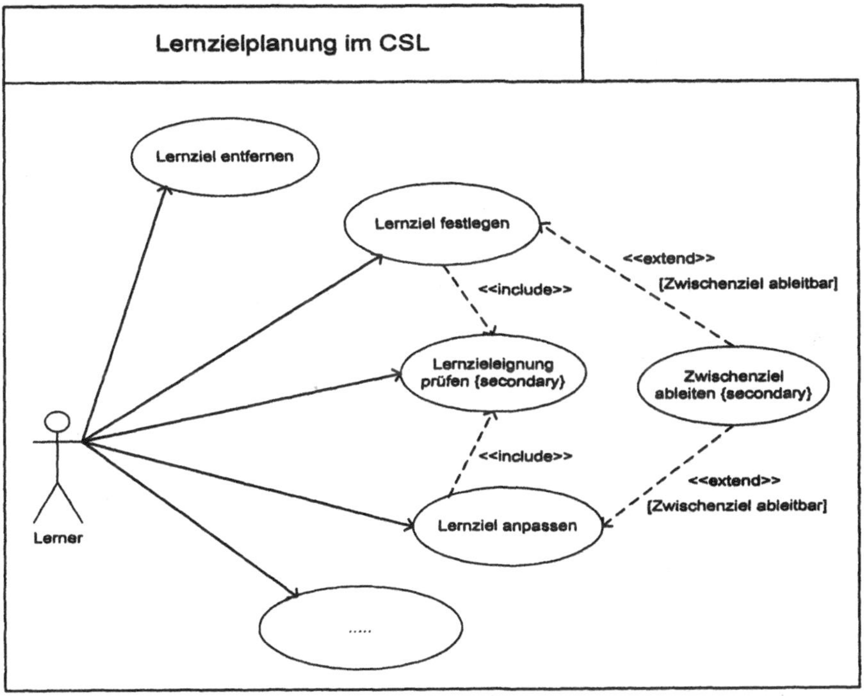


**Abb. 43: Anwendungsfalldiagramm: Lernzielplanung im CSL**

Entsprechend der Vorgehensweise zur objektorientierten Anforderungsanalyse, wird aufbauend auf den gefundenen Systemanwendungsfällen der beispielhafte Systemanwendungsfall „Lernziel festlegen" „essenziell beschreiben".

| **Name:** | **Lernziel festlegen** |
|---|---|
| *Kurzbeschreibung:* | Für einen zuvor definierten Lernbedarf wird ein Bedarfsziel abgeleitet und auf Eignung für den Lerner geprüft. Ggf. wird das Bedarfsziel durch weitere Zwischenziele konkretisiert. Der Begriff „Lernziel" ist hier als abstrakter Oberbegriff gemeint und existiert im System konkret entweder als Bedarfsziel oder als Zwischenziel. |
| *Akteure:* | Lerner |
| *Auslöser:* | Der Lerner möchte ein Lernziel festlegen. |
| *Vorbedingungen, Annahmen:* | Es existieren Lernbedarfe |
| *Eingehende Informationen:* | Keine |
| *Ergebnisse:* | Festgelegtes Bedarfsziel, ggf. Zwischenziele |
| *Nachbedingungen:* | Lernziel wurde festgelegt. |
| *Ablauf:* | 1. **Lerner identifizieren** Anhand authentifizierender Informationen wird der Lerner identifiziert.<br>2. **Thema festlegen** Aus den vorhandenen Themen wird dasjenige ausgewählt, für welches ein Lernziel festgelegt werden soll. |
| *Ablauf (Fort.):* | 3. **Zu berücksichtigenden Lernbedarf bestimmen** Aus den für den Lerner definierten Lernbedarfen wird derjenige bestimmt, für den das Lernziel gelten soll.<br>4. **Bedarfsziel ableiten** Es wird das Bedarfsziel beschrieben.<br>5. **Lernzieleignung prüfen** Das beschriebene Bedarfsziel wird daraufhin überprüft, ob es für den Lerner geeignet ist, insbesondere ob es mit dem Lernniveau des Lerners erreichbar ist und ob es inhaltlich zu dem angegeben Lernbedarf passt.<br>6. **ggf. Zwischenziel ableiten und Lernzieleignung prüfen** Sofern möglich, werden Zwischenziele beschrieben und ebenfalls auf Eignung für den Lerner geprüft. |

**Tab. 5: Essenzbeschreibung: Lernziel festlegen**

Die entwickelte Essenzbeschreibung wird analog zur Vorgehensweise zur objektorientierten Anforderungsanalyse für die „Modellierung des Systemanwendungsfall-Ablaufs" zu Grunde gelegt. Im entwickelten Aktivitätsdiagramm wird der Objektfluss ebenfalls mit berücksichtigt.

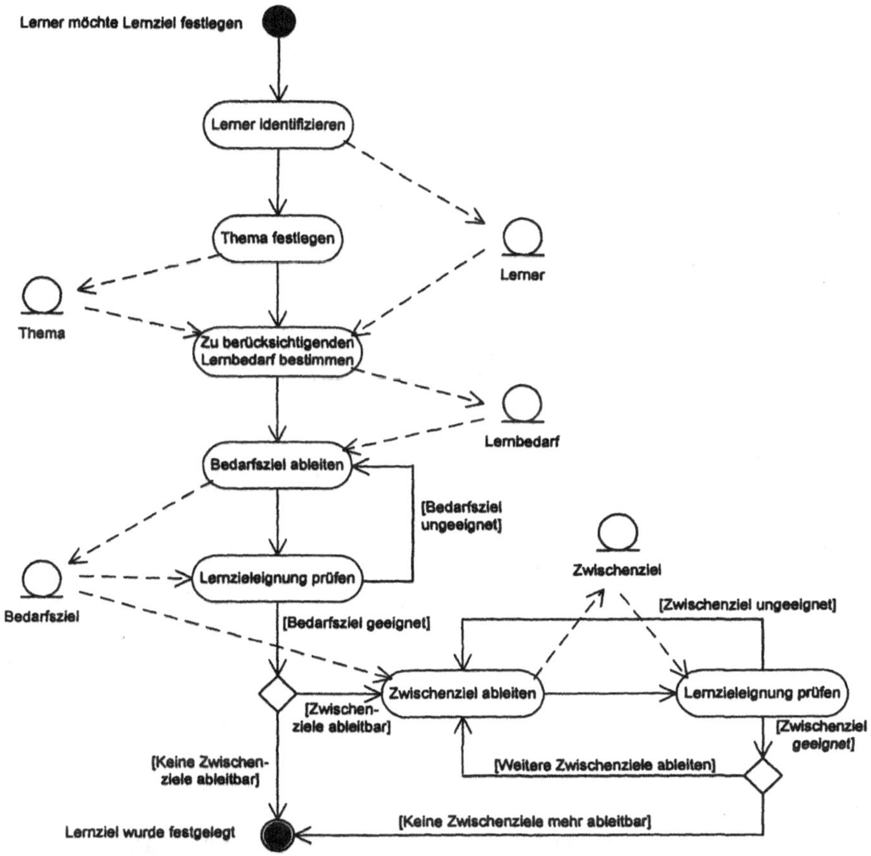


**Abb. 44: Aktivitätsdiagramm: Lernziel festlegen**

Die statischen Aspekte werden durch die „Identifikation der Fachklassen" sowie die „Modellierung der Fachklassen" im Fachklassenmodell abgebildet. Im Folgenden wird das Klassenmodell erläutert.

Wie schon im vorigen Kapitel ausgeführt, werden durch das System typischerweise eine Vielzahl von Lernbedarfen für verschiedene Lerner verwaltet, wobei jeder Lernbedarf als eine Zusammenfassung von Fakten aufgefasst wird, für die ein Lerner im Rahmen der Lernbedarfsplanung entsprechend Bedarf angemeldet hat. Im Rahmen der Lernzielplanung muss die Lernumgebung die Definition von Lernzielen abbilden können. Der Begriff „Lernziel" ist hier als abstrakter Oberbegriff gemeint und existiert konkret entweder als Bedarfsziel oder als Zwischenziel. Ein Bedarfsziel muss sich stets auf einen (zuvor erfassten) Lernbedarf beziehen und kann durch evtl. mehrere Zwischenziele konkretisiert werden.[374] Eine etwaig durchgeführte Lernzielkontrolle kontrolliert stets die Erreichung irgendeines konkreten Lernziels, also entweder eines Bedarfs- oder auch eines Zwischenziels.

Das folgende Klassendiagramm veranschaulicht den dargelegten Zusammenhang.

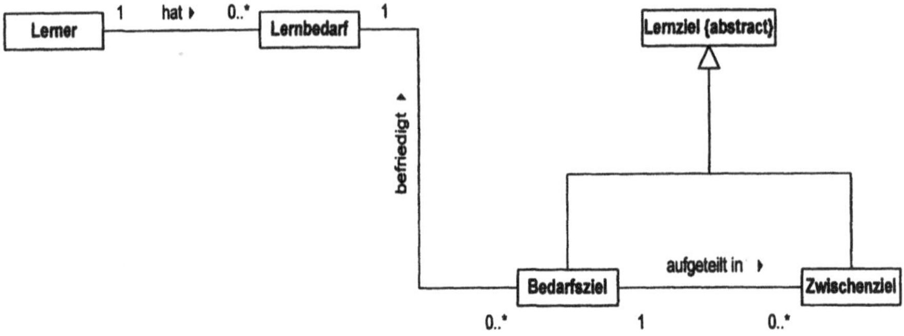


**Abb. 45: Klassendiagramm: Lernzielplanung im CSL**

## 4.4 Lernablaufplanung

### 4.4.1 Prozessbeschreibung der Lernablaufplanung

Um die definierten Lernziele zu erreichen, werden in der Phase der Lernablaufplanung Mittel und Wege einer Prüfung unterzogen, als deren Ergebnis sich anzuwendende Lern- und Arbeitsstrategien herauskristallisieren.[375] Diese beinhalten Aussagen zur Verfügbarkeit von Lernmaterialien sowie zur Aufbereitung des Lernstoffes;[376] sie lassen sich mit den Konstrukten *Ressourcenmanagement* und *Sequenzierung* beschreiben.

---

374 Vgl. Ausführungen zur abstrakten Klasse in *Kap. 2.3.4* Grundlagen der Unified Modeling Language, Abb. 19: Abstrakte Klassen.

375 Vgl. Friedrich, Helmut Felix; Mandl, Heinz: Psychologische Aspekte autodidaktischen Lernens, in: Unterrichtswissenschaft, Zeitschrift für Lernforschung, 3/1990, S. 205.

376 Vgl. Fischer, Peter Michael; Mandl, Heinz: Selbstdiagnostische und selbstregulative Aspekte der Verarbeitung von Studientexten: Eine kritische Übersicht über Ansätze zur Förderung und Beeinflussung von Lernstrategien, in: Zur Psychologie der Textverarbeitung, Ansätze, Befunde, Probleme, Hrsg.: Mandl, Heinz, München et al.: Urban und Schwarzenberg 1981, S. 432.

Für die Lernablaufplanung wird gemäß der Vorgehensweise zur objektorientierten Anforderungsanalyse der *„betroffene Prozess analysiert und beschrieben"*. Abbildung 46 zeigt die Top-Level-Aktivität *„A3 - Lernablauf planen"* differenziert in den Prozess *„A3.1 - Lernressourcen definieren"* und *„A3.2 - Lernablauf definieren"*.

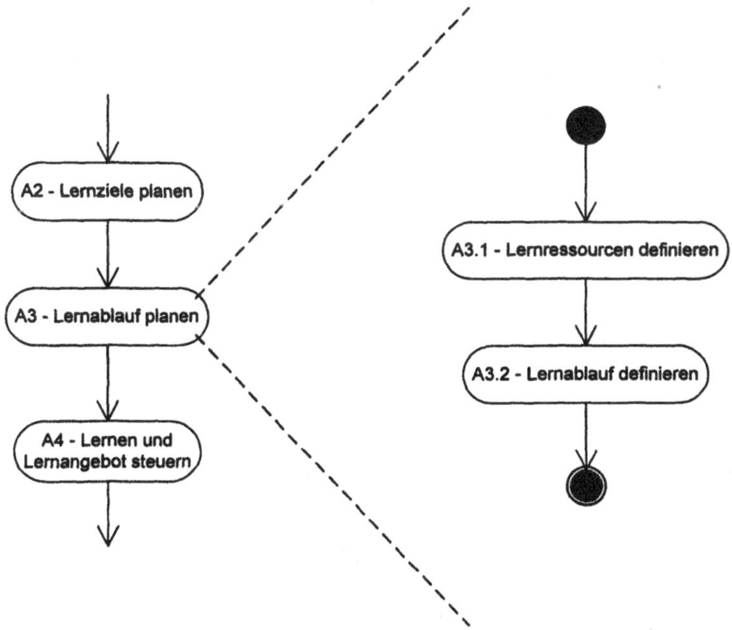


**Abb. 46: Aktivitätsdiagramm: Lernablaufplanung im CSL**

## *A3.1 - Lernressourcen definieren*

Das *Ressourcenmanagement* umfasst Vorgehensweisen, die die Ermittlung und Organisation von externen materialen und sozialen Rahmenbedingungen des Lernens zum Gegenstand haben, wie z. B. die Lern- und Arbeitsplatzgestaltung, die Informationsbeschaffung oder das Lernen mit anderen einschließlich der Hilfeleistung durch andere Personen.[377] Konkret sind hier die Kommunikationsmöglichkeiten und Kooperationspartner zu definieren.

377 Vgl. Straka, Gerald; Nenninger, Peter; Spevacek, Gert; Wosnitza, Marold: Motiviertes selbstgesteuertes Lernen in der kaufmännischen Erstausbildung - Entwicklung und Validierung eines Zwei-Schalen-Modells, a. a. O., S. 152.

Fragen, die sich mit der Lern- und Arbeitsplatzgestaltung, den externen materialen Voraussetzungen und dem Besorgen von Informationen beschäftigen, beschränken sich für den Lernenden in einer computerbasierten Lernumgebung auf diese, da sie den Handlungsspielraum determiniert.[378] Planungen, die personale Ressourcen betreffen, erweisen sich für den Lerner als relevant, wenn kooperativ in kleineren Lerngruppen gelernt wird oder ein Lernpartner als Experte dient.

***A3.2 - Lernablauf definieren***

Die *Sequenzierung* enthält das zielgerichtete Planen eines Lernprozesses, wie z. B. die Aufschließung des Lernstoffes, die Schrittfolgeplanung des Lernwegs oder die Zeitplanung.[379] Erfasst wird dies durch die Lernstoff- und die Lernwegstrukturierung.

Der Lernende kann die Aufgliederung und Reihenfolge von Lernschritten einschließlich ihrer Dauer festlegen und zwischen einem stärker geführten expositorischen oder einem weniger instruktionsgebundenen exploratorischen Lernweg wählen.[380] Eingrenzungen ergeben sich aus dem Grad des vorhandenen Vorwissens. Lerner mit größerem Vorwissen können sich in Lernumgebungen, die die Exploration fördern, besser orientieren und einen höheren Lernzuwachs erzielen als Personen mit niedrigerem Vorwissen; für diese bietet sich eine stärker gebundene Variante der Instruktionen an.[381]

Darüber hinaus stellt der Lernende in der Lernablaufplanung Vorüberlegungen hinsichtlich der Art und Form an, wie Wissen vermittelt, dargestellt und eventuelle Kommunikationsmöglichkeiten genutzt werden können.

---

378 Vgl. Schäfer, Roland: Computergestützte Lernumgebungen in der Betriebswirtschaftslehre: Analyse und Konstruktion aus Sicht des selbstgesteuerten Lernens, a. a. O., S. 63.

379 Vgl. Straka, Gerald; Nenninger, Peter; Spevacek, Gert; Wosnitza, Marold: Motiviertes selbstgesteuertes Lernen in der kaufmännischen Erstausbildung - Entwicklung und Validierung eines Zwei-Schalen-Modells, a. a. O., S. 152.

380 Vgl. Schäfer, Roland: Computergestützte Lernumgebungen in der Betriebswirtschaftslehre: Analyse und Konstruktion aus Sicht des selbstgesteuerten Lernens, a. a. O., S. 62.

381 Vgl. Kerres, Michael: Multimediale und telemediale Lernumgebungen, Konzeption und Entwicklung, 2., vollst. überarb. Aufl., München et al.: Oldenbourg 2001, S. 139.

## 4.4.2 Fachkonzept der Lernablaufplanung

### 4.4.2.1 Software-ergonomische Voraussetzungen

Eine wesentliche Voraussetzung zur Aufbereitung des Lernstoffes besteht in der effizienten Ausformung der Benutzeroberfläche einer Lernumgebung, da sie die Schnittstelle für den Mensch-Maschine-Dialog bildet und eine Interaktion ermöglicht. Eine software-ergonomische Gestaltung der Oberfläche im Hinblick auf die Erfordernisse des selbstgesteuerten Lernprozesses vermag ein erfolgreiches Lernen zu fördern. Folgende grundsätzliche Bedingungen sind zu erfüllen:[382]

- *Einfach zu erlernen*: Das System präsentiert sich als leicht erlernbar, d. h. die Lernfähigkeit des Benutzers in der Lernumgebung kann möglichst schnell gewährleistet werden.
- *Effizient in der Bedienbarkeit*: Durch eine effiziente Bedienbarkeit soll ein möglichst hohes Lernniveau erreicht werden.
- *Leicht zu behalten*: Die Gestaltung der Oberfläche ist so vorzunehmen, dass auch gelegentliche Benutzer sich ohne Schwierigkeiten an die Bedienung erinnern können.
- *Niedrige Fehlerrate*: Bedienungsfehler des Lernenden in der Lernumgebung sollen möglichst ausgeschlossen werden; irrtümliche Fehler müssen transparent und einfach zu korrigieren sein, schwerwiegende Fehler sind auszuschließen.
- *Gefällig in der Benutzung*: Die Benutzung wird subjektiv als angenehm empfunden; Benutzer im Rahmen des selbstgesteuerten Lernprozesses bevorzugen die Lernumgebung gegenüber alternativen Lösungen.

Diese Gestaltungsmerkmale, die als Voraussetzungen für die Planung des Lernprozesses zu verstehen sind, können durch folgende Mittel erreicht werden:[383]

- *Konsistenz der Lernumgebung*: Begriffe und Symbole für gleichartige Sachverhalte bzw. Bedienungsfunktionen müssen konsistent verwendet werden.
- *Klare Bezeichnung der Bedienungselemente*: Apokryphe Icons, deren Bedeutung erst gelernt werden muss, dürfen keine Verwendung finden; selbsterklärende Bedienungselemente sind einzusetzen.

---

382 Vgl. Nielsen, Jakob: Multimedia and Hypertext: The Internet and Beyond, London: Academic Press 1995, S. 279.

383 Vgl. Dick, Egon: Multimediale Lernprogramme und telematische Lernarrangements: Einführung in die didaktische Gestaltung, in: Reihe: Multimediales Lernen in der Berufsbildung, a. a. O., S. 72 f.

- *Beschränkung auf die notwendigsten Elemente*: Einige Lernumgebungen, wie z. B. Simulationen, enthalten eine hohe Anzahl von Eingriffs- bzw. Steuerungsmöglichkeiten und führen zu einer Überforderung des Lernenden oder lösen Aktivitäten aus, die für das Erreichen des Lernziels keine Bedeutung besitzen. Daher sollten nur die aktuell benötigten Elemente gezeigt werden, während die anderen verborgen, gedimmt oder blockiert bleiben.
- *Standardisierung der Benutzeroberfläche*: Der Lernende empfindet es als störend, wenn er das Symbol eines Buttons bereits aus einer anderen Lernumgebung kennt und mit einer andersartigen Bedeutung assoziiert. Eine Standardisierung der Benutzeroberfläche ermöglicht dem Lerner beim Wechsel der Lernumgebung eine sofortige Konzentration auf die Lerninhalte.

Um eine kognitive Überlastung des Lernenden zu verhindern, ist hinsichtlich der *Bildschirmaufteilung* ein konstantes Layout mit einer einheitlichen Unterteilung in verschiedene Funktionsbereiche anzustreben, die festliegende Plätze auf dem Bildschirmbereich erhalten.[384]

Im Kennzeichnungsbereich werden Titel und Untertitel des dargestellten Inhaltes ange-boten. Der Lern- und Arbeitsbereich präsentiert die jeweiligen Lerninhalte; bei gleichzeitiger Verwendung von Text und Bild sollte der Text möglichst auf der linken Seite angeordnet sein, um dem größeren Aufmerksamkeitseffekt des Bildes entgegenzusteuern und ein Überlesen wichtiger Lerninformationen zu verhindern.[385] Der Steuerungsbereich beinhaltet Bedienungselemente, wie z. B. eine Leiste mit Schaltflächen, deren waagerechte Anordnung den Lesegewohnheiten und dem natürlichen Blickwinkel entspricht.[386]

Dargestellte Lerninhalte können ohne Beziehung zur Erfahrungswelt des Lerners aufgebaut sein; ein Anknüpfen mit Hilfe grafisch ansprechender *Oberflächenmetaphern* erscheint jedoch vorteilhaft, um eine möglichst realistische Lernsituation herzustellen[387] und zudem die Aufmerksamkeit des Benutzers zu

---

384 Vgl. Schanda, Franz: Computer-Lernprogramme: Wie damit gelernt wird, wie sie entwickelt werden, was sie im Unternehmen leisten, a. a. O., S. 91.

385 Vgl. Strzebkowski, Robert: Realisierung von Interaktivität und multimedialen Präsentationstechniken, in: Information und Lernen mit Multimedia, Hrsg.: Issing, Ludwig J.; Klimsa, Paul, 2., überarb. Aufl.; Weinheim: Psychologie Verlags Union 1997, S. 300.

386 Vgl. Strzebkowski, Robert: Realisierung von Interaktivität und multimedialen Präsentationstechniken, a. a. O., S. 286.

387 Vgl. Euler, Dieter: Didaktik des computerunterstützten Lernens: Praktische Gestaltung und theoretische Grundlagen, a. a. O., S. 121.

erhöhen.[388] Lernoberflächen lassen sich als authentisch bezeichnen, wenn sie zahlreiche konkrete Verbindungen zu den nachvollziehbaren Bereichen des Lebens- bzw. Berufsalltags des Lerners aufweisen.[389]

Je nach Benutzerkreis der Lernumgebung bieten sich folgende exemplarische Metaphern an:[390]

- Funktionsmetaphern, z. B. Darstellung eines Schreibtischs mit mehreren Gegenständen wie Taschenrechner, Telefon oder Terminkalender, über die entsprechende Funktionen ausgelöst werden,
- Metaphern des lokalen Raums, z. B. Bibliothek, Theater, Museum,
- Metaphern des temporalen Raums, z. B. Zeitstrahl, Zeitleiste,
- Abenteuer- und Reisemetaphern,
- Metaphern persönlicher Führer,
- Buchmetaphern,
- Metaphern virtueller Instrumente, z. B. Kompass, Mikroskop.

Diese Metaphern sollte Verwendung finden, wenn sie dem Benutzerkreis und dem Lernziel entgegenkommen.

#### 4.4.2.2 Lernstoffpräsentation

Die computerbasierte Lernumgebung sollte neben der inhaltlichen Aufbereitung des Lernstoffes zu dessen anschaulicher und verständlicher Präsentation vielfältige audio-visuelle Medien in zum Lernen geeigneten Darstellungen bereit halten,[391] wie z. B. *Texte*, *Bilder*, *Videosequenzen*, *Animationen* und *Audiosequenzen*.

---

388 Vgl. Niegemann, Helmut M.: Computergestützte Instruktion in Schule, Aus- und Weiterbildung: Theoretische Grundlagen, empirische Befunde und Probleme der Entwicklung von Lehrprogrammen, a. a. O., S. 302.

389 Vgl. Euler, Dieter: Didaktik des computerunterstützten Lernens: Praktische Gestaltung und theoretische Grundlagen, a. a. O., S. 121.

390 Vgl. Niegemann, Helmut M.: Computergestützte Instruktion in Schule, Aus- und Weiterbildung: Theoretische Grundlagen, empirische Befunde und Probleme der Entwicklung von Lehrprogrammen, a. a. O., S. 302 f.; Schulmeister, Rolf: Grundlagen hypermedialer Lernsysteme: Theorie - Didaktik - Design, a. a. O., S. 53 ff.

391 Vgl. Pohl, Christian: Methodik und Realisation von Systemen zur effizienten Wissensvermittlung durch Hypermedia, Frankfurt am Main et al.: Peter Lang 1999, S. 113.

Bei der Gestaltung von *Texten*, die eine der grundlegenden abstrakten Darstellungsformen in computergestützten Lernumgebungen bilden,[392] dürfen qualitative Merkmale des Textes in Bezug auf Länge, Textlayout, Textstile, Texthervorhebungen sowie Textprägnanz und -formulierungen nicht vernachlässigt werden.

In höherem Maße als das Lesen gedruckter Texte ermüdet das Erlesen solcher am Bildschirm, so dass die Textmenge auf einen möglichst geringen Umfang beschränkt werden sollte. Lange Fließtextfolgen beeinträchtigen die Lernbereitschaft und überfordern das Aufnahmevermögen. Abgeschlossene Gedanken sind durch abgesetzte Abschnitte kenntlich zu machen; einzelne Sätze, Textblöcke und der Beginn eines neuen Themengebietes dürfen nicht durch einen Seitenwechsel zerrissen werden.[393]

Das verwendete Layout legt die Menge sowie die Anordnung der Textinformationen auf einer Bildschirmseite durchgängig für das Gesamtsystem fest und ermöglicht die leichte Lesbarkeit des Textes. Eine ausreichende Dimensionierung der Wort- und Zeilenabstände verhindert ein optisches Verschmelzen der Buchstaben und beugt einer zusätzlichen Leseanstrengung vor.[394]

Schriftgrößen und -typen müssen in der Lernumgebung unter der Beachtung einheitlicher Textstile verwendet werden; eine 12-Punkt-Schrift ohne Serifen genügt den Anforderungen.[395] Um die Aufmerksamkeit des Lerners auf bestimmte Inhalte zu richten, bieten sich Hervorhebungen im Text als Organisationshilfen an. Ihre beabsichtigte Wirkung erzielen sie nur bei einem sparsamen Gebrauch; andernfalls wirkt der Text unruhig und lenkt den Benutzer vom eigentlichen Inhalt ab.[396]

Die Texte sollen prägnant formuliert sowie leicht verständlich sein und den Lerninhalt ohne überflüssige oder ablenkende Ausschmückungen wiedergeben.[397] Einzelne Sätze sind möglichst kurz und einfach zu halten; lange, ver-

---

392 Vgl. Euler, Dieter: Didaktik des computerunterstützten Lernens: Praktische Gestaltung und theoretische Grundlagen, a. a. O., S. 105.

393 Vgl. Euler, Dieter: Didaktik des computerunterstützten Lernens: Praktische Gestaltung und theoretische Grundlagen, a. a. O., S. 106.

394 Vgl. Euler, Dieter: Didaktik des computerunterstützten Lernens: Praktische Gestaltung und theoretische Grundlagen, a. a. O., S. 107.

395 Vgl. Schanda, Franz: Computer-Lernprogramme: Wie damit gelernt wird, wie sie entwickelt werden, was sie im Unternehmen leisten, a. a. O., S. 90.

396 Vgl. Dick, Egon: Multimediale Lernprogramme und telematische Lernarrangements: Einführung in die didaktische Gestaltung, a. a. O., S. 97.

397 Vgl. Euler, Dieter: Didaktik des computerunterstützten Lernens: Praktische Gestaltung und theoretische Grundlagen, a. a. O., S. 109.

schachtelte Satzkonstruktionen erfordern vom Lernenden einen unnötigen Aufwand bei der Entschlüsselung des Inhalts. Begriffe und Abkürzungen in der Fachsprache werden, sofern sie nicht vorausgesetzt werden können, vermieden bzw. vor ihrer Verwendung erklärt.[398]

Als visuelle Gestaltungsarten verkörpern *Bilder* einen eigenständigen Informationsträger, veranschaulichen und strukturieren die textuellen Lerninhalte und erhöhen die Motivation des Lernenden.[399] Es lassen sich drei Darstellungsformen von Bildern im Kontext der computerbasierten Lernumgebung unterschieden:[400]

- Abbildungen bzw. Abbilder sind bildhafte Darstellungen, die relativ eng mit der Realität verknüpft sind, wie z. B. Fotografien, naturalistische Gemälde oder Strichzeichnungen.
- Analogiebilder geben nicht direkt beobachtbare Prozesse oder Strukturen von Sachverhalten durch eine vergleichbare Darstellung wieder; eine Pumpe kann z. B. als Analogiebild zur Funktionsweise des Herzens dienen.
- Logische Bilder beschränken sich auf die Wiedergabe der wesentlichen Elemente zur Erklärung komplexer Sachverhalte; als logische Bilder werden z. B. Diagramme und Grafiken bezeichnet.

Je nach zu vermittelndem Lerninhalt übernehmen Abbildungen und Analogiebilder in einer computerbasierten Lernumgebung Zeige-, Situierungs- und Konstruktionsfunktionen. Im Rahmen der Zeigefunktion werden ein Gegenstand oder Teile eines Gegenstands dargestellt. Entsprechen Abbildungen und Analogiebilder der Situierungsfunktion, fungieren sie als situativer Kontext oder geben ein Szenarium wieder. Helfen Abbildungen und Analogiebilder dem Lerner, zu einem Sachverhalt ein mentales Modell zu konstruieren und Unvertrautes verständlich zu machen, spricht man von der Konstruktionsfunktion.[401]

---

398 Vgl. Euler, Dieter: Didaktik des computerunterstützten Lernens: Praktische Gestaltung und theoretische Grundlagen, a. a. O., S. 110.

399 Vgl. Euler, Dieter: Didaktik des computerunterstützten Lernens: Praktische Gestaltung und theoretische Grundlagen, a. a. O., S. 114 f.

400 Vgl. Issing, Ludwig J.: Mediendidaktische Aspekte der Entwicklung und Implementierung von Lernsoftware, in: Interaktive Medien für die Aus- und Weiterbildung: Marktübersicht, Analysen, Anwendung, in: Reihe: Multimediales Lernen in der Berufsbildung, Bd. 1, Hrsg.: Zimmer, Gerhard, Nürnberg: BW Bildung und Wissen, Verlag und Software 1990, S. 107 f.

401 Vgl. Weidenmann, Bernd: Abbilder in Multimedia-Anwendungen, in: Information und Lernen mit Multimedia, Hrsg.: Issing, Ludwig J.; Klimsa, Paul, 2., überarb. Aufl., Weinheim: Beltz Verlag 1997, S. 108.

Dass sich der effektive Gebrauch von Bildern positiv auf den Lernerfolg auswirkt, konnte Meutsch empirisch belegen. Meutsch berichtet von einer Erhöhung des Erinnerungsvermögens um 40 Prozent bei geschichtenähnlichen Texten mit Bildern gegenüber reinem Text;[402] Hasebrook kommt zu ähnlichen Ergebnissen.[403]

Im Gegensatz zu statischen Bildern bieten *Videosequenzen* den Vorteil der dynamischen Darstellung und erlauben eine realitätsnahe Gestaltung der Lerninhalte. Videosequenzen veranschaulichen komplexe Vorgänge und vermitteln in kurzer Zeit erhebliche Mengen von Informationen, die sich in vielfältigen, unterschiedlichen Ausdrucksvarianten präsentieren.[404] Videoszenen vermögen die Situierungs- und Zeigefunktion von Abbildungen und Analogiebildern zu unterstützen. Der Lernende im selbstgesteuerten Lernprozess sollte zudem über die Möglichkeit verfügen, das Abspielen von Videosequenzen beliebig zu stoppen oder vor- und zurückzuspulen.

*Animationen*, die ein ähnliches Einsatzspektrum wie Videosequenzen besitzen, vermögen darüber hinaus nicht filmbare Sachverhalte sowie komplexe Zusammenhänge vereinfacht darzustellen[405] und erhöhen ebenfalls die Attraktivität der Lernumgebung. Park und Hopkins empfehlen den Einsatz dynamischer Animationen für folgende didaktische Funktionen:[406]

- Demonstration sequentieller Abläufe beim Lernen von Prozeduren,
- Simulation kausaler Modelle komplexer Verhaltenssysteme,
- explizite Repräsentation unsichtbarer Funktionen und unsichtbaren Verhaltens,
- Illustration einer Aufgabe, die verbal nur schwer zu charakterisieren ist,
- visuelle Analogie für abstrakte und symbolische Konzepte,
- Mittel, um die Aufmerksamkeit für bestimmte Aufgaben zu bewahren.

---

402 Vgl. Meutsch, Dietrich: Kognitive Prozesse beim Lernen, in: Computer Based Training, Hrsg.: Seidel, Christoph, Göttingen: Hogrefe Verlag 1993, S. 171 f.

403 Vgl. Hasebrook, Joachim: Multimedia-Psychologie: eine neue Perspektive menschlicher Kommunikation, Heidelberg et al.: Spektrum Verlag 1995, S. 116.

404 Vgl. Sander, Jörg: Mediengestütztes Bildungsmanagement: Virtuelle Lernwelten für Unternehmen, a. a. O., S. 145.

405 Vgl. Sander, Jörg: Mediengestütztes Bildungsmanagement: Virtuelle Lernwelten für Unternehmen, a. a. O., S. 145.

406 Vgl. Schulmeister, Rolf: Grundlagen hypermedialer Lernsysteme: Theorie - Didaktik - Design, a. a. O., S. 57.

Als weiteres Medium können dem Lernenden *Audiosequenzen* in Form von Sprache, Musik oder Signaltönen zur Verfügung gestellt werden.[407]

Die Ausgabe gesprochener Texte, z. B. in Verbindung mit komplexen Bildern oder Animationen, übernimmt entlastende und unterstützende Funktionen. Das Hinzufügen von Sprache befreit den Lern- und Arbeitsbereich des Bildschirms von Schrift und erhöht dessen Übersichtlichkeit.[408] Ein Hin- und Herspringen zwischen Texten und optischen Darstellungen lässt sich vermeiden; Ermüdungserscheinungen, die mit dem Lesen von Texten am Bildschirm verbunden sind, wird entgegengewirkt.[409]

Um die Aufmerksamkeit des Lernenden zu binden, muss bei einer sprachlichen Darbietung auf niveauadäquate und verständlich gestaltete Texte, eine entsprechende Betonung, eine angemessene Sprechgeschwindigkeit und das Einhalten notwendiger Pausen geachtet werden.[410]

Musik und Signaltöne weisen nur einen geringen Informationsgehalt auf, können aber ggf. die Motivation des Lernenden verstärken. Nichtsdestoweniger muss dem Lerner die Möglichkeit gewahrt bleiben, auf Signaltöne zu verzichten, da diese als störend empfunden werden können.

#### 4.4.2.3 Lernwegstrukturierung

Eine computerbasierte Lernumgebung fördert den Lernablauf, wenn sie dem Lernenden die Möglichkeit einräumt, sowohl nach *expositorischen* als auch nach *exploratorischen Lernstrategien* vorzugehen, wobei der Interaktionsgrad flexibel wählbar sein sollte.[411] Der Interaktionsgrad, d. h. das Ausmaß der Kommunikationsmöglichkeiten zwischen der Lernumgebung und dem Lernenden, gibt Auskunft über den Grad der Aktivität und Eigeninitiative des Lernenden.[412]

---

407 Vgl. Seufert, Sabine: Computer Assisted Learning (CAL): Grundlagen, Varianten, Entwicklung, a. a. O., S. 50.

408 Vgl. Weidenmann, Bernd: Abbilder in Multimedia-Anwendungen, a. a. O., S. 117.

409 Vgl. Dick, Egon: Multimediale Lernprogramme und telematische Lernarrangements: Einführung in die didaktische Gestaltung, a. a. O., S. 99.

410 Vgl. Ballstaedt, Steffen-Peter: Wissensvermittlung: Die Gestaltung von Lernmaterial, a. a. O., S. 94 f.

411 Vgl. Schäfer, Roland: Computergestützte Lernumgebungen in der Betriebswirtschaftslehre: Analyse und Konstruktion aus Sicht des selbstgesteuerten Lernens, a. a. O., S. 9.

412 Vgl. Haack, Johannes: Interaktivität als Kennzeichen von Multimedia und Hypermedia, in: Information und Lernen mit Multimedia, Hrsg.: Issing, Ludwig J.; Klimsa, Paul, 2., überarb. Aufl., Weinheim: Beltz Verlag 1997, S. 153.

Im Rahmen der *expositorischen Lernstrategie* werden die einzelnen Lerneinheiten, den definierten Lernzielen entsprechend, vom System sequentiell hintereinander gereiht und bilden einen Pfad, der vom Startpunkt bis zum Endpunkt abzuarbeiten ist. Die Lerneinheiten steigen schrittweise in ihrer Komplexität; an jedem Punkt des Pfades setzt das System die Informationen der vorangegangenen Einheiten als bekannt voraus. Je nach Vorwissen muss allerdings die Möglichkeit eingeräumt werden, Lerneinheiten auszulassen bzw. zu überspringen.[413]

Die expositorische Lernumgebung kann mit der objektorientierten Modellierung mittels der UML dargestellt werden. In Anlehnung an Programmablaufpläne[414] lassen sich folgende Lernwege umsetzen:

- Lernwegstruktur - Einfache Aufeinanderfolge (Sequenz) (*Abb. 47*)
- Lernwegstruktur - Struktur mit UND-Rückkopplung (*Abb. 48*)
- Lernwegstruktur - Struktur mit ODER-Rückkopplung (*Abb. 49*)

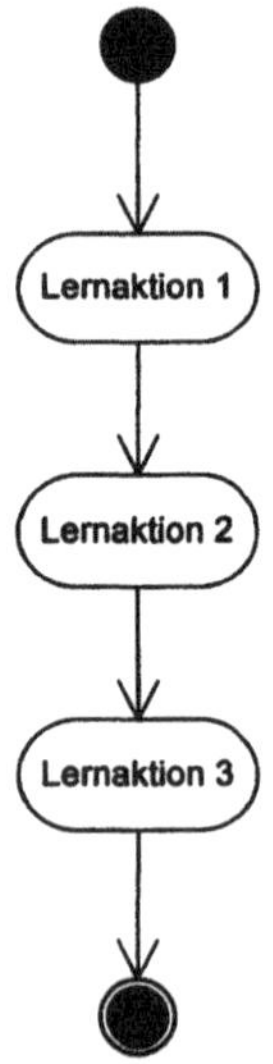


**Abb. 47: Aktivitätsdiagramm: Lernwegstruktur im CSL - Einfache Aufeinanderfolge (Sequenz)**

413 Vgl. Rigny, Joseph W.: Learning Strategies: A Theoretical Perspective, in: Learning Strategies, Ed.: O'Neil, Harold F., Jr.: New York et al.: Academic Press, S. 171 f.

414 Vgl. Kurbel, Karl: Programmentwicklung, 5., vollst. überarb. u. erw. Aufl., Wiesbaden: Gabler 1990, S. 72 u. S. 78.

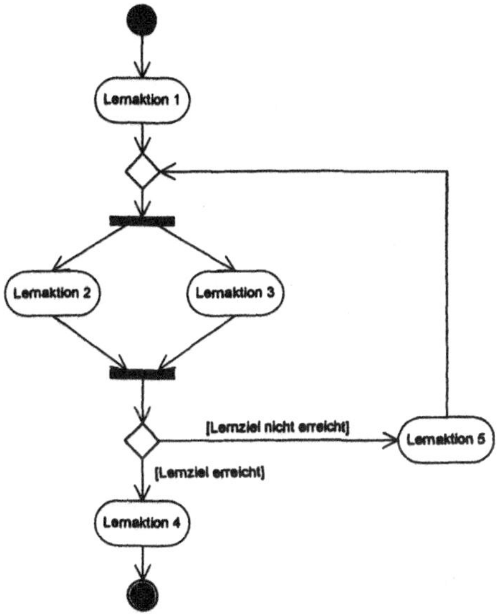


**Abb. 48: Aktivitätsdiagramm: Lernwegstruktur im CSL - Struktur mit UND-Rückkopplung**

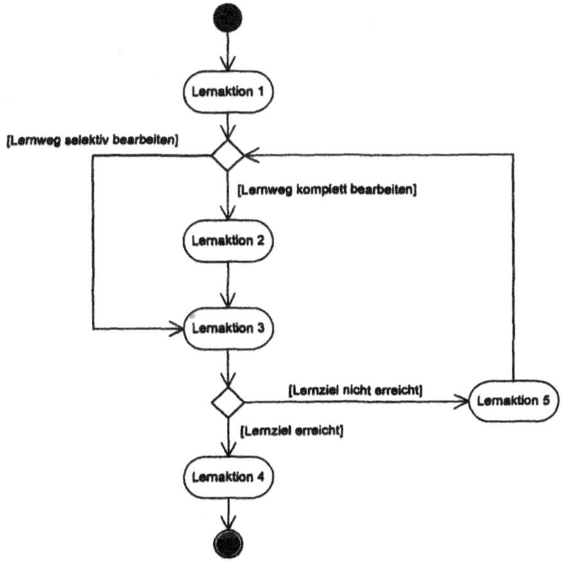


**Abb. 49: Aktivitätsdiagramm: Lernwegstruktur im CSL - Struktur mit ODER-Rückkopplung**

Eine weitere Variante der linearen Struktur entsteht durch mehrfach lineare Verknüpfungen in Form verzweigter Lernwegstrukturen, die höhere Freiheitsgrade eröffnen. Der Lernende kann seinem Vorwissen oder seinen Präferenzen gemäß zwischen linearen Pfaden wechseln, die sich durch verschiedene Detaillierungsstufen, wie z. B. zusätzliche Erklärungen zum Lernstoff, unterscheiden.[415] Jedoch sollte die computerbasierte Lernumgebung auch innerhalb dieser weniger interaktiven expositorischen Vorgehensweise, die Option einer individuellen Zusammenstellung von Lernsequenzen zulassen. Der Lernende sollte aus einer Menge vordefinierter Lerneinheiten, die zu seinen Lernzielen passenden Einheiten auswählen und sie zu einer linearen Sequenz verbinden können, von der Lernumgebung sollte der Lerner durch eine Zielabgleichung unterstützt werden.[416]

Analog zur sequenziellen Lernwegstruktur wird die expositorische Lernumgebung auch bei der mehrfach-linearen Verknüpfung mit der UML dargestellt. Auch hier kann an Programmablaufstrukturen angeknüpft werden.[417] Die Lernwegstruktur lässt sich wie folgt abbilden:

- Lernwegstruktur - Struktur mit UND-Teilung (*Abb. 50*)
- Lernwegstruktur - Struktur mit ODER-Teilung (*Abb. 51*)
- Lernwegstruktur - Struktur ohne Rückkopplung mit Zusammenführung nach UND-Teilung (*Abb. 52*)
- Lernwegstruktur - Struktur ohne Rückkopplung mit Zusammenführung nach ODER-Teilung (*Abb. 53*)

415 Vgl. Rigny, Joseph W.: Learning Strategies: A Theoretical Perspective, a. a. O., S. 172; Seufert, Sabine: Computer Assisted Learning (CAL): Grundlagen, Varianten, Entwicklung, a. a. O., S. 35.

416 Vgl. Schäfer, Roland: Computergestützte Lernumgebungen in der Betriebswirtschaftslehre: Analyse und Konstruktion aus Sicht des selbstgesteuerten Lernens, a. a. O., S. 225.

417 Vgl. Kurbel, Karl: Programmentwicklung, a. a. O., S. 73 f.

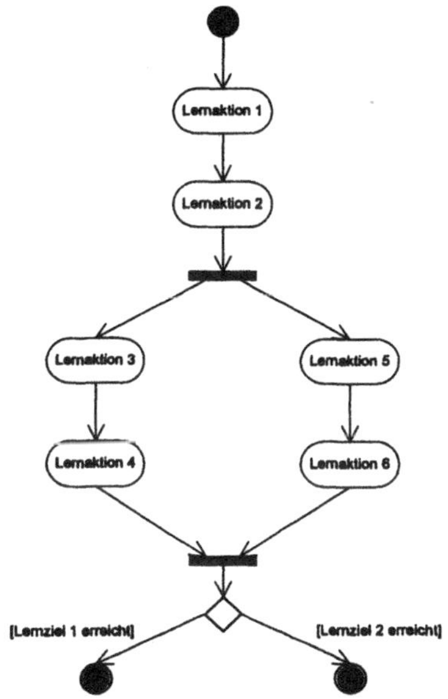


**Abb. 50: Aktivitätsdiagramm: Lernwegstruktur im CSL - Struktur mit UND-Teilung**

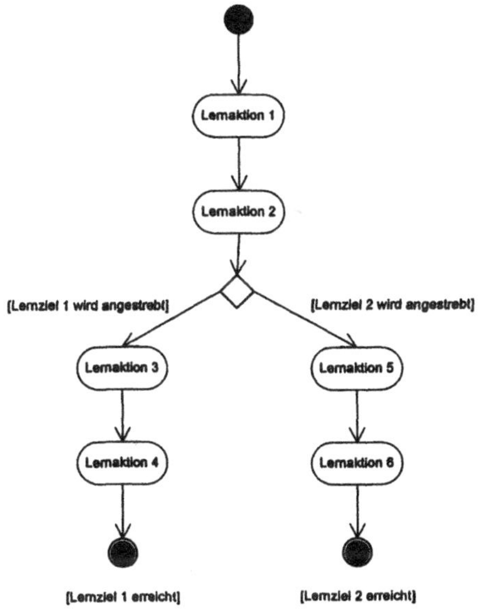


**Abb. 51: Aktivitätsdiagramm: Lernwegstruktur im CSL - Struktur mit ODER-Teilung**

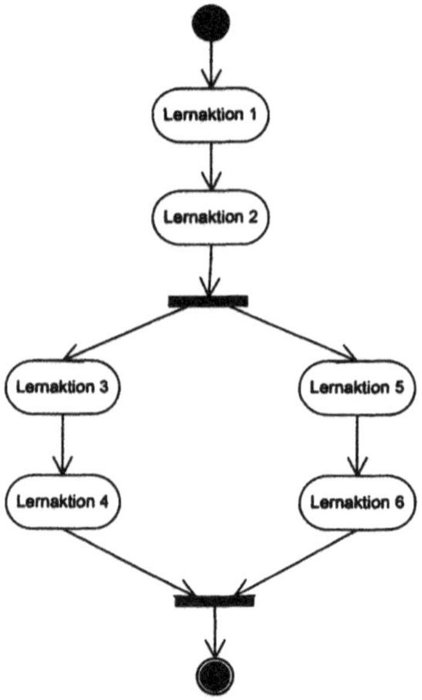


**Abb. 52: Aktivitätsdiagramm: Lernwegstruktur im CSL - Struktur ohne Rückkopplung mit Zusammenführung nach UND-Teilung**

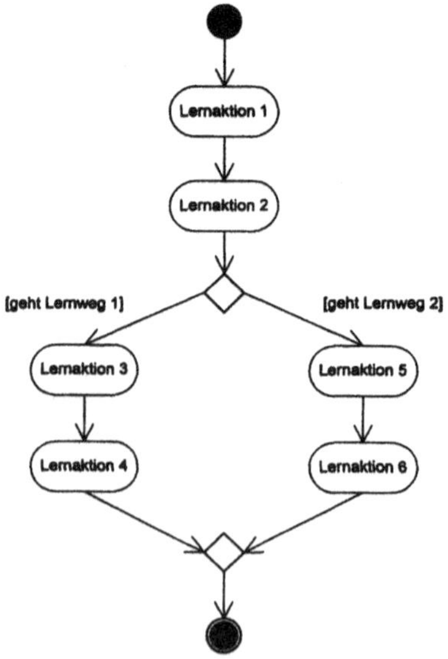


**Abb. 53: Aktivitätsdiagramm: Lernwegstruktur im CSL - Struktur ohne Rückkopplung mit Zusammenführung nach ODER-Teilung**

Eine expositorische Lernstrategie bietet sich vor allem für Benutzer an, die über geringes Vorwissen hinsichtlich der zu bearbeitenden Lerneinheiten verfügen. Nach der Zusammenstellung der Lernsequenz übergibt der Lernende die Steuerung des Lernprozesses an die Lernumgebung, die den weiteren Lernweg im Rahmen der definierten Lernziele und -wege bestimmt sowie geeignete Lerninhalte und Testaufgaben zum Erreichen der Lernziele auswählt.[418]

Der Lerner sollte seinerseits jederzeit in der Lage sein, die expositorische Lernstrategie zu unterbrechen oder zu beenden, um zu einer stärker selbstgesteuerten exploratorischen Lernstrategie zu wechseln.

Im Kontext der *exploratorischen Lernstrategie* wird das zu vermittelnde Wissen durch die Verknüpfung aller benötigten Lerneinheiten dargestellt, die ihren unterschiedlichen Beziehungen zueinander entsprechend.[419] Die Verknüpfungsstruktur der Lerneinheiten ist mit der Hyperlinkstruktur im Internet vergleichbar. Die Beziehungen von Lerneinheiten unterliegen keiner linearen Struktur mehr, bei der jeweils ein Objekt mit einem Vorgänger und einem oder mehreren Nachfolgern verknüpft ist.[420] Das Lernen vollzieht sich nicht mehr linear von einer Thematik bzw. Schwierigkeitsstufe zur nächsten, sondern netzwerkartig; in der Regel existiert hierbei kein eindeutiger Start- bzw. Endpunkt.[421] Die Lerneinheiten bezeichnet man bei einer solchen Lernstruktur auch als Knoten, die Beziehungen zwischen den Lerneinheiten werden Kanten genannt. Der Lerner kann sich Lerneinheiten individuell zusammenstellen und in beliebiger Reihenfolge bearbeiten; der Schwerpunkt liegt auf dem freien Navigieren durch die Lerninhalte.[422]

Computerbasierte Lernumgebungen, deren Lerninhalte netzwerkartig in Form von Knoten und Kanten organisiert sind, werden als *hypermediale* Lernumgebungen bezeichnet. Die Knoten können Lerninhalte in Form von Texten, Bildern, Animationen sowie Video- und Audiosequenzen umfassen.[423] Bestehen die Knoten nur aus Texten, handelt es sich um reine Hypertext-Systeme, die

---

418 Vgl. Schäfer, Roland: Computergestützte Lernumgebungen in der Betriebswirtschaftslehre: Analyse und Konstruktion aus Sicht des selbstgesteuerten Lernens, a. a. O., S. 127.

419 Vgl. Rigny, Joseph W.: Learning Strategies: A Theoretical Perspective, a. a. O., S. 172.

420 Vgl. Stoiber, Alfred: Computergestützte Lernsysteme: Grundlagentheoretische Diskussion und An-wendung, Wiesbaden: Gabler Verlag 1997, S. 37.

421 Vgl. Rigny, Joseph W.: Learning Strategies: A Theoretical Perspective, a. a. O., S. 172.

422 Vgl. Bodendorf, Freimut; Hofmann, Jürgen: Computer in der betrieblichen Weiterbildung, in: Reihe: Handbuch der Informatik, Bd. 15.2, Hrsg.: Endres, Albert; Krallmann, Hermann; Schnupp, Peter, München et al.: Oldenbourg Verlag 1993, S. 65.

423 Vgl. Tergan, Sigmar-Olaf: Hypertext und Hypermedia: Konzeption, Lernmöglichkeiten, Lernprobleme, in: Information und Lernen mit Multimedia, a. a. O., S. 124 f.

aber im weiteren Verlauf der Arbeit nicht explizit betrachtet werden sollen, da ihrer ausschließliche Fokussierung auf Text als veraltet angesehen werden muss.

Im Rahmen der exploratorischen Lernstrategie wählt der Lernende eine Menge von Basisknoten sowie einen Startknoten gemäß seinen Lernzielen aus. Die Lernumgebung sollte den Lerner durch Vorschläge unterstützen können. Die Basisknoten kennzeichnen auf dem potentiellen Lernweg Positionen, die der Lerner im Rahmen des Lernprozesses ansteuern möchte. Darüber hinaus sollte der Lerner je nach Präferenzen, Reihenfolgebeziehungen zwischen den Basisknoten definieren können, die beim Abarbeiten des Lernwegs berücksichtigt werden.[424]

Die exploratorische Vorgehensweise, bei der dem Lernenden die Kontrolle über die Sequenzierung der Lerneinheiten obliegt,[425] ermöglicht einen hohen Selbststeuerungsgrad, bedingt durch vielfältige Interaktionsnotwendigkeiten des Lerners mit der Lernumgebung. Im Idealfall erfolgt die Steuerung des Lernprozesses ausschließlich durch den Lerner.[426]

Für das computerbasierte selbstgesteuerte Lernen bietet die exploratorische Gestaltung der Lernumgebung die größten Möglichkeiten der Selbststeuerung an. Somit kann die exploratorische Lernumgebung als eine geeignete Struktur der Lerneinheiten unter dem Gesichtspunkt der Selbststeuerung angesehen werden. Trotz der Möglichkeiten und hohen Freiheitsgrade im Sinne der Selbststeuerung sei darauf verwiesen, das Lerner mit geringen Vorkenntnissen im Wissensgebiet oder bei der Nutzung computerbasierter Lernumgebungen auf größere Schwierigkeiten stoßen werden, als in einer eindeutig gegliederten Abfolge von Lernschritten, wie sie in der expositorischen Lernumgebung anzutreffen ist.

Abschließend soll die Lernwegstruktur der exploratorischen Vorgehensweise ebenfalls mit der objektorientierten Modellierung dargestellt werden. Hierbei fällt auf, dass es sich nicht um ein Aktivitätsdiagramm handelt, sondern um ein Klassendiagramm und ein Objektdiagramm. Dies ist notwendig, da bei einer exploratorischen Lernstrategie nicht vorab festgelegt wird, welchen Lernweg der Lerner als nächstes einschlägt, d.h. welche Lernaktion er als nächstes ausführt. Der Sinn eines Aktivitätsdiagramms, liegt jedoch genau im Explizitmachen des

---

424 Vgl. Schäfer, Roland: Computergestützte Lernumgebungen in der Betriebswirtschaftslehre: Analyse und Konstruktion aus Sicht des selbstgesteuerten Lernens, a. a. O., S. 233f.

425 Vgl. Gerdes, Heike: Lernen mit Text und Hypertext, in: Reihe: Aktuelle Psychologische Forschung, Bd. 18, Hrsg.: Buchner, Axel; Funke, Joachim, Lengerich et al.: Pabst Science Publishers 1997, S. 53.

426 Vgl. Schäfer, Roland: Computergestützte Lernumgebungen in der Betriebswirtschaftslehre: Analyse und Konstruktion aus Sicht des selbstgesteuerten Lernens, a. a. O., S. 128.

Folgeschritts. Ein Aktivitätsdiagramm ist folglich ungeeignet die explorative Vorgehensweise abzubilden.

Das Klassendiagramm erfasst als selbstreferenzielle Klasse die explorative Vorgehensweise in einer Hyperlinkstruktur. Da hieraus für einen Softwareentwickler keine konkrete Verknüpfung ableitbar ist, ist es notwendig, die konkreten Verknüpfungen mittels eines Objektdiagramms zu veranschaulichen. Jedes Objekt der Abbildung ist die konkrete Ausprägung der Klasse Lernaktion. Hier wird korrekt abgebildet, dass der Lerner selbstgesteuert die Entscheidung treffen kann, welche Lerneinheit er als nächstes ansteuern möchte. Auf eine Nummerierung wurde bewusst verzichtet, da gerade die Reihenfolge beim explorativen Vorgehen erst im selbstgesteuerten Lernprozess entsteht.

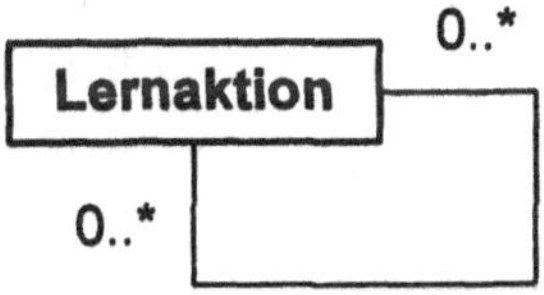


**Abb. 54: Klassendiagramm: Lernwegstruktur im CSL - Hyperlinkstruktur**

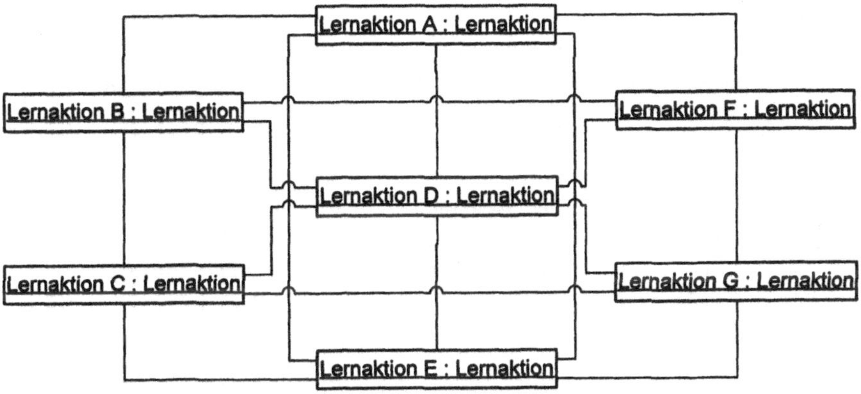


**Abb. 55: Objektdiagramm: Lernwegstruktur im CSL - Hyperlinkstruktur**

### 4.4.2.4 Kommunikationsmöglichkeiten

Erfolgt die Lernablaufplanung vorwiegend im Sinne einer exploratorischen Vorgehensweise, wird sich der Lernende im selbstgesteuerten Lernprozess unter Umständen mit Fragen oder Schwierigkeiten konfrontiert sehen, die im Rahmen der Interaktionen mit der Lernumgebung nicht zu beantworten oder zu beseitigen sind. Der Lerner sollte dann die Möglichkeit haben, sich aus der einsamen Form des Computerlernens herauszulösen und eine personale Interaktion nutzen zu können.[427]

Das Kommunizieren mit unterstützenden und beratenden Lernpartnern lässt sich mit *asynchrone* oder *synchrone Informations- und Kommunikationsdiensten* realisieren.

**Asynchrone Informations- und Kommunikationsdienste**

Asynchrone Informations- und Kommunikationsdienste unterstützen die zeitversetzte Kommunikation bzw. Information. In computerbasierten Lernumgebungen sind vor allem (a) *E-Mail-Systeme*, (b) *Newsgroups* und (c) das *World Wide Web* (WWW) bzw. darauf aufbauende Anwendungen eingebunden. Diese werden im Folgenden vorgestellt.

**a) E-Mail-Systeme**

E-Mail-Systeme unterstützen die Kommunikation mit einem oder mehreren Partnern durch die Übermittlung von schriftlichen Mitteilungen, Bildern und Dateien aller Art. Die Nachricht des Senders wird im *elektronischen Postfach (Mailbox)* des jeweiligen Empfängers bis zu dessen Abruf zwischengespeichert. Die Mailbox ist auf dem Server des Providers eingerichtet, bei dem sich ihr Besitzer für die Nutzung des Dienstes registriert hat, so dass sie jederzeit erreichbar ist und die Kommunikationspartner nicht gleichzeitig online sein müssen. Nach erfolgtem Zugriff kann der Empfänger die Nachricht speichern, ergänzen und/oder weiterleiten. Weitere Vorteile sind die hohe Zustellungsgeschwindigkeit und die geringen Kosten.[428]

Eine besondere Anwendung des E-Mail-Dienstes sind so genannte *Mailinglisten*. Eine Mailingliste kann man sich als runden Tisch vorstellen, an dem über ein bestimmtes Thema diskutiert wird: jeder kann einen Diskussionsbeitrag leisten, jeder bekommt die Beiträge der anderen Teilnehmer zugestellt. Mailing-

---

427 Vgl. Kerres, Michael: Multimediale und telemediale Lernumgebungen, Konzeption und Entwicklung, a. a. O., S. 257.

428 Vgl. Dambrowsky, Marc: Neue Wege in der unternehmensinternen Aus- und Weiterbildung. Deutsche Bank University, in: Praxis der Wirtschaftsinformatik, Jg. 2001, H. 218 der Gesamtfolge, S. 77.

listen haben eine eigene Adresse, an welche die jeweiligen Beiträge zu senden sind. Dahinter steht eine Verwaltungs-Software, die dann die Verteilung an alle eingetragenen Benutzer vornimmt. Häufig sind Mailinglisten zur Sicherung der Qualität der Beiträge moderiert, d.h. neu eingehende E-Mails werden durch den für die Mailingliste Verantwortlichen zuerst geprüft und nur bei dessen Zustimmung zur Veröffentlichung an den Teilnehmerkreis weitergeleitet.[429]

**b) Newsgroups**

Newsgroups unterstützen wie Mailinglisten die themenbezogene Diskussion mehrerer Teilnehmer untereinander. Im Gegensatz zu den E-Mail-Systemen werden hier jedoch keine Nachrichten an die einzelnen Teilnehmer versendet, sondern wie an einem Anschlagbrett publiziert. Diese Lösung hat den Vorteil, dass Neueinsteigern die gesamten Nachrichten ohne Zusatzaufwand zur Verfügung stehen.

Der Nutzen und damit die Akzeptanz einer Newsgroup ist davon abhängig, dass ausreichend Beiträge „interaktiv" gestaltet sind, d.h. sie den Gedanken aus einem anderen Beitrag aufgreifen. Nehmen unabhängige Beiträge, deren Inhalte sich nur auf das Thema im Allgemeinen, aber nicht auf einen bereits eingestellten Beitrag beziehen, dagegen überhand, gerät der Diskussionsfluss schnell ins Stocken. Sind in einer Gruppe darüber hinaus viele Störelemente (nicht zum Thema gehörende Beiträge) enthalten, kommt sie als Lernquelle kaum mehr in Frage, da man weder effektiv noch effizient damit arbeiten kann.[430] Um einer solchen Entwicklung vorzubeugen, werden häufig Moderationslösungen realisiert. Bei prämoderierten Varianten werden Beiträge erst nach der Zensur durch den Moderator der Gruppe zugänglich gemacht; bei postmoderierten Varianten kann der Moderator beeinflussen, welche Beiträge der Gruppe weiterhin verfügbar bleiben. Eine demokratischere Lösung bieten Abstimmungstools, da sie eine Einigung über das weitere Vorgehen in der Gruppe unterstützen.[431]

Newsgroups können danach charakterisiert werden, ob sie offen oder auf einen definierten Benutzerkreis begrenzt sind. Des Öfteren bleiben die Teilnehmer innerhalb der Gruppe zudem anonym.

---

429 Vgl. Seufert, Sabine; Back, Andrea; Häusler, Martin: E-Learning - Weiterbildung im Internet, Kösel, Kempten: SmartBooks Publishing AG 2001, S. 39.

430 Vgl. Weiser, Christian Richard: Gruppenorientierte Systeme in der computergestützten betrieblichen Aus- und Weiterbildung: Ordnungsrahmen und Fallstudie, St. Gallen: Diss. 1998, S. 103.

431 Vgl. Weidenmann, Bernd: Lernen mit Medien, in: Pädagogische Psychologie: Ein Lehrbuch, 4. Aufl., Krapp, Andreas; Weidenmann, Bernd (Hrsg.), Weinheim: Beltz 2001, S. 463.

### c) WWW

Das WWW ist ein Anwendungsdienst des Internets, welcher auf Hypertextdokumenten (Texte, die über Links miteinander verbunden sind) basiert und mit dem über eine grafische Oberfläche, dem so genannten Web-Browser, auf multimediale Inhalte zugegriffen werden kann. Der Web-Browser ermöglicht außerdem den einfachen Zugriff auf andere Internetdienste wie zum Beispiel E-Mail oder Newsgroups. Das WWW als Hilfsmittel zum Lernen eignet sich vor allem zur Informationsbereitstellung. Web-Applikationen können dabei statisch oder dynamisch gestaltet sein, sowie durch die Integration von Formularelementen Möglichkeiten zur Interaktion eröffnen. Ein Anwendungsbeispiel sind *News-Services*, welche die Aktualität ihres Angebots dadurch gewährleisten, dass sie Inhalte mittels einer Datenbankanbindung dynamisch erzeugen. Ein Nutzer kann sich in der Regel für bestimmte Themen so genannte Interessen- oder User-Profile einrichten. So bleibt er über diese Themen immer auf dem Laufenden und kann sich bei zusätzlicher Nutzung eines Newsletter-Dienstes automatisch via E-Mail über Neuigkeiten informieren lassen.[432]

Voraussetzung für den erfolgreichen Einsatz der Informationspotenziale des WWW ist allerdings, dass die Nutzer die gezielte Informationssuche im Internet beherrschen.[433]

**Synchrone Informations- und Kommunikationsdienste**

Eine zeitgleiche Kommunikation bzw. Information zwischen mehreren geographisch getrennten Personen wird mittels synchronen Informations- und Kommunikationsdiensten ermöglicht. Dem Vorteil der Simultanität steht bei solchen Technologien generell ein im Vergleich zu den asynchronen Varianten erheblich größerer organisatorischer und technischer Aufwand gegenüber: einerseits muss die gleichzeitige Präsenz aller Akteure koordiniert werden; andererseits muss die zur Verfügung stehende Bandbreite den erforderlichen Datendurchsatz gewährleisten.[434]

Als Hilfsmittel zum Lernen können insbesondere (a) *Chat*, (b) *Desktop-Videokonferenzsysteme*, (c) *Whiteboards* und das (d) *Application Sharing* eingesetzt werden.

### a) Chat

---

432 Vgl. Seufert, Sabine; Back, Andrea; Häusler, Martin: E-Learning - Weiterbildung im Internet, a. a. O., S. 41 f.

433 Vgl. Bremer, Claudia: Die Integration verschiedener Lehr- und Lernmethoden in Online-Veranstaltungen, a. a. O., S. 50.

434 Vgl. Kerres, Michael: Multimediale und telemediale Lernumgebungen: Konzeption und Entwicklung, a. a. O., S. 290.

Chat-Systeme ermöglichen die synchrone Kommunikation einer Gruppe von Partnern, so dass interaktive Diskussionen in Echtzeit durchgeführt werden können. Der Kontakt erfolgt über den Austausch schriftlicher Nachrichten, die sofort nach Bestätigung der Eingabe auf den Bildschirmen der anderen Teilnehmer erscheinen und von diesen kommentiert werden können. Die wohl am meisten genutzte Systemvariante ist das *Internet Relay Chat* (IRC), das zusätzlich die Möglichkeit bereitstellt, sich auf themenspezifischen Kanälen zu treffen. Mit zunehmender Größe des Teilnehmerkreises leidet in der Regel, ähnlich wie bei Newsgroups, die Sachbezogenheit der Beiträge und die Strukturiertheit der Sitzung. Eine Moderation ist dann auch hier empfehlenswert.[435]

#### b) Desktop-Videokonferenzsysteme

Bei einer Videokonferenz kommunizieren zur gleichen Zeit zwei oder mehrere räumlich getrennte Partner, wobei sowohl der Bild- als auch der Sprachkontakt hergestellt wird. Erforderlich ist hierzu die Ausstattung des Arbeitsplatzes mit Kamera, Mikrofon, einer spezifischen Software und einem geeigneten Telekommunikationszugang; ein heute noch sehr beträchtlicher Aufwand, der einer breiten Nutzung solcher Systeme entgegensteht. Die Übertragung erfolgt in der Regel über Punkt zu Punkt Verbindungen bei Nutzung von ISDN-Leitungen. Es gibt aber auch zunehmend Entwicklungen im Bereich der internetbasierten Videokonferenz. Die erreichten Bildwiederholfrequenzen und Auflösungen sind allerdings noch unzureichend. Nichtsdestoweniger sind die Erwartungen an diese Variante für die Zukunft vor allem wegen der damit verbundenen geringeren Kosten sehr groß. Generell haben Videokonferenzen gegenüber den anderen synchronen Technologien den Vorteil, dass der psychologisch wichtige Augenkontakt hergestellt und dadurch die Wahrnehmung des Gegenübers verstärkt wird, was wiederum zu einer Verbesserung und Erhöhung der Interaktion führt. Die Videokonferenz kommt der natürlichen Kommunikation somit am nächsten.[436]

#### c) Whiteboard

Ein Whiteboard kann wörtlich übersetzt als elektronische Tafel verstanden werden, die zunächst leer bzw. weiß auf den Bildschirmen mehrerer Nutzer erscheint. Jedem Nutzer ist es erlaubt, Texte, Grafiken und weitere Elemente auf dieser Tafel abzubilden, welche dann mittels zur Verfügung stehender Zeichen- und Textwerkzeuge interaktiv von der Gruppe bearbeitet oder um Anmerkun-

---

435 Vgl. Dambrowsky, Marc: Neue Wege in der unternehmensinternen Aus- und Weiterbildung. Deutsche Bank University. a. a. O., S. 78.

436 Vgl. Seufert, Sabine; Back, Andrea; Häusler, Martin: E-Learning - Weiterbildung im Internet, a. a. O., S. 43.

gen, Hervorhebungen oder Ähnliches ergänzt werden können. Professionelle Varianten unterstützen in der Regel zudem das Importieren von Dateien anderer Programme, so dass ein Nutzer beispielsweise eine PowerPoint-Datei starten und dem gesamten Arbeitskreis präsentieren kann.[437]

**d) Application Sharing**

Application Sharing-Systeme unterstützen das zeitgleiche kooperative Arbeiten mit einer beliebigen Anwendung. Die Realisierung erfolgt nach dem Client-Server-Konzept: der Rechner, auf dem die zum Application Sharing vorgesehene Software läuft, fungiert als Server. Die Rechner der übrigen an der Sitzung beteiligten Personen holen als Clients das Display des Servers auf ihre Bildschirme und erhalten im Rahmen der ihnen erteilten Zugriffsrechte Kontrolle über den Serverrechner (z.B. Kontrolle über den Mauszeiger oder die Menüsteuerung). Die einzelnen Teilnehmer können die Anwendung dann so verwenden, als ob sie auf ihren eigenen Computern laufen würde. Ein wesentlicher Vorteil besteht dabei darin, dass ein Dokument von mehreren Benutzern gleichzeitig bearbeitet werden kann. Fügt beispielsweise ein Nutzer in einem Word-Dokument einen Kommentar ein, ist dies auch für alle übrigen sofort ersichtlich.[438]

Häufig sind Application Sharing- und Whiteboard-Funktionalitäten in einem einzigen System, dem so genannten *Shared Workspace,* integriert. Solche Systeme gehen typischerweise auch als Bestandteile in Desktop-Videokonferenzsystemen ein.[439]

Computerbasierte selbstgesteuerte Lernumgebungen sollten die dargestellten Informations- und Kommunikationsdienste einbinden und den Lerner zu deren aktiven Nutzung veranlassen. Da Wissensaufnahme immer durch eigenständige Rekonstruktion von Wissen durch den Lerner stattfindet, kann der Kommunikationsprozess mit anderen einen erheblichen Beitrag zur Wissensaufnahme leisten. Auch kann die aktive Kommunikation einen zentralen Beitrag leisten, Sach- und Handlungswissen anwenden zu lernen.

Webbasierte Lernumgebungen oder mit dem Internet verknüpfte Lernumgebungen bieten bezüglich der Kommunikationsmöglichkeiten eine Vielzahl von ge-

---

437 Vgl. Dambrowsky, Marc: Neue Wege in der unternehmensinternen Aus- und Weiterbildung. Deutsche Bank University. a. a. O., S. 78.

438 Vgl. Seufert, Sabine; Back, Andrea; Häusler, Martin: E-Learning - Weiterbildung im Internet, a. a. O., S. 44.

439 Vgl. Seufert, Sabine; Back, Andrea; Häusler, Martin: E-Learning - Weiterbildung im Internet, a. a. O., S. 44.

eigneten Ansatzpunkten, sowohl Wissensaufnahme zu verbessern als auch Sach- und Handlungswissen anwenden zu lernen.

In Anbetracht der sich fortlaufend erweiternden Kommunikationsmöglichkeiten, benutzerfreundlicher Softwarelösungen und verbesserten Datenübertragungsraten durch neue Technologien wie DSL (digital subcriber line), die sukzessive den Massenmarkt der Internetnutzer erschließen, ist anzunehmen, dass dem Ausbau der Kommunikationsmöglichkeiten von computerbasierten Lernumgebungen sowohl von Anwendern als auch von Softwareentwicklern eine große Bedeutung beigemessen werden wird. Die intensivere Integration von Kommunikationsmöglichkeiten wird auch den Lernablauf innerhalb der computerbasierten Lernumgebung beeinflussen, indem der Lerner selbstgesteuert Kommunikationsmöglichkeiten nutzen muss.

#### 4.4.2.5 Kooperation in der computerbasierten selbstgesteuerten Lernumgebung

**Zur Strukturierung der Lernangebote**

Eine einheitliche Typologie der kooperationsgestützten Lernangebote findet man in der Literatur nicht. Häufig geht in die Klassifizierungsansätze jedoch ein, ob und falls ja, in welcher Form eine personelle Betreuung in die jeweiligen Produkte integriert ist. Fehlt jegliche Form der Betreuung, spricht Euler beispielsweise vom *mediengestützten Selbstlernen* und Dick vom *Telelearning*.[440] Steht im Falle einer Betreuung der Lernende im Mittelpunkt, d.h. übernimmt der Lehrende die Rolle eines Tutors, spricht man in der Regel vom *Teletutoring*. Verschiebt sich der Fokus in der Lernsituation dahingegen auf den Lehrenden, redet man vom *Teleteaching*. In den bisher aufgeführten Typen können auch kooperative Elemente eingebunden sein. Soll der Aspekt des Lernens in Gruppen und die Interaktion unter den Lernenden jedoch betont werden, wird oftmals der Ausdruck *Telekooperation* oder *Computer Supported Collaborative Learning* (CSCL) verwendet.[441] Die Tatsache, dass Lernangebote, welche die

440 Vgl. Euler, Dieter: Multimediale und telekommunikative Lernumgebungen zwischen Potentialität und Aktualität. Eine Analyse aus wirtschaftspädagogischer Sicht, in: Medien-Generation. Beiträge zum 16. Kongress der Deutschen Gesellschaft für Erziehungswissenschaft, Gogolin, Ingrid; Lenzen, Dieter (Hrsg.), Opladen: Leske + Budrich 1999, S. 81 f.; Dick, Egon: Multimediale Lernprogramme und telematische Lernarrangements: Einführung in die didaktische Gestaltung, a. a. O., S. 58 f.

441 Vgl. Euler, Dieter: Multimediale und telekommunikative Lernumgebungen zwischen Potentialität und Aktualität. Eine Analyse aus wirtschaftspädagogischer Sicht, a. a. O., S. 83.; Weidenmann, Bernd: Lernen mit Medien, a. a. O., S. 460.

Gruppenarbeit in den Mittelpunkt stellen, in den meisten Fällen auch die Betreuung durch einen Tutor vorsehen, macht deutlich, dass sich die identifizierten Grundtypen keinesfalls ausschließen. Sie gehen dahingegen fließend ineinander über und werden häufig miteinander kombiniert. Einzelne Produkte können daher durchaus mehreren Klassen zugeordnet werden.[442]

Trotz der Unterschiede im zugrunde liegenden Verständnis ist der Mehrzahl der Typbezeichnungen das Präfix „Tele" gemein. Damit wird ausgedrückt, dass beim Einsatz der Bildungsprodukte die technischen Potenziale der Telekommunikation genutzt werden, wobei diese Nutzung in der geringsten Ausprägung in der Produktdistribution über Computernetze besteht.[443]

Im Folgenden sollen die aufgezählten Grundtypen (a) Telelearning, (b) Teletutoring, (c) Teleteaching, (d) Telekooperation ausführlicher erörtert und zum selbstgesteuerten Lernen in Bezug gebracht werden. Ergänzend wird abschließend auf (e) lernangebotsbezogene Mehrwertdienste eingegangen.

#### a) Telelearning

In diesem Kontext bezeichnet Telelearning das Selbststudium mit Hilfe von elektronischen Lernmedien, die auf einem Server zur Online-Nutzung oder als Download zur Offline-Nutzung bereitgestellt werden.[444] Um Missverständnissen vorzubeugen, sei darauf hingewiesen, dass dieser Ausdruck in einigen Quellen auch als Überbegriff für alle Tele-Lernformen verwendet wird. Hier wird die bereits angedeutete literarische Vielfalt an Typologisierungsansätzen deutlich.[445]

Unter elektronische Lernmedien zum Selbststudium werden generell die unterschiedlichen Varianten computerbasierter Lernsysteme gefasst.[446] Durch deren Distribution über Computernetze gewinnt der Lernende Unabhängigkeit bei den Entscheidungen bezüglich Ort und Zeit des Lernens. Welche Freiräume zur

---

442 Vgl. Schwarzer, Ralf: Telelernen mit Multimedia in der Informationsgesellschaft, in: Multimedia und Telelearning: Lernen im Cyberspace, Schwarzer, Ralf (Hrsg.), Frankfurt/ Main, New York: Campus Verlag 1998, S. 11.

443 Vgl. Schwarzer, Ralf: Telelernen mit Multimedia in der Informationsgesellschaft, a. a. O., S. 10.

444 Vgl. Dick, Egon: Multimediale Lernprogramme und telematische Lernarrangements: Einführung in die didaktische Gestaltung, a. a. O. S. 58.

445 Bsp.: „Telelearning ist ein Bildungsprozess, der aufgrund von elektronischen Fernverbindungen zwischen Personen und Lerngegenständen zustande kommt.", aus: Schwarzer, Ralf: Telelernen mit Multimedia in der Informationsgesellschaft, a. a. O., S. 11.

446 Vgl. Euler, Dieter: Multimediale und telekommunikative Lernumgebungen zwischen Potentialität und Aktualität. Eine Analyse aus wirtschaftspädagogischer Sicht, a. a. O., S. 82.

Selbststeuerung darüber hinaus eingeräumt werden, ist von der Form des zugrunde liegenden Computersystems abhängig. Sie reichen von der einfachen Möglichkeit zur Selbstbestimmung des Lerntempos wie bei Drill-and-Practice-Systemen bis zur Gewährung einer weitgehenden Offenheit wie bei Hypertext- bzw. Hypermediasystemen.[447] Der Lernende kann hier frei agieren und sein Lernen eigenständig planen, organisieren und ausführen.[448] Entscheidungsfreiheit bezüglich der Sozialform gewähren vor allem Simulationsprogramme, Mikrowelten und Modellbildungssysteme. Lernende können mit solchen Systemen sowohl alleine als auch in der Gruppe zusammen arbeiten und Probleme gemeinsam oder in Konkurrenz zueinander lösen.[449] Wird eine Zusammenarbeit gewünscht, wird diese häufig zusätzlich mittels E-Mail-Systemen oder Chat-Sitzungen unterstützt. Befinden sich die Lernenden hingegen im Wettbewerb zueinander, muss zwischen ihnen keine direkte Kommunikation bestehen. Daten über die Aktivitäten aller Beteiligten werden auf einem Server gesammelt und können von jedem eingesehen werden.[450]

Beim Telelearning ist eine personelle Unterstützung nicht vorgesehen. Der Lernende muss deshalb aber nicht alleingelassen sein. Vielmehr sollten computerbasierte Lernumgebungen Unterstützungskomponenten integrieren, die dem Lernenden Hilfestellungen und Erklärungen geben. Gerade bei Lernumgebungen, die viele Freiräume gewähren, werden Hilfen benötigt, die im Bedarfsfall den von der Lernumgebung geforderten Selbststeuerungsgrad abfedern. Innerhalb Hypermediasystemen sollten beispielsweise Navigationsmittel (Suchfunktion, Guided-Tours, Sitemap u. a.) die Orientierung erleichtern. Gegebenenfalls sind auch adaptive Komponenten in Form intelligenter Agenten zu implementieren, die auf der Grundlage von Informationen über die bisherige Navigation des Lernenden durch das Netzwerk Empfehlungen zur Unterstützung der Lernersteuerung geben sollen. Die Flexibilität solcher Unterstützungsleistungen bleibt jedoch stets auf die Systemstrukturen begrenzt.[451] Neben integrierten Unterstützungskomponenten erweisen sich daher auch zusätzliche personelle Betreuungsangebote als hilfreich, mittels derer Fragen geklärt werden können,

---

447 Im folgenden werden Hypertext- bzw. Hypermediasysteme der Einfachheit halber mit dem Ausdruck 'Hypermediasystem' bezeichnet.

448 Vgl. Friedrich, Helmut F.; Mandl, Heinz: Analyse und Förderung selbstgesteuerten Lernens, a. a. O., S. 259 f.

449 Vgl. Seufert, Sabine; Back, Andrea; Häusler, Martin: E-Learning - Weiterbildung im Internet, a. a. O., S. 108.

450 Vgl. Dambrowsky, Marc: Neue Wege in der unternehmensinternen Aus- und Weiterbildung. Deutsche Bank University, a. a. O., S. 70.

451 Vgl. Blumstengel, Astrid: Entwicklung hypermedialer Lernsysteme, Online im Internet: http://dsor. uni-paderborn.de/organisation/blum/main_index_titel.html, 1998, 13.12.2000.

die aufgrund einer unzureichenden Adaptivität und Interaktivität des Lernsystems sonst unberücksichtigt blieben. Dem Lernenden steht auf diese Weise während des gesamten Lernprozesses eine situations- und bedarfsbezogene Online-Unterstützung auf Abruf zur Verfügung. Die Möglichkeit zur selbstbestimmten Entscheidung über die Inanspruchnahme von Beratungsleistungen wird daher tatsächlich gewährleistet. Es handelt sich dann um eine Form des im nächsten Kapitel behandelten Teletutoring.[452]

**b) Teletutoring**

Der Begriff des Teletutoring beschreibt „... Lehr-Lern-Arrangements, die dadurch gekennzeichnet sind, dass ein Tutor via Netzwerkverbindung einen oder mehrere Lernende unterstützt, die vom Tutor räumlich getrennt Aufgaben bearbeiten."[453] Die Betreuung durch einen Tutor ist dabei für den Lernenden in der Regel nicht verpflichtend, sondern wird als optionale Dienstleistung vorgehalten, die ganz im Sinne von Knowles Definition vom selbstgesteuertem Lernen bei Bedarf in Anspruch genommen werden kann.[454]

Die Aufgabe, welche der Lernende zu bearbeiten hat, kann zum einen im Arbeiten mit einer computerbasierten Lernumgebung bestehen. Der Tutor hilft dann beim Überwinden von Problemen im Lernprozess (d.h. bei inhaltlichen Schwierigkeiten oder bei Fragen zur Kontrolle des eigenen Verständnisses) und bei Schwierigkeiten, bedingt durch die Nutzung der Lernumgebung. Darüber hinaus besteht die Funktion des Tutors darin, zur Aufrechterhaltung der Lernmotivation beizutragen. Dies kann er beispielsweise durch Rückmeldungen bewirken, die positiv auf das Kompetenzerleben des Lernenden wirken.[455] Zum anderen kann es sich bei der zu bearbeitenden Aufgabe um vom Tutor vorgegebene Problemstellungen handeln. Letztere fasst das Autorenteam Seufert/Back/Häusler auch unter dem Begriff *Online-Assignments* zusammen.[456] Hierzu zählen zum Beispiel Fallstudien, die vom Tutor lernzielgerecht aufbereitet worden sind, oder so genannte *WebQuests*, die eine Sonderform der Fallstudie darstel-

---

452 Vgl. Mandl, Heinz: Lernen in Computernetzwerken. Ansätze - Perspektiven -Qualitätskriterien, in: Betriebliche Weiterbildung im Internet: Didaktik - Produktion - Organisation, Loebe, Herbert; Severing, Eckart (Hrsg.), Bielefeld: Bertelsmann 2000. S. 32.

453 Gräsel, Cornelia; Bruhn, Johannes; Mandl, Heinz: Lernen mit Computernetzen aus konstruktivistischer Perspektive, in: Unterrichtswissenschaft, 1/1997, S. 13.

454 Vgl. Kerres, Michael: Multimediale und telemediale Lernumgebungen: Konzeption und Entwicklung, a. a. O., S. 292.

455 Vgl. Geyken, Alexander; Mandl, Heinz: Unterstützung des selbstgesteuerten Lernens in einer Tele-CBT Umgebung, in: Unterrichtswissenschaft, 21. Jg. 1993, S. 225.

456 Vgl. Seufert, Sabine; Back, Andrea; Häusler, Martin: E-Learning - Weiterbildung im Internet, a. a. O., S. 59.

len und deren Herausforderung im Beschaffen und Selektieren von Informationsquellen besteht. Informationsdienste wie das WWW können in solchen Bildungsprodukten für Recherchen nutzbar gemacht werden. Die Beispiele bringen bereits zum Ausdruck, dass dem Lernenden bei Online-Assignments in der Regel eine eigene Entscheidung bezüglich der Lerninhalte vorbehalten bleibt. Allerdings fordern sie den Lernenden zur Anwendung von Lern- und Kontrollstrategien auf. Der Lerner muss etwa über das Hinzuziehen von Lernressourcen entscheiden, sein Vorgehen bei der Problemlösung strukturieren, den eigenen Lernplan umsetzen und schließlich seine Lösung mit den in der Realsituation gefunden Lösungen bzw. Vorgehen vergleichen. Der Lernende kann darüber hinaus den Ort des Lernens frei wählen und innerhalb des vom Tutor für die Gesamtbearbeitung gesteckten Zeitrahmens seine Lernzeiten, das Lerntempo und Lerngewohnheiten selbst bestimmten. Durch Online-Assignments werden somit Lernsituationen zur Verfügung gestellt, die selbstverantwortliche Lernprozesse in Eigenkontrolle ermöglichen.[457]

Die Kommunikation zwischen Tutor und Lernenden kann sowohl asynchron vor allem mittels E-Mail-Systemen als auch synchron erfolgen, wobei die zeitgleiche Kommunikation Probleme der Koordination mit sich bringt und den Lernenden in einer flexiblen Zeiteinteilung einschränkt. Manche Unternehmen versuchen den Koordinationsaufwand zu senken, indem sie etwa feste Uhrzeiten einrichten, zu denen ein Tutor direkt online angesprochen werden und auf die sich der Lernende im Vorhinein einstellen kann.[458] Spezielle Möglichkeiten zur synchronen Unterstützung bieten Application Sharing-Systeme. Ergeben sich zum Beispiel beim Arbeiten mit einem Lernsystem Probleme, kann der komplette Bildschirminhalt inklusive Mauszeiger vom Lernenden zum Tutor übertragen werden. Da bei diesem Verfahren alle Mausaktivitäten von beiden Seiten ausgelöst werden können, ist es dem Tutor möglich, aus der Ferne in den Programmablauf beim Lernenden einzugreifen und ihm bei der Lösung seiner Schwierigkeiten zu helfen.[459]

Teletutoring-Angebote bieten auch Chancen für die Entwicklung kooperativer Lernformen. Wenn sich eine Gruppe von Lernenden mit der gleichen Aufgabe auseinandersetzt, kann der Tutor Kontakte unter den Lernenden vermitteln, so dass diese sich bei der Problemlösung gegenseitig aus der Entfernung unterstüt-

---

457 Vgl. Seufert, Sabine; Back, Andrea; Häusler, Martin: E-Learning - Weiterbildung im Internet, a. a. O., S. 114 f.

458 Vgl. Ludwig, Jupp: Tele-Learning: Pauken im Web, in: Diebold Management Report, 9/2000, S. 24.

459 Vgl. Dick, Egon: Multimediale Lernprogramme und telematische Lernarrangements: Einführung in die didaktische Gestaltung, a. a. O., S. 56.

zen können. Die Kommunikation untereinander kann mittels E-Mail erfolgen. Es ist aber auch denkbar, dass Fragen von allgemeinem Interesse in themenspezifischen Newsgroups oder über Mailinglisten diskutiert werden. Damit die Effektivität solcher Diskussionsforen gewahrt bleibt, sollte der Tutor die Rolle des Moderators übernehmen.[460]

Schließlich gilt es beim Einsatz von Formen des Teletutoring zu beachten, dass die Zahl der pro Tutor zu unterstützenden Lernenden die Qualität der Unterstützung und damit den Erfolg der gesamten Bildungsmaßnahme beeinflusst. Muss etwa ein Lernender aufgrund einer hohen Betreuungsquote zu lange auf eine Antwort warten, kann er demotiviert und zum Abbruch des Lernprozess verleitet werden.[461]

### c) Teleteaching

Unter Teleteaching können lehrerzentrierte Methoden subsumiert werden, bei denen ein oder mehrere Dozenten oder Fachexperten insbesondere Faktenwissen in Form von Vorträgen oder Präsentationen an räumlich getrennte Lernende vermitteln. Teleteaching entspricht somit prinzipiell einem klassischen Frontalunterricht, dessen Innovation darin besteht, dass den Teilnehmern durch die technischen Möglichkeiten der Telekommunikation ein weitgehender Freiraum bei der Wahl des Lernortes gewährt wird.[462] In Großunternehmen wird Teleteaching häufig über das Medium eines betriebseigenen Fernsehens, dem so genannten *Business TV*, eingesetzt, um Lerninhalte an eine große Anzahl geographisch verteilter Mitarbeitern zu übermitteln. Ein typisches Beispiel wäre der internationale Automobilkonzern, der bei der Einführung eines neuen PKW-Modells Business TV einsetzt, um sein weltweit verteiltes Service-Personal in kürzester Zeit auf seine neuen Aufgaben vorzubereiten.[463]

Teleteaching-Veranstaltungen können synchron mittels Videokonferenzsystemen übertragen oder Lernenden asynchron als Video zum Download angeboten werden. Bei den synchronen Varianten sind die Möglichkeiten zur Selbststeuerung auf ein Minimum reduziert: der Vortragende bestimmt die Lerninhalte, den Ablauf und das Lerntempo. Letzteres wird zumindest bei asynchronen

---

460 Vgl. Dick, Egon: Multimediale Lernprogramme und telematische Lernarrangements: Einführung in die didaktische Gestaltung, a. a. O. S. 57.

461 Vgl. Euler, Dieter: High Teach durch High Tech? in: Entwicklungsperspektiven im Electronic Business: Grundlagen - Strukturen - Anwendungsfelder, Scheffler, Wolfram; Voigt, Kai-Ingo (Hrsg.), Wiesbaden: Gabler 2000, S. 65.

462 Vgl. Kerres, Michael: Multimediale und telemediale Lernumgebungen: Konzeption und Entwicklung, a. a. O., S. 291.

463 Vgl. Dick, Egon: Multimediale Lernprogramme und telematische Lernarrangements: Einführung in die didaktische Gestaltung, a. a. O., S. 53.

Formen in die Verantwortung der Teilnehmer gelegt.[464] Dem Lernenden bleibt aber dennoch grundsätzlich Raum für Eigeninitiative. Er kann beispielsweise auf bereitgestellte Begleitunterlagen zurückgreifen oder zusätzlich eigene Ressourcen heranziehen. Das WWW fungiert dabei häufig als Informationsträger. Sofern ihm diese bekannt sind, kann der Lernende des Weiteren mit seinen Kommilitonen in veranstaltungsbegleitenden Diskussionen den neuen Stoff erarbeiten und wiederholen. Er kann demnach grundsätzlich selbständig über eine Zusammenarbeit mit anderen entscheiden. Zur Unterstützung solcher Diskussionen eignen sich vor allem Newsgroups, E-Mail- und Chat-Systeme. Die Potenziale von Whiteboards können bei der Nachbereitung in Gruppen ebenfalls nutzenstiftend eingesetzt werden.[465]

Die Kommunikation zwischen Lernenden und Dozenten ist in der Regel bidirektional gestaltet, d.h. die Lernenden sind zwar in erster Linie rezipierend an der Veranstaltung beteiligt, besitzen jedoch die Möglichkeit, im Lernprozess selbst aktiv zu werden und sich mit Fragen, Kritik oder Anmerkungen an den Referenten zu wenden.[466] Beim synchronen Teleteaching können die Rückfragen der Teilnehmer über dasselbe Medium erfolgen, also innerhalb der Videokonferenz. Ein in das Videokonferenzsystem integriertes Whiteboard bietet darüber hinaus weitere Möglichkeiten zur Interaktion, wenn zum Beispiel Texte, Skizzen oder Ähnliches durch den Dozenten präsentiert und von den Teilnehmern Änderungen oder Anmerkungen eingegeben werden. Wurde die Veranstaltung aufgezeichnet und über Computernetze distributiert, können Rückfragen und Diskussionen mit Dozenten ebenfalls mittels synchroner und asynchroner Dienste realisiert werden - die Kommunikation erfolgt dann einfach nur zeitlich versetzt. Gelegenheiten für Rückfragen und Diskussionen zu einem späteren Zeitpunkt können zweifellos auch bei ursprünglich live ausgestrahlten Veranstaltungen zusätzlich vorgesehen werden. Generell gilt es bei der Gestaltung von simultanen Gesprächen mit Dozenten jedoch zu beachten, dass sich mit zunehmender Gruppengröße immer weniger Teilnehmer aktiv an der Diskussion beteiligen können. Dieses Problem kann gelöst werden, wenn sich die Teilnehmer zunächst in Kleingruppen über ihre Einzelmeinungen auseinandersetzen und die Ergebnisse anschließend an den Dozenten übermitteln. Aufgrund der kleineren Diskussionsgruppen erhält hier jeder die Chance zur aktiven Beteiligung; dies trifft insbesondere auch auf jene zu, die nur in einer privateren

---

464 Vgl. Greff, Günter; China, Ralf: Personalmanager entdecken Lernportale, in: Personalwirtschaft, 1/2001, S. 38.

465 Vgl. Bremer, Claudia: Die Integration verschiedener Lehr- und Lernmethoden in Online-Veranstaltungen, a. a. O., S. 53 f.

466 Vgl. Kerres, Michael: Multimediale und telemediale Lernumgebungen: Konzeption und Entwicklung, a. a. O., S. 291.

Atmosphäre ihre Hemmnisse beim freien Reden abbauen können. Eine stärkere Aktivität des Einzelnen fördert zudem eine intensivere Auseinandersetzung mit den Lerninhalten. Voraussetzung für diese Maßnahme ist natürlich, dass die Lernenden entweder in Gruppen organisiert werden oder eine Liste ihrer Kommilitonen erhalten, so dass sie sich selbst in Kleingruppen zusammenfinden können. Solche Gruppen können über diesen Verwendungszweck hinaus von den Lernenden auch zur Nachbereitung oder bei allgemeinen Problemlösungen genutzt werden. Diese Funktion von Gruppenarbeit ist im vorhergehenden Absatz bereits dargestellt worden.[467]

Kooperative Elemente sind beim Teleteaching eher von nachrangiger Bedeutung; der Fokus liegt auf dem Dozenten. Werden die Schwerpunkte stattdessen andersherum gesetzt, erhält man Formen der Telekooperation.

**d) Telekooperation**

Bei Formen der Telekooperation werden teamzentrierte Methoden umgesetzt, bei denen der Aspekt des Lernens in Gruppen und die Interaktion und Diskussion unter den Gruppenmitgliedern im Vordergrund stehen. Telekooperation ist dabei nicht mit jedem simplen Informationsaustausch gleichzusetzen; vielmehr ist für hierunter fallende Bildungsprodukte charakteristisch, dass sie auf die Förderung einer kritischen Auseinandersetzung mit multiplen Perspektiven Wert legen und auf diese Weise zum Aufbau einer gemeinsamen Verständigungsgrundlage sowie der Entwicklung gemeinsam geteilter Überzeugungen und Werte beitragen.[468] Beispiele für teamzentrierte Methoden sind Gruppenprojekte, in der Gruppe zu bearbeitende Fallstudien oder Rollenspiele; auch die bereits vorgestellten WebQuests können im Rahmen von Gruppenarbeiten durchgeführt werden. Die Problemstellung kann dabei der Selbststeuerungsfähigkeit der Lerngruppe angepasst werden, indem sie mit einem höheren oder niedrigeren Anleitungsgrad verbunden wird (z.B. durch Zugabe von Zeitplan, Arbeitsplanung, Leittexten, Informationsquellen). Einer Überforderung und der damit verbundenen Gefahr eines Abbruchs der Lernhandlung wird auf diese Weise vorgebeugt.[469] Unter den genannten Beispielen bietet die Projektarbeit die größtmögliche Offenheit und damit die besten Möglichkeiten zur Selbststeuerung, da üblicherweise der gesamte Lernprozess von der Themenfindung bis zur abschließenden Präsentation und Beurteilung in der Verantwortung der

---

467 Vgl. Bremer, Claudia: Die Integration verschiedener Lehr- und Lernmethoden in Online-Veranstaltungen, a. a. O., S. 52 f.

468 Vgl. Seufert, Sabine; Back, Andrea; Häusler, Martin: E-Learning - Weiterbildung im Internet, a. a. O., S. 57.

469 Vgl. Euler, Dieter: High Teach durch High Tech? a. a. O., S. 69.

Lernenden liegt. Vor allem die freie Themenwahl bleibt den Lernenden bei den anderen Varianten häufig verwehrt.[470]

Normalerweise werden die Lernenden durch tutorielle Hilfsangebote unterstützt. Der Tutor hat die Aufgabe, den Wissensaustausch zwischen den Lernenden zu fördern, indem er in der Rolle eines Moderators die Interaktion zwischen den Lernenden in Newsboards, Mailinglisten oder bei synchronen Gruppensitzungen koordiniert. Darüber hinaus steht er für technische und in begrenztem Ausmaß für inhaltliche Rückfragen zur Verfügung und gibt Feedback zum Problemlösungsfortschritt und -ergebnis. Feedback kann auch von anderen, parallel arbeitenden Lerngruppen geleistet werden. Das gegenseitige Austauschen und Bewerten von Erfahrungen und Ergebnissen zwischen Gruppen bringt außerdem den Vorteil, dass die Lernenden in der Anwendung von Kontrollstrategien stärker unterstützt werden.[471]

Im Folgenden soll dargestellt werden, wie die verschiedenen Basiskomponenten bei der Telekooperation zum Einsatz gelangen:

Grundsätzlich gilt, dass für alle zur Kommunikation verwendeten Dienste Zugriffsbeschränkungen eingerichtet sein müssen; schließlich sollen die Gruppendiskussionen nicht der Öffentlichkeit zugänglich sein. Ein solcher Zugriffsschutz ist bei den in dieser Arbeit behandelten Kommunikationsdiensten generell realisierbar. Da sich aber durchaus Situationen ergeben können, in denen die Einsicht von Externen in Gruppendokumente vorteilhaft wäre (z.B. wenn ein Feedback von anderen Gruppen erfolgen soll), sind auch Mischformen bei der Zugriffsregelung denkbar. Der Allgemeinheit wird dann ein Lesezugriff gewährt, während nur die Gruppenmitglieder im Besitz voller Rechte sind.[472] Hinsichtlich der asynchronen Kommunikationsmedien eignen sich E-Mail-Systeme vor allem zum Austausch über den Projektfortschritt oder zur Regelung von organisatorischen Dingen, wie etwa die Festlegung des Termins für die nächste synchrone Gruppensitzung. Newsboards können für Diskussionen und zur Publikation von Mitgliederbeiträgen verwendet werden, die dann – sofern die Mischvariante bei der Zugriffsregelung verwirklicht wurde – auch Externen zur Verfügung stehen. Aus der Reihe der synchronen Dienste kommen insbesondere Chat- und Videokonferenzsysteme sowie das Whiteboard zur Anwendung. Bei der Diskussion in großen Gruppen ergibt sich jedoch wie bei der Gruppen-

---

470 Vgl. Bremer, Claudia: Die Integration verschiedener Lehr- und Lernmethoden in Online-Veranstaltungen, a. a. O., S. 55.

471 Vgl. Dambrowsky, Marc: Neue Wege in der unternehmensinternen Aus- und Weiterbildung. Deutsche Bank University, a. a. O., S. 71.

472 Vgl. Weiser, Christian Richard: Gruppenorientierte Systeme in der computergestützten betrieblichen Aus- und Weiterbildung: Ordnungsrahmen und Fallstudie, a. a. O., S. 99.

arbeit im Rahmen von Teleteaching-Veranstaltungen das Problem, dass nicht alle Gesprächsteilnehmer zur Sprache kommen können. Daher ist eine Verringerung der Anzahl der Beteiligten durch Gruppenbildung und Aufteilung in verschiedene „Räume“ (z.B. Chaträume) zu erwägen.[473] Chat-Sitzungen besitzen den Vorteil, dass die Bildung informeller Kontakte gefördert wird, welche den Gruppenzusammenhalt stärken. Speziell bei der Diskussion in Videokonferenzen besteht das Problem der Regelung des *Turntaking*, also des Sprecherwechsels. In der direkten Kommunikation wird dies durch subtile nonverbale Signale geregelt, die der gesamten Gruppe zugänglich sind. Da solche Signale bei der Kommunikation im Netz eine geringere Rolle spielen oder ganz entfallen, müssen alternative Regeln aufgestellt werden. Denkbar ist die Anzeige einer Meldung durch so genannte „elektronische Handzeichen“.[474] Schließlich ist hervorzuheben, dass durch die synchrone und damit direktere Interaktion die Gruppenwahrnehmung zwischen den Teilnehmern und damit der Zusammenhalt der virtuellen Gruppe mehr gestärkt wird, als dies mit asynchron vermittelter Kommunikation der Fall ist.[475]

### e) Lernangebotsbezogene Mehrwertdienste

Unter lernangebotsbezogenen Mehrwertdiensten (auch bildungsproduktbezogen genannt) versteht man zusätzliche Dienstleistungen, welche registrierte Nutzer (jene, die ein Lernangebot gebucht haben) in Anspruch nehmen können. Man unterscheidet dabei zwischen Mehrwertdiensten für den privaten und für den öffentlichen Gebrauch:[476]

Mehrwertdienste für den privaten Gebrauch gestalten sich in Form von persönlichen Arbeitsbereichen. Ein solcher ist für den Lernenden während der gesamten Nutzungsdauer eines Lernangebots zugänglich; nach Beendigung der Angebotsnutzung wird das Profil des Lernenden bis zur nächsten Buchung eines Lernangebots gespeichert. Die Stärke von persönlichen Mehrwertdiensten liegt folglich vor allem in der Unterstützung des Lernenden bei der Lernorganisation und -koordination. Der Lernende verfügt beispielsweise über eine persönliche Arbeitsmappe, in der, vergleichbar mit einem Archiv, Kursunterlagen verwaltet oder Bookmarks auf spezifische Lerninhalte eines Bildungsprodukts gesetzt

---

473 Vgl. Bremer, Claudia: Die Integration verschiedener Lehr- und Lernmethoden in Online-Veranstaltungen, a. a. O., S. 54.

474 Vgl. Weidenmann, Bernd: Lernen mit Medien, a. a. O., S. 461.

475 Vgl. Bremer, Claudia: Die Integration verschiedener Lehr- und Lernmethoden in Online-Veranstaltungen, a. a. O., S. 51.

476 Vgl. Milius, Frank: E-Learning Framework, in: Information Management & Consulting, 1/1999, S. 41.

werden können.[477] Einen zusätzlichen Service bietet der Gruppenterminkalender. Dabei handelt es sich um ein Terminverwaltungs- und Terminvereinbarungssystem, welches zur Organisation der eigenen Termine und zur Terminvereinbarung innerhalb von Gruppen genutzt werden kann. Voraussetzung für die Effektivität dieses Tools ist natürlich, dass alle Lernenden ihre Termine auch konsequent eintragen. Der Lernende kann in seinem Arbeitsbereich ebenfalls einen Steckbrief in Form einer Homepage von sich selbst für seine Kommilitonen entwerfen. Der spezielle Nutzen einer solchen Visitenkarte geht aus dem nächsten Absatz hervor.[478]

Mehrwertdienste für den öffentlichen Gebrauch bilden analog einen öffentlichen Arbeitsbereich. Belange von allgemeinem Interesse können hier in einer Newsgroup wie an einem schwarzen Brett veröffentlicht und diskutiert werden. Vor allem dient der öffentliche Bereich jedoch als Plattform zur Kommunikation und Kooperation zwischen den Lernenden. Kontakte werden durch die persönlichen Steckbriefe angeregt, die allen registrierten Personen zugänglich sind. Auf diese Weise wird das erreicht, was unter anderem den Besuch einer traditionellen Weiterbildungsmaßnahme so reizvoll gemacht hat: der Austausch mit anderen.[479] Insbesondere Chat-Sitzungen bieten gute Möglichkeiten zum Austausch mit anderen Lernern und befriedigen das Kontaktbedürfnis.[480] Die öffentlichen Mehrwertdienste besitzen damit den Vorteil, dass jeder Lernende unabhängig davon, ob das von ihm genutzte Lernprodukt kooperative Lernphasen unterstützt, soziale Einbindung erfahren kann. Der traditionellen Kritik, computerbasierte Lernkonzepte führten zur sozialen Isolation, wird somit teilweise die Grundlage entzogen. Gemäß der Selbstbestimmungstheorie von Deci und Ryan trägt diese Erfahrung dann auch zur Motivationssteigerung und somit zur Persistenz selbstgesteuerter Lernprozesse bei.[481]

---

477 Vgl. Milius, Frank: E-Learning Framework, a. a. O., S. 41.

478 Vgl. Weiser, Christian Richard: Gruppenorientierte Systeme in der computergestützten betrieblichen Aus- und Weiterbildung: Ordnungsrahmen und Fallstudie, a. a. O., S. 146.

479 Vgl. Dick, Egon: Multimediale Lernprogramme und telematische Lernarrangements: Einführung in die didaktische Gestaltung, a. a. O., S. 56.

480 Vgl. Seufert, Sabine; Back, Andrea; Häusler, Martin: E-Learning - Weiterbildung im Internet, a. a. O., S. 43.

481 Vgl. Noß, Martina: Selbstgesteuertes Lernen am Arbeitsplatz, Wiesbaden: Gabler 2000, S. 27 f.

### 4.4.3 Objektorientiertes Anforderungsmodell der Lernablaufplanung

Aufbauend auf die Prozessbeschreibung und die Erläuterungen aus dem Fachkonzept sind analog zur Vorgehensweise der objektorientierten Anforderungsanalyse *„Systemanwendungsfälle zu finden"* und *„zu gruppieren"*. Das folgende Systemanwendungsfalldiagramm zeigt exemplarische Systemanwendungsfälle der Lernablaufplanung mit sekundären Anwendungsfällen.

Beispielhaft wurden die Systemanwendungsfälle *„Lerneinheiten definieren"*, *„Telelearning planen"*, *„Teletutoring planen"*, *„Telekooperation planen"*, *„geplanten Lernablauf verwerfen"* und *„geplantes Telelearning verändern"* dargestellt.

Die Systemanwendungsfälle *„Telelearning planen"*, *„Teletutoring planen"*, und *„Telekooperation planen"* sind Spezialisierungen des abstrakten Systemanwendungsfalls *„Lernablauf planen"*. Der Diskriminator *„Kooperationsform"* gibt das Unterscheidungsmerkmal an, nach dem die Spezialisierung vorgenommen wurde. Gleiches gilt analog auch für den abstrakten Systemanwendungsfall *„geplanten Lernablauf verändern"*. Der sekundäre Anwendungsfall *„Lernweg strukturieren"* stellt hierbei eine Erweiterung der Systemanwendungsfälle *„Geplanten Lernablauf verändern"* und *„Lernablauf planen"* dar. Die vorgestellten Lernwegstrukturen würden bei einer Systemrealisierung im Kontext des Systemanwendungsfalls *„Lernweg strukturieren"* wieder aufgegriffen.

Der Systemanwendungfall *„Telekooperation planen"* beinhaltet den sekundären Systemanwendungsfall *„Lerngruppe bilden"*, da dies eine Notwendigkeit für eine Telekooperation darstellt.

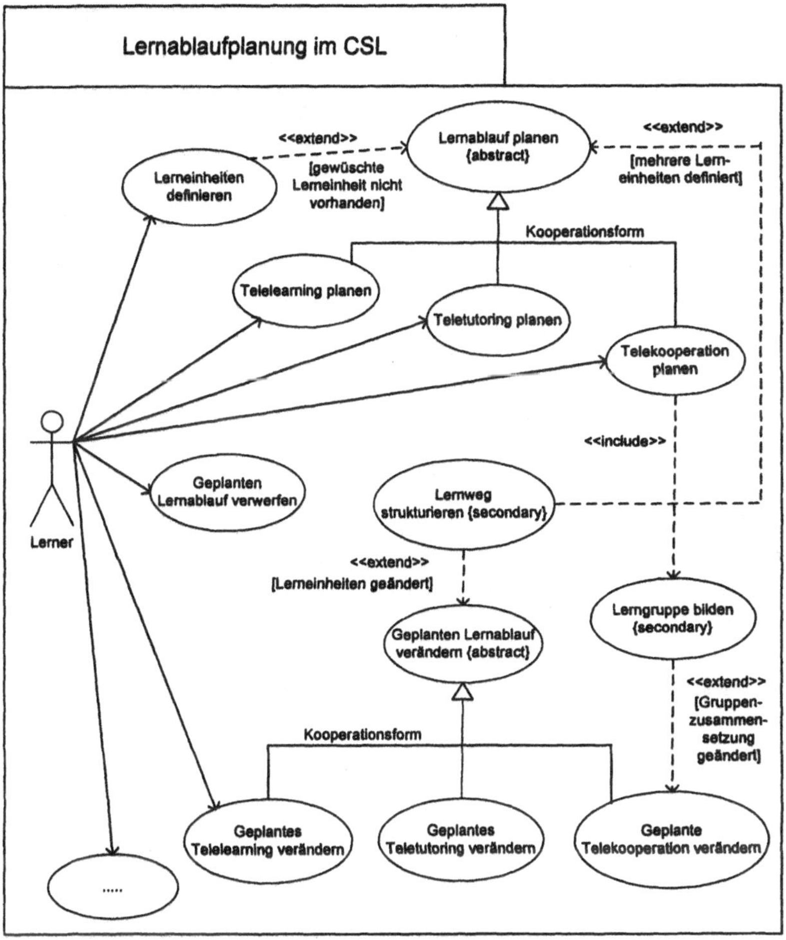


**Abb. 56: Anwendungsfalldiagramm: Lernablaufplanung im CSL**

Im Modell wurde bewusst ein Schwerpunkt auf kooperationsorientierte Lernabläufe gelegt, da gerade im Kontext des selbstgesteuerten Lernens häufig eine Überbetonung des „alleine Lernens" festzustellen ist. Der im Kontext der „starken Lernumgebung" geforderte soziale Kontext[482] sowie die Bedeutung der so-

482 Vgl. Breuer, Klaus; Hillen, Stefanie; Berendes, Kai: Entwicklung und Elaboration Mentaler Modelle zu komplexen betriebswirtschaftlichen Erklärungsmustern über die computergestützte Modellbildung und Simulation, a. a. O., S. 13; Konrad, Klaus; Traub, Silke: Selbstgesteuertes Lernen in Theorie und Praxis, a. a. O., S. 73.

zialen Interaktion mit der Forderung nach der Schaffung eines sozialen Kontextes über Kooperationen[483] wird hiermit explizit Rechnung getragen.[484]

Analog zur Vorgehensweise zur objektorientierten Anforderungsanalyse wird für die Lernablaufplanung der exemplarische Systemanwendungsfall *„Telekooperation planen"* aufbauend auf das Anwendungsfalldiagramm *„essenziell beschrieben"*.

| **Name:** | **Telekooperation planen** |
|---|---|
| *Kurzbeschreibung:* | Für einen Lerner werden eine oder mehrere zu vermittelnde Lerneinheiten zusammengestellt und deren jeweilige Präsentationsform festgelegt. Sofern mehrere Lerneinheiten zusammengestellt wurden, wird der Lernweg strukturiert. Außerdem werden die Lernpartner bestimmt, welche die Lerngruppe bilden. |
| *Akteure:* | Lerner |
| *Auslöser:* | Lerner möchte seinen Lernablauf in Form einer Telekooperation definieren. |
| *Vorbedingungen, Annahmen:* | Keine |
| *Eingehende Informationen:* | Keine |
| *Ergebnisse:* | geplante Telekooperation, gebildete Lerngruppe, zusammengestellte Lerneinheiten, ggf. strukturierter Lernweg |
| *Nachbedingungen::* | Telekooperation wurde geplant |

*(Tabelle wird fortgesetzt)*

**Tab. 6: Essenzbeschreibung: Lernablauf mit „Telekooperation planen"** ***(Teil 1)***

483 Vgl. Konrad, Klaus; Traub, Silke: Selbstgesteuertes Lernen in Theorie und Praxis, a. a. O., S. 72; Friedrich, Helmut; Mandl, Heinz: Analyse und Förderung des selbstgesteuerten Lernens, in: Psychologie der Erwachsenenbildung, Hrsg.: Weinert, Franz E.; Mandl, Heinz, a. a. O., S. 272; Reinmann-Rothmeier, Gabi; Mandl, Heinz; Prenzel, Manfred: Computerunterstützte Lernumgebungen: Planung, Gestaltung und Bewertung, a. a. O., S. 48.

484 Vgl. auch Ausführungen in *Kap. 3.4.3* Kombination direkter und indirekter Förderungsansätze computerbasierten selbstgesteuerten Lernens.

| | |
|---|---|
| *Ablauf:* | 1. **Lerner identifizieren**<br>Anhand authentifizierender Informationen wird der Lerner identifiziert.<br>2. **Lernziele zuordnen**<br>Aus den für den identifizierten Lerner zuvor definierten Lernzielen werden diejenigen bestimmt, für deren Erfüllung die Telekooperation gedacht ist.<br>3. **Lerneinheit auswählen**<br>Aus der Menge vorhandener Lerneinheiten wird eine ausgewählt, deren Fakten im Rahmen der zu planenden Telekooperationen vermittelt werden sollen.<br>4. **ggf. Lerneinheit definieren**<br>Sofern eine gewünschte Lerneinheit noch nicht vorhanden ist, wird eine neue Lerneinheit definiert, d.h. diejenigen Fakten ausgewählt und gruppiert, die zusammen die gewünschte Lerneinheit darstellen.<br>5. **Vermittlung/Präsentation festlegen**<br>Für die ausgewählte Lerneinheit wird festgelegt, auf welche Art die Vermittlung/Präsentation erfolgen soll (z.B. als Textdarbietung, Filmdarbietung o.ä.) |
| *Ablauf (Fort.):* | 6. **ggf. Lernweg strukturieren**<br>Sofern mehrere Lerneinheiten ausgewählt wurden, wird strukturiert, in welcher Reihenfolge die Lerneinheiten präsentiert werden sollen (z.B. sequenziell, als Hyperlinkstruktur o.ä.)<br>7. **Lerngruppe bilden**<br>Es werden die Lernpartner bestimmt, mit denen der Lerner zusammen die ausgewählten Lerneinheiten vermittelt bekommen möchte.<br>8. **Telekooperation planen**<br>Es wird festgelegt, wann und wo die Telekooperation erfolgen soll. |

**Tab. 6: Essenzbeschreibung: Lernablauf mit „Telekooperation planen"** ***(Teil 2)***

Den exemplarischen „Systemanwendungsfall-Ablauf zu modellieren" ist der nächste Schritt in der Vorgehensweise zur objektorientierten Anforderungsanalyse. Die Erläuterungen aus dem Ablauf der Essenzbeschreibung werden hierbei visualisiert. Der im Aktivitätsdiagramm entwickelte Objektfluss wird später in der statischen Sicht des Klassendiagramms mit zu Grunde gelegt.

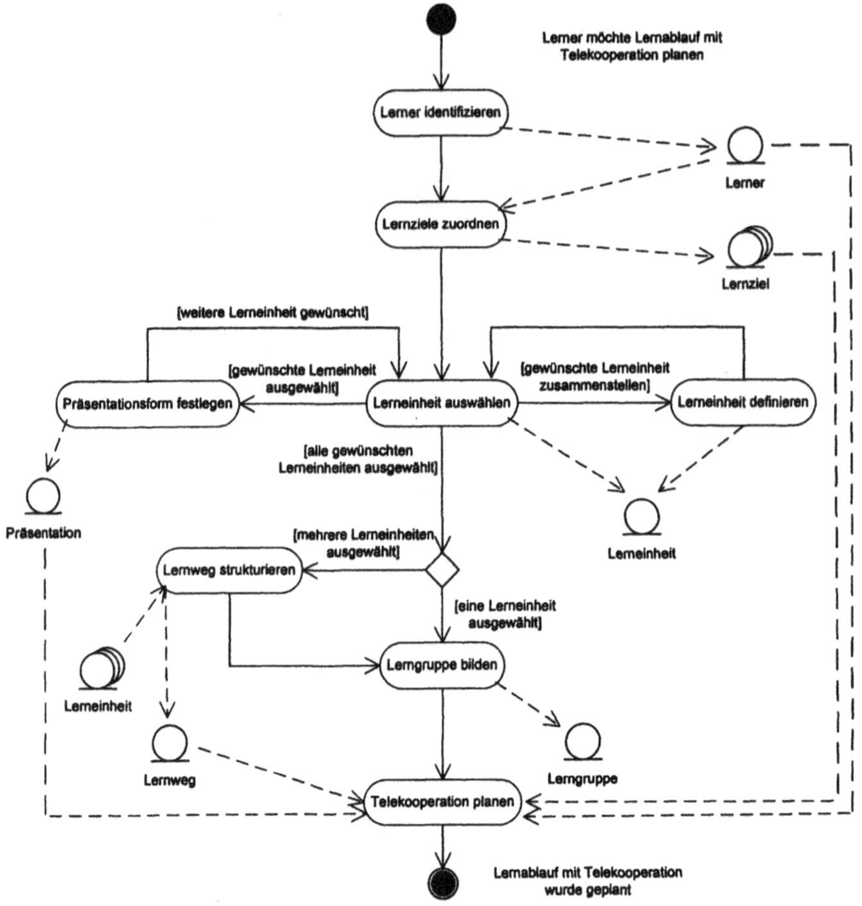


**Abb. 57: Aktivitätsdiagramm: Lernablauf definieren**

Die statische Sicht wird durch die „Identifikation der Fachklassen" sowie die „Modellierung zum Fachklassenmodell" abgedeckt. Das entwickelte Klassendiagramm wird im Folgenden beschrieben.

Der Lernablauf wird als abstrakter Oberbegriff aufgefasst, der sich je nach Kooperationsform konkret entweder als Telelearning, Teletutoring, Telekooperation u. a.. darstellt. Für jede dieser Spezialisierungen können andere Eigenschaften gelten. Beim Telelearning lernt der Lerner alleine. Beim Teletutoring ist (neben dem Lerner) stets genau ein Tutor vorgesehen. Bei der Telekooperation ist zu dem Lerner eine Lerngruppe, bestehend aus einem oder mehreren Lernpartnern, vorgesehen. Allen konkreten Lernabläufen ist gemeinsam, dass sie für genau einen Lerner geplant werden. Überdies ist jeder Lernablauf mindestens einem Lernziel (Bedarfs- oder Zwischenziel) zugeordnet. Jeder Lernablauf fasst ggf. eine Menge verschiedener Präsentationen zusammen, wobei jede Präsentation genau eine Lerneinheit als Gruppe zusammengehöriger Fakten auf eine bestimmte Weise darbietet (als Text, als Video, als Sprachausgabe usw.). Sofern ein Lernablauf mehrere Präsentationen umfasst, wird deren Ablaufreihenfolge durch einen Lernweg strukturiert.

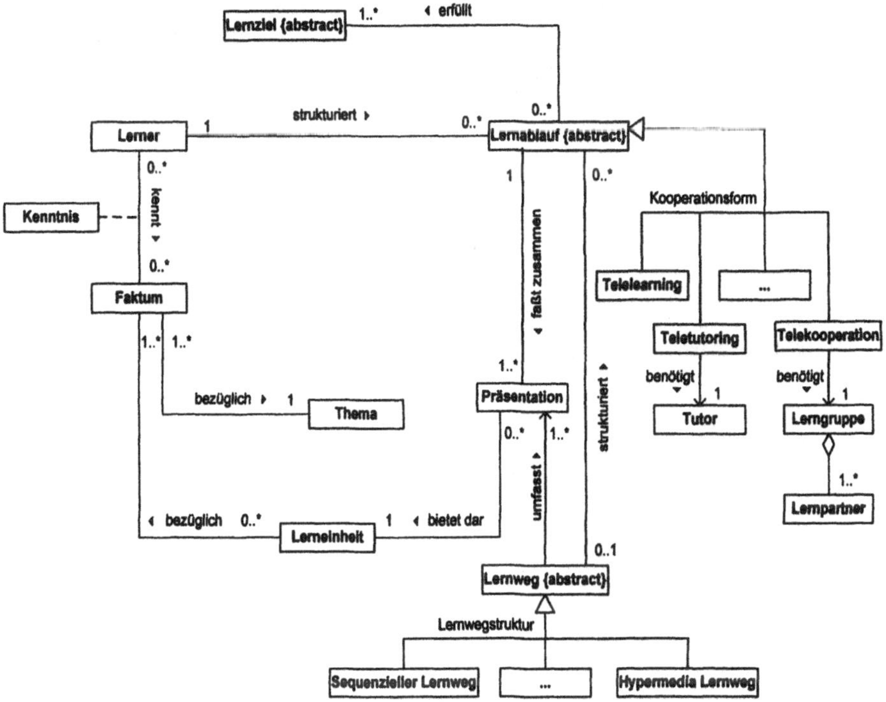


**Abb. 58: Klassendiagramm: Lernablaufplanung im CSL**

## 4.5 Lernangebotssteuerung und Lernaktion

### 4.5.1 Prozessbeschreibung der Lernangebotssteuerung und Lernaktion

Als Ergebnis der Phase der Lernablaufplanung liegt ein Plan vor, der die Lernstrategie für das weitere Vorgehen beinhaltet. Nunmehr muss der Lerner in der

Phase der Lernangebotssteuerung und Lernaktion die einzelnen Lernschritte des aufgestellten Plans selbständig ausführen.[485] Dem Lernenden obliegt die Aufgabe, die jeweiligen Lernabschnitte so zu steuern bzw. zu koordinieren, dass sie zum Erreichen des Lernzieles und damit zum Erfolg des Lernprozesses führen. Zwischen Steuerung des Lernangebots und Realisierung besteht ein enger Zusammenhang, den der Lerner nicht aus den Augen verlieren darf.[486]

Für die Lernangebotssteuerung und Lernaktion wird entsprechend der Vorgehensweise zur objektorientierten Anforderungsanalyse der *„der betroffene Prozess analysiert und beschrieben"*. Die Abbildung 59 spaltet die Top-Level-Aktivität *„A4 - Lernen und Lernangebot steuern"* in ihre, sich parallel vollziehenden Unteraktivitäten *„A4.1a - Lerninhalte aufnehmen"* und *„A4.1b - Lernaktionen steuern"* auf.

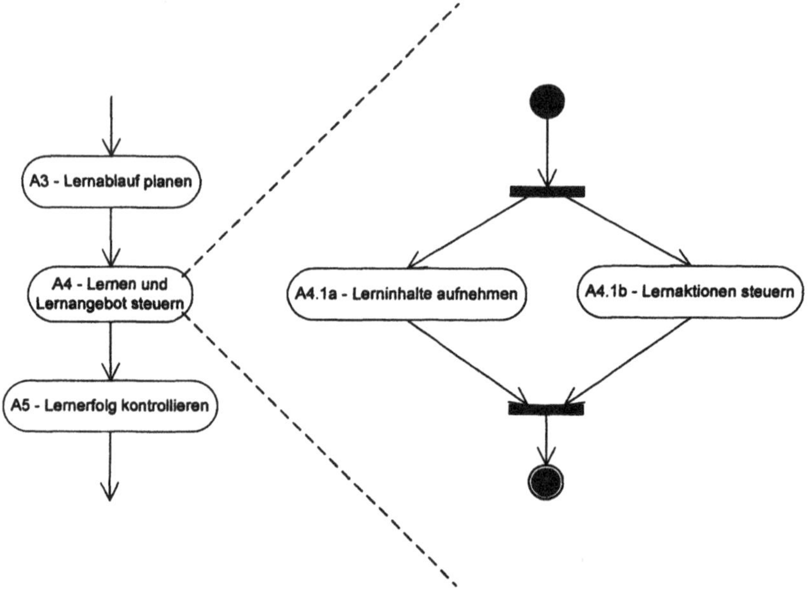


**Abb. 59: Aktivitätsdiagramm: Lernangebotssteuerung und Lernaktion im CSL**

---

485 Vgl. Friedrich, Helmut Felix; Mandl, Heinz: Psychologische Aspekte autodidaktischen Lernens, a. a. O., S. 205.

486 Vgl. Sander, Jörg: Mediengestütztes Bildungsmanagement: Virtuelle Lernwelten für Unternehmen, a. a. O., S. 120.

***A4.1a - Lerninhalte aufnehmen und A4.1b - Lernaktionen steuern***

In dieser Phase des selbstgesteuerten Lernprozesses trifft der Lernende des Weiteren seine Entscheidung bezüglich der Wahl von Lernort, Lerndauer und Lerngeschwindigkeit.[487] Er muss im Bereich seiner Steuerungsaktivitäten jeweils die individuelle Lerndauer sowie Lerngeschwindigkeit im Hinblick auf die Durchführung der einzelnen Lernabschnitte bestimmen. Das Aufnehmen der Lerninhalte und das Steuern der Lernaktionen stehen hierbei in einem wechselseitigen Zusammenhang. Im Kontext dieser Aufgabe ist der geplante Zeitbedarf, der im Rahmen der Lernzielbestimmung in Form operationalisierter Lernziele festgelegt wurde, vom Lerner zu berücksichtigen.

Auf Probleme und veränderte Situationen, die sich in der Phase der Lernangebotssteuerung und Lernaktion bei der Abarbeitung des Planes ergeben, muss der Lernende dynamisch und flexibel reagieren können.[488] Bemerkt er, dass sein durchzuführender Lernweg nicht zum gewünschten Lernziel führt, sollte er in der Lage sein, sowohl neue Lerneinheiten in geplante Lernwege einzubinden als auch alternative Lernwege zu finden und auszuführen. Vor allem bei explorativer Vorgehensweise benötigt der Lerner zur Bewältigung des Lernwegproblems die Möglichkeit eines Rückgriffs auf weiterreichende Orientierungs- und Steuerungshilfen. Für den Lernenden sind neben der Nutzung konventioneller Steuerungshilfen wie Inhaltsverzeichnissen und Glossaren, z. B. grafische Übersichten, anzuführen.[489] Verschiedene Unterstützungsmöglichkeiten werden in den folgenden Unterkapiteln erläutert.

Das Fachkonzept konzentriert sich in der Phase der Lernangebotssteuerung und Lernaktion schwerpunktmäßig auf fünf Bereiche:

- Grundsätze für die Angebotsstrukturierung, (*Kap. 4.5.2.1*)
- Navigationsstrategien, (*Kap. 4.5.2.2*)
- Navigationshilfen, (*Kap. 4.5.2.3*)
- Lernwegprotokollierung, (*Kap. 4.5.2.4*)
- sowie wünschenswerte Servicefunktionalitäten. (*Kap. 4.5.2.5*)

---

487 Vgl. Meyer, Rolf; Diekow, Andreas: Projekt 1: REFA-Konzept zum selbstorganisierten Lernen, in: Selbstgesteuertes Lernen, Dokumentation zum KAW-Kongreß vom 4. bis 6. November in Königswinter, Hrsg.: Bundesministerium für Bildung und Forschung, Bonn: BMBF Publik 1999, S. 52.

488 Vgl. Konrad, Klaus; Traub, Silke: Selbstgesteuertes Lernen in Theorie und Praxis, a. a. O., S. 43.

489 Vgl. Haack, Johannes: Interaktivität als Kennzeichen von Multimedia und Hypermedia, a. a. O., S. 156 f.

### 4.5.2 Fachkonzept der Lernangebotssteuerung und Lernaktion

#### 4.5.2.1 Grundsätze für die Angebotsstrukturierung

**Angebotsvielfalt**

In computerbasierten Lernumgebungen sollte der Lernende auf ein vielseitiges Lernangeboten zurückgreifen können. Die größten Möglichkeiten zur Selbststeuerung sind gegeben, wenn es sich um ein in jeglicher Hinsicht „offenes" Lernangebot handelt. Offenheit besteht für den Lernenden dann zum einen in der räumlichen und zeitlichen Unabhängigkeit, im Lerntempo, den Lerngewohnheiten und der jeweiligen Stoffmenge (*äußere Offenheit*); zum anderen bieten solche Lernangebote *innere Offenheit*, d.h. Offenheit in Bezug auf die Ziele, Inhalte, Methoden, Ressourcen und Erfolgskontrollen.[490] Es wurde aber bereits angesprochen, dass die Gewährung vieler Möglichkeiten zur Selbststeuerung auch destruktiv wirken kann, wenn der Lernende nur über ein unzureichendes Strategien-Repertoire verfügt. Das Lernangebot muss daher individuellen Lernvoraussetzungen Rechnung tragen und neben offenen auch unterschiedlich stark strukturierte Produkte bereithalten, die an traditionelle lehrerzentrierte Unterrichtskonzepte anknüpfen. Ein größeres Maß an Instruktion reduziert bzw. beseitigt die innere Offenheit, so dass Lernende nicht mehr im Sinne von Autodidakten aktiv werden; bei verbleibender äußerer Offenheit wird aber immer noch die Eigeninitiative und Eigenverantwortung der Lernenden vor allem bei der Lernorganisation und -koordination unterstützt.[491]

Die methodisch-didaktische Gestaltung eines Lernangebots hängt neben der Selbstlernfähigkeit noch von weiteren Faktoren wie den Lerninhalten und Lernstufen (Neuling, Anfängertum, Expertentum u. a.) ab.[492] Beispielsweise wird in Lernsituationen, in denen man Lernenden einen ersten Überblick über ein Fachgebiet geben oder reine Informationen übermitteln will, eine lehrerzentrierte Wissensvermittlung als angemessen und effektiv beurteilt.[493] Der mögliche Einwand, ein mit den nötigen individuellen Lernvoraussetzungen ausgestatteter

---

490 Vgl. Zimmer, Gerhard: Mit Multimedia vom Fernunterricht zum Offenen Fernlernen, in: Information und Lernen mit Multimedia, 2., überarb. Aufl., Issing, Ludwig J.; Klimsa, Paul (Hrsg.), Weinheim: Psychologie Verlags Union 1997, S. 340.

491 Vgl. Zimmer, Gerhard: Mit Multimedia vom Fernunterricht zum Offenen Fernlernen, a. a. O., S. 341.

492 Vgl. Mader, Günter: Virtuelles Lernen: Begriffsbestimmung und aktuelle empirische Befunde, Innsbruck, Wien: Studien-Verl. 1999, S. 60 ff.

493 Vgl. Reinmann-Rothmeier, Gabi; Mandl, Heinz: Lernumgebungen mit Neuen Medien gestalten, in: Bildung im Netz: Auf dem Weg zum virtuellen Lernen, Bester, Dieter; Kälke, Marion (Hrsg.), Düsseldorf: VDI Verlag GmbH 1996, S. 67.

Lerner werde durch solche Angebote in einem selbstgesteuerten Lernen behindert, kann relativiert werden, wenn man sich bewusst wird, dass das Lernen in einem einzelnen Lernangebot in der Regel nur Teil einer übergeordneten Lernhandlung ist, im Rahmen derer sich der Lernende zum Einsatz gerade dieser Ressource entschieden hat. Vor allem dann führt selbstgesteuertes Lernen zum Erfolg, wenn Lernende erkennen, mit welchen Materialien oder mit welchen Formen der Unterstützung sie in unterschiedlichen Situationen am besten lernen können.[494]

Zusammenfassend kann festgestellt werden, dass computerbasierte Lernumgebungen grundsätzlich ein vielfältiges Lernangebot bereitstellen sollten, das dem Lerner die Wahl zwischen expositorischem und explorativem Lernweg ermöglicht. Lernangebote können sich dabei durchaus inhaltlich überlappen, indem sie zum Beispiel einen unterschiedlichen methodischen Zugang bieten (der Lerner kann beispielsweise eine Aufgabe alleine oder in einer Lernergruppe bearbeiten), oder sich inhaltlich ergänzen, indem zum Beispiel vertiefende Informationen angeboten werden oder fehlendes Wissen, welches für das Verständnis wichtig ist, nachgeholt werden kann. Der Lernende wählt dann entsprechend seiner Vorlieben und seinen Voraussetzungen die passende Variante aus.[495]

**Modularität**

Eine computerbasierte Lernumgebung umfasst vielfältige Lernangebote, unter denen der Lernende diejenigen auswählen kann, die am ehesten seinen persönlichen Lernnotwendigkeiten entsprechen. Eine größtmögliche Deckung des individuellen Bedarfs kann dabei durch eine modulare Aufgliederung des Produktangebots erreicht werden. Unter einem Modul versteht man ein austauschbares, komplexes Teil eines Gesamtsystems, das eine geschlossene Funktionseinheit bildet.[496] Es entsteht ein Baukasten mit relativ selbständigen Einheiten, wobei diese Bausteine das Wissen zu einem Thema kapseln und jeweils situations- und individuenbezogen ausgewählt und kombiniert werden können. Die Idealvorstellung vom *Taylormade Training* liegt hier zugrunde: der Lernende konfiguriert nach seinen aktuellen Bedürfnissen seinen eigenen persönlichen

---

494 Vgl. Kraft, Susanne: Selbstgesteuertes Lernen - Möglichkeiten und Perspektiven für die Erwachsenenbildung, in: Selbstorganisiertes Lernen als Problem der Erwachsenenbildung, Derichs-Kunstmann, Karin; Faulstich, Peter; Wittpoth, Jürgen et. al. (Hrsg.), Frankfurt/M.: Dt. Inst. für Erwachsenenbildung 1998, S. 220.

495 Vgl. Kerres, Michael: Multimediale und telemediale Lernumgebungen: Konzeption und Entwicklung, 2. Aufl., a. a. O., S. 283.

496 Vgl. Ballin, Dieter; Brater, Michael: Handlungsorientiert lernen mit Multimedia - Lernarrangements planen, entwickeln und einsetzen, Nürnberg: BW Bildung und Wissen, Verl. und Software 1996, S. 51.

Lernplan, welchen er im Zeitverlauf wieder verwenden, erweitern und anpassen kann. Durch die gewonnene Flexibilität wird er insbesondere auch in solchen Situationen unterstützt, in denen akute Wissensdefizite ad hoc geschlossen werden sollen. Insgesamt wird ein Aufweichen starrer Curricula und eine weitgehende Individualisierung der Weiterbildung erreicht. Das Modularisierungskonzept ist dabei ganz im Sinne des selbstgesteuerten Lernens, da der Lernende durch seine Wahl unter den angebotenen Lerneinheiten selbständig über Inhalte, Zeit, Ort etc. seiner Lernhandlungen entscheidet.[497]

Für einen modularen Aufbau des Lernangebots sprechen außerdem noch weitere Gründe. So fördert die Eigenschaft von Modulen, dass ohne Beeinträchtigung des Gesamtsystems Module überarbeitet bzw. ausgetauscht werden zu können. Die Aktualität des Lernangebots kann leichter gesteigerte werden, und schließlich wird durch Module die Umsetzung des Grundsatzes der Angebotsvielfalt erleichtert.[498]

#### 4.5.2.2 Navigationsstrategien

Unter dem Oberbegriff Navigation werden die Steuerungsaktivitäten eines Lernenden in einer computerbasierten Lernumgebung, speziell in hypermedialen Lernumgebungen, zusammengefasst.[499] Da diese Lernsysteme nicht linear strukturiert sein müssen, fällt der Navigation bei der Durchführung des Lernprozesses eine zentrale Rolle zu. Je nach Zielsetzung des Lerners können Navigationsstrategien wie *Browsing*, *Scanning*, *Searching*, *Exploring* und *Wandering* unterschieden werden.

- *Browsing* ist die typische Form des Informationszugriffs und bezeichnet ein „Stöbern" in der hypermedialen Lernumgebung. Der Lernende verfolgt so lange unterschiedliche Verweisvorschläge, bis an bestimmten Stellen sein Interesse geweckt wird; hier forscht er dann intensiver nach.[500]

---

497 Vgl. Servatius, Hans-Gerd: Telelearning in der beweglichen Organisation, in: Information Management & Consulting, 1/1999, S. 13.

498 Vgl. Weiser, Christian Richard: Gruppenorientierte Systeme in der computergestützten betrieblichen Aus- und Weiterbildung: Ordnungsrahmen und Fallstudie, a. a. O., S. 51 f.

499 Vgl. Haack, Johannes: Interaktivität als Kennzeichen von Multimedia und Hypermedia, a. a. O., S. 155.

500 Vgl. McAleese, Ray: Hypertext: Theory into Practice, Oxford: Blackwell Scientific Publ. 1989, S. 12.

- Kennzeichnend für das *Scanning* ist ein überblickartiges Durchsuchen größerer Inhaltsbereiche, ohne jeweils sehr in die Tiefe zu gehen.[501]
- Mit *Searching* ist eine gezielte, systematische Suche nach bestimmten Inhalten bzw. Zusammenhängen verbunden.[502] Bei dieser Navigationsart empfiehlt sich zusätzlich der Einsatz von indexgestützten Suchverfahren.
- Beim *Exploring* verfolgt der Lerner alle Verweise, die von einem bestimmten Themengebiet ausgehen, um die gesamte Breite dieses Themas zu erarbeiten.[503]
- Das *Wandering* ist eine unsystematische Verfolgung von Verweisen ohne bestimmte Zielsetzung. Der Lernende wird in der Regel Knoten auch mehrfach ansteuern.[504]

Die gewählte Navigationsstrategie des Lerners wird jedoch nicht nur vom Grad seines Lernziels beeinflusst, sondern auch von der Art der Wissensdarstellung. McAleese beschreibt, dass eine textuelle Benutzeroberfläche mehr zur Strategie des Browsing animiert, hingegen eine stärker grafisch geprägte Schnittstelle den Lernenden eher zum Exploring oder Wandering auffordert.[505]

Die Navigation ist für den Lerner häufig mit Schwierigkeiten verbunden, da leicht Orientierungsprobleme auftreten können. Der Lernende weiß nicht mehr genau, an welcher Stelle des Lernweges er sich gerade befindet, wie er zu einer bestimmten Information bzw. Lerneinheit gelangen kann, welcher Lernweg für seine Zielsetzung der effektivste ist und welche Informationen die gesamte Lernumgebung enthält. Diese Probleme der Steuerung werden in der Literatur unter dem Begriff der Desorientierung zusammengefasst und bildhaft als „lost in hyperspace" bezeichnet.[506]

---

501 Vgl. McAleese, Ray: Hypertext: Theory into Practice, a. a. O., S. 12.

502 Vgl. Haack, Johannes: Interaktivität als Kennzeichen von Multimedia und Hypermedia, a. a. O., S.156.

503 Vgl. McAleese, Ray: Hypertext: Theory into Practice, a. a. O., S. 12.

504 Vgl. Schoop, Eric: Benutzernavigation in Hypermedia-Lernsystemen, in: Hypermedia in der Aus- und Weiterbildung: Dresdner Symposium zum computerunterstützten Lernen, Hrsg.: Schoop, Eric; Witt, Ralf; Glowalla, Ulrich, in: Schriften zur Informationswissenschaft, Bd. 17, Hrsg.: Hochschulverband für Informationswissenschaft, Konstanz: Universitätsverlag 1995, S. 152.

505 Vgl. McAleese, Ray: Hypertext: Theory into Practice, a. a. O., S. 13.

506 Vgl. Tergan, Sigmar-Olaf: Hypertext und Hypermedia: Konzeption, Lernmöglichkeiten, Lernprobleme, a. a. O., S. 133.

Die Lernumgebung muss daher zur Unterstützung des Lernens Werkzeuge zur Verfügung stellen, die eine leichtere Orientierung und Hilfe bei der Navigation ermöglichen.

### 4.5.2.3 Navigationshilfen

Bei Verwendung von Navigationshilfen kann zwischen traditionellen Orientierungshilfen wie Inhaltsverzeichnissen und Glossaren, die in ähnlicher Form schon aus Printmedien bekannt sind und hypertextspezifischen Hilfen, die speziell die Nicht-Linearität des Mediums berücksichtigen, unterschieden werden.[507]

Folgende Übersicht, überwiegend in Anlehnung an Kuhlen[508] und Nielsen,[509] führt mögliche Navigationshilfen für den Lerner auf, die anschließend näher betrachtet werden:

a) Inhaltsverzeichnis und Glossar

b) Such- und Hilfefunktionen

c) Guides

d) Backtracking und History-List

e) Footprints

f) Bookmarks und Thumb Tabs

g) Annotationen

h) Grafische Übersichten (Maps)

i) Guided Tours

#### a) Inhaltsverzeichnis und Glossar

Bei Printmedien geben Inhaltsverzeichnisse dem Leser einen ersten Überblick über den Inhalt und den Aufbau eines Textes. Anhand der Seitenangaben für die einzelnen Kapitel, Unterkapitel und Abschnitte ermöglichen sie einen gezielten

---

507 Vgl. Kuhlen, Rainer: Hypertext: Ein nicht-lineares Medium zwischen Buch und Wissensbank, Berlin et al.: Springer-Verlag 1991, S. 136-158.

508 Vgl. Kuhlen, Rainer: Hypertext: Ein nicht-lineares Medium zwischen Buch und Wissensbank, a. a. O., S. 136-158.

509 Vgl. Nielsen, Jakob: Multimedia and Hypertext: The Internet and Beyond, a. a. O., S. 247-278.

Zugriff auf bestimmte Textpassagen. Da in computerbasierten Lernumgebungen die Interaktionsstruktur von Menüs im Prinzip der Struktur von Inhaltsverzeichnissen entspricht, kann diese Struktur in ähnlicher Weise für Aufgaben des Informationszugriffs eingesetzt werden. Die einzelnen Menüpunkte entsprechen dabei den Kapiteln, die Punkte der Untermenüs den Unterkapiteln und Abschnitten.[510] Mit Hilfe des Inhaltsverzeichnisses ist dann der Lernende in der Lage, direkt auf die für ihn interessanten Knoten zuzugreifen, indem er den entsprechenden Menüpunkt anklickt.

Die Realisation vermag über die Nutzung von Hyperlinks zu erfolgen. Ein Hyperlink (Link) ist eine Verknüpfung zwischen Elementen (z. B. Wort, Satz, Symbol, Bild) verschiedener Hypermedia-Dokumente. Der Lerner aktiviert mit einem Mausklick eine Verknüpfung auf ein mit einem Link versehenes Element und gelangt zum verknüpften Element. Um den Link zu kennzeichnen, wird er in der Regel unterstrichen oder anders eingefärbt als der normale Text.[511]

Das Glossar kann ebenfalls, entsprechend seiner Funktion bei Printmedien, in Lernumgebungen eingesetzt werden. Es liefert dem Lernenden in alphabetischer Reihenfolge Erklärungen und Definitionen für Fachbegriffe, die im Text vorkommen. Durch Aktivierung eines Glossar-Links kann der Lerner direkt die gewünschte Definition erhalten.[512] In der Lernumgebung sollte es möglich sein, das Glossar parallel zum Text in einem eigenen Fenster erscheinen zu lassen und jeweils die Fachbegriffe des aktuellen Knotens zu erklären.

**b) Such- und Hilfefunktionen**

Zusätzlich zum Inhaltsverzeichnis und Glossar sollte der Lernende auf weitere Such- und Hilfefunktionen zurückgreifen können.

Vor allem für fortgeschrittene Lerner vermag die Möglichkeit einer gezielten Suche nach bestimmten Lerninhalten hilfreich zu sein, um relevante Informationen schnell abzurufen. Durch Eingabe oder Auswahl aus einem Thesaurus kann der Lernende einen Suchbegriff vorgeben, der daraufhin in den entsprechenden Knoten, die ihn enthalten, angezeigt wird. Eine Verknüpfung von Suchbegriffen über Boolesche Operatoren (and, or, not) sollte je nach Suchauf-

---

510 Vgl. Dick, Egon: Multimediale Lernprogramme und telematische Lernarrangements: Einführung in die didaktische Gestaltung, a. a. O., S. 75.

511 Vgl. Microsoft Press: Computer-Fachlexikon: mit Fachwörterbuch (deutsch-englisch/englisch-deutsch), Unterschleißheim: Microsoft Press 2001, S. 350.

512 Vgl. Kuhlen, Rainer: Hypertext: Ein nicht-lineares Medium zwischen Buch und Wissensbank, a. a. O., S. 141 f.

gabe ebenfalls möglich sein. Einen Überblick über unterschiedliche Arten von Suchaufgaben bietet beispielsweise Wright.[513]

Eine Hilfefunktion analog der bekannten Windowshilfe sollte ebenfalls zur Ausstattung jeder Lernumgebung gehören. Mittels einer Direkthilfe oder eines Hilfemenüs erhält der Lerner Erläuterungen zu verschiedenen Themengebieten.

Eine weitere Unterstützung im Lernprozess bieten adaptive Hilfen, die genau dann erfolgen, wenn erkenntlich ist, dass die Information im jeweiligen Lernzusammenhang förderlich ist und vom Lernenden noch nicht wahrgenommen wurde.[514] Adaptive Hilfen können z. B. in Form von verschiedenen Guides realisiert werden.

**c) Guides**

Guides sind filmische oder computeranimierte Begleitpersonen, die nach Bedarf die Navigation aus verschiedenen Perspektiven unterstützen. Sie leisten dem Lerner Hilfestellung, indem sie Fragen beantworten, Tipps geben und Vorschläge für das weitere Vorgehen unterbreiten.[515] Gloor beschreibt ein Lernprogramm zur Geschichte Amerikas, in dem mehrere Guides wie Siedler, Sklave oder Kapitän eingesetzt werden, um verschiedene Perspektiven der Lerninhalte anzubieten.[516]

Guides sollten jedoch ausblendbar sein, da sie der Lerner je nach individuellen Lernvoraussetzungen im Rahmen der Navigation als störend empfinden könnte.

**d) Backtracking und History-List**

Die Backtrack-Funktion ist eine rückwärtsgerichtete Orientierungshilfe für den Lernenden und stellt eine wichtige Navigationstechnik dar.[517] Durch die Backtrack-Funktion kann der Lerner schrittweise den eingeschlagenen Pfad bis zu einem bekannten Ausgangspunkt zurückverfolgen und eine Desorientierung

---

513 Vgl. Wright, Patricia: Hypertext as an Interface for Learners: Some Human Factors Issues, in: Designing Hypermedia for Learning, Eds.: Jonassen, David H.; Mandl, Heinz, in: Series F: Com- puter and Systems Sciences, Vol. 67, NATO ASI Series, Berlin et al.: Springer-Verlag 1990, S. 176 f.

514 Vgl. Leutner, Detlev: Adaptivität und Adaptierbarkeit multimedialer Lehr- und Informationssysteme, a. a. O., S. 145.

515 Vgl. Laurel, Brenda; Oren, Tim; Don, Abbe: Issues in Multimedia Interface Design: Media Integrations and Interface Agents, in: Multimedia Interface Design, Eds.: Blattner, Meera M.; Dannenberg, Roger B., New York: ACM Press 1992, S. 60 ff.

516 Vgl. Gloor, Peter A.: Elements of Hypermedia Design: Techniques for Navigation and Visualization in Cyberspace, Boston: Birkhäuser 1997, S. 126 ff.

517 Vgl. Nielsen, Jakob: Multimedia and Hypertext: The Internet and Beyond, a. a. O., S. 249.

vermeiden. Jedoch müssen Mindestanforderungen der Art und Weise erfüllt sein, dass die Backtrack-Funktion dem Lernenden immer zugänglich ist, jeweils auf die gleiche Art aufgerufen werden kann und die Möglichkeit bietet, so lange rückwärts zu gehen, bis der ursprüngliche Einstiegsknoten erreicht ist.[518]

Ein zusätzliches Mittel der Rückverfolgung wird als History-List bezeichnet. Sie ist ein spezieller Knoten, in dem das System alle zuvor besuchten Knoten automatisch der Reihe nach auflistet. Der Unterschied zur Backtrack-Funktion besteht darin, dass auf alle schon besuchten Knoten direkt zugegriffen werden kann, ohne den gesamten Pfad zurückzuverfolgen. History-Lists können temporär, d. h. nur für die Dauer der aktuellen Lernsitzung oder dauerhaft gespeichert werden.[519]

#### e) Footprints

Bereits bearbeitete Inhalte sollten gekennzeichnet werden, um ein unfreiwilliges nochmaliges Ansteuern durch den Lerner zu vermeiden. Dieser Kennzeichnungsvorgang wird von Nielsen als Footprints bezeichnet.[520] Kuhlen verwendet die Bezeichnung Bread-crumbs, wobei er sich jedoch auf die Markierungen selbst bezieht.[521] Das Setzen der Markierungen sollte automatisch durch die Lernumgebung erfolgen und nicht vom Lerner veranlasst werden müssen.

#### f) Bookmarks und Thumb Tabs

Mit Bookmarks (dt.: Lesezeichen) kann der Lernende Lesezeichen in der Lernumgebung hinterlassen, damit er schnell und unkompliziert zu bestimmten Lerninhalten zurückzukehren vermag.[522] Bookmarks kennzeichnen subjektiv wichtige Bereiche des Lerners. Eine Bookmark-Liste ist übersichtlicher als die History-Liste, da nur die Bereiche erfasst werden, die im jeweiligen Anwendungskontext für den Lernenden von Bedeutung sind. Beim Beenden der Lernsitzung sollte die Bookmark-Liste gespeichert werden, um dem Lerner für weitere Sitzungen zur Verfügung zu stehen.

---

518 Vgl. Nielsen, Jakob: Multimedia and Hypertext: The Internet and Beyond, a. a. O., S. 249.

519 Vgl. Gerdes, Heike: Lernen mit Text und Hypertext, a. a. O., S. 44.

520 Vgl. Nielsen, Jakob: Multimedia and Hypertext: The Internet and Beyond, a. a. O., S. 260.

521 Vgl. Kuhlen, Rainer: Hypertext: Ein nicht-lineares Medium zwischen Buch und Wissensbank, a. a. O., S. 158.

522 Vgl. Nielsen, Jakob: Multimedia and Hypertext: The Internet and Beyond, a. a. O., S. 254.

Im Gegensatz zu Bookmarks sind Thumb Tabs Fixpunkte, die schon vom Autor in die Lernumgebung eingefügt wurden.[523] Mit Thumb Tabs sollen bestimmte Informationen, z. B. wichtige Übersichtsseiten, kenntlich gemacht werden, die für alle Benutzer der Lernumgebung von Interesse sein können.

### g) Annotationen

Annotationen stellen Anmerkungen zu den Inhalten der Lernumgebung dar. Der Lernende kann persönliche Notizen, ähnlich einer Fußnote bei Printmedien, den jeweiligen Lerneinheiten hinzufügen, ohne deren Inhalt und Struktur zu verändern.[524] Annotationen fördern eine aktive Auseinandersetzung mit den Lerninhalten, und können den aktiven Verarbeitungsprozess des Lesers unterstützen.[525]

Annotationen werden beispielsweise als Pop-up-Fenster implementiert, die verschwinden, sobald der Lerner die Maus loslässt.[526]

### h) Grafische Übersichten (Maps)

Ein weiteres wichtiges Instrument im Hinblick auf die Steuerung des Lernprozesses bilden grafische Übersichten, auch Browser genannt. Sie geben in Form von Netz- oder Baumstrukturen einen Überblick über die Struktur der zugrunde liegenden Lernumgebung.[527] Grafische Übersichten können dem Lernenden sowohl einen globalen Überblick als auch nur eine Übersicht über bestimmte Teilausschnitte der Lernumgebung bieten. Weitere Funktionen bestehen darin, den aktuellen Standort des Lerners im Lernkontext zu visualisieren sowie den direkten Zugriff auf andere Knoten zu ermöglichen.[528] Grafische Übersichten dienen dem Lernenden primär zur Vermittlung von Übersichtswissen und können zur Reduzierung von Desorientierung in der Steuerungsphase beitragen.

Jedoch muss bei umfangreichen Lernumgebungen beachtet werden, dass die Darstellung der Informationen sehr schnell unübersichtlich werden kann und

---

523 Vgl. Kuhlen, Rainer: Hypertext: Ein nicht-lineares Medium zwischen Buch und Wissensbank, a. a. O., S. 158.

524 Vgl. Nielsen, Jakob: Multimedia and Hypertext: The Internet and Beyond, a. a. O., S. 143 f.

525 Vgl. Schulmeister, Rolf: Grundlagen hypermedialer Lernsysteme: Theorie - Didaktik - Design, a. a. O., S. 262.

526 Vgl. Nielsen, Jakob: Multimedia and Hypertext: The Internet and Beyond, a. a. O., S. 142.

527 Vgl. Kuhlen, Rainer: Hypertext: Ein nicht-lineares Medium zwischen Buch und Wissensbank, a. a. O., S. 142.

528 Vgl. Gerdes, Heike: Lernen mit Text und Hypertext, a. a. O., S. 38.

somit die grafische Übersicht ihre Intention verfehlt.[529] Daher ist der Einsatz einer Zoomfunktion sinnvoll, die Knoten und Kanten in unterschiedlichen Aggregationsstufen zu zeigen vermag. Fish-eye Views (dt.: Fischaugen-Sichten) tragen ebenfalls zur Übersichtlichkeit bei, indem sie analog einer Linse mit großem Winkel eine detaillierte Sicht der nahen Umgebung und eine weniger detaillierte Sicht der weiteren Umgebung abbilden.[530]

**i) Guided Tours**

Guided Tours oder geführte Unterweisungen sind Vorschläge für bestimmte Pfade durch die Lernumgebung. Pfade bieten dem Lerner kohärente, d. h. inhaltlich stimmige Einheiten an, die über einzelne Knoten hinausgehen.[531] Ein Pfad besteht aus einer ganzen Kette von Knoten, die linear miteinander verbunden sind. Solange der Lernende dem Pfad folgt, kann er durch einen „Weiter"-Button automatisch zum nächsten relevanten Knoten gelangen.[532] Guided Tours sollen den Lerner bei expositorischen Steuerungsaufgaben unterstützen.

Guided Tours können sich besonders für Neulinge als sehr hilfreich erweisen. Da selbstgesteuerte Navigation in Lernumgebungen, Grundkenntnisse über das Wissensgebiet und Softwarefunktionalität voraussetzt, sollte die Möglichkeit geboten werden, Lernsitzungen bei Bedarf mit Guided Tours zu unterstützen.[533]

Da aber die Realisierung eines expositorischen Lernwegs mit Hilfe von Guided Tours zunächst der Grundphilosophie hypermedialer Lernumgebungen widerspricht, ist das Guided Tour-Konzept kritisch zu betrachten. Guided Tours bringen den Lerner genau entgegengesetzt der Intension des selbstgesteuerten Lernens zurück zu einer linear geführten Strukturierung der Lerneinheiten. Auch wenn bei manchen Guided Tours die Möglichkeit von selbstinitiierten Seitenwegen besteht, so ist im Rahmen der Selbststeuerung, der Hypermediastruktur mit ihrem explorativen Charakter der Vorzug zu gewähren.[534]

---

529 Vgl. Pohl, Christian: Methodik und Realisation von Systemen zur effizienten Wissensvermittlung durch Hypermedia, a. a. O., S. 149.

530 Vgl. Nielsen, Jakob: Multimedia and Hypertext: The Internet and Beyond, a. a. O., S. 260 f.

531 Vgl. Kuhlen, Rainer: Hypertext: Ein nicht-lineares Medium zwischen Buch und Wissensbank, a. a. O., S. 150.

532 Vgl. Nielsen, Jakob: Multimedia and Hypertext: The Internet and Beyond, a. a. O., S. 248.

533 Schoop, Eric: Benutzernavigation in Hypermedia-Lernsystemen, a. a. O., S. 152.

534 Vgl. Nielsen, Jakob: Multimedia and Hypertext: The Internet and Beyond, a. a. O., S. 249.

Navigationspfade, die vom Lernenden nicht zwingend zu benutzen sind, können als Kompromiss angeboten werden. Eine Guided Tour sollte immer als Option betrachtet werden, die dem Lerner bei Bedarf ein Navigieren durch komplexe Lerninhalte ermöglicht. Die Guided Tour ist deshalb als Forderung des Lernenden an das System und nicht als Forderung der Lernumgebung an den Benutzer zu betrachten.[535]

Guided Tours sollten jedoch Abweichungen vom Navigationspfad erlauben und jederzeit vom Lerner zu beenden sein.[536] Weiterhin ist eine Klassifizierung nach Schwierigkeitsstufen oder Lernniveaus sinnvoll. Der Lernende sollte entscheiden können, ob er einen bestimmten Themenkomplex mit Hilfe einer Guided Tour oder exploratorisch durcharbeiten möchte, indem er beispielsweise sein Lernniveau, Vorkenntnisse und Schwierig-keit des Themengebiets berücksichtigt.

### 4.5.2.4 Lernwegprotokollierung

Die Steuerung durch den Inhalt der Lernumgebung hängt in hohem Maße von den Entscheidungen des Lerners selbst ab. Im Falle einer exploratorischen Vorgehensweise wird jeder Lernende eine individuelle Navigationsroute wählen. Aus diesem Grund kann

Es kann für den Lernenden aufschlussreich sein, wenn er seinen eigenen Lernprozess einsieht und nach der Analyse gegebenenfalls seine Lernstrategie überdenkt bzw. wechselt. Durch die Analyse und Interpretation der Lernwegprotokollierung kann der Lerner für den Bereich der Metakognition sensibilisiert werden.[537]

Die Lernumgebung sollte daher dem Lerner die Funktionalität einer automatischen Lernwegprotokollierung durch die Anlage von log files zur Verfügung stellen. Log files sind aufgezeichnete Dateien der auf einem Computer ablaufenden Transaktionen oder Aktivitäten.[538] Log files geben beispielsweise, nachdem sie mit einem speziellen Programm ausgewertet wurden, Aufschluss über

---

535 Vgl. Witt, Ralf: Strukturierte Navigation in mehrdimensionalen Lernobjekträumen, in: Hypermedia in der Aus- und Weiterbildung: Dresdner Symposium zum computerunterstützten Lernen, Hrsg.: Schoop, Eric; Witt, Ralf; Glowalla, Ulrich, in: Schriften zur Informationswissenschaft, Bd. 17, Hrsg.: Hochschulverband für Informationswissenschaft, Konstanz: Universitätsverlag 1995, S. 161.

536 Vgl. Kuhlen, Rainer: Hypertext: Ein nicht-lineares Medium zwischen Buch und Wissensbank, a. a. O., S. 151.

537 Vgl. Ausführungen in *Kap. 3.3* Metakognition.

538 Vgl. Microsoft Press: Computer-Fachlexikon: mit Fachwörterbuch, a. a. O., S. 570.

besuchte Bildschirmseiten, zurückgelegte Lernpfade, Verweilzeiten für bestimmte Lerneinheiten und verwendete Navigationshilfen.[539] Diese Lernprozessdaten können den Lernenden bei der Optimierung seines Lernverhaltens hilfreich sein. Dem Lerner wird beispielsweise transparent, dass er Lerninhalte zu lange betrachtet hat, die nicht zur Erreichung seiner Zielsetzungen beitragen.

Jedoch sollten die ausgewerteten log file-Daten nicht als Grundlage für einen adaptiven Informationszugriff in hypermedialen Lernumgebungen dienen. Der adaptive Informationszugriff beschäftigt sich mit der Frage des online-dynamischen Verbindens der Informationseinheiten eines umfassenden Hypertextes (dynamic linking). Online-erfassbare Lernprozessdaten des Informationssuchverhaltens bilden die Basis für das dynamic linking. Dem Lerner werden von der computerbasierten Lernumgebung automatisch diejenigen Informationseinheiten vorgelegt, die möglichst viele Gemeinsamkeiten mit seiner augenblicklichen inhaltlichen Interessenlage aufweisen.[540]

Nach Federico dienen die ausgewerteten log files als Informationen bzw. Grundlage für virtuelle intelligente Tutoren in hypermedialen Lernumgebungen.[541] Diese Theorie muss überdacht werden, wenn man analysiert, wie diese Daten entstanden sind. Lernprozessdaten ergeben sich beim „Browsen" durch die Lernumgebung. Da das Browsen unter Umständen von Zufällen und spontanen Neigungen des Lerners beeinflusst ist, kann man nicht von einem „gezielten Anklicken" von für den Lernenden relevanten Inhalten ausgehen. Die Auswertung solcher situativ entstandener log file-Daten kann das System zu Fehlinterpretationen veranlassen. Die folgend vorgelegten Lerninhalte erweisen sich möglicherweise als nicht kompatibel mit den eigentlich definierten Lernzielen.

Des Weiteren erscheint die mit dem adaptiven Informationszugriff implizit verbundene Annahme, die Komplexität realer Lernprozesse so darzustellen, dass ein an den individuellen Lerner angepasstes Systemverhalten möglich ist, fraglich.

---

539 Vgl. Tergan, Sigmar-Olaf: Grundlagen der Evaluation: Ein Überblick, in: Qualitätsbeurteilung multimedialer Lern- und Informationssysteme: Evaluationsmethoden auf dem Prüfstand, Hrsg.: Tergan, Sigmar-Olaf, in: Reihe: Multimediales Lernen in der Berufsbildung, Hrsg.: Blume, Dieter; Holz, Heinz; Schenkel, Peter; Tillmann, Heinrich; Zimmer, Gerhard, Nürnberg: BW Bildung und Wissen, Verlag und Software 2000, S. 34.

540 Vgl. Leutner, Detlev: Adaptivität und Adaptierbarkeit multimedialer Lehr- und Informationssysteme, a. a. O., S. 146.

541 Vgl. Federico, Pat-Anthony: Hypermedia Environments and Adaptive Instruction, in: Computers in Human Behavior, 15/1999, Ed.: Tennyson, Robert D., Pergamon, S. 680.

### 4.5.2.5 Servicekomponenten

Im Folgenden werden verschiedene Servicekomponenten vorgestellte, die dem Lerner die Benutzung der computerbasierten Lernumgebung erleichtern sollen. Im Einzelnen handelt es sich um (a) Informationsservices, (b) Administrationsservices (c) Beratungsservices.

**a) Informationsservices**

Computerbasierte Lernumgebungen können ein großes Potential an Lernangeboten und Informationen bieten. Indem Alternativen bereitgestellt werden, wird dem Lernenden eine eigenständige Entscheidung bezüglich seiner Lernressourcen ermöglicht. Das Erleben von Entscheidungsautonomie wirkt sich zudem positiv auf seine Lernmotivation aus. Maßgeblich für den Erfolg des selbstgesteuerten Ressourcenmanagements ist jedoch letztlich nicht die Angebotsmenge und -vielfalt, sondern insbesondere die Gewährung eines schnellen, direkten und komfortablen Zugangs. Es muss daher ein übersichtliches Informationssystem aufgebaut werden, welches für Transparenz über das Gesamtangebot sorgt und das schnelle Suchen und Finden einzelner Lernangebote unterstützt.[542] Möglichkeiten zur Angebotslokalisation bieten Suchmechanismen wie Eingabe von Schlüsselwörtern oder Browsing-Funktionalitäten. Lernangebote sollten anhand von Attributen wie Themenbezeichnung, Lernziel, Dauer, Kosten, Voraussetzungen, Inhalt, Ergebnis etc. beschrieben sein. Um dem Adressaten eine optimale Orientierung über Inhalt und Methodik des Angebotes sowie über seine kognitiven Voraussetzungen zu bieten, ist die Bereitstellung von frei zugänglichen Demo-Versionen sinnvoll. Als Orientierungshilfe ist es ebenfalls denkbar, die einzelnen Lernangebote nach erfolgter Nutzung bewerten zu lassen. Ein solches Ranking bietet dann zusätzlich Impulse für die kontinuierliche Verbesserung des Gesamtsystems.[543] Wichtig ist, dass in dieses Informationssystem auch traditionelle Weiterbildungsangebote integriert sind, um die Abstimmung und Koordination der unterschiedlichen Maßnahmen zu fördern. Hierbei besteht die Möglichkeit, kombinierte Angebote zwischen traditioneller und computerbasierter Weiterbildung einzusetzen. Computerbasierte Lernumgebungen können beispielsweise zur Vor- oder Nachbereitung oder begleitend zu einer klassischen Präsenzveranstaltung eingesetzt werden. Gefordert ist daher ein vernetzt-integriertes unternehmerisches Gesamtweiterbildungsmodell.[544]

---

542 Vgl. Vering, Juliane: Sorgfältig auswählen, in: Personalwirtschaft, 1/2001, S. 32.

543 Vgl. Greff, Günter; China, Ralf: Personalmanager entdecken Lernportale, a. a. O., S. 40.

544 Vgl. Stockhinger, Wolfgang: Berufliche Weiterbildung und CBT: Ende des guten alten Seminars? in: Bildung im Netz: Auf dem Weg zum virtuellen Lernen, Beste, Dieter; Kälke, Marion (Hrsg.), Düsseldorf: VDI Verlag GmbH 1996, S. 76.

### b) Administrationsservices

Administrationsservices dienen der Reduktion des mit der Nutzung eines Lernangebots verbundenen Verwaltungsaufwandes. Eine Minimierung des Aufwands lässt dem Lernenden die Nutzung einer solchen Lernressource attraktiver erscheinen, wodurch seine Einschätzung, das Lernvorhaben in geeigneter Weise realisieren zu können, erhöht und somit seine generelle Lernbereitschaft gesteigert wird. Da die Lernbereitschaft als wesentliche Voraussetzung für eine eigenständige Initiierung von Lernprozessen betrachtet wird, kann die Bereitstellung von Administrationsservices daher als eine weitere Maßnahme zur Unterstützung selbstgesteuerten Lernens angesehen werden. Dabei handelt es sich im gewissen Sinne um typische E-Commerce-Funktionalitäten wie Warenkorb, Registrierung, Abrechnung und Auftragsabwicklung.[545] Wenn das richtige Lernangebot gefunden ist, beginnt der Buchungsprozess, indem das Produkt in den Warenkorb gelegt wird. Sollte etwa aufgrund von Budgetbeschränkungen die Genehmigung durch den Vorgesetzten erforderlich sein, kann dies automatisiert durch eine Workflow-Funktionalität erfolgen. Es ist jedoch anzumerken, dass Fälle, die eine Genehmigung erfordern, auf ein Minimum reduziert werden sollten, da sie dem übergeordneten Ziel einer Unterstützung selbstgesteuerter Lernprozesse hinderlich sind. Nach erfolgter Genehmigung wird das Produkt im System registriert und für den Nutzer freigeschaltet. Manche Produkte erfordern die Installation zum Beispiel eines Plugins; die notwendige Software sollte ebenfalls vorgehalten werden.[546] Die Phase der Lernangebotsnutzung ist in der Regel zeitlich begrenzt. An den Abschluss der Nutzung schließt sich die Abrechnung und die Registrierung in der Nutzungshistorie des Lernenden an. Der Lernende sollte sich zudem stets einen Überblick über die Produkte verschaffen können, für die er zu einem bestimmten Zeitpunkt registriert ist.[547]

### c) Beratungsservices

Trotz komfortabler Informationsservices kann die Vielfalt verschiedenartiger Lernmöglichkeiten die Steuerungsfähigkeit mancher Lerner überfordern. Es müssen daher Beratungshilfen bereitgestellt werden, die bei Lernproblemen und

545 Vgl. Kraemer, Wolfgang: Vom Knowledge Management zum Learning Service Providing - Leitfaden zur Einführung von E-Learning, in: E-Business – Wer geht? Wer bleibt? Wer kommt?, Scheer, August-Wilhelm (Hrsg.), Heidelberg: PysicaVerl. 2000, S. 340.

546 Vgl. Bächle, Michael; Zekl, Andreas: Distributed Learning: Virtuelles Lehren und Lernen im Netz, in: Information Management & Consulting, 14. Jg. 1999 Sonderausgabe, S. 96.

547 Vgl. Vering, Juliane: Sorgfältig auswählen, a. a. O., S. 30.

Lernkrisen abgerufen werden können, um die Übersicht, Beurteilungen und Lernwegentscheidung von Lernenden zu erleichtern.[548]

Für eine individuelle Lernberatung sollte beispielsweise ein Teletutor kontaktiert werden können. Dieser kann dann mit dem Einzelnen die individuellen und organisatorischen Qualifizierungsbedürfnisse klären und einen individuellen Plan für die Lernziele aufstellen.[549]

### 4.5.3 Objektorientiertes Anforderungsmodell der Lernangebotssteuerung und Lernaktion

Aufbauend auf die Prozessbeschreibung und das Fachkonzept werden für die Lernangebotssteuerung und Lernaktion analog zur Vorgehensweise zur prozessorientierten Anforderungsanalyse *„Systemanwendungsfälle identifiziert"* und *„gruppiert"*.

Exemplarisch wird der abstrakte Systemanwendungsfall *„Lernaktion durchführen"* genauer betrachtet. Er ist die Generalisierung der Systemanwendungsfälle *„Telekooperation durchführen"*, *„Telelearning durchführen"* und *„Teletutoring durchführen"*. Jede Lernaktion wird folglich alleine oder durch eine der beschriebenen Kooperationsformen bewältigt. Für das Durchführen der Telekooperation sind ein oder mehrere Lernpartner erforderlich. Dies wird durch den Akteur *„Lernpartner"* symbolisiert. Um ein Teletutoring durchführen zu können, ist ein Tutor notwendig, der ebenfalls als Akteur veranschaulicht wird.

Auch in dieser Phase indiziert der nicht definierte Systemanwendungsfall, dass bei einer weiterführenden Analyse weitere Anwendungsfälle gefunden werden können.

---

548 Vgl. Dohmen, Günther: Konzeption und Konsequenzen des Lebenslangen Lernens: 25 Thesen, in: Lebenslanges Lernen: Erfahrungen und Anregungen aus Wissenschaft und Praxis, Nacke, Bernhard; Dohmen, Günther (Hrsg.), Würzburg: Echter 1996, S. 25.

549 Vgl. Kerres, Michael: Multimediale und telemediale Lernumgebungen: Konzeption und Entwicklung, a. a. O., S. 282.

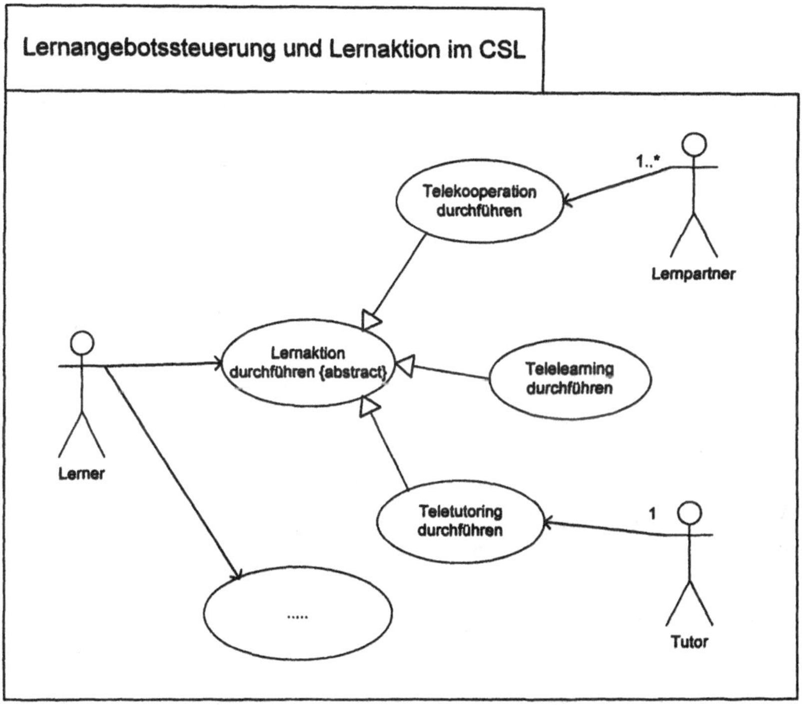


**Abb. 60: Anwendungsfalldiagramm: Lernangebotssteuerung und Lernaktion im CSL**

Entsprechend der Vorgehensweise zur objektorientierten Anforderungsanalyse wird für die Lernangebotssteuerung exemplarisch der Systemanwendungsfall *„Telelearning durchführen"* ausgewählt, um einen *„Systemanwendungsfall essenziell zu beschreiben"*.

| **Name:** | **Telelearning durchführen** |
|---|---|
| *Kurzbeschreibung:* | Dem Lerner werden diejenigen Lerneinheiten präsentiert, die er im zuvor erstellten Lernablauf geplant hat. Hierzu steuert er das Lernangebot auf einem von ihm gewählten Lernweg ggf. unter Verwendung von Navigationshilfen oder Lernberatungen. |
| *Akteure:* | Lerner |
| *Auslöser:* | Der Lerner möchte einen geplanten Lernablauf alleine durchführen. |
| *Vorbedingungen, Annahmen:* | Es existieren Lernabläufe |

*(Tabelle wird fortgesetzt)*

**Tab. 7: Essenzbeschreibung: Lernangebotssteuerung mit „Telelearning durchführen"*(Teil 1)***

| | |
|---|---|
| *Eingehende Informationen:* | Keine |
| *Ergebnisse:* | Abgeschlossene Präsentationen, durchgeführter Lernablauf. |
| *Nachbedingungen::* | Die geplanten Lerneinheiten wurden präsentiert. Die Durchführung des Telelearning ist protokolliert. |
| *Ablauf:* | 1. **Lerner identifizieren**<br>Anhand authentifizierender Informationen wird der Lerner identifiziert.<br>2. **Telelearning-Lernablauf auswählen**<br>Aus der Menge der zuvor erstellten Telelearning-Lernabläufen wird der durchzuführende ausgewählt.<br>3. **Lernparameter bestimmen**<br>Es werden Lernort, Lerngeschwindigkeit und Lerndauer bestimmt.<br>4. **Nächste Lerneinheit präsentieren**<br>Aus der Menge der im Telelearning-Lernablauf definierten Präsentationen wird die nächste noch nicht durchführte Präsentation dargeboten.<br>5. **ggf. Lerneinheiten gemäß festgelegtem Lernweg präsentieren**<br>Sofern im Telelearning-Lernablauf zuvor ein Lernweg festgelegt wurde, werden die Lerneinheiten gemäß des festgelegten Lernwegs präsentiert. Weiter mit Schritt 9.<br>6. **ggf. Navigationshilfe nutzen**<br>Sofern während der Präsentation eine Hilfestellung gewünscht ist, wird die aktuelle Präsentation unterbrochen und eine Navigationshilfe genutzt. Weiter mit Schritt 8.<br>7. **ggf. Lernberatung nutzen**<br>Sofern während der Präsentation eine Lernberatung gewünscht ist, wird die aktuelle Präsentation unterbrochen und eine Lernberatung genutzt. |
| *Ablauf (Fort.):* | 8. **ggf. Präsentation fortsetzen**<br>Sofern die Präsentation wegen Nutzung einer Navigationshilfe oder Lernberatung unterbrochen wurde, wird diese an der unterbrochenen Stelle fortgesetzt.<br>9. **Durchführung protokollieren**<br>Nachdem alle geplanten Lerneinheiten präsentiert wurden, wird die erfolgte Durchführung des Telelearning-Lernablaufs konserviert. |

**Tab. 7: Essenzbeschreibung: Lernangebotssteuerung mit „Telelearning durchführen"** ***(Teil 2)***

Die *„Modellierung des Systemanwendungsfall-Ablaufs"* der Essenzbeschreibung wird im folgenden Aktivitätsdiagramm dargestellt. Der aus der dynamischen Sicht im Aktivitätsdiagramm entwickelte Objektfluss, wird in der statischen Sicht des Klassendiagramms aufgegriffen.

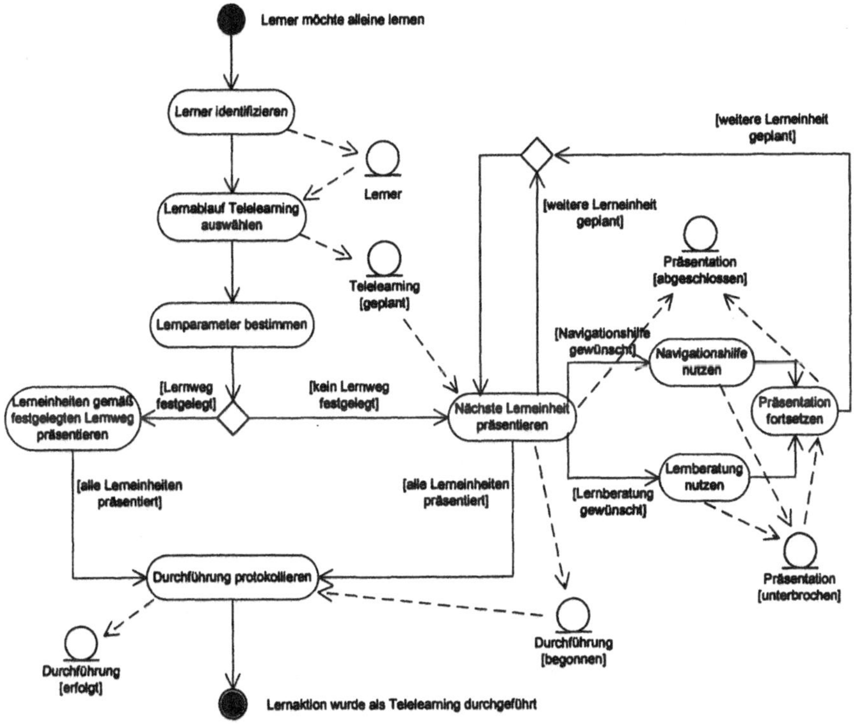


**Abb. 61: Aktivitätsdiagramm: Lernen und Lernangebot steuern**

Entsprechend der Vorgehensweise zur objektorientierten Anforderungsanalyse sind an dieser Stelle „Fachklassen zu identifizieren“ und im „Fachklassenmodell zu modellieren“. Das entwickelte Fachklassenmodell wird im Folgenden beschrieben.

Wenn eine im Lernablauf (Telelearning, Telekooperation o.ä.) geplante Präsentation im Rahmen der Lernaktion tatsächlich durchgeführt wird, so wird dies mit einer Durchführung, welche Ort und Zeit festhält, protokolliert. Jede Durchführung bezieht sich somit auf genau eine Präsentation. Umgekehrt kann jede Präsentation auch durchaus mehrfach oder gar nicht durchgeführt worden sein. Im Rahmen der Durchführung können mehrfach Lernberatungen oder Navigationshilfen genutzt worden sein. Auch dies wird für spätere Auswertungszwecke protokolliert. Das entwickelte Klassendiagramm veranschaulicht die Zusammenhänge.

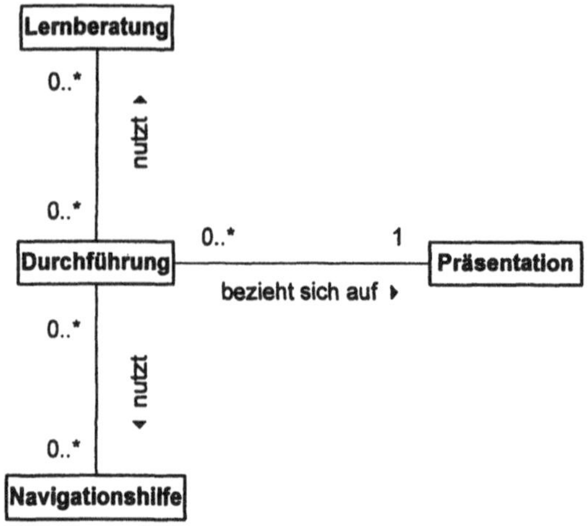


**Abb. 62: Klassendiagramm: Lernangebotssteuerung im CSL**

## 4.6 Lernerfolgskontrolle

### 4.6.1 Prozessbeschreibung der Lernerfolgskontrolle

Als unerlässlich erweisen sich im Rahmen des selbstgesteuerten Lernprozesses Rückmeldungsverfahren,[550] anhand derer der Lernende im Verlauf und am Ende von Lernabschnitten seinen eigenen Lernfortschritt einschätzen und einer Selbstreflexion unterziehen muss.[551] Eine fortwährende Kontrolle hinsichtlich der angestrebten Ziele ist erforderlich; gegebenenfalls sind notwendige Anpassungen vorzunehmen.[552]

Für die Lernerfolgskontrolle wird analog zur Vorgehensweise der objektorientierten Anforderungsanalyse der *„betroffene Prozess analysiert und beschrieben"*. Abbildung 63 veranschaulicht die Top-Level-Aktivität *„A5 - Lernerfolg kontrollieren"* untergliedert in den Teilprozess *„A5.1 - Lernerfolgskontrolle durchführen"* und *„A5.2 - Lernerfolg bewerten"*.

---

550 Vgl. Deitering, Franz G.: Selbstgesteuertes Lernen, 2., unveränderte Aufl., Göttingen et al.: Verlag für angewandte Psychologie 2001, S. 80.

551 Vgl. Dubs, Rolf: Selbständiges, eigenständiges oder selbstgeleitetes Lernen: Liegt darin die Zukunft?, a. a. O., S. 115 f.

552 Vgl. Konrad, Klaus; Traub, Silke: Selbstgesteuertes Lernen in Theorie und Praxis, a. a. O., S. 43.

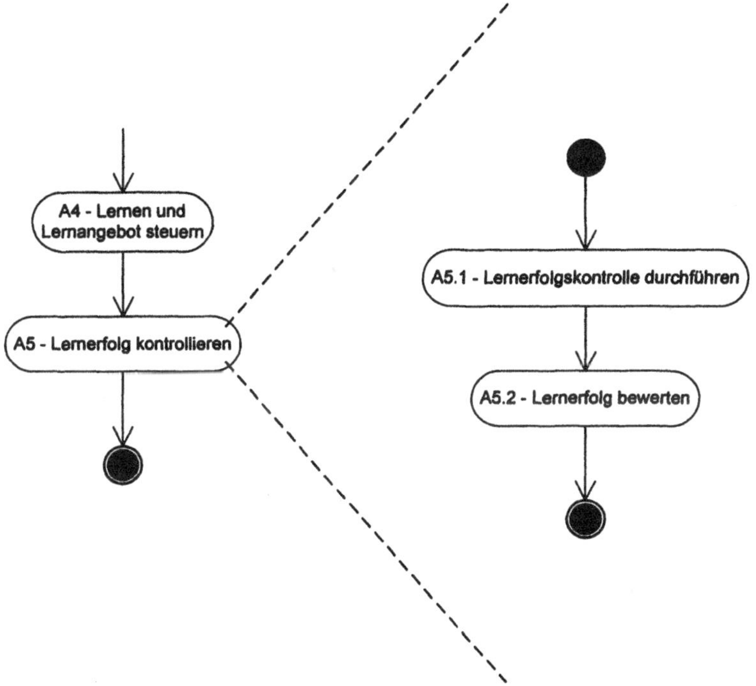


**Abb. 63: Aktivitätsdiagramm: Lernerfolgskontrolle im CSL**

### *A5.1 - Lernerfolgskontrolle durchführen*

Durchzuführende Aufgaben des Lernenden in dieser Phase der Lernerfolgskontrolle lassen sich als *Überwachungs-* und *Prüfungsaufgaben* konkretisieren.[553]

*Überwachungsaufgaben* dienen der kontinuierlichen Beobachtung und Interpretation des Lernprozesses im Hinblick auf den Lernfortschritt. Diesbezügliche Fragen vermag sich der Lerner selbständig durch den Einsatz entsprechender Übungsaufgaben zu beantworten. Ihre Bearbeitung zeigt eventuelle Kenntnislücken auf und veranlasst ein Nachdenken über die bisherige Lernstrategie;[554] darüber hinaus kann ein routinierterer Umgang mit dem erlernten Wissen ver-

553 Vgl. Fischer, Peter Michael; Mandl, Heinz: Selbstdiagnostische und selbstregulative Aspekte der Verarbeitung von Studientexten: Eine kritische Übersicht über Ansätze zur Förderung und Beeinflussung von Lernstrategien, a. a. O., S. 432 f.; Simons, P. Robert Jan: Lernen, selbständig zu lernen: Ein Rahmenmodell, a. a. O., S. 255.

554 Vgl. Konrad, Klaus: Lernen eigenständig reflektieren, überwachen und kontrollieren: Explorative Analyse handlungsleitender Kognitionen, a. a. O., S. 139.

mittelt werden.[555] Prüfungsaufgaben haben im Gegensatz zu Übungsaufgaben mehr den Charakter einer abschließenden Kontrolle der Lernzielerreichung.[556]

***A5.2 - Lernerfolg bewerten***

Bei der *Bewertung* kontrolliert und interpretiert der Lernende die Ergebnisse der Übungs- und Prüfungsaufgaben. Er versucht, positive oder negative Bearbeitungen zu personeninternen (z. B. Fähigkeit, Anstrengung) oder lernprozessspezifischen Faktoren (z. B. Zeitdruck, Verständlichkeit der Lernmaterialien) in Beziehung zu setzen.[557] Die gewonnenen Erkenntnisse bilden Anhaltspunkte für das weitere Vorgehen. Ein positiver Lernerfolg beendet den Lernprozess; bei negativer Aufgabenanalyse muss der Lernende weitere Lernvorgänge, wie z. B. das Bilden neuer Lernstrategien oder veränderter Lernzieldefinitionen, initiieren.

Die computerbasierte Lernumgebung kann in der Kontrollphase unterstützend fungieren, indem sie unterschiedliche Übungs- und Prüfungsaufgaben sowie anschließende Auswertungs- und Interpretationsmöglichkeiten der Ergebnisse bereitstellt. Auch sollte sie Prüfungsaufgaben bereitstellen, die den Lerner zur Anwendung des erworbenen Wissens veranlassen. Das Fachkonzept vertieft die Ausführungen zur Lernerfolgskontrolle.

## 4.6.2 Fachkonzept der Lernerfolgskontrolle

### 4.6.2.1 Einsatzbereiche von Testaufgaben

Testaufgaben dienen in linearen Systemen, wie z. B. Drill- and Practice Systemen, in der Regel ausschließlich der Überprüfung des Lernerfolgs; bei einem ungünstigen Ausgang werden dem Lernenden keine ergänzenden Lerninhalte vorgelegt.[558]

---

555 Vgl. Seufert, Sabine: Computer Assisted Learning (CAL): Grundlagen, Varianten, Entwicklung, a. a. O., S. 17.

556 Vgl. Fischer, Peter Michael; Mandl, Heinz: Selbstdiagnostische und selbstregulative Aspekte der Verarbeitung von Studientexten: Eine kritische Übersicht über Ansätze zur Förderung und Beeinflussung von Lernstrategien, a. a. O., S. 433.

557 Vgl. Friedrich, Helmut Felix; Mandl, Heinz: Psychologische Aspekte autodidaktischen Lernens, a. a. O., S. 206.

558 Vgl. Pohl, Christian: Methodik und Realisation von Systemen zur effizienten Wissensvermittlung durch Hypermedia, a. a. O., S. 132 f.

Computerbasierte Lernumgebungen mit dem Anspruch, das selbstgesteuerte Lernen unterstützen zu wollen, müssen zudem über zusätzliche Testaufgaben verfügen, die insgesamt den vier folgenden Funktionen gerecht werden:[559]

- Als *Lernerfolgskontrolle* im klassischen Sinne geben Testaufgaben dem Lerner Auskunft über den Umfang, in dem er sein Lernziel erreicht hat.
- Testaufgaben müssen auch zur *Übung* und *Anwendung* der erarbeiteten Lerninhalte beitragen; die aufgebauten Kompetenzen des Lerners können gefestigt und auf ähnliche Sachverhalte übertragen werden.
- Außerdem sollen Testaufgaben die *Motivation* des Lernenden verstärken; eine erfolgreiche Bearbeitung und positive detaillierte Rückmeldungen verdeutlichen den Wissensfortschritt, so dass leistungsorientierte Lerner z. B. einen Anreiz verspüren, zusätzliche Lernbereiche erarbeiten zu wollen.
- Darüber hinaus können Testaufgaben zur *Steuerung des weiteren Lernweges* eingesetzt werden. Auf der Basis der bearbeiteten Verfahren und ihrer Lösungen diagnostiziert die Lernumgebung den aktuellen Wissensstand, den Informationsbedarf sowie die persönlichen Lerngewohnheiten des Benutzers und ermittelt individuell angepasste Lernschritte. Diese adaptiven Maßnahmen müssen jedoch im Kontext mit den Bedingungen des selbstgesteuerten Lernprozesses durch explizite Entscheidungen des Lernenden ausgelöst werden.

Unter den angeführten Aspekten sollten computerbasierte Lernumgebungen dem Lernenden eine reichhaltige Auswahl von Testverfahren zur Verfügung stellen, beispielsweise durch unterschiedlich gestaltete Übungs- und Prüfungsaufgaben. Diese können eine ähnliche Konzeption aufweisen; ihre Unterscheidungsmerkmale liegen in der Häufigkeit und im Zweck der Bearbeitung. Übungsaufgaben werden in der Regel vom Lerner in kürzeren Intervallen zur Vertiefung und Kontrolle einzelner Lernabschnitte herangezogen; Prüfungsaufgaben zielen primär auf eine abschließende, lernabschnittsübergreifende Kontrolle des Lernerfolgs. Zur sprachlichen Vereinfachung wird im weiteren Verlauf der Arbeit von Testaufgaben oder allgemein von Aufgaben gesprochen, wobei immer Übungs- und Prüfungsaufgaben gemeint sind.

#### 4.6.2.2 Typen von Testaufgaben

Bei der Verwendung von Testaufgaben in computerbasierten Lernumgebungen können verschiedene Aufgabentypen eingesetzt werden, die möglichst reich an Varianten sein sollten. Sie eröffnen dem Lerner einen großen Handlungsspiel-

559 Vgl. Euler, Dieter: Didaktik des computerunterstützten Lernens: Praktische Gestaltung und theoretische Grundlagen, a. a. O., S. 128.

raum innerhalb des selbstgesteuerten Lernprozesses und ermöglichen Entscheidungen für bestimmte Testaufgaben, z. B. aufgrund persönlicher Präferenzen oder des Schwierigkeitsgrades bzw. Anspruchsniveaus der definierten Lernziele.

Aufgaben mit gebundener Antwortform geben feste Antwortmöglichkeiten vor und erlauben im Gegensatz zu Aufgaben mit freier Antwortform nicht das Formulieren eigener Antworten.[560] Tabelle 8 gibt einen Überblick über mögliche Aufgabentypen, unterteilt nach Antwortformen des Lernenden, anschließend werden diese näher erläutert.

| TESTAUFGABEN | | |
|---|---|---|
| Aufgabentyp | | Antwortform |
| a) | 0/1-Abfrage | gebunden |
| b) | Einfachauswahl-Aufgabe | gebunden |
| c) | Multiple-Choice-Aufgabe (Mehrfachauswahl-Aufgabe) | gebunden |
| d) | Anordnungsaufgabe | gebunden |
| e) | Zuordnungsaufgabe | gebunden |
| f) | Begriffsabfrage | frei |
| g) | Lückentext | frei |
| h) | Auswahlaufgabe mit Eingabemöglichkeit | frei |
| i) | freie Eingabe | frei |

**Tab. 8: Überblick über Typen von Testaufgaben[561]**

a) Die *0/1-Abfrage* oder Ja/Nein-Abfrage bietet nur zwei Antwortalternativen, von denen eine richtig und eine falsch ist. Grundsätzlich sollte diese Aufgabe nicht zur Wissensabfrage, sondern mehr zur Aktivierung und Motivierung eingesetzt werden.[562] Die trivial erscheinende 0/1-Abfrage kann jedoch den

560 Vgl. Lienert, Gustav A.; Raatz, Ulrich: Testaufbau und Testanalyse, 5., völlig neubearb. und erw. Aufl., Weinheim et al.: Beltz Verlag 1994, S. 18.

561 In Anlehnung an: Gabele, Eduard; Zürn, Brigitte: Entwicklung interaktiver Lernprogramme, a. a. O., S. 266.

562 Vgl. Lienert, Gustav A.; Raatz, Ulrich: Testaufbau und Testanalyse, a. a. O., S. 18 und Gabele, Eduard; Zürn, Brigitte: Entwicklung interaktiver Lernprogramme, a. a. O., S. 245 f.

Lerner mit sehr spezifizierten Aufgabenformulierungen vor durchaus intellektuelle Anforderungen stellen.[563]

b) Die *Einfachauswahl-Aufgabe* gibt dem Lernenden mehrere Antwortmöglichkeiten vor, von denen er eine als die richtige auszuwählen hat. Damit sich keine Fehler aufgrund unterschiedlich interpretierbarer Antwortalternativen einschleichen, sollten diese sorgfältig abgefasst sein. Die falschen Lösungsmöglichkeiten (Distraktoren) müssen im Vergleich zu den richtigen über eine angemessene Plausibilität verfügen, um ablenken zu können.[564] Das Vorhandensein von mindestens vier Antwortalternativen schließt ein Raten der richtigen nach Möglichkeit aus. Gegenüber der 0/1-Abfrage erhöht sich die Aussagekraft im Hinblick auf das Wissen des Lerners, muss aber dennoch nicht seinen tatsächlichen Kenntnisstand widerspiegeln. Die Einfachauswahl-Aufgabe eignet sich zur Abfrage von Fakten; das echte Verständnis eines Sachverhalts kann nicht getestet werden.[565]

c) Eine *Multiple-Choice-Aufgabe* (Mehrfachauswahl-Aufgabe) basiert auf einer ähnlichen Konzeption. Dem Lerner werden zu einer Fragestellung mehrere Antwortmöglichkeiten vorgelegt, von denen jedoch nicht nur eine, sondern keine bis alle richtig sein können. Das Finden der richtigen Lösung durch Raten wird erschwert, da der Lernende die Anzahl der richtigen Antworten nicht kennt. Bei Multiple-Choice-Aufgaben besteht die Möglichkeit, den Schwierigkeitsgrad stark zu variieren. Je nach Tiefe des abzufragenden Wissens können Antwortalternativen inhaltlich kaum differieren oder sehr unterschiedlich sein. Die Multiple-Choice-Aufgaben werden in der Regel ebenfalls nur zur Kenntnisabfrage eingesetzt;[566] jedoch lassen sich auch Multiple-Choice-Aufgaben konstruieren, die die Anwendung von Wissen bzw. Fertigkeiten üben und untersuchen.[567]

---

563 Vgl. Dick, Egon: Multimediale Lernprogramme und telematische Lernarrangements: Einführung in die didaktische Gestaltung, a. a. O., S. 109.

564 Vgl. Kleber, Eduard Werner: Tests in der Schule: Instrumente zur Gewinnung diagnostischer Informationen zur Lernsteuerung und Lernkontrolle, München et al.: Ernst Reinhardt Verlag 1979, S. 111.

565 Vgl. Gabele, Eduard; Zürn, Brigitte: Entwicklung interaktiver Lernprogramme, a. a. O., S. 247 f.

566 Vgl. Gabele, Eduard; Zürn, Brigitte: Entwicklung interaktiver Lernprogramme, a. a. O., S. 249 f.

567 Vgl. Kerres, Michael: Multimediale und telemediale Lernumgebungen, Konzeption und Entwicklung, a. a. O., S. 207; Schanda, Franz: Computer-Lernprogramme: Wie damit gelernt wird, wie sie entwickelt werden, was sie im Unternehmen leisten, a. a. O., S. 79.

d) Im Rahmen der *Anordnungsaufgabe* muss der Lerner Begriffe, Handlungen oder Vorgänge in eine zeitliche, räumliche bzw. sachliche Reihenfolge oder in einen sonstigen Sinnzusammenhang bringen. Die Aufgabenstellung kann dadurch erschwert werden, indem mehr Vorgaben zur Auswahl stehen als angeordnet werden sollen.[568] Die Bearbeitung der Anordnungsaufgabe gibt Aufschluss über die Fähigkeit, eine bestimmte Handlungsfolge festzulegen, wie z. B. das Ausfüllen eines Formulars oder die Bedienung eines technischen Gerätes.[569]

e) Die *Zuordnungsaufgabe* präsentiert dem Lernenden zwei oder mehr Lösungsblöcke, deren Inhalte so miteinander zu verknüpfen sind, dass sich eine sinnvolle Beziehung ergibt, wie sie in der Aufgabenstellung gefordert wird. Abhängig von deren Schwierigkeitsgrad können zwischen den Elementen dieser Blöcke 1:1, 1:n oder n:m Beziehungen bzw. Zuordnungen bestehen.[570] Zuordnungsaufgaben bieten sich besonders zum Abfragen von Strukturen sowie Kontexten an und überprüfen Zusammenhänge besser als Anordnungsaufgaben.[571]

Sowohl An- als auch Zuordnungsaufgaben erlauben das Herstellen sinnvoller Praxisbezüge.[572] Durch vielfältige Gestaltungsvarianten, die z. B. auch Grafiken einbeziehen, lockern sie eine Lernumgebung auf und tragen zum Verständnis der Lerninhalte bei. Lernern, die eine visuelle Darstellungsform präferieren, gewährt diese Art der Aufgaben eine erhebliche Unterstützung des Lernprozesses. Im Unterschied zu Auswahlaufgaben verlangen An- und Zuordnungsaufgaben Transferleistungen und Analogieschlüsse, die höheren Ansprüchen gerecht werden.[573]

Bei Aufgaben mit freier Antwortform besitzt der Lerner die Möglichkeit, selbst Begriffe zu bilden und einzugeben, ohne an vordefinierte Antwortalternativen

---

568 Vgl. Gabele, Eduard; Zürn, Brigitte: Entwicklung interaktiver Lernprogramme, a. a. O., S. 255.

569 Vgl. Euler, Dieter: Didaktik des computerunterstützten Lernens: Praktische Gestaltung und theoretische Grundlagen, a. a. O., S. 133.

570 Vgl. Lienert, Gustav A.; Raatz, Ulrich: Testaufbau und Testanalyse, a. a. O., S. 19; Gabele, Eduard; Zürn, Brigitte: Entwicklung interaktiver Lernprogramme, a. a. O., S. 261.

571 Vgl. Gabele, Eduard; Zürn, Brigitte: Entwicklung interaktiver Lernprogramme, a. a. O., S. 265.

572 Vgl. Schanda, Franz: Computer-Lernprogramme: Wie damit gelernt wird, wie sie entwickelt werden, was sie im Unternehmen leisten, a. a. O., S. 79.

573 Vgl. Gabele, Eduard; Zürn, Brigitte: Entwicklung interaktiver Lernprogramme, a. a. O., S. 267.

gebunden zu sein; Eingaben können in Form von Worten, Zahlen oder Zeichen erfolgen. Aufgaben mit freier Antwortform erfordern vom Lerner generell ein aktiveres Verhalten als solche mit gebundener Antwortform.[574]

f) Im Kontext der *Begriffsabfrage* muss der Lernende ein Wort oder einen Wert in einen dafür vorgesehenen Bereich einsetzen. Die Fragestellung sollte so eindeutig formuliert sein, dass nur wenige Begriffe als Antwortmöglichkeit in Betracht kommen. Begriffsabfragen erweisen sich als geeignet zur Überprüfung von Faktenwissen, wie z. B. Vokabeln, Fachwörtern, Paragraphen, Rechenformeln oder Größen.[575]

g) Beim *Lückentext* werden in zusammenhängenden Textpassagen oder Grafiken an bestimmten Schlüsselpositionen Begriffe oder Werte ausgelassen und durch Lücken ersetzt, in die der Lerner die fehlenden Inhalte eintragen muss. Die exakte Zahl der einzugebenden Zeichen sollte nicht bekannt sein, um ein Raten zu verhindern.[576] Lückentexte bieten sich zur Abfrage von Begriffen oder Werten in einem Gesamtkontext an; ebenso kann Transferdenken bzw. Handlungswissen mit Hilfe durchdachter Textformulierungen gefördert und untersucht werden.[577]

h) Die *Auswahlaufgabe mit Eingabemöglichkeit* stellt eine Weiterentwicklung des Lückentextes dar. Der Lernende wählt auf dem Bildschirm beliebige Positionen aus, an denen er Begriffe oder Werte einfügen möchte. Lücken werden dem Benutzer nicht vorgegeben; er muss die zu ergänzenden Bereiche finden und selbständig entscheiden, an welchen Stellen eine Eingabe fehlt. Bei dieser Art von Aufgaben kommen häufig Grafiken und Tabellen zum Einsatz, die zu vervollständigen sind. Wegen des hohen Freiheitsgrades eignen sich die Aufgaben besonders zur Überprüfung des Verständnisses von Lerninhalten sowie zum Testen von Transferdenken.[578]

---

574 Vgl. Lienert, Gustav A.; Raatz, Ulrich: Testaufbau und Testanalyse, a. a. O., S. 20; Gabele, Eduard; Zürn, Brigitte: Entwicklung interaktiver Lernprogramme, a. a. O., S. 267.

575 Vgl. Gabele, Eduard; Zürn, Brigitte: Entwicklung interaktiver Lernprogramme, a. a. O., S. 271 f.

576 Vgl. Lienert, Gustav A.; Raatz, Ulrich: Testaufbau und Testanalyse, a. a. O., S. 20 f.; Steppi, Hubert: CBT- Computer Based Training: Planung, Design und Entwicklung interaktiver Lernprogramme, Stuttgart: Klett Verlag 1989, S. 82.

577 Vgl. Gabele, Eduard; Zürn, Brigitte: Entwicklung interaktiver Lernprogramme, a. a. O., S. 279.

578 Vgl. Gabele, Eduard; Zürn, Brigitte: Entwicklung interaktiver Lernprogramme, a. a. O., S. 281 f.

i) Im Rahmen der *freien Eingabe* konstruiert der Lernende die Antwort auf eine Fragestellung selbst und gibt sie in ganzen Sätzen ein. Als flexibelste Aufgabenform überprüft ein gestalteter Freitext sowohl das Verständnis komplexer Fachinhalte als auch die Kenntnis von Vorgehensweisen. Der Lerner kann Aufgaben bearbeiten, die eine Verknüpfung bekannter Sachverhalte verlangen und Transferdenken erfordern.[579]

Tendenziell bieten sich Aufgaben mit gebundener Antwortform eher im Hinblick auf Lernziele mit niedrigerem Niveau oder Schwierigkeitsgrad an, wie z. B. bezüglich der Reproduktion von Faktenwissen und des Erlernens einfacher Fertigkeiten. Falls der Lernende dagegen Übungen zur Anwendung und zum Transfer der Lerninhalte bearbeiten will, sollte er die anspruchsvolleren Aufgaben mit freier Antwortform wählen.[580] Bei computerbasierten Lernumgebungen sollte der Lerner die Möglichkeit haben, in einer großen Auswahl von Testaufgaben wählen zu können und diese nach Bedarf einzusetzen.

#### 4.6.2.3 Bewertung von Testaufgaben

Im Rahmen der Antwortanalyse wertet die computerbasierte Lernumgebung die bearbeiteten Aufgaben aus, indem sie deren Korrektheit überprüft und darüber hinaus bei falschen oder nur teilweise richtigen Lösungen die Fehlerursache ermittelt.[581] Die Ergebnisse der Antwortanalyse werden später zur Ausgestaltung der Rückmeldung (engl.: Feedback) für den Lerner benötigt.

Die jeweilige Aufgabenform entscheidet über Ablauf und Komplexität der Antwortanalyse. Die Auswertung *gebundener Aufgabenformen* wird in der Regel durch einen einfachen Vergleich der Lernereingaben mit einer gespeicherten Musterlösung realisiert,[582] wobei das System überprüft, ob die gesamte Antwort oder nur Antwortteile übereinstimmen.

Bei *Aufgaben mit freier Antwortform* gestaltet sich die Antwortanalyse technisch wesentlich schwieriger; sie kann beispielsweise analog der Auswertung

---

579 Vgl. Euler, Dieter: Didaktik des computerunterstützten Lernens: Praktische Gestaltung und theoretische Grundlagen, a. a. O., S. 134; Gabele, Eduard; Zürn, Brigitte: Entwicklung interaktiver Lernprogramme, a. a. O., S. 291.

580 Vgl. Sageder, Josef: Didaktische Aspekte des Einsatzes von Computern für Lehren und Lernen, in: Computer Based Training, Hrsg.: Seidel, Christoph, Göttingen: Hogrefe Verlag 1993, S. 71.

581 Vgl. Pohl, Christian: Methodik und Realisation von Systemen zur effizienten Wissensvermittlung durch Hypermedia, a. a. O., S. 135.

582 Vgl. Euler, Dieter: Didaktik des computerunterstützten Lernens: Praktische Gestaltung und theoretische Grundlagen, a. a. O., S. 129.

gebundener Aufgaben im Hinblick auf Exaktheit oder das Vorhandensein zentraler Zeichen bzw. Schlüsselworte erfolgen.[583] Hierzu muss die Lernumgebung bei der Auswertung von Benutzereingaben Toleranzgrenzen (Matching-Regeln) vorsehen, wie z. B.:[584]

- Akzeptieren von Groß- und Kleinschreibung,
- Gestatten von Endungsvariationen sowie des Gebrauchs von Singular und Plural,
- Tolerieren von Schreibfehlern,
- Berücksichtigen von Synonymen,
- Ausblenden von Füllwörtern und irrelevanten Leer- und Sonderzeichen,
- Zulassen von Toleranzen bei Zahleneingaben,
- ggf. billigen ungefährer Rechenergebnisse.

Mit einer spezifischen Auswertung von Aufgaben, die eine freie Antwortmöglichkeit in Form langer Texteingaben erlauben, erscheinen derzeitige Lernumgebungen jedoch weiterhin überfordert; die Ursache liegt in dem alogischen Aufbau von Sprache und den unterschiedlichen Bedeutungen, die Wörter je nach verwendetem Sinnzusammenhang haben können.[585] Auch die Künstliche Intelligenz-Forschung, die sich mit der Nachbildung bestimmter Aspekte menschlicher Intelligenz, wie z. B. der Spracherkennung, auf Computersystemen beschäftigt,[586] wird diese Probleme in absehbarer Zeit nicht umfassend lösen können.

Auf der Grundlage der Antwortanalyse liefert die Lernumgebung eine angemessene Rückmeldung, wobei der Lernende zwischen einer unmittelbaren Rückmeldung nach jeder bearbeiteten Aufgabe sowie einer solchen, die erst nach der Lösung mehrerer Aufgaben im Rahmen eines größeren Tests erfolgt, wählen

583 Vgl. Euler, Dieter: Didaktik des computerunterstützten Lernens: Praktische Gestaltung und theoretische Grundlagen, a. a. O., S. 129.

584 Vgl. Götz, Klaus; Häfner, Peter: Computerunterstütztes Lernen in der Aus- und Weiterbildung, in: Reihe: Neue Formen des Lernens im Betrieb, Schriftenreihe des Arbeitskreises Pädagogische Hochschulen/Wirtschaft in Baden-Württemberg, Bd. 1, Hrsg.: Pieper, Jürgen; Schwark, Wolfgang, Weinheim: Deutscher Studien Verlag 1991, S. 184 f.; Bodendorf, Freimut: Computer in der fachlichen und universitären Ausbildung, a. a. O., S. 63.

585 Vgl. Schanda, Franz: Computer-Lernprogramme: Wie damit gelernt wird, wie sie entwickelt werden, was sie im Unternehmen leisten, a. a. O., S. 82.

586 Vgl. Microsoft Press: Computer-Fachlexikon: mit Fachwörterbuch, a. a. O, S. 419.

kann.[587] Zur Förderung eines effizienten Lernprozesses sollte die Ausgestaltung der Rückmeldung grundsätzliche Bedingungen erfüllen, von denen drei wesentliche im Folgenden genannt werden:

1. Dem Lerner muss offensichtlich sein, ob seine Lösung oder Lösungsteile als „richtig" oder „falsch" bewertet wurden;[588] ein mögliches Beschönigen einer falschen Lösung kann zu Missverständnissen führen und positive Lernfortschritte erschweren.

2. Die Rückmeldung sollte einen möglichst hohen Informationsgehalt besitzen; ein differenzierter Lösungskommentar analysiert falsche Antworten, bietet Musterlösungen und liefert Begründungen für richtige Antworten.[589] Die Kommentare der „korrektiven Rückmeldung"[590] sowie auch der positiven Rückmeldung müssen mit ansteigendem Schwierigkeitsgrad der bearbeiteten Aufgaben ausführlicher werden. Das selbständige Erkennen eines Denkfehlers bzw. Wissensdefizites ist als Idealfall anzustreben und stellt ein entscheidendes Kriterium im selbstgesteuerten Lernprozess dar. Die Verfügung über metakognitives Wissen erweist sich hierbei als essenziell.

3. Auf der Basis der interpretierten Lösungen unterrichtet die Lernumgebung den Lernenden über den gegenwärtigen Stand und die Fortschritte im Lernprozess.[591] Der Grad der Zielerreichung sowohl hinsichtlich der aktuellen als auch der gesamten Lerneinheit lässt sich z. B. in grafischer Form anzeigen.[592] Ferner sollte sie auch das Ergebnis einzelner Aufgaben in Form eines Punktwertes anzeigen, das in Beziehung gesetzt werden kann zu einem durchschnittlich erreichten Punktwerteergebnis.[593] Diese Informationen dienen als Grundlage zur weiteren Planung, Steuerung und Kontrolle des Lernprozesses oder beenden ihn, wenn die Lernziele vollständig erreicht wurden.

---

587 Vgl. Pohl, Christian: Methodik und Realisation von Systemen zur effizienten Wissensvermittlung durch Hypermedia, a. a. O., S. 136.

588 Vgl. Schanda, Franz: Computer-Lernprogramme: Wie damit gelernt wird, wie sie entwickelt werden, was sie im Unternehmen leisten, a. a. O., S. 86.

589 Vgl. Alessi, Stephen M.; Trollip, Stanley R.: Computer-Based Instruction: Methods and Development, a. a. O., S. 212.

590 Vgl. Euler, Dieter: Didaktik des computerunterstützten Lernens: Praktische Gestaltung und theoretische Grundlagen, a. a. O., S. 141.

591 Vgl. Schanda, Franz: Computer-Lernprogramme: Wie damit gelernt wird, wie sie entwickelt werden, was sie im Unternehmen leisten, a. a. O., S. 86.

592 Vgl. Schäfer, Roland: Computergestützte Lernumgebungen in der Betriebswirtschaftslehre: Analyse und Konstruktion aus Sicht des selbstgesteuerten Lernens, a. a. O, S. 257.

593 Vgl. Schäfer, Roland: Computergestützte Lernumgebungen in der Betriebswirtschaftslehre: Analyse und Konstruktion aus Sicht des selbstgesteuerten Lernens, a. a. O, S. 260.

Im Hinblick auf die Eigenverantwortlichkeit des Lernenden sollte es die Lernumgebung ermöglichen, nach Fehllösungen die Wahl zwischen einem direkten Einsehen der kompletten Musterlösung oder einem vorgeschalteten Benutzen weiterer Optionen zur Bewältigung der Aufgabe zu gewähren. Beispielsweise könnte die Lernumgebung Fragen in variierter Form wiederholen, Lösungshinweise in verschiedenen Detailstufen angegeben, Antworten für ähnliche Probleme präsentieren oder Lösungsbereiche nur teilweise zeigen.[594] Diese Optionen, die sich vor allem für Übungs- und weniger für abschließende Prüfungsaufgaben als relevant erweisen, veranlassen eine zum Teil noch selbständige Bearbeitung sowie darüber hinaus eine aktive Auseinandersetzung mit den Aufgaben bzw. Lerninhalten.

Im selbstgesteuerten Lernprozess bilden detaillierte Rückmeldungen die Basis für weiterführende Planungen, die die Lernumgebung auf Wunsch des Lerners durch explizite Vorschläge unterstützen kann. Fortgeschrittene Benutzer sollten jedoch selbständig Entscheidungen treffen können, die auf einer Auswertung aller relevanten Informationen zur Lernkontrolle beruhen. Das System sollte entsprechende Daten wie Einzelergebnisse zu jeder Teilaufgabe, Lösungsversuche, in Anspruch genommene Hilfeleistungen sowie Angaben zur Qualität der Lösungen festhalten und sie bei Bedarf zur Verfügung stellen.

### 4.6.3 Objektorientiertes Anforderungsmodell der Lernerfolgs kontrolle

Aufbauend auf die Prozessbeschreibung und das Fachkonzept der Lernerfolgskontrolle sind entsprechend der Vorgehensweise zur objektorientierten Anforderungsanalyse *„Systemanwendungsfälle zu identifizieren"* und *„zu gruppieren"*. Im folgenden Paket der Lernerfolgskontrolle sind exemplarische Systemanwendungsfälle aufgeführt. Erfasst wurden die Systemanwendungsfälle *„Lernerfolgskontrolle definieren"*, *„Lernerfolg kontrollieren"*, *„Lernergebnisse interpretieren"* und *„Maßnahmen ableiten"*.

Der Systemanwendungsfall *„Lernerfolg kontrollieren"* wird durch die Anwendungsfälle *„Lernergebnisse interpretieren"* und *„Lernerfolgskontrolle definieren"* erweitert. Wünscht der Lerner eine Interpretation oder ist keine geeignete Lernkontrolle vorhanden, so greift er auf diese zurück. Der Systemanwendungs-

---

594 Vgl. Bodendorf, Freimut: Computer in der fachlichen und universitären Ausbildung, a. a. O., S. 63; Zeidler, Beate: Computergestütztes Fremdsprachenlernen, in: Computergestütztes Lernen in der beruflichen Weiterbildung: Was leisten Lernprogramme?, Hrsg.: Klein, Rosemarie, in: Reihe: Europool: Werkstattbericht, Bd. 2, Hrsg.: Akademie für Jugend und Berufe, Hattingen 1997, S. 31.

fall *„Lernergebnisse interpretieren"* wird seinerseits vom Systemanwendungfall *„Maßnahmen ableiten"* erweitert, sofern ein Maßnahmenvorschlag erwünscht wird. Der Prüfer ist hier als abstrakter Akteur aufgeführt, da die Rolle des Prüfers konkret entweder durch den Tutor oder den Lerner eingenommen werden kann.

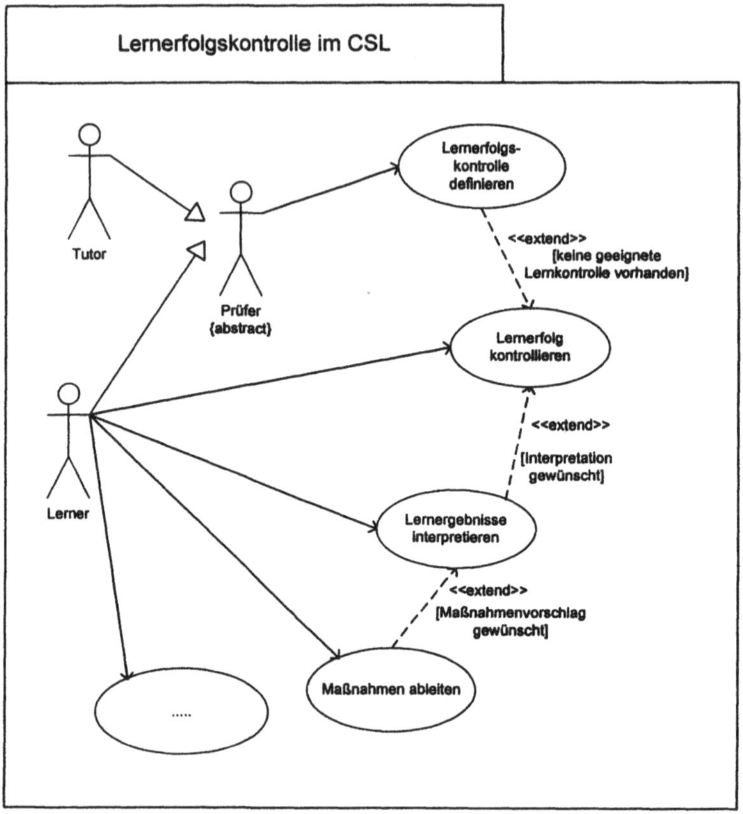


**Abb. 64: Anwendungsfalldiagramm: Lernerfolgskontrolle im CSL**

Gemäß der Vorgehensweise zur objektorientierten Anforderungsanalyse wird beispielhaft ein *„Systemanwendungfall essenziell beschrieben"*. Der Anwendungsfall *„Lernerfolg kontrollieren"* wird hierbei näher betrachtet.

| Name: | Lernerfolg kontrollieren |
|---|---|
| *Kurzbeschreibung:* | Der Lerner kontrolliert mittels Tests zu seinem aktuellen Wissensdefizit den vom ihm erzielten Lernerfolg. |
| *Akteure:* | Lerner |
| *Auslöser:* | Der Lerner möchte seinen Lernerfolg kontrollieren. |
| *Vorbedingungen, Annahmen:* | Keine |
| *Eingehende Informationen:* | Keine |
| *Ergebnisse:* | Durchgeführte Lernerfolgskontrollen, ggf. interpretierte Lernergebnisse, ggf. abgeleitete Maßnahmen |
| *Nachbedingungen::* | Lernerfolg wurde kontrolliert. |
| *Ablauf:* | 1. **Lerner identifizieren**<br>Anhand authentifizierender Informationen wird der Lerner identifiziert.<br>2. **Zu kontrollierende Lernziele bestimmen**<br>Aus der Menge der zuvor definierten Lernziele des Lerners werden diejenigen ausgewählt, deren Erreichung überprüft werden soll.<br>3. **Lernerfolgskontrollen auswählen**<br>Aus den für die ausgewählten Lernziele definierten Lernerfolgskontrollen werden die durchzuführenden bestimmt.<br>4. **ggf. Lernerfolgskontrollen definieren**<br>Sofern bisher keine geeigneten Lernerfolgskontrollen für die ausgewählten Lernziele definiert wurden, wird dies jetzt nachgeholt.<br>5. **Lernergebnisse ermitteln**<br>Aus der Durchführung der ausgewählten Lernerfolgskontrollen resultieren Lernergebnisse.<br>6. **ggf. Lernergebnisse interpretieren**<br>Sofern gewünscht, werden die ermittelten Lernergebnisse interpretiert.<br>7. **ggf. Maßnahmen ableiten**<br>Sofern gewünscht, werden aus den zuvor erstellten Interpretationen Maßnahmen für den Lerner abgeleitet, die sinnvollerweise als nächstes zu tun sind, um die Lernziele vollständig zu erreichen. |

**Tab. 9: Essenzbeschreibung: Lernerfolg kontrollieren**

Auf Basis des Ablaufs der Essenzbeschreibung veranschaulicht das folgende Aktivitätsdiagramm den dynamischen Aspekt des Systemanwendungsfalls „Lernerfolg kontrollieren“. Der im Aktivitätsdiagramm entwickelte Objektfluss wird anschließend im Klassendiagramm berücksichtigt.

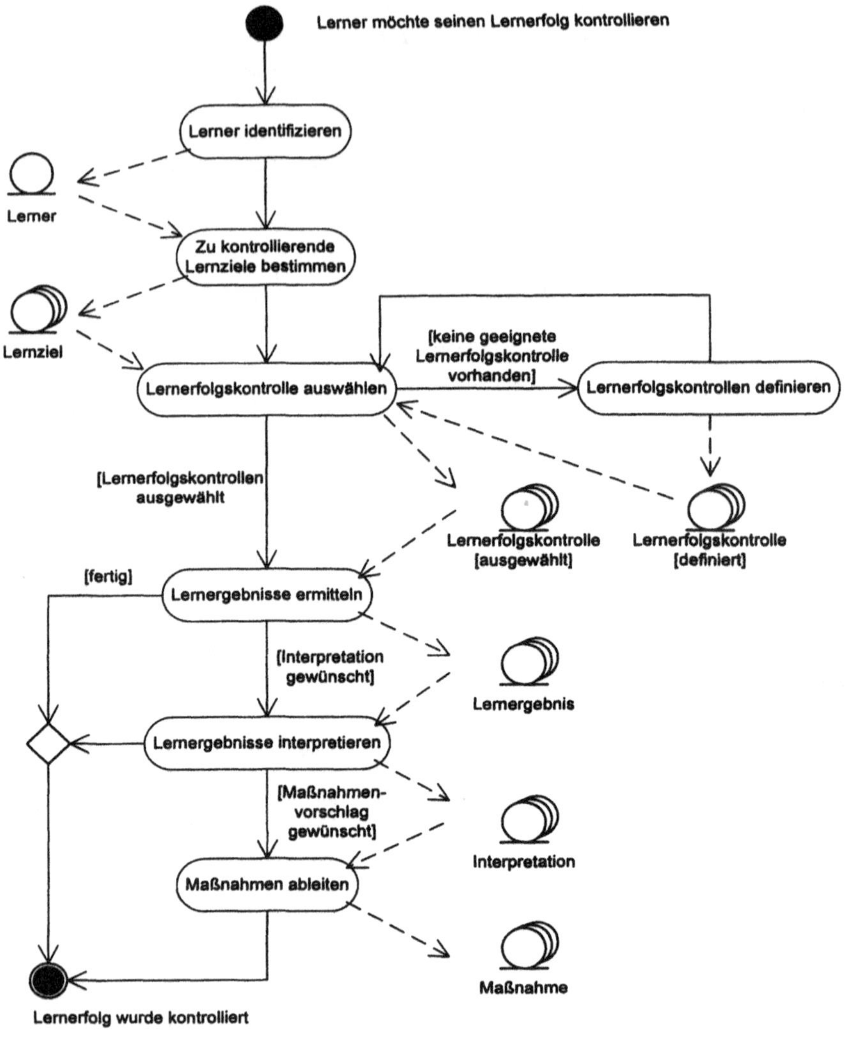


**Abb. 65: Aktivitätsdiagramm: Lernerfolg kontrollieren**

Analog zur Vorgehensweise der objektorientierten Anforderungsanalyse werden für die Lernerfolgskontrolle abschließend *„Fachklassen identifiziert"* und zum *„Fachklassenmodell modelliert"*.

Das Fachklassenmodell wird im Folgenden erläutert. Die Erreichung des Lernziels wird durch die Lernerfolgskontrolle überprüft. Der Begriff „Lernziel" wird als abstrakter Oberbegriff definiert, der konkret entweder als Bedarfsziel oder als Zwischenziel existiert.[595] Die Lernerfolgkontrolle überprüft somit stets die Erreichung eines Lernziels in Form eines konkreten Bedarfs- oder Zwischenziels. Die Lernerfolgskontrolle ermittelt Lernergebnisse. Sofern gewünscht wird eine Maßnahme empfohlen oder eine Interpretation für die Lernerfolgskontrolle gegeben. Die Lernerfolgskontrolle ist selber eine Art Test, was durch die Generalisierungsbeziehung ausgedrückt wird. Der Test enthält Testaufgaben, die ihrerseits eine Aggregation, d.h. ein Teil der Lernerfolgskontrolle sind.

Abbildung 66 veranschaulicht den Zusammenhang im Klassendiagramm.

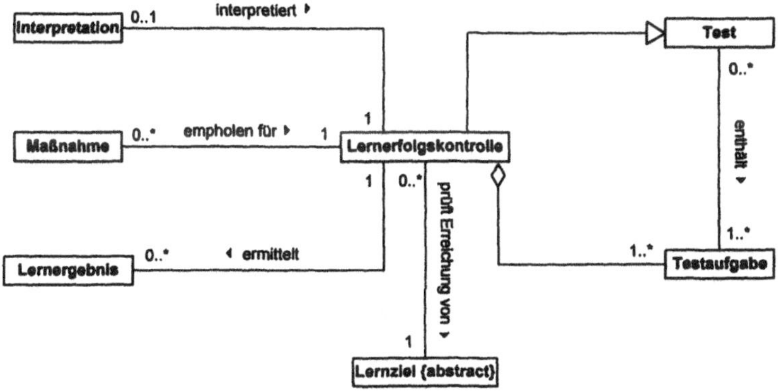


**Abb. 66: Klassendiagramm: Lernerfolgskontrolle im CSL**

## 4.7 Objektorientiertes Anforderungsmodell: Zusammenfassung des Klassendiagramms computerbasierten selbstgesteuerten Lernens

Abschließend werden die entwickelten statischen Modelle des computerbasierten selbstgesteuerten Lernprozesses in einem Klassendiagramm zusammengeführt. Aus dem entwickelten Klassendiagramm ist ersichtlich, wie die vorgestellten Phasen Lernbedarfsplanung, Lernzielplanung, Lernablaufplanung, Lernangebotssteuerung und Lernerfolgskontrolle verzahnt sind und ineinander greifen.

Durch die statische Gesamtbetrachtung wird auch veranschaulicht, dass es nicht möglich ist, eine Phase des Lernprozesses auszulassen oder zu überspringen. Wird beispielsweise auf die Lernzielplanung verzichtet, fehlt die Verbindung

595 Vgl. Ausführungen in *Kap. 4.3.3* Objektorientiertes Anforderungsmodell der Lernzielplanung; *Kap. 2.3.4* Grundlagen der Unified Modeling Language, Abb. 19: Abstrakte Klassen.

zwischen dem Lernbedarf und dem notwendigen Lernablaufplan. Auch kann keine Lernerfolgskontrolle durchgeführt werden, da diese die Erreichung eben jener Lernziele überprüft. Analog verhält es sich mit den anderen Phasen, die ebenfalls nicht beliebig wahrgenommen werden können, sondern einen festen Bestandteil eines Gesamtsystems bilden.

Das nahtlose Zusammenfügen der entwickelten Klassendiagramme, validiert die Stimmigkeit des Gesamtklassendiagramms sowie der einzelen Phasen untereinander.

Die Abfolge, in welcher die einzelnen Phasen zu durchlaufen sind, können aus der statischen Sicht des Klassendiagramms nicht entnommen werden. Dies ist auch nicht die Aufgabe des Klassendiagramms, sondern Aufgabe der komplementären dynamischen Sicht, die durch die Aktivitätsdiagramme erfasst wurde. Der Gesamtprozess der dynamischen Sicht wurde bereits im Überblick in *Kapitel 4.1* im Aktivitätsdiagramm „Computerbasierter selbstgesteuerter Lernprozess“ veranschaulicht. Die genauere Differenzierung der dynamischen Sicht wurde in den Unterkapiteln der jeweiligen Phase des Lernprozesses geleistet, sowie durch die Aktivitätsdiagramme weiter ausgeführt.

Abschließend veranschaulicht Abbildung 67 das Klassendiagramm computerbasierten selbstgesteuerten Lernens.

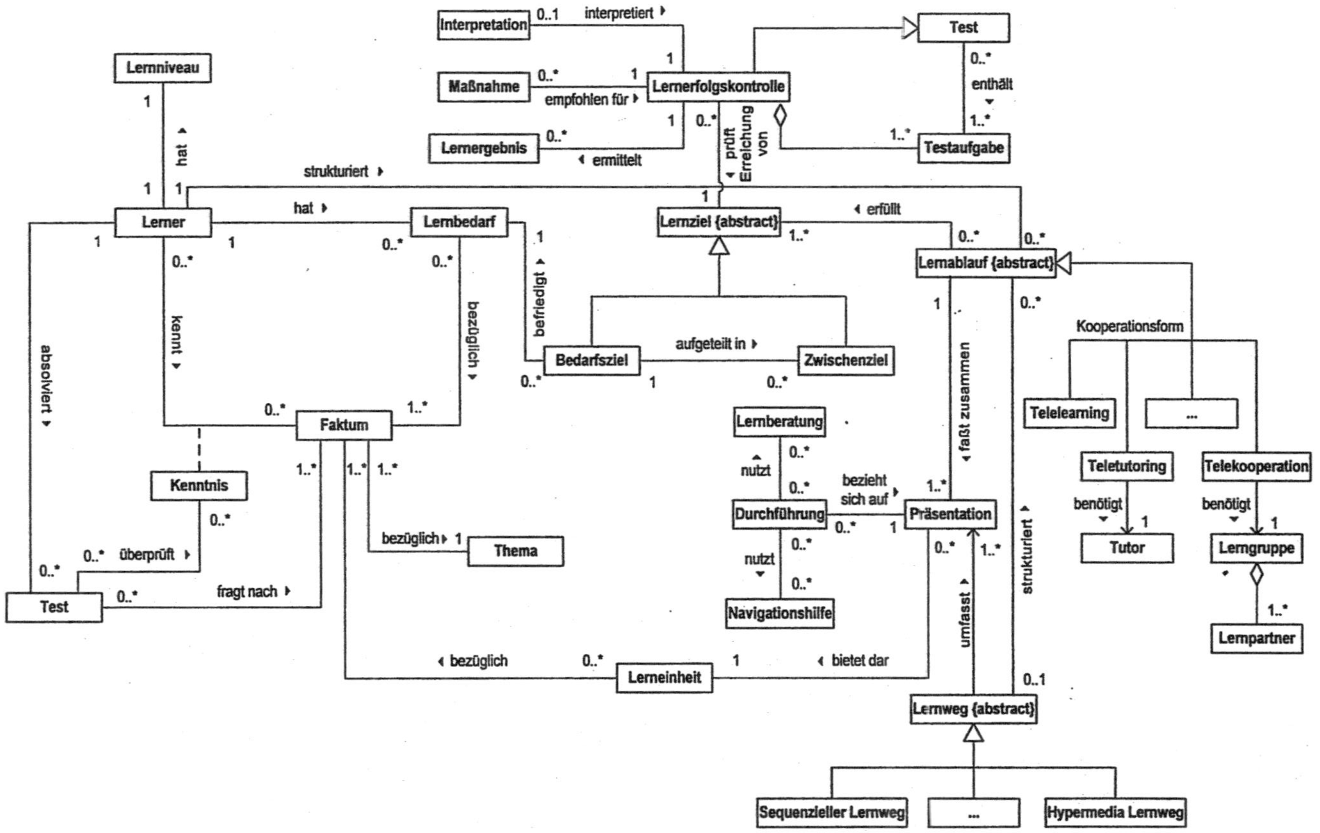


**Abb. 67: Klassendiagramm: Computerbasiertes selbstgesteuertes Lernen**

# 5 Organisatorische Anforderungen computerbasierten selbstgesteuerten Lernens

## 5.1 Organisatorische Rahmenbedingungen des Unternehmenskontextes

### 5.1.1 Anforderungen an ein lernförderliches Umfeld

Aufbauend auf dem entwickelten Analyserahmen des „Komponentenmodells computerbasierten selbstgesteuerten Lernens“[596] werden in *Kapitel 5* zentrale organisatorische Anforderungen computerbasierten selbstgesteuerten Lernens betrachtet.

Im Einzelnen werden zentrale organisatorischen Anforderungen des Unternehmenskontextes näher betrachtet, sowie Auszüge aus dem Qualitätsmanagements computerbasierten selbstgesteuerten Lernens mittels der UML veranschaulicht. Ergänzenden werden technische Rahmenbedingungen sowie kritische Erfolgsfaktoren bei der Einführung berücksichtigt.

Jedes Lernen hat auch sein Lernumfeld. Es umfasst alles, was sich außerhalb der lernenden Person befindet und den Aneignungsprozess in irgendeiner Weise beeinflusst, wobei der Lernende der jeweiligen Einwirkung nicht immer gewahr wird. Es stellt sich die Frage, wie das Lernumfeld gestaltet werden kann, damit es auf selbstgesteuerte Lernprozesse möglichst lernförderlich wirkt und einen optimalen Lernerfolg gewährleistet. Gemäßigt konstruktivistische Gestaltungsansätze ermöglichen hier eine erste Orientierung, weil sie aufgrund der Annahme, dass Selbststeuerung zum Wesen eines jeden Lernens gehört, auch auf die Förderung selbstgesteuerter Lernprozesse ausgerichtet sind.[597] Des Weiteren kann die Definition von Knowles insofern zur Beantwortung dieser Frage herangezogen werden, als sie implizit auch Rückschlüsse auf die Lernumgebung zulässt. So können die identifizierten Merkmale selbstgesteuerten Lernens daraufhin untersucht werden, welche Umgebungsbedingungen sie ermöglichen bzw. fördern. Diese Überlegungen sollen im Folgenden ausgeführt werden.

Hinsichtlich des Merkmals der Selbstlernbereitschaft stellt Straka einen indirekten Wirkungszusammenhang zum Lernumfeld fest.[598] Ausgangspunkt seiner

---

596 Vgl. *Kap. 3.2.4* Zusammenfassung zum Komponentenmodell computerbasierten selbstgesteuerten Lernens.

597 Vgl. Reinmann-Rothmeier, Gabi; Mandl, Heinz: Unterrichten und Lernumgebungen gestalten, a. a. O., S. 624 f.

598 Vgl. Straka, Gerald A.; Stöckl, Markus: New learning formats and venues in the context of information and communication technologies, in: Vocational education and training -

Argumentationsfolge ist die Interpretation der Selbstlernbereitschaft als eine Wert/Erwartungs-Relation: die Bedeutsamkeit, die der Lernende dem Lernziel sowie bestimmten Vorgehensweisen zu dessen Realisierung beimisst, wird zu der Einschätzung, das Lernvorhaben auch umsetzen zu können, in Beziehung gesetzt. Er argumentiert unter Berufung auf die Selbstbestimmungstheorie von Deci und Ryan weiter, dass dieses Wert/Erwartungs-Verhältnis durch drei Bedingungen begünstigt wird:

- das Erleben von Kompetenz, d.h. der Eindruck von Selbstwirksamkeit des Lernenden
- das Erleben von Autonomie, d.h. der Eindruck des Lernenden, Eigenaktivität und Eigenverantwortung beim Lernen ausüben zu können
- das Erleben sozialer Einbindung

Diese Erlebnisqualitäten werden wiederum durch eine Reihe von Umgebungsbedingungen determiniert, welche daher entsprechend in Überlegungen zur Lernumfeldgestaltung zu berücksichtigen sind. Bezogen auf den Unternehmenskontext zählt hierzu beispielsweise die Unternehmenskultur. Im Rahmen eines Wirtschaftsmodellversuchs konnte Straka diesen Sachverhalt auch empirisch belegen.[599]

Damit der Lernende bei Bedarf auf Unterstützungsleistungen zurückgreifen kann, müssen entsprechende Angebote bereitgestellt werden. Deren Bedeutung ist nicht zuletzt darauf zurückzuführen, dass es nicht als selbstverständlich angenommen werden kann, dass der Lernende von vornherein über alle benötigten Lern- und Kontrollstrategien verfügt. Bei einem Mangel an Selbstlernfähigkeit stellt sich beim Lernenden schnell das Gefühl der Überforderung ein und gefährdet den Lernprozess. Die Inanspruchnahme von „Lehrfunktionen" kann dann den Abbruch der Lernhandlung verhindern und außerdem zukünftigen Gefährdungssituationen vorbeugen, da eine professionelle Anleitung den Aufbau neuer Strategien fördert.[600]

Weiterhin impliziert Knowles Definition, dass das Lernumfeld zeitliche, organisatorische und inhaltliche Freiräume bieten bzw. Alternativen und Optionen beim Lernen bereitstellen müssen, so dass der Lernende möglichst viele Ent-

---

the European research field, Volume II, Tessaring, Manfred (Hrsg.), Thessaloniki: CEDEFOP - European Centre for the Development of Vocational Training 1998, S. 209.

599 Vgl. Straka, Gerald A.; Stöckl, Markus: New learning formats and venues in the context of information and communication technologies, a. a. O., S. 209.

600 Vgl. Straka, Gerald A.: Lernen in der Arbeit - ohne Lehren? in: Lernen, Wissensmanagement und berufliche Bildung, Dehnbostel, Peter; Dybowski, Gisela (Hrsg.), Bielefeld: Bertelsmann 2000, S. 119.

scheidungen bezüglich Lernziel, Lernressourcen etc. auch wirklich selbst treffen kann. Insbesondere wenn sich der Lernende für eine kooperative Sozialform entscheidet, werden zusätzliche Anforderungen vor allem an Kommunikations- und Kooperationsmöglichkeiten gestellt, denen beim Lernumgebungsdesign besondere Beachtung geschenkt werden muss.[601]

Ein Mangel an kognitiven Voraussetzungen beim Lernenden kann in der konkreten Lernsituation auch nicht von der Lernumgebung behoben werden. Es wurde aber bereits dargelegt, dass die Verstärkung der Fremdsteuerung fehlende Strategien ausgleichen bzw. den Aufbau neuer fördern kann. Darüber hinaus ist davon auszugehen, dass Lernumgebungsbedingungen, die das Erleben von Autonomie, Kompetenz und sozialer Einbindung verstärken, zu einer Erhöhung der Selbstlernfähigkeit beitragen, da durch die höhere Erwartung des Lernenden, sein Lernverhalten umsetzen zu können, Strategien auch wirklich zur Anwendung gelangen.[602]

Ergänzend sei auf einen weiteren, keinesfalls vernachlässigbaren Aspekt hingewiesen: selbstgesteuertes Lernen bezieht sich auf formelles und informelles Lernen; beide Formen müssen daher gleichermaßen anerkannt und konzertiert unterstützt werden.[603] Es ist hinzuzufügen, dass diese Abgrenzung in der Literatur nicht einheitlich erfolgt. In dieser Arbeit wird mit Hinblick auf den Unternehmenskontext unter *formellem Lernen* ein planmäßiges, von Weiterbildungseinrichtungen organisiertes Lernen bezeichnet. Dazu zählen beispielsweise Weiterbildungsaktivitäten in Lehrgängen bzw. Kursen zum beruflichen Aufstieg, zur Einarbeitung in neue Arbeitsgebiete oder zur Anpassung an neue Aufgaben.[604] *Informelles Lernen* bezeichnet das ungeplante, anlassbezogen-punktuelle Lernen in der praktischen Arbeitssituation (z.B. Lernen von Kollegen, Lesen von Fachzeitschriften). Das Entscheidende bei dieser Abgrenzung ist, dass es beim informellen Lernen im Allgemeinen nicht das primäre Ziel ist, etwas Bestimmtes zu lernen, sondern mit Hilfe des Lernens eine andere Absicht – z. B. die Bewältigung der Arbeitsaufgabe – besser zu verwirklichen. Der Übergang zwischen beiden Formen ist dabei fließend. So kann ein von der

601 Vgl. Straka, Gerald A.; Stöckl, Markus: Lernen im Unternehmen, Online im Internet: http://alf.zfn. uni-bremen.de/~los/german/band8/kap2_3.htm, 2001, 10.11.2001.

602 Vgl. Straka, Gerald A.: Lernen in der Arbeit - ohne Lehren? a. a. O., S. 119.

603 Vgl. Dohmen, Günther: Das informelle Lernen: Die internationale Erschließung einer bisher vernachlässigten Grundform menschlichen Lernens für das lebenslange Lernen aller, Bonn: Bundesministerium für Bildung und Forschung 2001, S. 41.

604 Vgl. Straka, Gerald A.: „... denn sie wissen nicht was sie tun" – Lernen im Prozess der Arbeit, Online im Internet: http://alf.zfn.uni-bremen.de/~los/german/band3/kap2_1.htm, 1999, 10.11.2001.

Weiterbildungsabteilung angebotenes computerbasiertes Lernmodul ad hoc zur Schließung akuter Wissensdefizite im Arbeitsprozess genutzt werden, es kann aber auch in einer geplanten Weiterbildungsmaßnahme eingebunden sein.[605]

Insgesamt konnte eine Vielzahl von Anforderungen an ein lernförderliches Umfeld ermittelt werden. Im Folgenden sollen vier Bereiche näher betrachtet werden, die einen Beitrag zum lernförderlichen Umfeld leisten können:

- Lernkultur (*Kapitel 5.1.2*)
- Weiterbildungsorganisation (*Kapitel 5.1.3*)
- Lern- und Arbeitsorganisation (*Kapitel 5.1.4*)
- Qualifikation der Anwender (*Kapitel 5.1.5*)

### 5.1.2 Lernkultur

Angesichts der hohen Dynamik und zunehmenden Komplexität des wirtschaftlichen, technologischen, marktpolitischen und gesellschaftlichen Umfelds gewinnen Innovationsfähigkeit und Flexibilität für Unternehmen lebenswichtige Bedeutung.[606] Jede Anpassung von Unternehmensaktivitäten und -strukturen muss dabei durch die Mitarbeiter geleistet werden. Die unternehmerischen Notwendigkeiten werden daher analog auf die Mitarbeiter übertragen. Von den Mitarbeitern wird gefordert, dass sie sich ebenso wie das Unternehmen als Ganzes durch Lernfähigkeit und Flexibilität auszeichnen.[607] Der Einsatz einer computerbasierten Lernumgebung erscheint in diesem Zusammenhang als geeignete Maßnahme, das erwartete Leistungsniveau der Mitarbeiter sicherzustellen, weil dadurch die kontinuierliche und flexible Weiterbildung der Beschäftigten unterstützt wird. Dahinter steht die Auffassung von Lernen als einem aktiven, konstruktiven und selbstgesteuerten Prozess. Eventuell unterentwickelte Kompetenzen zum selbstgesteuerten Lernen können durch die Integration von Unterstützungsangeboten wie tutorielle Betreuung oder Beratungsservices berücksichtigt

---

605 Vgl. Dohmen, Günther: Das informelle Lernen: Die internationale Erschließung einer bisher vernachlässigten Grundform menschlichen Lernens für das lebenslange Lernen aller, a. a. O., S. 23 f.

606 Vgl. Leuschner, Hans; Reuther, Ursula: Lernen am Arbeitsplatz – neue Lernkulturen, in: Literatur- und Forschungsreport Weiterbildung, 2/1999, S. 77.

607 Vgl. Harteis, Christian: Beschäftigte im Spannungsfeld ökonomischer und pädagogischer Prinzipien betrieblicher Personal- und Organisationsentwicklung, in: Kompendium Weiterbildung: Aspekte und Perspektiven betrieblicher Personal- und Organisationsentwicklung, Harteis, Christian; Heid, Helmut; Kraft, Susanne (Hrsg.), Opladen: Leske + Budrich 2000, S. 210.

werden. Ob die Mitarbeiter die ihnen angebotene Lernumgebung jedoch überhaupt in erwarteter Weise nutzen, ist nicht nur von ihren kognitiven Voraussetzungen, sondern vor allem auch von ihrer generellen Einstellung zum Lernen abhängig. Die Bereitschaft und die Erkenntnis des einzelnen Mitarbeiters, für eine kontinuierliche Wissenserweiterung und -umsetzung selbst Verantwortung zu übernehmen, ist notwendige Bedingung für den Erfolg jeglicher Maßnahmen der betrieblichen Weiterbildung.[608] Parallel zum Einsatz einer computerbasierten Lernumgebung ist daher auch eine Auseinandersetzung mit der vorherrschenden Lernauffassung erforderlich. Dahinter steht die Vision der Entwicklung einer unternehmensweiten Lernkultur. *Lernkultur* bedeutet wörtlich „nichts anderes als die Pflege (‚cultura') des Lernens im Unternehmen".[609] Praktisch heißt das, dass Lernen auf allen Ebenen der Organisation, von den Mitarbeitern über die Führungskräfte bis zur Unternehmensleitung, als selbstverständlicher und chancenreicher Bestandteil des Arbeits- und Berufslebens begriffen und entsprechend engagiert praktiziert werden soll. Indem der permanenten Weiterentwicklung von Qualifikationen und neuen, flexiblen Formen des Lernens im gesamten Unternehmen ein hoher Stellenwert eingeräumt wird, sollen die erforderlichen organisatorischen Veränderungen ermöglicht werden.[610] Damit diese Vision keine Utopie bleibt, müssen insbesondere die im Folgenden dargestellten drei Voraussetzungen erfüllt sein:

Erstens ist erforderlich, dass die Interessen der Organisation und die ihrer Mitglieder als gleichberechtigt betrachtet werden, so dass ein Interessenausgleich zwischen ökonomischem Nutzen für das Unternehmen und individuellen Bedürfnissen der Mitarbeiter geschaffen werden kann. Nur wenn die Entfaltung des einzelnen Organisationsmitglieds gefördert und damit dessen Bedürfnis nach sinnvoller Arbeit, sozialer Anerkennung und Selbstverwirklichung Rechnung getragen wird, kann sich eine unternehmensweite Einstellungsänderung

---

608 Vgl. Reglin, Thomas: CORNELIA-Lehrgänge für die betriebliche Weiterbildung, in: Betriebliche Weiterbildung im Internet: Didaktik - Produktion - Organisation, Loebe, Herbert; Severing, Eckart (Hrsg.), Bielefeld: Bertelsmann 2000, S. 49.

609 Sonntag, Karlheinz: Lernen im Unternehmen: Effiziente Organisation durch Lernkultur, München: Beck 1996, S. 42.

610 Vgl. Reinmann-Rothmeier, Gabi; Mandl, Heinz: Lernen in Unternehmen: Von einer gemeinsamen Vision zu einer effektiven Förderung des Lernens, in: Berufliche Bildung im lernenden Unternehmen: Zum Zusammenhang von betrieblicher Reorganisation, neuen Lernkonzepten und Persönlichkeitsentwicklung, Dehnbostel, Peter; Erbe, Heinz-H.; Novak, Hermann (Hrsg.), Berlin: Ed. Sigma 1998, S. 211.

vollziehen. In diesem Zusammenhang spricht man in der Literatur häufig auch von der Notwendigkeit zur Versöhnung von Humanität und Effizienz.[611]

Zweitens müssen betriebliche Strukturen ein Lernen der Mitarbeiter innerhalb und außerhalb der Arbeitstätigkeit grundsätzlich ermöglichen. Dies äußert sich beispielsweise durch Lernzeitgarantien oder Zugestehen von Freiräumen zur Integration von Lernprozessen.[612]

Schließlich muss gewährleistet sein, dass die Ergebnisse der individuellen bzw. gruppenbezogenen Lernprozesse auch wirklich in organisatorischen Veränderungen münden. Mit anderen Worten müssen betriebliche Strukturen den Mitarbeitern so viel Eigenverantwortung und Handlungsspielräume zugestehen, dass diese sich tatsächlich aktiv an Veränderungsprozessen im Unternehmen beteiligen können. Mitarbeiter müssen sich als „Mitunternehmer“ fühlen können und zu einem selbstverantwortlichen Lernen und Handeln ermächtigt sein.[613] In diesem Sinne gestaltete Unternehmensstrukturen zeichnen sich unter anderem durch flache Hierarchien, das Vorherrschen kooperativer Führungsstile und die Partizipation der Mitarbeiter bei wichtigen Entscheidungen und Geschehnissen aus.[614]

Die Etablierung von solchen Organisationsstrukturen hat aber noch einen weiterführenden Effekt. Indem nämlich Mitarbeiter in die Lage versetzt werden, Anpassungen des Unternehmens an Umfeldbedingungen auf ihre Beteiligung zurückzuführen, wirkt sich dies positiv auf ihr Autonomie- und Kompetenzerleben sowie ihr Empfinden von sozialer Einbindung aus, was wiederum zu weiteren individuellen Lernprozessen motiviert. Organisatorische Strukturen und Abläufe sowie menschliches Verhalten sind somit nicht voneinander unabhängig, sondern stehen in einem reziproken Zusammenhang: Veränderungen der *Organisation* erfordern und bewirken gleichermaßen Veränderungen der *Mitarbeiter* und umgekehrt. Die individuelle und die organisatorischen Entwicklung sind aneinandergekoppelt und können sich gegenseitig verstärken.[615] Abbildung 68 verdeutlicht in Anlehnung an Reinmann-Rothmeier und Mandl diese Wechselbeziehung und deren Beeinflussung durch einzelne Kontextfaktoren.

---

611 Vgl. Reinmann-Rothmeier, Gabi; Mandl, Heinz: Lernen in Unternehmen: Von einer gemeinsamen Vision zu einer effektiven Förderung des Lernens, a. a. O., S. 212.

612 Vgl. Reinmann-Rothmeier, Gabi; Mandl, Heinz: Lernen in Unternehmen, in: Unterrichtswissenschaft, 21. Jg. 1993, S. 255.

613 Vgl. Servatius, Hans-Gerd: Telelearning in der beweglichen Organisation, a. a. O., S. 12.

614 Vgl. Reinmann-Rothmeier, Gabi; Mandl, Heinz: Lernen in Unternehmen, in: Unterrichtswissenschaft, a. a. O., S. 241.

615 Vgl. Pätzold, Günter; Lang, Martin: Lernkulturen im Wandel: Didaktische Konzepte für eine wissensbasierte Organisation, Bielefeld: Bertelsmann 1999, S. 45.

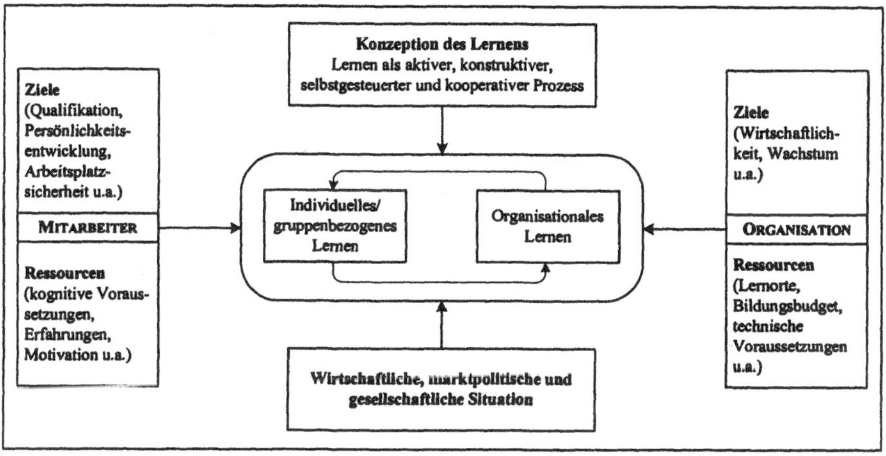


**Abb. 68: Zusammenhang zwischen Organisations- und Personalentwicklung im Kontext des Lernens im Unternehmen[616]**

Der Einsatz einer computerbasierten Lernumgebung muss demzufolge in einem größeren Zusammenhang gesehen werden. Auf der einen Seite wird die Etablierung einer *Lernkultur* benötigt, damit die computerbasierte Lernumgebung auch genutzt wird; auf der anderen Seite trägt die *computerbasierte Lernumgebung* zur Entwicklung der benötigten Lernkultur bei, da sie den Mitarbeitern neue Möglichkeiten zum Lernen eröffnet und die Selbstverantwortung und persönliche Entwicklung jedes Einzelnen in den Mittelpunkt stellt. Damit allein ist jedoch der Erfordernis einer lernförderlichen Gestaltung betrieblicher Strukturen keinesfalls Genüge getan – im Gegenteil: die Lernmöglichkeiten, die sich durch den Einsatz computerbasierter Lernumgebungen ergeben, werden nur dann der Entwicklung einer Lernkultur zuträglich sein, wenn gleichzeitig für die Überwindung von Lernbarrieren auf struktureller Ebene gesorgt wird.[617] Der Notwendigkeit für die Gestaltung einer anforderungsgerechten Lern- und Arbeitsorganisation ist daher mit dem übernächsten *Kapitel 5.1.3* ein eigener Abschnitt gewidmet. Davor soll in *Kapitel 5.1.2* jedoch betrachtet werden, was beim Einsatz einer computerbasierten Lernumgebung aus Sicht der Weiterbildungsorganisation zu beachten ist.

616 Vgl. Reinmann-Rothmeier, Gabi; Mandl, Heinz: Lernen in Unternehmen, a. a. O., S. 238.

617 Vgl. Reinmann-Rothmeier, Gabi: Bildung mit digitalen Medien: Möglichkeiten und Grenzen für Lehren und Lernen, in: Bildung in virtuellen Welten: Praxis und Theorie außerschulischer Bildung mit Internet und Computer, Schindler, Wolfgang; Bader, Roland; Eckmann, Bernhard (Hrsg.), Frankfurt am Main: Abt. Verl. 2001, S. 297.

### 5.1.3 Weiterbildungsorganisation

Der Einsatz einer computerbasierten Lernumgebung mit einem ähnlich umfassenden Leistungsspektrum, wie es in *Kapitel 3* und *Kapitel 4* dargestellt wurde, konfrontiert die unternehmensinterne Weiterbildungsorganisation mit einer Reihe von neuen Aufgabenfeldern. Dazu zählen vor allem die systematische und am betrieblichen Bedarf ausgerichtete Planung, die Implementierung, die Verwaltung und die kontinuierliche Weiterentwicklung der Angebote. Daneben ist insbesondere auch die Betreuung der Lernenden in fachlicher und technischer Hinsicht sicherzustellen.[618] Die Strukturen im Bereich der Weiterbildungsorganisation müssen folglich an ihr neues Funktionsprofil angepasst werden, was in der Regel die Neudefinition von Rollen, Verantwortlichkeiten und Prozessen erforderlich macht. So sollte beispielsweise festgelegt werden, dass personelle Ressourcen, denen die Verantwortung für die pädagogische Betreuung übertragen wurde, nicht auch noch für technische Fragen zuständig sind.[619] Eine solche Reorganisation kann sogar so weit gehen, dass ganz neue Berufsbilder entstehen. In der Literatur spiegelt sich diese Entwicklung in den unterschiedlichsten Berufsbezeichnungen wider: Informationslotse, Wissensnavigator, Lernfelddesigner, Lernmodul-Entwickler, Kommunikationsmoderator, Lernberater, Lernermöglichkeits- und Lernerleichterungs-Manager u. a.[620]

Es gibt keine allgemeingültige Formel dafür, wie der Einsatz einer computerbasierten Lernumgebung am besten aus Sicht der Weiterbildungsorganisation bewerkstelligt werden sollte. Welche Lösung im konkreten Fall empfehlenswert ist, ist von den jeweils vorliegenden Gegebenheiten wie den vorhandenen personellen, finanziellen und technischen Kapazitäten abhängig. Ein ressourcenreiches Großunternehmen wird zum Beispiel einen anderen Ansatz wählen als ein kleiner oder mittlerer Betrieb, bei dem es nur einen Personalentwicklungs- bzw. Weiterbildungsverantwortlichen gibt und nur ein sehr begrenztes Budget zur Verfügung steht.[621] Im weiteren Verlauf des Kapitels wird daher zu-

---

618 Vgl. Kerres, Michael: Multimediale und telemediale Lernumgebungen: Konzeption und Entwicklung, a. a. O., S. 284.

619 Vgl. Pohl, Wilfried; Zimmermann, Volker: Konzepte und Strategien zur Realisierung einer virtuellen betrieblichen Aus- und Weiterbildung, in: Unternehmungsnetzwerke und virtuelle Organisation, Winand, Udo; Nathusius, Klaus (Hrsg.), Stuttgart: Schäffer-Poeschel Verlag 1998, S. 345.

620 Vgl. Dohmen, Günther: Das informelle Lernen: Die internationale Erschließung einer bisher vernachlässigten Grundform menschlichen Lernens für das lebenslange Lernen aller, a. a. O., S. 138.

621 Vgl. Kraemer, Wolfgang: Vom Knowledge Management zum Learning Service Providing - Leitfaden zur Einführung von E-Learning, a. a. O., S. 328.

nächst anhand eines Modells von Kraemer dargestellt, wie die Hauptleistungsprozesse und -beziehungen der Weiterbildungsorganisation aussehen könnten, wenn von ausreichend verfügbaren Ressourcen im Unternehmen ausgegangen wird. Im Anschluss daran soll kurz auf alternative Lösungen eingegangen werden, die auch weniger gut ausgestatteten Betrieben die Nutzung solcher Lernumgebungen ermöglichen.

Abbildung 69 visualisiert die Leistungsprozesse und -beziehungen, wie sie nach dem Modell von Kraemer beim Einsatz komplexer computerbasierter Lernumgebungen im Bereich der Weiterbildungsorganisation auftreten. Das Modell unterteilt die Leistungsprozesse in drei Bereiche: Erstens, die Lieferanten von Information, zweitens, das Unternehmen, welches die Hauptleistungsprozesse erbringen muss und drittens die Kunden, welche die Leistung in Anspruch nehmen.

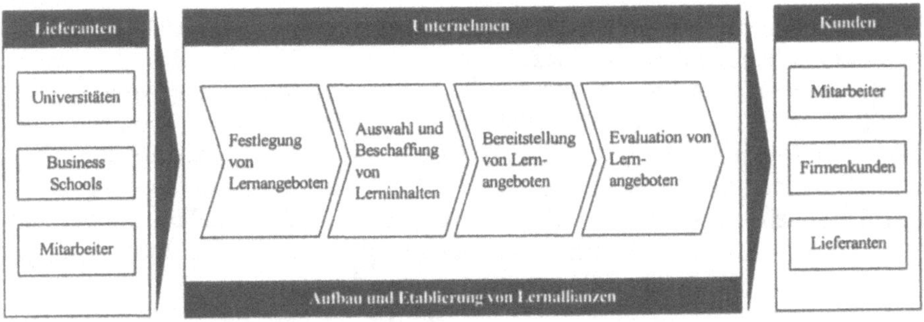


**Abb. 69: Leistungsprozesse und -beziehungen der Weiterbildungsorganisation beim Einsatz einer computerbasierten Lernumgebung**[622]

Bei dem Modell fällt auf, dass Kraemer den Kreis der Anwender auch auf unternehmensexterne Zielgruppen ausweitet, welches der Stärkung von Kunden- bzw. Lieferantenbeziehungen dienen soll. Zweitens wird eine umfassendere computerbasierte Lernumgebungen häufig in Kooperation mit unternehmensexternen Inhalts-Lieferanten im Rahmen von Lernallianzen angeboten. Die Geschäftsbeziehungen sind dabei von einem klaren Rollenverständnis geprägt. Demzufolge sind Lieferanten für die Generierung, Aufbereitung und Vermittlung der Lerninhalte zuständig, während beim Unternehmen der Fokus auf der Festlegung, Beschaffung, Vermarktung und Evaluation der Lernangebote liegt.[623]

---

622 Vgl. Kraemer, Wolfgang: Vom Knowledge Management zum Learning Service Providing - Leitfaden zur Einführung von E-Learning, a. a. O., S. 336.

623 Vgl. Kraemer, Wolfgang: Vom Knowledge Management zum Learning Service Providing - Leitfaden zur Einführung von E-Learning, a. a. O., S. 336.

Die Hauptleistungsprozesse des Unternehmens werden aufbauend auf das Modell weiter differenziert.

**1. Festlegung von Lernangeboten**

Zu Beginn sollte ein Unternehmen auf konzeptioneller Ebene die Themen definieren, welche im Rahmen der Personalentwicklung von hoher Relevanz sein könnten.[624] Dahinter steht das Bestreben, die inhaltliche Ausrichtung der in der Lernumgebung integrierten Angebote auf die allgemeine Unternehmensstrategie abzustimmen.[625]

**2. Auswahl und Beschaffung von Lerninhalten**

Die erstellten Themenkonzeptionen bilden die Grundlage für eine detaillierte Analyse, deren Ergebnisse zu einer Auswahl- und Beschaffungsentscheidung von konkreten Lerninhalten führen.

Für eine fundierte Auswahlentscheidung sollten einerseits die am Markt verfügbaren Lerninhalte und andererseits die Interessen und der Lernbedarf der potenziellen Anwender analysiert werden.[626] Letztere können beispielsweise durch das Ausfüllen von Online-Fragebögen problemlos ermittelt werden.[627] In diesem Zusammenhang sind auch Zielgruppen zu definieren, d.h. es sollte bestimmt werden, welche Inhalte für welche Nutzer der computerbasierten Lernumgebung bereitzustellen sind. Zur Auswahl der Lerninhalte gehört ebenso eine zeitliche Planung, im Rahmen derer festgelegt wird, welche Inhalte kurz-, mittel- und langfristig eingestellt werden sollen.[628]

Der Beschaffungsentscheidung sollte eine Analyse der für die jeweiligen Inhalte möglichen Lieferanten zugrunde liegen. Dabei können Lerninhalte sowohl unternehmensintern als auch -extern beschafft werden. Häufig wird mit internationalen Business Schools und Universitäten zusammengearbeitet. Diese Kollaboration empfiehlt sich schon allein aufgrund der Tatsache, dass es kaum möglich sein wird, das für die verschiedensten Fälle nötige Know-how personell im

---

624 Vgl. Kraemer, Wolfgang: Das E-Business der Personalentwicklung, in: Personalwirtschaft, 1/2001, S. 25.

625 Vgl. Pohl, Wilfried; Zimmermann, Volker: Konzepte und Strategien zur Realisierung einer virtuellen betrieblichen Aus- und Weiterbildung, a. a. O., S. 342.

626 Vgl. Kraemer, Wolfgang: Vom Knowledge Management zum Learning Service Providing - Leitfaden zur Einführung von E-Learning, a. a. O., S. 338.

627 Vgl. Reglin, Thomas: CORNELIA-Lehrgänge für die betriebliche Weiterbildung, a. a. O., S. 45.

628 Vgl. Pohl, Wilfried; Zimmermann, Volker: Konzepte und Strategien zur Realisierung einer virtuellen betrieblichen Aus- und Weiterbildung, a. a. O., S. 344.

Unternehmen zu konzentrieren.[629] Generell ist im Hinblick auf die Beschaffung von Lerninhalten wichtig, dass im Vorhinein so genannte Templates definiert wurden. *Templates* umfassen allgemeine Gestaltungsrichtlinien, die den Lieferanten als Ordnungsrahmen dienen sollen. Auf diese Weise soll gewährleistet werden, dass sich die Inhalte später auch gut in das übrige Angebot integrieren, leicht bearbeiten und pflegen lassen.[630]

### 3. Vermarktung von Lernangeboten

Die Vermarktung von Lernangeboten umfasst alle Tätigkeiten, die mit deren Distribution und Nutzung verbunden sind. Dazu gehören insbesondere die Verwaltung und Abrechnung der Bildungsprodukte sowie die Beratung und Administration der Nutzer. Üblicherweise werden diese Aufgaben softwaretechnisch durch Verwaltungs- und Abrechnungssysteme oder ähnliche Anwendungen unterstützt.[631]

### 4. Evaluation von Lernangeboten

Gegenstand der Evaluation ist die quantitative und qualitative Bewertung der computerbasierten Lernumgebung und deren Lern- und Wissensinhalte. Milius unterscheidet hierbei zwischen formativen und summativen Evaluationsmethoden. Unterscheidungskriterium ist der Bewertungszeitpunkt: die formative Evaluation findet begleitend zur Lernangebotsnutzung statt, während bei der summativen Evaluation der Erfolg und die Effektivität der Lernprozesse im Nachhinein beurteilt wird.[632] Darüber hinaus kann in Abhängigkeit von einer aktiven Beteiligung der Nutzer zwischen direkten und indirekten Evaluationsverfahren unterschieden werden. Während bei den Ersteren die Nutzer direkt nach ihrem Urteil befragt werden, basiert die indirekte Evaluation etwa auf dem Einsatz von Instrumenten zum Benutzer-Tracking und -Monitoring. Auf der Basis der Evaluationsergebnisse können dann neue Anforderungen an gegenwärtige und zukünftige Lernangebote definiert und umgesetzt werden.[633]

---

629 Vgl. Kraemer, Wolfgang: Virtuelle Corporate University - Executive Education Architecture und Knowledge Management, in: Electronic Business und Knowledge Management: Neue Dimensionen für den Unternehmungserfolg, Scheer, August-Wilhelm (Hrsg.), Heidelberg: Physica-Verl. 1999, S. 518.

630 Vgl. Kraemer, Wolfgang: Virtuelle Corporate University - Executive Education Architecture und Knowledge Management, a. a. O., S. 518.

631 Vgl. Kraemer, Wolfgang: Virtuelle Corporate University - Executive Education Architecture und Knowledge Management, a. a. O., S. 518.

632 Vgl. Milius, Frank: E-Learning Framework, a. a. O., S. 40.

633 Vgl. Kraemer, Wolfgang: Virtuelle Corporate University - Executive Education Architecture und Knowledge Management, a. a. O., S. 519.

Wie bereits zu Beginn angesprochen, kann der Einsatz einer computerbasierten Lernumgebung auch mit einem geringeren Aufwand für die unternehmensinterne Weiterbildungsorganisation realisiert werden. Eine Möglichkeit kann darin bestehen, ein entsprechendes Vorhaben im Unternehmensverbund zu realisieren. Vor allem im Mittelstand zeichnet sich ein Trend zu Verbundlösungen ab, im Rahmen derer die Aktivitäten unter einem gemeinsamen Dach koordiniert werden, um den Aufwand der Einführung und des Betriebs einer computerbasierten Lernumgebung für die einzelnen Unternehmen zu reduzieren.[634] Alternativ sind Outsourcing-Modelle denkbar, also die Übertragung von Aufgaben an einen externen Dienstleister. Kraemer spricht in diesem Zusammenhang auch von *Learning Service Providing*.[635] Der Umfang der fremdbezogenen Leistungen kann dabei unterschiedlich sein. In verschiedenen Quellen wird jedoch empfohlen, alle konzeptionellen Aufgaben bis einschließlich der Anforderungsanalyse grundsätzlich im Unternehmen zu belassen, um die Abstimmung mit der Unternehmensstrategie und die Ausrichtung am betrieblichen Bedarf sicherzustellen. Begründet wird diese Empfehlung des weiteren mit dem Argument, dass die inhaltliche Konzeption der computerbasierten Lernumgebung ein wesentliches Kontrollinstrument der Personalentwicklung ist und daher angesichts der Tatsache, dass der Unternehmenserfolg zunehmend von den Fähigkeiten der Mitarbeiter abhängt, zunehmend an strategischer Relevanz gewinnt.[636] Diese Auffassung entspricht somit der grundsätzlichen betriebswirtschaftlichen Maßgabe, strategisch relevante Geschäftsbereiche nicht durch Fremdbezug zu ersetzen, sondern höchstens durch den Zukauf von Beratungsleistungen zu unterstützen.[637] Severing/Keller/Reglin et. al. stellen darüber hinaus insbesondere die Notwendigkeit zur vertraglichen Sicherung der vereinbarten Dienstleistungen als kritischen Erfolgsfaktor bei der Umsetzung von Outsourcing-Modellen heraus.[638]

---

634 Vgl. Kraemer, Wolfgang: Vom Knowledge Management zum Learning Service Providing - Leitfaden zur Einführung von E-Learning, a. a. O., S. 328.

635 Vgl. Kraemer, Wolfgang: Vom Knowledge Management zum Learning Service Providing - Leitfaden zur Einführung von E-Learning, a. a. O., S. 348.

636 Vgl. Magnus, Stephan: E-Learning: Die Zukunft des digitalen Lernens im Betrieb, Wiesbaden: Gabler 2001, S. 154; Kraemer, Wolfgang: Vom Knowledge Management zum Learning Service Providing - Leitfaden zur Einführung von E-Learning, a. a. O., S. 348.

637 Vgl. Kargl, Herbert: DV-Controlling, 4., unwes. veränd. Aufl., München, Wien: Oldenbourg 1999, S. 146.

638 Vgl. Severing, Eckart; Keller, Christel; Reglin, Thomas et. al.: Betriebliche Bildung via Internet: Konzeption, Umsetzung und Bewertung - Eine Einführung für Praktiker, Bern, Göttingen, Toronto et. al.: Verlag Hans Huber 2001, S. 117.

### 5.1.4 Lern- und Arbeitsorganisation

Die Umsetzung der Vision von einer selbstgesteuert lernenden Belegschaft setzt voraus, dass die einzelnen Mitarbeiter auch über ausreichende Handlungsspielräume für eigene Lernentscheidungen verfügen. Insbesondere im Arbeitsprozess, im Zuge dessen in der Regel der meiste Lernbedarf entsteht und sich Leerlaufzeiten zum Lernen anbieten, sollte dem Mitarbeiter eine Einbindung von Lernphasen nach Belieben möglich sein.[639] Im Idealfall sollten sich Lern- und Arbeitsphasen kontinuierlich abwechseln können, so dass die Grenzen zwischen ihnen verschwimmen. Dementsprechend kann dann auch nicht mehr von separaten Lern- bzw. Arbeitsorganisationen gesprochen werden; an deren Stelle treten vielmehr integrierte Lern-/Arbeitskonzepte.[640]

Der Einsatz einer computerbasierten Lernumgebung scheint zur Gewährleistung der geforderten Freiräume bzw. zur Entgrenzung von Arbeits- und Lernprozessen geradezu prädestiniert, weil:

- die Vielzahl dargebotener Lerngelegenheiten dem Mitarbeiter eine freie Entscheidung bezüglich dem „Was“ und „Woraufhin“ des Lernens ermöglichen,
- Kommunikations- und Kooperationsdienste dem Mitarbeiter vielfältige Möglichkeiten zur Zusammenarbeit mit anderen oder zum Rückgriff auf personelle Unterstützung eröffnen,
- keine zeitlichen Restriktionen bestehen; d.h. der Lernende kann frei darüber entscheiden, wann er wie lange lernt,
- Lernphasen von vornherein nicht an einen bestimmten Ort gebunden sind.

Gerade die zuletzt genannte räumliche Flexibilität ist von Vorteil, da die Potenziale der Lernumgebung somit direkt am Arbeitsplatz zugänglich gemacht werden können. Am besten lässt sich dies bei Computerarbeitsplätzen bewerkstelligen, indem die Lerninfrastruktur direkt in die Arbeitsoberfläche integriert wird.[641]

Damit die Vorzüge einer computerbasierten Lernumgebung in der dargestellten Weise zur Geltung kommen, müssen folgende zentrale Aspekte analysiert und gegebenenfalls durch entsprechende Maßnahmen berücksichtigt werden:

---

639 Vgl. Ludwig, Jupp: Tele-Learning: Pauken im Web, a. a. O., S. 24.

640 Vgl. Meyer-Dohm, Peter: Die Bedeutung von Weiterbildung für Unternehmenskultur und Unternehmensentwicklung, in: Literatur- und Forschungsreport Weiterbildung, 1/1998, S. 66.

641 Vgl. Fischermanns, Guido: Weiterbildung und neue Medien, in: Bankinformation und Genossenschaftsforum, 9/2000, S. 13.

a) Eignung der vorliegenden Arbeitsstrukturen zur Förderung selbstgesteuerter Lernprozesse

b) Eignung des Arbeitsplatzes als Lernort

c) Gesicherte zeitliche Freiräume

### a) Eignung der vorliegenden Arbeitsstrukturen zur Förderung selbstgesteuerter Lernprozesse

Notwendige Voraussetzung für die Umsetzung der Vorteile einer computerbasierten Lernumgebung ist in jedem Fall, dass selbstgesteuertes Lernen grundsätzlich auch von den vorliegenden Arbeitsstrukturen gefördert wird. Verfügen Beschäftigte an ihrem Arbeitsplatz über keinerlei Selbstständigkeit, wird diese verhindert oder sogar verboten, ist zweifelhaft, ob die Unterstützung von selbstgesteuertem Lernen durch den Einsatz computerbasierter Lernumgebungen überhaupt sinnvoll ist. Schließlich kann von einem Mitarbeiter, der in einem fest strukturiertem Arbeitsablauf tagtäglich die von seinen Vorgesetzten definierten Vorgaben erfüllt und ausführt, nicht erwartet werden, dass er plötzlich selbst die Initiative ergreift und sich bei Bedarf selbständig weiterbildet. Sein Empfinden, selbstbestimmt zu handeln, ist von den restriktiven Umfeldbedingungen dermaßen beeinträchtigt, dass er dazu überhaupt keine Notwendigkeit sieht.[642] Dieser Sachverhalt korrespondiert mit der Ansicht von Straka, wonach Arbeitsplatzbedingungen das Erleben von Autonomie, Kompetenz und sozialer Einbindung und damit indirekt auch die Selbstlernbereitschaft und -fähigkeit von Mitarbeitern beeinflussen.[643] Im Betrieb gilt es daher, diesen Wirkungszusammenhang bei der Gestaltung der Arbeitsstrukturen entsprechend zu berücksichtigen; konkret bedeutet das, dass folgende grundsätzliche Anforderungen Beachtung finden sollten:

- Damit ein Mitarbeiter Autonomie erlebt, muss dieser den Eindruck gewinnen, über Handlungsspielräume zu verfügen bzw. die Arbeitsaufgaben nach eigenen Plänen erledigen zu können. Studien zufolge ist dabei die subjektiv wahrgenommene Autonomie häufig wichtiger ist als die objektiv vorhandene.

---

642 Vgl. Schmidt, Helmut; Stark, Gerhard: Elemente erfolgreicher Lernarrangements mit Computer-Based-Training in mittelständischen Unternehmen, in: Lernarrangements und Bildungsmarketing für multimediales Lernen: Berichte aus der Berufbildungspraxis, Zimmer, Gerhard; Holz, Heinz (Hrsg.), Nürnberg: BW Bildung und Wissen 1996, S. 44.

643 Vgl. Straka, Gerald A.; Stöckl, Markus: New learning formats and venues in the context of information and communication technologies, a. a. O., S. 209.

Gleichzeitig wird jedoch als unwahrscheinlich angesehen, dass sich eine Person permanent über den Grad der Autonomie täuschen kann.[644]

- Kompetenzerleben wird eine Person dann erfahren, sobald ihr gewahr wird, dass sie ihre Arbeitsaufgaben fachmännisch sowie erfolgreich erledigt, und wenn sie sich selbst wirksam erlebt.[645]
- Für eine Förderung des Erlebens sozialer Einbindung ist schließlich bedeutsam, dass der Mitarbeiter seine eigene Arbeitsleistung durch Vorgesetzte und Kollegen anerkannt sieht und er sich in der Betriebsgemeinschaft eingebunden fühlt.[646]

Insgesamt hat eine Reihe von Autoren versucht, diese grundsätzlichen Anforderungen an Arbeitsstrukturen zu präzisieren. Eine umfassende und übersichtliche Darstellung findet sich bei Pätzold/Lang. Diesen Autoren zufolge kann die Eignung eines Arbeitsplatzes für selbstgesteuerte Lernprozesse anhand der Ausprägung der folgenden sechs Dimensionen bestimmt werden:[647]

- *Problemhaltigkeit*: Die Anforderungen an die erforderliche eigene Denkleistung steigen mit zunehmender Komplexität, dem Schwierigkeitsgrad und der Anzahl der benötigten Problemlösungsschritte und Operationen.
- *Handlungsspielraum*: Der Freiheitsgrad bei der Verrichtung einer Arbeit hängt davon ab, ob der Mitarbeiter an der Organisation des Arbeitsablaufs beteiligt ist, selbst über den Arbeitsablauf entscheiden kann, die Arbeitszuteilung beeinflussen kann und ob er bei der Arbeit über zeitliche Freiräume verfügt.
- *Variabilität*: Diese Dimension berücksichtigt eine häufige Veränderung der Arbeitssituationen und des organisatorischen Arbeitsumfeldes.
- *Integralität*: Damit ist die Anzahl der Grundfunktionen der Arbeitshandlung (Planung, Ausführung und Kontrolle) gemeint, an denen der Mitarbeiter beteiligt wird. Je öfter diese Gelegenheit zum ganzheitlichen Handeln geboten

---

644 Vgl. Friedrich, Helmut F.; Mandl, Heinz: Analyse und Förderung selbstgesteuerten Lernens, a. a. O., S. 261.

645 Vgl. Straka, Gerald A.: „... denn sie wissen nicht was sie tun" – Lernen im Prozess der Arbeit, Online im Internet: http://alf.zfn.uni-bremen.de/~los/german/band3/kap2_4.htm, 1999, 10.11.2001.

646 Vgl. Straka, Gerald A.: „... denn sie wissen nicht was sie tun" – Lernen im Prozess der Arbeit, Online im Internet: http://alf.zfn.uni-bremen.de/~los/german/band3/kap2_4.htm, 1999, 10.11.2001.

647 Vgl. Pätzold, Günter; Lang, Martin: Lernkulturen im Wandel: Didaktische Konzepte für eine wissensbasierte Organisation, a. a. O., S. 58.

wird, desto eher wird er Zusammenhänge erfassen oder die Fähigkeit zum eigenständigen Denken und Handeln entwickeln.

- *Qualifikatorischer Nutzwert*: Darunter versteht man die Einschätzung konkreter Verwertungschancen der für die Arbeit notwendigen Qualifikationen mit Blick auf künftige berufliche und gesellschaftliche Situationen.
- *Soziale Unterstützung*: Hierunter werden Anregungen und Hilfestellungen subsumiert, die ein Mitarbeiter von Kollegen und Vorgesetzten erhält.

Sind die Anforderungen an lernförderliche Arbeitsstrukturen in dieser oder ähnlicher Art klar formuliert worden, können sie in entsprechende Gestaltungskonzepte umgesetzt werden. Viele Entwicklungen der letzten Jahre lassen sich auf diese Zielsetzung zurückführen. Zu diesen zählen beispielsweise *job-rotation* (geplanter Arbeitswechsel), *job-enlargement* (Arbeitserweiterung), *job-enrichment* (Arbeitsanreicherung) und *Gruppen- bzw. Teamarbeitskonzepte*.[648] Nach Meinung der Wissenschaftler Reimann-Rothmeier und Mandl ist bei letzteren eine Umsetzung der Anforderungen besonders gut gelungen.[649] Diese Ansicht lässt sich unter Bezugnahme auf die Dimensionen von Pätzold und Lang validieren. So liegt einer Arbeitsgruppe bzw. einem Team stets eine Arbeitsaufgabe mit relativ hoher Problemhaltigkeit zugrunde. Die Gruppe besitzt den Freiraum, in einem gemeinsamen Entscheidungs- und Problemlösungsprozess eigenständig Teilziele zu formulieren und Arbeitspläne zu erstellen. Diese werden dann in der Regel arbeitsteilig umgesetzt, wodurch jedem Einzelnen auch individuelle Handlungsspielräume einräumt werden. An die Stelle monotoner Arbeitsabläufe treten abwechslungsreiche Aufgaben. Die daraus resultierende Variabilität wird insbesondere bei Teamarbeitskonzepten noch verstärkt, da sich bei diesen wegen der begrenzten zeitlichen Dauer einzelner Teams häufiger Veränderungen bezüglich Zusammensetzung und Aufgabengegenstand ergeben. Integralität bleibt trotz der arbeitsteiligen Ausführung gewahrt, da jedes Mitglied auch stets für die Gesamtaufgabe verantwortlich sein und die planerischen, ausführenden und kontrollierenden Aktivitäten in ihrer Ganzheit überblicken soll. Soziale Unterstützung zeigt sich schließlich in der Möglichkeit der Mitglieder, in der Arbeitstätigkeit von dem Wissen und Erfahrungsschatz ihrer Kollegen zu profitieren.[650]

---

648 Für eine ausführliche Darstellung vgl. Pätzold, Günter; Lang, Martin: Lernkulturen im Wandel: Didaktische Konzepte für eine wissensbasierte Organisation, a. a. O., S. 59.

649 Vgl. Reinmann-Rothmeier, Gabi; Mandl, Heinz: Lernen in Unternehmen, a. a. O., S. 242.

650 Vgl. Reinmann-Rothmeier, Gabi; Mandl, Heinz: Lernen in Unternehmen, a. a. O., S. 243 f.

Zusammenfassend kann somit gesagt werden, dass der Einsatz computerbasierter Lernumgebungen zur Unterstützung selbstgesteuerter Lernprozesse von der Emanzipation der Mitarbeiter aus der Bevormundung und Beschränkung durch Vorgesetzte bzw. durch starre betriebliche Strukturen begleitet werden muss. In diesem Zusammenhang sollte jedoch das Beharrungsvermögen von zur Gewohnheit gewordener Organisationsstrukturen nicht unterschätzt werden: insbesondere hierarchisch orientierte Führungskräfte werden Veränderungen, welche auf einen Autonomiezuwachs der Mitarbeiter ausgerichtet sind, aus Angst vor Macht- und Kompetenzverlust abwehrend gegenüber stehen.[651] Einer eventuell mangelnden Veränderungsbereitschaft unter den Mitarbeitern muss daher durch geeignete Maßnahmen (z.B. das Einführen von Anreizsystemen) entgegengewirkt werden.[652]

### b) Eignung des Arbeitsplatzes als Lernort

Lernen am Arbeitsplatz funktioniert nicht immer und überall. Die jeweiligen Arbeitsplätze der Mitarbeiter müssen daher auf ihre Lerntauglichkeit überprüft werden. Die Arbeitssituation muss soviel Ruhe zulassen, dass sich Mitarbeiter ohne weitere Umgebungseinflüsse und Ablenkungen durch Telefon, Kunden etc. dem Lernen widmen können.[653] Auch gelegentliche längere Lernphasen müssen möglich sein. Ist dies nicht der Fall, sollten gesonderte Lernplätze eingerichtet werden, die ein grundlegendes Maß an Störungsfreiheit garantieren. Dabei kann es sich um eine dedizierte Lernstation in einem nahe gelegenen Raum handeln, die ohne Voranmeldung, eventuell nur in Absprache mit den betroffenen Kollegen, von einem Mitarbeiter genutzt werden kann.[654] Alternativ oder ergänzend richten manche Unternehmen so genannte (Selbst-)Lernzentren ein, in denen Mitarbeiter neben dem Zugang zur computerbasierten Lernumgebung auch andere traditionelle Lernmedien wie etwa Bücher oder Zeitschriften vorfinden. Kennzeichnend für diese Lösung ist außerdem die zusätzliche Bereitstellung einer personellen Betreuung vor Ort.[655] Soll den Mitarbeitern eine

651 Vgl. Himmel, Wolfgang: Die Einrichtungsleitung und das selbstgesteuerte Lernen, in: Selbstgesteuertes Lernen in der Weiterbildungspraxis, Dietrich, Stephan (Hrsg.), Bielefeld: Bertelsmann 2001, S. 106.

652 Eine Reihe von Konzepten findet sich in North, Klaus; Varlese, Nadja: Motivieren für die Wissensteilung und die Wissensentwicklung, in: Wissensmanagement, 1/2001, S. 43 ff.

653 Vgl. Gust, Rolf: Computerunterstütztes Lernen am Arbeitsplatz: Voraussetzungen, Bedingungen und Probleme in kleinen und mittleren Unternehmen, in: Arbeit, 4/1996, S. 462.

654 Vgl. Petersen, Thieß: Handbuch zur beruflichen Weiterbildung: Leitfaden für das Weiterbildungsmanagement im Betrieb, Frankfurt am Main: Lang 2000, S. 269.

655 Vgl. Bruns, Beate; Gajewski, Petra: Multimediales Lernen im Netz: Leitfaden für Entscheider und Planer, Berlin: Springer 2000, S. 222 f.

größtmögliche Flexibilität in räumlicher Hinsicht beim Lernen zugestanden werden, so ist das häusliche Umfeld in die Lernortüberlegungen mit einzubeziehen. Bei der Umsetzung dieser Variante ist jedoch zu beachten, dass vorher prinzipiell das Einverständnis der Mitarbeiter eingeholt werden muss. Darüber hinaus ist ein Lernen zu Hause nur empfehlenswert, wenn:[656]

- Abrechnungsfragen geregelt sind (Übernahme von Verbindungsgebühren u. a.),
- für den Fall technischer Schwierigkeiten ein angemessener Support sichergestellt ist (z.B. durch DV-Abteilung oder privat),
- der Charakter der Lernangebote arbeitplatznahes Lernen nicht erforderlich macht (die Einbeziehung betrieblicher Arbeitsmittel wird beispielsweise nicht benötigt),
- eine geeignete häusliche Lernumgebung vorhanden ist (störungsfreies Lernen muss möglich sein),
- die grundsätzlichen technischen Voraussetzungen vorhanden sind (PC, Netzanschluss)

**c) Gesicherte zeitliche Freiräume**

Bei dem abschließend zu betrachtenden Aspekt handelt es sich um die Frage, ob die Durchsetzung der zeitlichen Flexibilität der Mitarbeiter beim Lernen einer gesonderten Sicherung bedarf. Theoretisch sollte ein Mitarbeiter, dem durch eine entsprechende Gestaltung der Arbeitsstrukturen Freiräume eingeräumt wurden, auch über so viel Zeitautonomie verfügen, dass er problemlos immer wieder Lernphasen in den Arbeitsprozess integrieren kann. In der Realität kommt das Lernen jedoch angesichts des vielerorts bestehenden Zeitdrucks häufig zu kurz, zumal im Zweifelsfall der Kundenwunsch gegenüber der eigenen Qualifizierung Vorrang behält.[657] Darüber hinaus treten immer wieder auch Lernnotwendigkeiten auf, die durch kurze arbeitsintegrierte Lernphasen nicht abzudecken sind. Aus diesen Gründen ist es im Normalfall empfehlenswert, dass zwischen Unternehmen und Mitarbeitern bzw. Betriebsrat eine Lernzeitregelung ausgehandelt wird.[658] Daraus ergeben sich unmittelbar mindestens zwei

---

656 Vgl. Severing, Eckart; Keller, Christel; Reglin, Thomas et. al.: Betriebliche Bildung via Internet: Konzeption, Umsetzung und Bewertung - Eine Einführung für Praktiker, a. a. O., S. 130.

657 Vgl. Fischermanns, Guido: Weiterbildung und neue Medien, a. a. O., S. 13.

658 Vgl. Severing, Eckart; Keller, Christel; Reglin, Thomas et. al.: Betriebliche Bildung via Internet: Konzeption, Umsetzung und Bewertung - Eine Einführung für Praktiker, a. a. O., S. 133.

positive Effekte: auf der einen Seite wird dem Mitarbeiter vor Augen geführt, dass Lernen vom Unternehmen als Bestandteil seiner Arbeit angesehen wird; auf der anderen Seite wird die Unternehmensführung dazu angehalten, bei mittel- und langfristigen Zielplanungen Lernzeiten der Mitarbeiter einzukalkulieren und auf diese Weise den Termindruck stärker an das tatsächliche Leistungsvermögen der Mitarbeiter anzupassen. Gegenstand einer solchen Vereinbarung können zudem Vergütungs- bzw. Kostenfragen für Lernzeiten sein. In keinem Fall darf eine solche Regelung jedoch so starr gefasst werden, dass der notwendigen Flexibilität und Eigenverantwortlichkeit im Rahmen von selbstgesteuerten Lernprozessen widersprochen wird.[659]

## 5.1.5 Qualifikation der Anwender

### 5.1.5.1 Qualifikation der Lernenden

Die Formulierung „selbstgesteuertes Lernen mittels einer computerbasierten Lernumgebung" macht bereits im Wortlaut deutlich, dass ein Lernender im Idealfall Fähigkeiten aus zwei Kompetenzgruppen mitbringen sollte: erstens Fähigkeiten zum selbstgesteuerten Lernen und zweitens Fähigkeiten bzw. Kenntnisse im qualifizierten Umgang mit dem Computer.

Welche Kompetenzen im Einzelnen selbstgesteuerte Lernprozesse erfordern, wurde bereits ausführlich in *Kapitel 3* und *4* behandelt. Im Rahmen der Erörterung der Organisation einer computerbasierten Lernumgebung wurde ebenfalls schon herausgestellt, dass schlecht ausgebildete Fähigkeiten zur Selbststeuerung auf Seiten des Lernenden durch vielfältige Formen der Unterstützung ausgeglichen werden können. Derartige Defizite müssen folglich nicht zwangsläufig zum Scheitern der Bemühung führen, selbstgesteuerte Lernprozesse im Unternehmen zu fördern. Unabdingbare Voraussetzung ist allerdings, dass sich der einzelne Mitarbeiter darüber bewusst ist, dass der größere Teil des Lerngeschehens in seinen Verantwortungsbereich verlagert wurde. Er muss sich von der Rolle des Konsumenten verabschieden und die Bereitschaft mitbringen, sich hin zum aktiv sich selbst bestimmenden, mit- und selbstverantwortlichen Erwachsenen zu entwickeln.[660] Die Bereitschaft zur Eigenaktivität ist gerade bei mangelnden Fähigkeiten zur Selbststeuerung besonders wichtig, da die darge-

---

659 Vgl. Severing, Eckart; Keller, Christel; Reglin, Thomas et. al.: Betriebliche Bildung via Internet: Konzeption, Umsetzung und Bewertung - Eine Einführung für Praktiker, a. a. O., S. 133.

660 Vgl. Deitering, Franz G.: Selbstgesteuertes Lernen, Göttingen: Verl. für Angewandte Psychologie 1995, S. 109.

botenen Unterstützungsleistungen häufig erst auf Initiative des Lernenden zur Wirkung kommen. Die Notwendigkeit zur Entwicklung eines neuen Rollenverständnisses ist eng mit der Forderung nach einer Lernkultur verknüpft bzw. kann dieser untergeordnet werden. Folglich werden Maßnahmen zum Herbeiführen kultureller Änderungen auch dazu beitragen, dass sich Lernende stärker mit ihrer neuen Rolle identifizieren.[661]

Fähigkeiten in Bezug auf den Computer müssen beim Lernenden soweit ausgeprägt sein, dass dieser mit dem Rechner als Arbeitsgerät umgehen und Netzwerkanwendungen (Browser, Groupware-Applikationen u. a.) nutzen kann.[662] Da Lernangebote einer computerbasierten Lernumgebung auf einer Kommunikation bzw. Kooperation mit Tutoren oder Kommilitonen aufbauen können, ist daneben wichtig, dass die Lernenden mit den Besonderheiten der computervermittelten Kommunikation vertraut sind. Ein Lernender muss zum Beispiel die Fähigkeit besitzen, seinen Kommunikationsbedarf vornehmlich in Schriftform zu bewältigen, d.h. er muss sich entsprechend schriftlich artikulieren können.[663] Hat ein Lernender dahingegen viele technische Fragen oder findet er sich innerhalb der Systemstrukturen schlecht zurecht und verbringt mehr Zeit mit der Orientierung als mit dem eigentlichen Lernen, ist fraglich, ob der Einsatz einer computerbasierten Lernumgebung den erhofften Mehrwert bewirkt. Gegebenenfalls ist daher im Vorhinein durch geeignete Qualifizierungsmaßnahmen sicherzustellen, dass der Lernende über die benötigten Kompetenzen verfügt.[664]

Die Lernenden stellen nur eine Gruppe von Anwendern einer computerbasierten Lernumgebung dar. Ihnen gegenüber stehen diejenigen, welche als Tutoren, Dozenten oder Lernberater in die selbstgesteuerten Lernprozesse einbezogen werden können. Die notwendige Qualifikation dieser Anwender – hier unter dem Begriff „Lehrende“ zusammengefasst – behandelt das folgende Kapitel.

#### 5.1.5.2 Qualifikation der Lehrenden

Mit der Einführung des Konzepts vom selbstgesteuerten Lernen im Unternehmen wird die Verantwortung für das Lernen an den Lernenden übergeben.

---

661 Vgl. Bruns, Beate; Gajewski, Petra: Multimediales Lernen im Netz: Leitfaden für Entscheider und Planer, a. a. O., S. 224.

662 Vgl. Bruns, Beate; Gajewski, Petra: Multimediales Lernen im Netz: Leitfaden für Entscheider und Planer, a. a. O., S. 224.

663 Vgl. Bruns, Beate; Gajewski, Petra: Multimediales Lernen im Netz: Leitfaden für Entscheider und Planer, a. a. O., S. 224.

664 Vgl. Reglin, Thomas: CORNELIA-Lehrgänge für die betriebliche Weiterbildung, a. a. O., S. 49.

Dieser sollte im Lernprozess auf Unterstützung zurückgreifen können; sei es, weil er erkannt hat, dass er in der konkreten Lernsituation mit einer bestimmten Form der Unterstützung am besten lernen kann, oder weil er sich durch die mit der neuen Verantwortung verbundenen Aufgaben überfordert fühlt. Für den Lehrenden bedeutet dies, dass er seine tradierte Rolle aufgeben und stattdessen dem Lernenden als Tutor bzw. Lernberater zur Seite stehen muss. Der Lehrende muss daher ebenso wie der Lernende ein neues Rollenverständnis ausbilden.[665]

Im Rahmen selbstgesteuerter Lernprozesse sollten Lehrende praktisch in jedem Schritt als unterstützende Instanz hinzugezogen werden können. Der Unterstützungsbedarf kann dabei eher fachlich-inhaltlicher Natur oder mehr prozessbezogen sein.[666] Entsprechend vielfältig ist das Spektrum an Beratungsleistungen, zu welcher der Lehrende in der Lage sein sollte. Grundsätzlich sollte jedoch beachtet werden, dass die Beratung stets auf die individuellen Bedürfnisse und Fähigkeiten des Lernenden abzustimmen ist. Infolgedessen muss der Lehrende über eine große Anzahl von Kompetenzen verfügen. Dazu zählt vor allem, dass er mit den Besonderheiten und Methoden selbstgesteuerten Lernens vertraut ist, Diagnosefähigkeit besitzt, sich durch fachliche Kompetenz auszeichnet und fähig ist, eine situationsadäquate Balance zwischen Lenken und Beraten zu finden. Im Bedarfsfall muss dem Lehrenden durch Qualifizierungsmaßnahmen die Möglichkeit geboten werden, sich diese neuen Fähigkeiten anzueignen. Diese Fortbildungsangebote sollten im Idealfall ein hohes Maß an Selbststeuerung aufweisen, weil so am besten gewährleistet ist, dass die spezifischen Vorzüge des selbstgesteuerten Lernens auch für die Lehrenden erfahrbar werden.[667]

In dem Moment, da eine computerbasierte Lernumgebung zur Unterstützung selbstgesteuerter Lernprozesse eingesetzt wird, werden an den Lehrenden weitere Anforderungen gestellt. Zunächst einmal muss er ebenso wie der Lernende Kenntnisse im Umgang mit Computern und netzbasierten Anwendungen besitzen. Die Fähigkeiten des Lehrenden sollten jedoch weitreichender sein, so dass er grundlegende technische Probleme und Schwierigkeiten beim Lernenden im Umgang mit dem Computer und seinen Applikationen erkennen kann. Das ermöglicht ihm, dem Lernenden einfache Hilfen zu geben und nöti-

---

665 Vgl. Himmel, Wolfgang: Die Einrichtungsleitung und das selbstgesteuerte Lernen, a. a. O., S. 102.

666 Vgl. Dietrich, Stephan: Der Lehrende als Lernberater, in: Selbstgesteuertes Lernen in der Weiterbildungspraxis, Dietrich, Stephan (Hrsg.), Bielefeld: Bertelsmann 2001, S. 124.

667 Vgl. Gnahs, Dieter; Seidel, Sabine: Die Praxis des selbstgesteuerten Lernens – ein Überblick, in: Selbstgesteuertes Lernen – auf dem Weg zu einer neuen Lernkultur, Nuissl, Ekkehard (Hrsg.), Frankfurt/M.: Deutsches Institut für Erwachsenenbildung 1999, S. 85.

genfalls einen Kontakt zum technischen Fachpersonal zu vermitteln.[668] Daneben muss der Lehrende die computerbasierte Lernumgebung sehr gut kennen; das betrifft die technische und die inhaltliche Seite gleichermaßen. Eine diesbezügliche Vertrautheit ist insbesondere wichtig, wenn der Lehrende im Rahmen der in *Kapitel 4.5* behandelten Beratungsservices einen Lernenden über die Nutzungsmöglichkeiten des verfügbaren Angebots informieren und beraten soll.[669] Weitere Herausforderungen ergeben sich aus der Verlagerung der Kommunikation zwischen Lehrendem und Lernendem in die Telekommunikationsnetze. So steht der Lehrende vor der Aufgabe, ohne unmittelbare persönliche Kenntnis eine persönliche Beziehung zum Lernenden aufzubauen; er muss in der Lage sein, sich aufgrund der ihm bekannten personenbezogenen Daten des Lernenden und nach Maßgabe der ihm zugehenden schriftlichen Äußerungen (Fragen u. a.) rasch ein Bild von seinem Gegenüber zu machen.[670] Die computervermittelte Kommunikation erschwert darüber hinaus die Unterstützung der Lernaktivitäten einer Gruppe. Bei denselben potentiell möglichen funktionalen wie disfunktionalen Gruppenprozessen besitzt der Lehrende nämlich schlechtere Eingriffsmöglichkeiten. Der Lehrende muss somit neuen, sowohl technischen als auch kommunikationspraktischen Anforderungen gerecht werden und sollte auch in dieser Hinsicht durch entsprechende Qualifizierungsangebote unterstützt werden.[671]

## 5.2 Qualitätsmanagement computerbasierten selbstgesteuerten Lernens

Im Rahmen der organisatorischen Anforderungen des Komponentenmodells computerbasierten selbstgesteuerten Lernens soll das Qualitätsmanagement explizit berücksichtigt werden, um einen umfassenderen Blick auf die Notwendigkeiten der organisatorischen Anforderungen zu bieten.

---

668 Vgl. Severing, Eckart; Keller, Christel; Reglin, Thomas et. al.: Betriebliche Bildung via Internet: Konzeption, Umsetzung und Bewertung - Eine Einführung für Praktiker, a. a. O., S. 98.

669 Vgl. Petersen, Thieß: Handbuch zur beruflichen Weiterbildung: Leitfaden für das Weiterbildungsmanagement im Betrieb, a. a. O., S. 283.

670 Vgl. Severing, Eckart; Keller, Christel; Reglin, Thomas et. al.: Betriebliche Bildung via Internet: Konzeption, Umsetzung und Bewertung - Eine Einführung für Praktiker, a. a. O., S. 101.

671 Vgl. Kerres, Michael: Multimediale und telemediale Lernumgebungen: Konzeption und Entwicklung, a. a. O., S. 297 f.

Derzeit wird bei der Betrachtung computerbasierter Lernumgebungen der Bereich des Qualitätsmanagements nur unzureichend erfasst. Die Vernachlässigung der Geschäftsprozessanalyse des Qualitätsmanagements computerbasierter Lernumgebungen mag darin begründet liegen, dass oftmals vor der Komplexität der Geschäftsprozessanalyse und -modellierung gewarnt wird.[672] Mangelnde Klarheit und Transparenz lassen die Komplexität größer erscheinen als sie tatsächlich ist. Häufig sind bestehende Geschäftsprozesse und Aktivitäten schlecht oder gar nicht dokumentiert. Dies ist durchaus nachvollziehbar, da viele Funktionalitäten jahrelang als „Inseln" dokumentiert wurden und nicht als Teil von übergreifenden Geschäftsprozessen. Dadurch fehlt jedoch die Verbindung zwischen den Aktivitäten, d.h. die Prozesskette. Das Fehlen dieses Überblicks lässt Geschäftsprozesse kompliziert erscheinen.[673]

Im Vordergrund der folgenden Betrachtungen steht die Veranschaulichung des methodischen Vorgehens, um den Bereich des Qualitätsmanagements computerbasierten selbstgesteuerten Lernens analysieren zu können.

Die exemplarisch vorgestellten Bereiche müssen individuell im jeweiligen Unternehmen angepasst, konkretisiert und ggf. erweitert werden. Die Verwendung von bereits bestehenden Geschäftsprozess-Architekturen, Musterprozessen oder Referenzmodellen kann den Modellierungsprozess erleichtern und beschleunigen. Zu empfehlen sind beispielsweise Referenzmodelle für Industrieunternehmen[674] oder für softwarespezifischere Fragestellungen, Analysemuster aus der Softwareentwicklung.[675] Auch Benchmarking, d.h. der Vergleich von ähnlichen oder gleichen Prozessen anderer Unternehmen kann hilfreich sein, um Unterschiede festzustellen und Verbesserungsmöglichkeiten abzuleiten.[676]

---

672 Vgl. Grässle, Patrick; Baumann, Henriette; Baumann, Philippe: UML projektorientiert, Geschäftsprozessmodellierung, IT-System-Spezifikation und Systemintegration mit UML, a. a. O., S. 43.

673 Vgl. Grässle, Patrick; Baumann, Henriette; Baumann, Philippe: UML projektorientiert, Geschäftsprozessmodellierung, IT-System-Spezifikation und Systemintegration mit UML, a. a. O., S. 43.

674 Vgl. o. V.: Software-Atlas Vers. 2.1, Gesellschaft zur Prüfung von Software mbH, Ulm: GPS 2002.

675 Vgl. Fowler, Martin: Analysemuster - Wiederverwendbare Objektmodelle, Ein Pattern-Katalog für Business-Anwendungen, Bonn, u.a.: Addison-Wesley-Longman 1999. Vgl. auch Gamma, Erich; Helm, Richard; Johnson, Ralph; Vlissides, John: Design Patterns: Elements of reusable object-oriented software, Reading, MA, USA: Addison-Wesley-Longman 1994.

676 Vgl. Grässle, Patrick; Baumann, Henriette; Baumann, Philippe: UML projektorientiert, Geschäftsprozessmodellierung, IT-System-Spezifikation und Systemintegration mit UML, a. a. O., S. 44.

Die Darstellung des Problembereichs erfolgt auf der Basis der Unified Modeling Language. Hierbei kommt einer der Hauptvorteile der UML zum Tragen, die methodische Durchgängigkeit.[677] Auch wenn hier von der konkreten Systembetrachtung auf die Geschäftsprozessebene abstrahiert wird, erfolgt kein Methodenbruch, d.h. es findet kein Wechsel der Modellrepräsentation statt.[678] Der Bereich des Qualitätsmanagements computerbasierten selbstgesteuerten Lernens wird analog zum Vorgehen der Prozessanalyse in Form von Paketdiagramm, Anwendungsfalldiagramm, Essenzbeschreibung und Aktivitätsdiagramm dargestellt.

Auf die Modellierung statischer Aspekte in Form von Klassendiagrammen, wird an dieser Stelle verzichtet, da im Rahmen dieser Arbeit für das Qualitätsmanagement eine Veranschaulichung des Vorgehens sowie das Skizzieren zentraler Analysebereiche im Vordergrund steht und nicht die Schaffung der Grundlagen zur Geschäftsprozessoptimierung oder Systementwicklung.

Bei der Analyse des Qualitätsmanagements computerbasierten selbstgesteuerten Lernens erfolgt zunächst eine Gliederung der Geschäftsprozesse. Der unterstützende Geschäftsprozess ist das *„Qualitätsmanagement"*. Ihm untergeordnet ist der unterstützende Teilprozess *„Qualitätsmanagement für computerbasiertes selbstgesteuertes Lernen"*, der wiederum aus unterstützenden Teilprozessen besteht. Zur Veranschaulichung wurden exemplarisch die unterstützenden Teilprozesse *„Kursqualitätsplanung"*, *„Kursqualitätssteuerung"* und *„Kursqualitätssicherung"* aufgeführt. Abbildung 70 veranschaulicht die Gliederung von Geschäftsprozessen zum Qualitätsmanagement computerbasierten selbstgesteuerten Lernens in Form eines Paketdiagramms.

677 Vgl. Oestereich, Bernd: Objektorientierte Softwareentwicklung: Analyse und Design mit der Unified Modeling Language, a. a. O., S. 27.

678 Vgl. Oestereich, Bernd, Weiss, Christian: Objektorientierte Geschäftsprozessmodellierung mit der UML - Trainingsordner, Hamburg: OOSE GmbH 2002, S. 11 f.

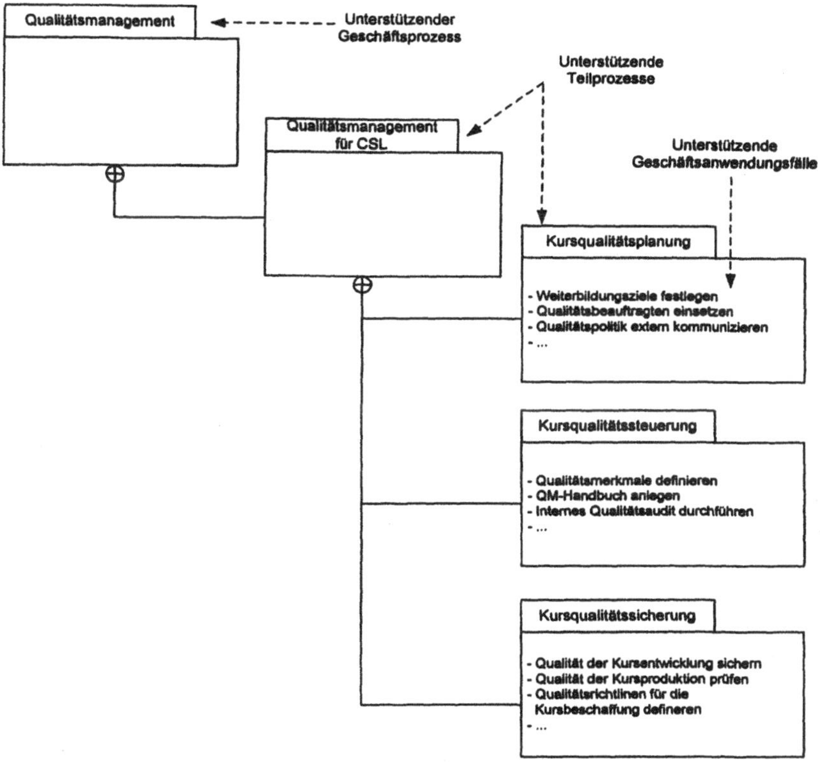


**Abb. 70: Paketdiagramm: Gliederung von Geschäftsprozessen zum Qualitätsmanagement computerbasierten selbstgesteuerten Lernens**

Die unterstützenden Teilprozesse „*Kursqualitätsplanung*“, „*Kursqualitätsmanagement*“ und „*Kursqualitätssicherung*“ setzen sich ihrerseits aus unterstützenden Geschäftsanwendungsfällen zusammen. Exemplarisch seien hier für die „*Kursqualitätsplanung*“ drei unterstützende Geschäftsanwendungsfälle genannt: „*Weiterbildungsziele festlegen*“, „*Qualitätsbeauftragten einsetzen*“ und „*Qualitätspolitik extern kommunizieren*“.

Für eine umfassende Analyse des Qualitätsmanagements computerbasierten selbstgesteuerten Lernens sind weitere unterstützende Teilprozesse zu differenzieren. Für diese unterstützenden Teilprozesse sind dann wiederum weitere Geschäftsanwendungsfälle ausfindig zu machen.

Der unterstützende Teilgeschäftsprozess „*Kursqualitätsplanung*“ wird exemplarisch im Folgenden mit einem Geschäftsanwendungsfalldiagramm weiter differenziert.

Hierbei werden die unterstützenden Geschäftsanwendungsfälle *„Weiterbildungsziele festlegen"*, *„Qualifikationsbeauftragten einsetzen"* und *„Qualitätspolitik extern kommunizieren"* exemplarisch erfasst. Die beteiligten Akteure sowie die Kommunikationsrichtung sind ebenfalls im Diagramm aufgenommen.

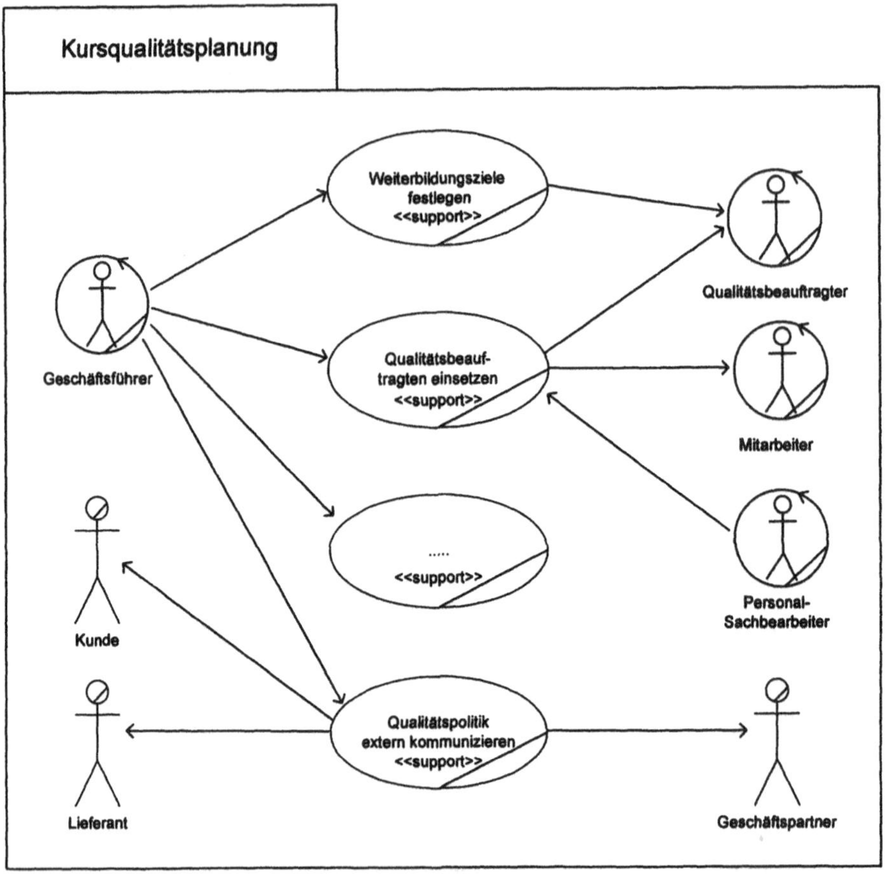


**Abb. 71: Geschäftsanwendungsfalldiagramm: Unterstützende Geschäftsanwendungsfälle und beteiligte Rollen**

An dieser Stelle sei auf die Verwendung der UML-konformen Notation der Geschäftsanwendungsfälle sowie der Geschäftsanwendungsfallakteure verwiesen. Um zusätzlich kenntlich zu machen, welche Geschäftsanwendungsfallakteure sich innerhalb des Unternehmens befinden, sind diese durch einen Kreis umschlossen. Die unternehmensexternen Geschäftsakteure sind ohne Kreis dargestellt.[679] Im Unterschied zur Systemanwendungsfallbeschreibung und zum Systemanwendungsfallakteur sind die hier verwendeten Symbole des Geschäftsanwendungsfalls mit einem Strich gekennzeichnet, um die Unterscheidung zum Systemanwendungsfall klar herauszustellen.[680] Die Verwendung von Stereotypen und Erweiterung des Metamodells der UML wurde bereits in *Kapitel 2.3* erläutert und ist konform mit Ausführungen von Oestereich und Weiss.[681]

Aus dem Geschäftsanwendungsfalldiagramm wird im Folgenden exemplarisch der unterstützende Geschäftsanwendungsfall „Qualitätsbeauftragten einsetzen" mittels einer Essenzbeschreibung mit strukturierter Anwendungsfallbeschreibung differenziert.

Hierbei erfolgt die Beschreibung des Geschäftsanwendungsfalls analog der Essenzbeschreibung der Systemanwendungsfälle. Differenziert werden somit Geschäftsanwendungsfallakteure, Auslöser, Vorbedingungen, eingehende Informationen, Ergebnisse, Nachbedingungen und Ablauf.[682]

| **Name:** | **Qualitätsbeauftragten einsetzen** |
|---|---|
| *Kurzbeschreibung:* | Ein Mitarbeiter wird für die Rolle eines Qualitätsbeauftragten ausgewählt und entsprechend geschult. |
| *Akteure:* | Personal-Sachbearbeiter, Mitarbeiter, Qualitätsbeauftragter |
| *Auslöser:* | Die Stelle für den Qualitätsbeauftragten wird vakant. |
| *Vorbedingungen, Annahmen:* | Keine |
| *Eingehende Informationen:* | Keine |
| *Ergebnisse:* | Vertragsänderung, neuer Qualitätsbeauftragter, Ausbildungsplan, Teilnahmebestätigung |

*(Tabelle wird fortgesetzt)*

**Tab. 10: Essenzbeschreibung: Unterstützender Geschäftsanwendungsfall mit strukturierter Anwendungsfallbeschreibung *(Teil 1)***

679 Vgl. Oestereich, Bernd, Weiss, Christian: Objektorientierte Geschäftsprozessmodellierung mit der UML - Trainingsordner, Hamburg: OOSE GmbH 2002, S. 195.

680 Vgl. Oestereich, Bernd, Weiss, Christian: Objektorientierte Geschäftsprozessmodellierung mit der UML - Trainingsordner, Hamburg: OOSE GmbH 2002, S. 40 f.

681 Vgl. Oestereich, Bernd: Objektorientierte Softwareentwicklung: Analyse und Design mit der Unified Modeling Language, a. a. O., S. 202 u. S. 328; Oestereich, Bernd, Weiss, Christian: Objektorientierte Geschäftsprozessmodellierung mit der UML - Trainingsordner, Hamburg: OOSE GmbH 2002, S. 23 u. S. 41.

682 Vgl. Oestereich, Bernd: Objektorientierte Softwareentwicklung: Analyse und Design mit der Unified Modeling Language, a. a. O., S. 104.

| | |
|---|---|
| *Nachbedingungen::* | Neuer Qualitätsbeauftragter wurde qualifiziert und eingesetzt. |
| *Ablauf:* | 1. **Mitarbeiter auswählen**<br>Der Personal-Sachbearbeiter wählt anhand der Mitarbeiterprofile einen geeigneten Mitarbeiter für die Aufgabe des Qualitätsbeauftragten aus.<br>2. **Arbeitsvertrag ändern**<br>Der Personal-Sachbearbeiter ändert den aktuellen Arbeitsvertrag des ausgewählten Mitarbeiters.<br>3. **Ausbildung zum Qualitätsbeauftragten organisieren**<br>Der Personal-Sachbearbeiter organisiert entsprechend den erforderlichen Anforderungen an den Qualitätsbeauftragten eine Ausbildung für den Mitarbeiter.<br>4. **Ausbildung absolvieren**<br>Der Mitarbeiter nimmt an der Schulung zum Qualitätsbeauftragten teil.<br>5. **Ausbildungserfolg kontrollieren**<br>Der Personal-Sachbearbeiter prüft die erfolgreiche Teilnahme an der Ausbildung zum Qualitätsbeauftragten.<br>6. **Qualitätsbeauftragten einsetzen**<br>Der Personal-Sachbearbeiter überträgt die Aufgabe und ändert das Mitarbeiter-Profil. |

**Tab. 10: Essenzbeschreibung: Unterstützender Geschäftsanwendungsfall mit strukturierter Anwendungsfallbeschreibung *(Teil 2)***

Für eine umfassende Analyse des Qualitätsmanagements computerbasierten selbstgesteuerten Lernens sind sämtliche ermittelten unterstützenden Geschäftsanwendungsfälle auf diese Weise auszudifferenzieren.

Der exemplarisch beschriebene unterstützende Geschäftsanwendungsfall „Qualitätsbeauftragten einsetzen“, wird aufbauend auf die Ablaufbeschreibung der Essenzbeschreibung, mit einem Aktivitätsdiagramm modelliert. Im entwickelten Diagramm sind hierbei ergänzend die betroffenen Rollen, der unterstützende Geschäftsanwendungsfall sowie der Objektfluss erfasst.

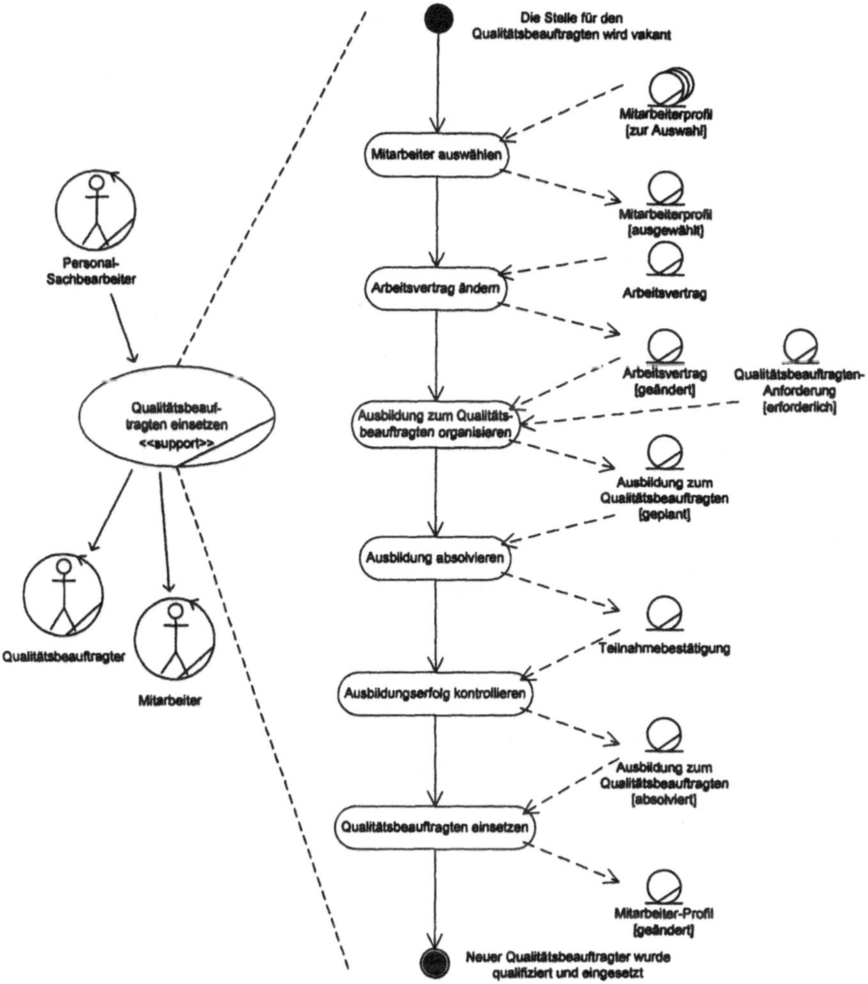


**Abb. 72: Aktivitätsdiagramm: Beschreibung eines unterstützenden Geschäftsanwendungsfalls mit Objektfluss**

Die geleisteten Ausführungen veranschaulichen zum einen das strukturierte Vorgehen zur Analyse des Qualitätsmanagements computerbasierten selbstgesteuerten Lernens, zum anderen können sie ein Vorstellung vermitteln, welchen Umfang eine umfassende Betrachtung des Qualitätsmanagements computerbasierten selbstgesteuerten Lernens haben wird. Eine umfassende Betrachtung des Qualitätsmanagements computerbasierter Lernumgebungen kann Gegenstand weiterführender Arbeiten sein.

Auch ist ersichtlich geworden, dass die methodische Durchgängigkeit der objektorientierten Modellierung mit der UML von der Geschäftsprozessanalyse zur Systementwicklung vorteilhaft genutzt werden kann. Die hier entwickelten Modelle, können bei einer etwaigen Systementwicklung zu Grunde gelegt werden und ohne Methodenbruch weiter Verwendung finden.

## 5.3 Technische Rahmenbedingungen

Für den erfolgreichen Einsatz einer computerbasierten Lernumgebung sind neben organisatorischen auch technische Rahmenbedingungen von Bedeutung. Maßgaben grundlegender Art ergeben sich aus der in einem Unternehmen vorhandenen IT-Infrastruktur. Durch ein Integrationskonzept ist sicherzustellen, dass die software-technische Basis der Lernumgebung an die existierende Systemlandschaft angepasst wird oder umgekehrt.[683] Häufig sind in diesem Zusammenhang auch Richtlinien des betrieblichen Informationsmangements zu beachten. Dabei handelt es sich um unternehmensintern einzuhaltende Technologie- und Infrastrukturstandards, die letztendlich genau aus dem Grund definiert wurden, die Kompatibilität zwischen Alt- und Neuanwendungen zu gewährleisten.[684]

Unverzichtbare Grundlage ist daneben eine adäquate technische Ausstattung der Lernplätze, bei welchen es sich soweit wie möglich um die normalen Arbeitsplätze handeln sollte. Benötigt werden multimediataugliche PC's und Monitore mit einem Netzzugang sowie einem Web-Browser für die Benutzeroberfläche. Gerade auf die Gestaltung der Netzanbindung ist besonders Wert zu legen, da die Verfügbarkeit von übers Netz distributierten Lernangeboten und die Zugriffszeiten entscheidend für die Nutzerakzeptanz sind. Die bereitgestellten Bandbreiten müssen zudem so groß sein, dass der sonstige Datenverkehr durch netzbasiertes Lernen nicht beeinträchtigt wird.[685] Bei der Planung des Einsatzes einer computerbasierten Lernumgebung wird sich in vielen Unternehmen der Aufwand für die Schaffung der technischen Voraussetzungen jedoch in Grenzen halten, da Arbeitsplätze bereits mit entsprechendem Equipment ausgestattet sind. So wurde im Berufsbildungsbericht 2000 festgestellt, dass in Deutschland Großbetriebe, aber auch die meisten Kleinbetriebe über multimediafähige PC's

---

683 Vgl. Vering, Juliane: Sorgfältig auswählen, a. a. O., S. 30.

684 Vgl. Pohl, Wilfried; Zimmermann, Volker: Konzepte und Strategien zur Realisierung einer virtuellen betrieblichen Aus- und Weiterbildung, a. a. O., S. 346.

685 Vgl. Vering, Juliane: Sorgfältig auswählen, a. a. O., S. 31.

verfügen.[686] Auch in Bezug auf die Anforderungen an eine unternehmensinterne Vernetzung bzw. die Anbindung ans Internet kann immer öfter davon profitiert werden, dass im Zuge des Vormarschs von E-Business im Unternehmen ein Intranet mit Gateway nach außen schon aufgebaut worden ist.[687]

Weiteres technisches Erfolgskriterium für den effizienten Betrieb einer computerbasierten Lernumgebung ist die zugrunde liegende Software-Architektur. Die Lernumgebung sollte aus einer *Lernplattform*, auch *Learning Management System* genannt, bestehen, in welche gemäß dem Baukastengedanken alle Lernangebote als einzelne Software-Module integriert sind. Eine solche Lernplattform stellt allgemeine Dienstleistungen zur Verfügung, wodurch die eingebundenen Lernangebote von diesen entlastet werden können.[688] Dazu zählen neben den vorgestellten Service-Komponenten insbesondere auch Datenbank-Komponenten, welche den einzelnen Lernmodulen eine integrierte und daher auch konsistente Datenbasis bieten. Zudem sollte ein Repository zur semantischen und syntaktischen Beschreibung der Datenbestände nicht fehlen, da diese Informationen für eine flexible Anpassung der Plattform an das spezifische Umfeld des Betreibers benötigt werden.[689] Der Ansatz mit Lernplattformen zu arbeiten hat der Vorteil, dass die systematische Erfassung und Strukturierung der betrieblichen Personalentwicklungsaktivitäten und -initiativen wesentlich erleichtert wird:

- Defizite und Redundanzen können leichter identifiziert werden (Erhöhung der inhaltlichen Konsistenz der Angebote).
- Es können zielgruppenspezifische Angebote realisiert werden.
- Zusätzliche Lernangebote können einfacher in das Gesamtkonzept des Unternehmens eingefügt werden u. a.

Ein Unternehmen behält auf diese Weise unabhängig von seiner Größe oder davon, wie dezentralisiert und verzweigt es organisiert ist, stets den Überblick

---

686 Vgl. Bundsministerium für Bildung und Forschung (Hrsg.): Berufsbildungsbericht 2000, Bonn 2000, S. 99.

687 Vgl. Spies, Josef: Die Flexibilität des Lernens mit Neuen Medien, in: Betriebliche Weiterbildung im Internet: Didaktik – Produktion – Organisation, Loebe, Herbert; Severing, Eckart (Hrsg.), Bielefeld: Bertelsmann 2000, S. 205.

688 Vgl. Weiser, Christian Richard: Gruppenorientierte Systeme in der computergestützten betrieblichen Aus- und Weiterbildung: Ordnungsrahmen und Fallstudie, a. a. O., S. 144.

689 Vgl. Milius, Frank: E-Learning Framework, a. a. O., S. 43.

über die verfügbaren Lernangebote und sichert sich damit ein hohes Niveau an zielgerichteter Weiterbildung und strategischer Personalentwicklung.[690]

Bei der eingesetzten Lernumgebung kann es sich um Eigenentwicklungen oder um am Markt verfügbare Standardprodukte handeln. Welche Lösung im konkreten Fall den Zuschlag erhält, sollte Ergebnis eines systematischen Auswahlprozesses sein, im Zuge dessen die Angebote anhand einer Reihe von Kriterien zur Produkt- und Produzentenqualität beurteilt wurden. Unternehmensspezifische Schwerpunktsetzungen können dabei durch die unterschiedliche Gewichtung einzelner Kriterien in die Beurteilung mit eingehen.[691] Ist für ein Unternehmen beispielsweise wichtig, dass es ein bereits bestehendes Buchungssystem weiter nutzen kann, muss die Möglichkeit zur Anbindung von Altsystemen durch ein geeignetes Schnittstellenmanagement dementsprechend als unbedingt einzuhaltende Vorgabe gewichtet werden.[692]

Hinsichtlich der Formulierung von Anforderungen an einzubindende Software-Module ist zu konstatieren, dass die einzelnen Komponenten einheitliche Technologiestandards verfolgen müssen, damit sie problemlos in eine Lernplattform integriert werden können.[693] Um Schwierigkeiten bezüglich der Portabilität und Interoperabilität durch den Einsatz proprietärer Technologien entgegen zu wirken, sind in den letzten Jahren vor allem amerikanische Standardisierungskonsortien darum bemüht, offene Technologie-Standards für Lernplattformen und deren Bildungsprodukte zu definieren. Zu den Hauptakteuren zählen das IEEE Learning Technology Standards Committee (IEEE LTSC)[694] und das Instructional Management Systems Project (IMS)[695]. Insbesondere aus deren Standardisierungsaktivitäten soll eine Norm der International Organization for Standardization / International Electrotechnical Commission (ISO/IEC) entstehen.[696] Weitere wichtige Initiativen bei der Entwicklung von spezifischen Lerntechnologiestandards sind das Aviation Industry CBT Committee (AICC),[697] die Al-

---

690 Vgl. Bolduan, Christina; Black, J. M.: Integrierte Lernsysteme für effizienteres Training: Praktische Erfahrungen der Integration im multinationalen Konzern, in: Personal, 1/2001, S. 38.

691 Vgl. Kargl, Herbert: DV-Controlling, a. a. O., S. 77 ff.

692 Vgl. Bächle, Michael; Zekl, Andreas: Distributed Learning: Virtuelles Lehren und Lernen im Netz, a. a. O., S. 96.

693 Vgl. Vering, Juliane: Sorgfältig auswählen, a. a. O., S. 31.

694 Vgl. o. V.: www.ieee.org/groups/ltsc/index.html

695 Vgl. o. V.: www.imsproject.org

696 Vgl. Pawlowski, Jan M.; Adelsberger, Heimo: Standardisierung von Lerntechnologien, in: Wirtschaftsinformatik, 1/2001, S. 60 f.

697 Vgl. o. V.: www.aicc.org

liance of Remote Instructional Authoring and Distribution Networks for Europe (ARIADNE)[698] sowie die Advanced Distributed Learning Initiative (ADL).[699] Alle diese Initiativen sind auf die Verwendung allgemeingültiger, austauschbarer Formate angewiesen. Aus diesem Grund beeinflussen vor allem auch die Aktivitäten des World Wide Web Consortium (W3C)[700] die Implementierung von Lerntechnologiestandards. Das Zusammenspiel der am Standardisierungsprozess mitwirkenden Organisationen ist in Abbildung 73 dargestellt.[701]

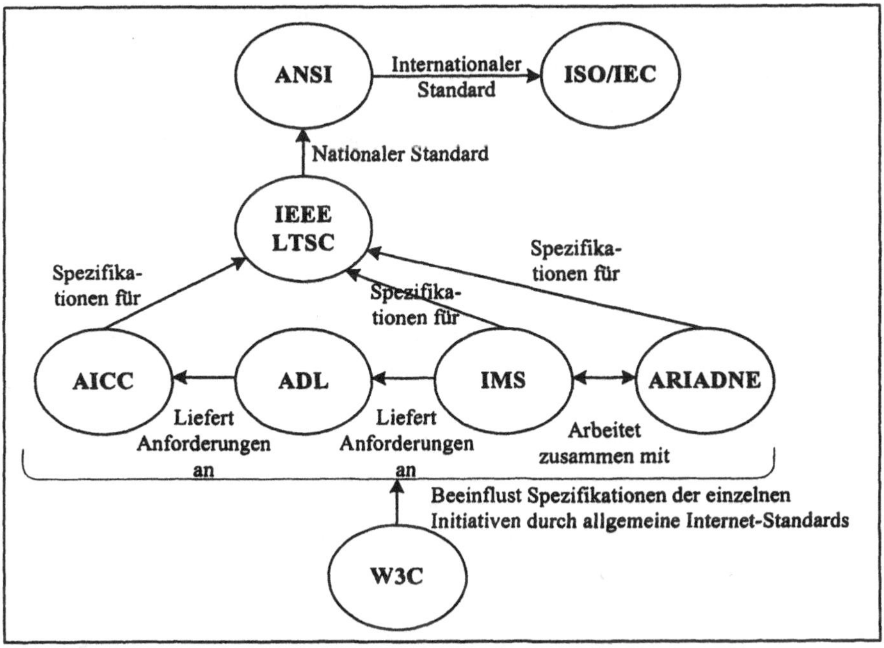


**Abb. 73: Standardisierungsorganisationen**[702]

698 Vgl. o. V.: ariadne.unil.ch

699 Vgl. o. V.: www.adlnet.org

700 Vgl. o. V.: www.w3.org

701 Vgl. Milius, Frank: E-Learning Framework, a. a. O., S. 37.

702 Vgl. Milius, Frank: E-Learning Framework, a. a. O., S. 37.

Die deutsche Beteiligung am Standardisierungsprozess ist noch sehr gering. Sollen landesspezifische Interessen und Perspektiven eingebracht werden, so ist eine wesentliche Steigerung des Engagements vonnöten.[703]

Abschließend sei darauf hingewiesen, dass beim Einsatz einer computerbasierten Lernumgebung auch datenschutzrechtliche Belange zu berücksichtigen sind, da in vielfältiger Weise personenbezogene Daten verwandt werden. Beispielsweise erfordern Administrationsaufgaben den Rückgriff auf bestehende Personalstammdaten; mit der Nutzung entstehende persönliche Lerndaten können für Evaluationszwecke erfasst, verwaltet und ausgewertet werden. Dabei besteht aber genauso grundsätzlich auch die Gefahr, dass Daten zum Ausbildungsstand eines Mitarbeiters gegen diesen verwendet werden.[704] Wichtig ist daher, die verschiedenen Datenschutzbestimmungen zu beachten und Bedenken der Mitarbeiter zum Datenschutz durch die frühzeitige Einbindung des Betriebsrats zu klären.[705]

## 5.4 Kritische Erfolgsfaktoren der Einführung

Die Einführung einer computerbasierten Lernumgebung im Unternehmen ist eine Aufgabe vom Charakter eines IV-Projekts und sollte dementsprechend durchgeführt werden.

Ein Projekt ist i. d. R. ein Einzelvorhaben, das durch ein konkretes Ziel, einen vorgegebenen Zeitrahmen, ein definiertes Budget, mehrere daran Beteiligte, Arbeit im Team und eine spezifische Organisationsform gekennzeichnet und gegenüber anderen Vorhaben abgrenzbar ist. Ein IV-Projekt ist zusätzlich dadurch gekennzeichnet, dass eine komplexe und innovative Aufgabenstellung zugrunde liegt, viele Mitarbeiter aus unterschiedlichen Abteilungen beteiligt sind, Schnittstellen zu anderen IV-Projekten zu bestehenden Softwaresystemen bestehen, Termine und Kosten im Voraus nur schwer kalkulierbar sind sowie i. d. R. ein hoher Erfolgsdruck besteht.[706]

Die Wirksamkeit des IV-Projekts „Einführung einer computerbasierten Lernumgebung" ist von einer Reihe kritischer Erfolgsfaktoren abhängig. Die Ausfüh-

---

703 Vgl. Pawlowski, Jan M.; Adelsberger, Heimo: Standardisierung von Lerntechnologien, a. a. O., S. 66.

704 Vgl. Petersen, Thieß: Handbuch zur beruflichen Weiterbildung: Leitfaden für das Weiterbildungsmanagement im Betrieb, a. a. O., S. 270.

705 Vgl. Bächle, Michael; Zekl, Andreas: Distributed Learning: Virtuelles Lehren und Lernen im Netz, a. a. O., S. 92.

706 Vgl. Kargl, Herbert: Management und Controlling von IV-Projekten, a. a. O., S. 5 f.

rungen in dieser Arbeit stellen keine erschöpfende Abhandlung aller relevanten Aspekte zur Einführung computerbasierter Lernumgebungen dar, da sie nicht den Schwerpunkt dieser Dissertation bilden. Eine weiterführende Dissertation könnte sich mit den besonderen Erfordernissen der Einführung computerbasierter Lernumgebungen in Unternehmen vertiefend auseinandersetzen. Im Folgenden werden zentrale Faktoren behandelt, welche in Quellen mit direktem Bezug zur Einführung einer computerbasierten Lernumgebung erörtert werden und daher als besonders wesentlich in diesem Zusammenhang erscheinen.

**Klar formulierte Projektziele in Abstimmung mit der Unternehmensstrategie**

Zu Beginn des Projekts muss geklärt werden, welche Effekte für das Unternehmen durch den Einsatz einer computerbasierten Lernumgebung erreicht werden sollen. Denn erst wenn Ziele definiert sind, können geeignete Maßnahmen zur Zielerreichung bestimmt bzw. realisierte Maßnahmen auf ihren Erfolg hin überprüft werden.[707] Da Fragen der Personalentwicklung zunehmend wettbewerbswirksam sind, ist eine Abstimmung der Projektziele mit den unternehmensstrategischen Zielsetzungen unbedingt erforderlich. Dies setzt voraus, dass Lernen auf strategischer Ebene des Unternehmens verankert ist. Wenn das Lernen von Organisationsmitgliedern keinen Platz in der Unternehmensphilosophie hat, kann auch keine Maßnahme zur Unterstützung desselben zum erwarteten Erfolg führen. Diese grundsätzliche Notwendigkeit wurde auch schon in der Abhandlung zur Lernkultur hervorgehoben.[708]

**Erkennbare Unterstützung durch die Geschäftsführung**

Es gibt mehrere Gründe, weshalb die Unterstützung der Unternehmensleitung wesentlich ist. Einmal ergibt sich die Erfordernis aus der strategischen Relevanz des Projekts.[709] Ein weiterer Grund ist auf die Tatsache zurückzuführen, dass eine computerbasierte Lernumgebung auf der höchsten Ausbaustufe für alle Mitarbeiter des Unternehmens und gegebenenfalls sogar noch für Unternehmensexterne nutzbar sein soll. Ein solches Projekt besitzt demnach eine erhebliche Tragweite und erfordert entsprechende Ressourcen. Damit diese freigestellt werden, muss das Projekt von der Unternehmensführung mitgetragen

---

707 Vgl. Magnus, Stephan: E-Learning: Die Zukunft des digitalen Lernens im Betrieb, a. a. O., S. 173.

708 Vgl. Vering, Juliane: Sorgfältig auswählen, a. a. O., S. 36.; vgl. auch *Kapitel 5.1.2*.

709 Vgl. Bolduan, Christina; Black, J. M.: Integrierte Lernsysteme für effizienteres Training: Praktische Erfahrungen der Integration im multinationalen Konzern, a. a. O., S. 38.

werden.[710] Schließlich trägt eine sichtbare Unterstützung der Führungsebene entscheidend zur Akzeptanz des Projekts an der Basis bei.[711]

**Orientierung der Planung und Durchführung des Projektes an einem dazu geeigneten Vorgehensmodell**

Die Etablierung einer computerbasierten Lernumgebung im Unternehmen stellt ein sehr komplexes Unterfangen dar, da organisatorische, mediendidaktische, personal- und betriebswirtschaftliche sowie informationstechnologische Fragestellungen zu berücksichtigen sind. Aus diesem Grund ist für die erfolgreiche Umsetzung ein systematisches und sorgfältiges Vorgehen entscheidend. Dies kann durch die Verwendung eines geeigneten Vorgehensmodells gewährleistet werden.[712] Dabei handelt es sich nicht um eine exakt zu befolgende Anleitung, sondern lediglich um eine Orientierungshilfe zur sachlichen und zeitlichen Projektstrukturierung. Indem das Projekt in überschaubare Abschnitte mit definierten Zwischenergebnissen untergliedert wird, reduziert sich die Komplexität, und es wird gewährleistet, dass keine wesentlichen Schritte vergessen werden. Die Planung, Steuerung und Kontrolle des Projektverlaufs gestaltet sich so erheblich einfacher.[713] Da bei der hier zugrunde liegenden Aufgabe die Anforderungen in der Regel zwar überblickt werden, sich aber durchaus Änderungen infolge von Anpassungserfordernissen der computerbasierten Lernumgebung ergeben können, empfiehlt Kraemer die Verwendung eines parallel-sequenziellen Vorgehensmodells.[714] Diese Ansicht vertritt prinzipiell auch Magnus; er sieht aber eine zusätzliche Ergänzung um Rekursionen vor.[715] Die Diskussion über das Vorgehen, wird zur Abgrenzung dieser Arbeit an dieser Stelle nicht weiter vertieft.

**Entwicklung eines messbaren Zielsystems**

Im Projektverlauf muss immer wieder sichergestellt werden, dass die getätigten Maßnahmen auch zur Zielerreichung beitragen. Grundlage für eine solche Kontrolle ist die Entwicklung eines messbaren Zielsystems.[716] Dafür müssen die

---

710 Vgl. Magnus, Stephan: E-Learning: Die Zukunft des digitalen Lernens im Betrieb, a. a. O., S. 171.

711 Vgl. Spies, Josef: Die Flexibilität des Lernens mit Neuen Medien, a. a. O., S. 208.

712 Vgl. Kraemer, Wolfgang: Vom Knowledge Management zum Learning Service Providing - Leitfaden zur Einführung von E-Learning, a. a. O., S. 342.

713 Vgl. Kargl, Herbert: Management und Controlling von IV-Projekten, a. a. O., S. 23.

714 Vgl. Kraemer, Wolfgang: Vom Knowledge Management zum Learning Service Providing - Leitfaden zur Einführung von E-Learning, a. a. O., S. 342 f.

715 Vgl. Magnus, Stephan: E-Learning: Die Zukunft des digitalen Lernens im Betrieb a. a. O., S. 171 f.

716 Vgl. Magnus, Stephan: E-Learning: Die Zukunft des digitalen Lernens im Betrieb,

Projektziele zunächst hinsichtlich Zielinhalt, Zielvorschrift und Zeitbezug operationalisiert werden. In einem zweiten Schritt werden sie dann in der Regel hierarchisch in einer Zielstruktur angeordnet, so dass der Zielerreichungsgrad eines Oberziels durch die Überprüfung der Zielerreichung sämtlicher, diesem Ziel zugeordneter Unterziele ermittelt werden kann.[717] Zur besseren Handhabung von eventuell eintretenden Zielwertabweichungen ist es empfehlenswert, bereits im Vorhinein typische Reaktionen zu definieren. Außerdem sollten Zeitpunkte für die regelmäßige Überarbeitung des Zielsystems festgelegt werden.[718]

**Beteiligung der Betroffenen**

Die Partizipation der Betroffenen (Mitarbeiter in ihrer Rolle als Lernende und Lehrende) am Projektvorhaben ist aus zwei Gründen unbedingt erforderlich: zum einen verringert ihre Mitwirkung insbesondere bei der Anforderungsanalyse und -spezifikation die Gefahr, dass Konzeptionsfehler erst in späteren Phasen oder sogar erst im laufenden Betrieb erkannt und daher kostenintensive Änderungsmaßnahmen notwendig werden – sofern eine Änderung dann überhaupt noch möglich ist.[719] Zum anderen wird es den Mitarbeitern ermöglicht, sich mit den geplanten Veränderungen zu identifizieren, so dass geringere Widerstände in der Umsetzung und eine hohe Akzeptanz der gemeinsam erarbeiteten Lösung erwartet werden kann.[720]

**Information der Betroffenen**

Veränderungen, deren Motive und Konsequenzen man nicht kennt, verursachen individuelle und kollektive Ängste und werden daher zunächst einmal grundsätzlich abgelehnt. Nur wenn die Mitarbeiter den Sinn und die Vorteile des selbstgesteuerten Lernens und in diesem Zusammenhang die Bedeutung neuer Technologien sowie neuer Arbeits- bzw. Lernorganisationsformen nachvollziehen können, kann sich Ablehnung in Zustimmung umkehren. Die Schaffung von Transparenz über die geplanten Maßnahmen und Zielsetzungen sowie das Aufzeigen der Konsequenzen für den einzelnen Mitarbeiter wird daher zum entscheidenden Erfolgsfaktor.[721] Die Kommunikation mit den Betroffenen kann

---

a. a. O., S. 178.

717 Vgl. Kargl, Herbert: Management und Controlling von IV-Projekten, a. a. O., S. 36.

718 Vgl. Magnus, Stephan: E-Learning: Die Zukunft des digitalen Lernens im Betrieb, a. a. O., S. 179.

719 Vgl. Kargl, Herbert: Management und Controlling von IV-Projekten, a. a. O., S. 15.

720 Vgl. Reinmann-Rothmeier, Gabi: Bildung mit digitalen Medien: Möglichkeiten und Grenzen für Lehren und Lernen, a. a. O., S. 294.

721 Vgl. Fuchs-Brüninghoff, Elisabeth: Selbstgesteuertes Lernen – eine (un)realistische Lernkultur? in: Selbstgesteuertes Lernen in der Weiterbildungspraxis, Dietrich, Stephan (Hrsg.), Bielefeld: Bertelsmann 2001, S. 36.

zum Beispiel in Form von Informationsveranstaltungen oder Publikationen organisiert werden. Ebenfalls effektiv ist es, Pioniere (frühe Anwender mit hoher Motivation und Neugierde) als Multiplikatoren zu rekrutieren, die dann per Mundpropaganda Überzeugungsarbeit leisten. Auch der Betriebsrat sollte einen aktiven Part übernehmen und dem interessierten oder besorgten Mitarbeiter bei allen Fragen stets als informative Anlaufstelle zur Verfügung stehen.[722]

**Unterstützung der Betroffenen in der Anlaufphase**

Ob die computerbasierte Lernumgebung bei den Betroffenen angenommen wird, entscheidet sich vor allem in der Anlaufphase, also wenn die Mitarbeiter zum ersten Mal computergestützt selbstgesteuert lernen sollen. Gerade dann muss deshalb auf die Betreuung große Sorgfalt verwendet werden.[723] Konkret bedarf es der Bereitstellung effizienter Supportstrukturen, die bei anfänglich möglichen technischen Schwierigkeiten eine leichte Kontaktaufnahme mit dem richtigen Ansprechpartner und damit eine schnelle Problemlösung ermöglichen.[724] Maßgeblich wird sich hier auswirken, ob etwaige Qualifikationsdefizite auf Seiten von Lernenden und Lehrenden schon im Vorfeld erkannt und durch geeignete Maßnahmen ausgeglichen wurden. Zudem wird es entscheidend zum Erfolg beitragen, wenn vor der flächendeckenden Einführung erste Erfahrungen im Rahmen eines Pilotprojekts in einer abgeschlossenen Testumgebung gesammelt wurden. Die normalen Nutzer bleiben dann von den nervenaufreibenden und demotivierenden Anfangsschwierigkeiten verschont.[725]

**Gezieltes internes Marketing**

Der Erfolg der flächendeckenden Einführung einer computerbasierten Lernumgebung ist nicht zuletzt von der Neugierde und Absicht der Mitarbeiter abhängig, diese auch tatsächlich zum Lernen zu verwenden. Die Freigabe muss daher von einem internen Marketing begleitet sein, im Rahmen dessen für die neuen Lernmöglichkeiten bzw. deren Mehrwert verstärkt geworben wird.[726] Ziel sollte es sein, die computerbasierte Lernumgebung als Marke im Unternehmen zu platzieren. Als Werbemaßnahmen kommen beispielsweise Kick-Off-Veranstal-

---

722 Vgl. Pichler, Martin: WBT-Einführung: Ängste ausschalten, Lernerfolg optimieren, Online im Internet: http://www.wirtschaftundweiterbildung.de/viewArticle.cfm?articleID=1687, Juni 2001, 09.11.2001.

723 Vgl. Magnus, Stephan: E-Learning: Die Zukunft des digitalen Lernens im Betrieb, a. a. O., S. 182.

724 Vgl. Spies, Josef: Die Flexibilität des Lernens mit Neuen Medien, a. a. O., S. 208.

725 Vgl. Bruns, Beate; Gajewski, Petra: Multimediales Lernen im Netz: Leitfaden für Entscheider und Planer, a. a. O., S. 217.

726 Vgl. Vering, Juliane: Sorgfältig auswählen, a. a. O., S. 36.

tungen oder so genannte Road-Shows (Live-Präsentationen der Lernumgebung in verschiedenen Abteilungen bzw. Niederlassungen) in Betracht.[727]

Hiermit schließen die Betrachtungen, die aufbauend auf das „Komponentenmodell computerbasierten selbstgesteuerten Lernens" entwickelt wurden. Das Resümee verweißt abschließend auf wesentliche Elemente dieser Arbeit.

---

727 Vgl. Magnus, Stephan: E-Learning: Die Zukunft des digitalen Lernens im Betrieb, a. a. O., S. 181.

# 6 Resümee

Die hohe Dynamik und die zunehmende Komplexität des betrieblichen Umfelds führen zu wachsendem Aus- und Weiterbildungsbedarf der Mitarbeiter. Traditionelle Weiterbildungsansätze mit einem Schwerpunkt auf Präsenzveranstaltungen sehen sich kaum mehr in der Lage, diesen Qualifizierungsbedarf anspruchsgerecht aufzufangen. Die Grenzen der Leistungsfähigkeit bestehen besonders im zur Verfügung stehenden Zeitkontingent, in qualifiziertem Lehrpersonal, finanziellen Mitteln und geeigneten Lehr-/Lernkonzepten.[726]

Einen Ausweg aus dieser prekären Situation versprechen sich viele Betriebe von der Einführung selbstgesteuerten Lernens. In der wissenschaftlichen Forschung wird das selbstgesteuerte Lernen im Kontext von neuen Medien als ein zentrales Forschungsgebiet betont.[727] Beim selbstgesteuerten Lernen übernimmt der Lernende selbst die Verantwortung für seine Weiterbildung; er entscheidet gemäß seinem individuellen Bedarf selbständig über Ziele und Inhalte des Lernens und ist frei in der Ausgestaltung, Durchführung und Kontrolle seiner Lernprozesse.

Um die Mitarbeiter bei einem selbstgesteuerten Lernen zu unterstützen, bietet sich der betriebliche Einsatz einer computerbasierten Lernumgebung an. Eine solche Lernumgebung sollte eine Vielzahl von Lernangeboten sowie weitere Dienstleistungen für das effektive selbstgesteuerte Lernen bereitstellen und Möglichkeiten zur räumlich und zeitlich verteilten Kommunikation und Kooperation mit Lernpartnern und Tutoren eröffnen. Ziel des Einsatzes einer solchen Lernumgebung ist es folglich, dem Lernenden so viele Wahlmöglichkeiten anheim zu stellen, dass er die Entscheidungen bezüglich dem „Was“, „Wann“, „Wie“, „Wo“, „Mit wem“ und „Woraufhin“ des Lernens tatsächlich weitestgehend selbst treffen kann. Der Lernende soll sich aus den einzelnen Angeboten sein persönliches „Taylormade Training“ konfigurieren können.[728]

Eventuell unzureichend entwickelte Kompetenzen zum selbstgesteuerten Lernen auf Seiten der Mitarbeiter können dabei durch die Integration der in den einzelnen Phasen des Lernprozesses dargelegten Formen der Unterstützung be-

726 Vgl. Reglin, Thomas: Betriebliche Weiterbildung im Internet: Didaktik - Produktion - Organisation, a. a. O., S. 7; Schäfer, Roland: Computergestützte Lernumgebungen in der Betriebswirtschaftslehre, a. a. O., S. 1; Seufert, Sabine: Computer Assisted Learning (CAL): Grundlagen, Varianten, Entwicklung, a. a. O., S. 3 f.

727 Vgl. Fischer, Frank; Mandl, Heinz.: Lehren und Lernen mit neuen Medien, Forschungsbericht Nr. 125, Juli 2000, a. a. O., S. 3.

728 Vgl. Servatius, Hans-Gerd: Telelearning in der beweglichen Organisation, a. a. O., S. 13.

rücksichtigt werden; die Gefahr einer Überforderung einzelner Lernender wird damit gebannt.

Die Arbeit „Computerbasierte Lernumgebungen zur Unterstützung selbstgesteuerter Lernprozesse" schließt in der wissenschaftlichen Literatur eine Lücke, indem sie mit einem konsequent interdisziplinären Ansatz den Analysebereich der computerbasierten Lernumgebung zur Unterstützung selbstgesteuerter Lernprozesse aus wirtschaftspädagogischer Sicht und aus wirtschaftsinformatischer Sicht untersucht. Besonders hervorzuheben sind hierbei:

Erstens, die Entwicklung des „Komponentenmodells computerbasierten selbstgesteuerten Lernens" auf der Basis des „Zwei-Schalen-Modells" [729] von Straka und Nenninger.

Zweitens, die differenzierte Analyse der einzelnen Phasen des computerbasierten selbstgesteuerten Lernprozesses mit Prozessbeschreibung, Fachkonzept und objektorientiertem Anforderungsmodell.

Drittens, die durch die objektorientiere Modellierung mittels der Unified Modeling Language geschaffene Brücke zwischen Wirtschaftsinformatikern und Wirtschaftspädagogen.

Viertens, die Integration der organisatorischen Rahmenbedingungen, die bei der Betrachtung computerbasierter selbstgesteuerter Lernumgebungen derzeit keine angemessene Berücksichtigung erfährt.

Im Folgenden werden wesentliche Leistungen der Arbeit in kompakter Form dargestellt.

Das in *Kapitel 3* entwickelte „Komponentenmodell computerbasierten selbstgesteuerten Lernens" wurde für die Arbeit als Analyserahmen zu Grunde gelegt, um die Anforderungen computerbasierten selbstgesteuerter Lernumgebungen zu untersuchen. Die Ausführungen zum Bereich der Metakognition sind hierbei hervorzuheben, da diese im Kontext der computerbasierten Lernumgebung derzeit noch keine angemessene Berücksichtigung finden.

Aufbauend auf den entwickelten Analyserahmen des „Komponentenmodells computerbasierten selbstgesteuerten Lernens" wurden in *Kapitel 4* die Phasen des computerbasierten selbstgesteuerten Lernprozesses detailliert analysiert.

---

729 Vgl. Straka, Gerald; Nenninger, Peter; Spevacek, Gert; Wosnitza, Marold: Motiviertes selbstgesteuertes Lernen in der kaufmännischen Erstausbildung - Entwicklung und Validierung eines Zwei-Schalen-Modells, a. a. O., S. 151.

Innerhalb des entwickelten Komponentenmodells dient die in Anlehnung an Oestereich und Balzert vorgestellte „Vorgehensweise zur objektorientieren Anforderungsanalyse“ zur methodisch konsistenten Analyse jeder einzelen Phase des computerbasierten Lernprozesses. Besonders hervorzuheben ist die ausgewogene Betrachtung aller Phasen des computerbasierten selbstgesteuerten Lernprozesses. Jede Phase wurde detailliert in gleicher Weise mittels der „Vorgehensweise zur objektorientierten Anforderungsanalyse“ untersucht und aus statischer und dynamischer Sicht modelliert.

Für jede Phase wurde eine Prozessbeschreibung und ein Fachkonzept vorgestellt sowie ein objektorientiertes Anforderungsmodell entwickelt. Hierbei wurden innerhalb jeder Phase die vielfältigen Anforderungen herausgestellt, die eine computerbasierte selbstgesteuerte Lernumgebung erfüllen sollte.

Abschließend wurden die in den einzelnen Phasen entwickelten Klassendiagramme zum Gesamtklassendiagramm des computerbasierten selbstgesteuerten Lernprozesses zusammengeführt. Dieses Klassendiagramm gab erstens einen Gesamtüberblick über die modellierten statischen Aspekte des computerbasierte selbstgesteuerten Lernens, zweitens wurde die Interdependenz und Verzahnung der einzelnen Phasen veranschaulicht, und drittens wurde durch das nahtlose Zusammenfügen die Stimmigkeit des Modells und der einzelnen Phasen validiert.

Durch den Transfer wirtschaftspädagogischer Erkenntnisse in objektorientierte Modelle gelang es, eine Brücke zwischen Wirtschaftsinformatikern und Wirtschaftspädagogen zu schlagen. Einerseits können Wirtschaftsinformatiker durch die entwickelten Modelle leichter einen Bezug zu einem etwaigen Softwaresystem, herstellen und sie erhalten gleichzeitig einen Einblick in die Anforderungen des selbstgesteuerten Lernens, andererseits können Wirtschaftpädagogen Erkenntnisse gewinnen, wie pädagogische Konzepte in eine Software überführt werden können.

Die Erweiterung des Verständnisses der jeweiligen anderen Seite kann einen Beitrag dazu leisten, die Kommunikation zwischen Wirtschaftsinformatik und Wirtschaftspädagogik weiter zu verbessern, welches ein wesentliches Ziel dieser Arbeit war.

Bei der Betrachtung der organisatorischen Rahmenbedingungen computerbasierten selbstgesteuerten Lernens in *Kapitel 5* wurde deutlich, dass die betrieblichen Weiterbildungsverantwortlichen aus einem Großteil ihrer ursprünglichen Pflichten entlassen werden. Gleichzeitig werden sie mit einer Reihe neuer Aufgaben betraut: dazu zählt insbesondere der Aufbau einer Lernkultur im Unternehmen, die systematische und am betrieblichen Bedarf ausgerichtete Planung, die Implementierung, die Verwaltung und die kontinuierliche Weiterentwicklung von Lernangeboten im Rahmen der Weiterbildungsorganisation sowie die

Betreuung der Lernenden. Der mit den neuen Aufgaben verbundene Aufwand hält sich jedoch so weit in Grenzen, als für das Weiterbildungsmanagement durch die Etablierung selbstgesteuerten Lernens insgesamt eine Entlastung erzielt werden kann.

Zu den zentralen Ergebnissen dieser Arbeit zählt ebenfalls die Feststellung, dass die Gestaltung eines computerbasierten selbstgesteuerten Lernens in der betrieblichen Weiterbildung von wichtigen Rahmenbedingungen abhängt, ohne deren Berücksichtigung entsprechende Ansätze scheitern müssen. Die mit dem Einsatz einer computerbasierten Lernumgebung einhergehenden Gestaltungsaufgaben reichen von der Prozessanpassung in der Weiterbildungsorganisation über die Entwicklung lernförderlicher Arbeitskonzepte und die Berücksichtigung des Qualitätsmanagements bis hin zur technischen Integration. In der Regel müssen zudem neue Rollen, wie Informationslotse, Wissensnavigator, Lernberater und Teletutor, definiert werden. Vor allem aber lässt sich die Selbststeuerung des Lernens nur verwirklichen, wenn im Unternehmen auch ein Wechsel in der generellen Einstellung zum Lernen vollzogen wird. Das setzt ggf. maßgebliche Veränderungen gegenüber der herkömmlichen Unternehmensführung und -organisation voraus. Bereits die Aufzählung der zu berücksichtigenden Faktoren legt die Folgerung nahe, dass die konkrete Einführung einer computerbasierten Lernumgebung nicht darauf reduziert werden darf, Neuerungen vereinzelt und unabhängig voneinander dem Status quo einfach nur hinzuzufügen. Zu fördern ist stattdessen die systematische Implementierung eines umfassenden Gesamtkonzepts, welches alle relevanten Faktoren mit einbezieht.

Angesichts der ungebrochenen Tendenz zur Globalisierung und Dynamisierung der Märkte und der damit verbundenen Wertschätzung von Wissen als entscheidendem Produktionsfaktor werden auch in Zukunft Weiterbildungskonzepte Zuspruch finden, welche die Eigenverantwortung der Mitarbeiter in den Vordergrund stellen. Unternehmen werden daher verstärkt darauf bedacht sein, Maßnahmen zur Unterstützung selbstgesteuerter Lernprozesse zu implementieren. Marktexperten bescheinigen computerbasierten Lösungen in diesem Zusammenhang weltweit ein enormes Wachstumspotential.[730] Für diese Erwartung spricht, dass der Technologieeinsatz durch eine Reihe von technischen Entwicklungen wie Kapazitätserweiterungen bei Hard- und Software, Fortschritte in der Netzwerktechnik und die kontinuierliche Weiterentwicklung von Lernplattformen respektive -modulen begünstigt wird. Zudem können Unternehmen aufgrund der Deregulierung der Telekommunikations-Märkte (TK-Märkte) von weiteren Senkungen der Telekommunikationskosten ausgehen. Schließlich wird

730 Vgl. Richter, Gérald: Telelearning als Erfolgsfaktor für Gesellschaft und Unternehmen, in: Information Management & Consulting, 1/1999, S. 10.

die Verbreitung computerbasierter Lösungen auch durch gesellschaftliche Trends unterstützt. Dazu zählen vor allem der Wunsch nach flexibleren Arbeits- und Lernzeiten, die wachsende Penetration von PC's in Haushalten sowie die zunehmende Ausdehnung des Internets in alle Lebensbereiche.[731] Abbildung 74 fasst diese Aussagen zusammen.

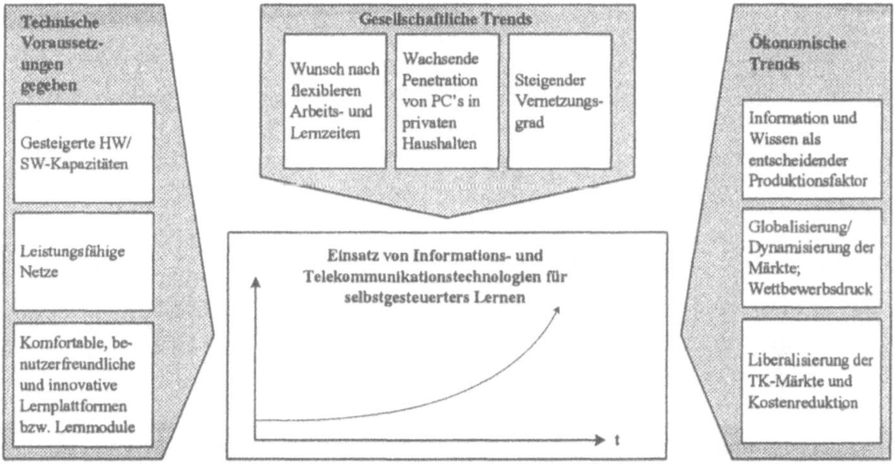


**Abb. 74: Steigerung des Technologieeinsatzes für selbstgesteuertes Lernen durch technische, ökonomische und gesellschaftliche Trends**[732]

Die Vorteile von computerbasierten Lernumgebungen zur Unterstützung selbstgesteuerter Lernprozesse werden von Unternehmen zunehmend erkannt; wichtig ist allerdings, dass Betriebe auch gegenüber den damit verbundenen Anforderungen ausreichend sensibilisiert sind. Entscheidend ist vor allem, dass von allen Beteiligten gleichermaßen erkannt wird, dass computerbasierte Lernumgebungen kein Garant für erfolgreiches Lernen sein können. Denn wie Mandl feststellt, entlassen sie „... weder die Organisation noch deren Mitglieder aus der Verantwortung – im Gegenteil: Die individuelle und soziale Verantwortung für das Lernen wächst mit den zunehmenden Möglichkeiten eines computernetzbasierten Lernens in Selbstbestimmung und Kooperation."[733]

---

731 Vgl. Richter, Gérald: Telelearning als Erfolgsfaktor für Gesellschaft und Unternehmen, a. a. O., S. 10.

732 In Anlehnung an Richter, Gérald: Telelearning als Erfolgsfaktor für Gesellschaft und Unternehmen, a. a. O., S. 10.

733 Mandl, Heinz: Lernen in Computernetzwerken. Ansätze - Perspektiven - Qualitätskriterien, a. a. O., S. 35.

# Literaturverzeichnis


**Alessi, Stephen M.; Trollip, Stanley R.:** Computer-Based Instruction: Methods and Development, 2nd Ed., New Jersey: Prentice Hall 1991.

**Arnold, Rolf:** Weiterbildung: ermöglichungsdidaktische Grundlagen, München: Vahlen 1996.

**Artelt, Cordula; Baumert, Jürgen; Klieme, Eckhard; Neubrand, Michael; Prenzel, Manfred; Schiefele, Ulrich; Schneider, Wolfgang; Schümer, Gundel; Stanat, Petra; Tillmann, Klaus-Jürgen; Weiß, Manfred (Hrsg.):** PISA 2000: Zusammenfassung zentraler Befunde, Max-Planck-Institut für Bildungsforschung, Berlin 2001.

**Astleitner, Hermann, Schinagl, Wolfgang:** High-level-Telelernen und Wissensmanagement: Grundpfeiler virtueller Ausbildung, Frankfurt am Main et al.: Lang 2000.

**Bächle, Michael; Zekl, Andreas**: Distributed Learning: Virtuelles Lehren und Lernen im Netz, in: Information Management & Consulting, 14. Jg. 1999 Sonderausgabe, S. 94-98.

**Ballin, Dieter; Brater, Michael**: Handlungsorientiert lernen mit Multimedia - Lernarrangements planen, entwickeln und einsetzen, Nürnberg: BW Bildung und Wissen, Verl. und Software 1996.

**Ballstaedt, Steffen-Peter:** Wissensvermittlung: Die Gestaltung von Lernmaterial, Weinheim et al.: Beltz Verlag 1997.

**Balzert, Heide:** Lehrbuch der Objektmodellierung: Analyse und Entwurf, Heidelberg; Berlin: Spektrum, Akad. Verl. 1999.

**Balzert, Heide:** Objektorientierung in 7 Tagen: vom UML-Modell zur fertigen Web Anwendung, Heidelberg ; Berlin: Spektrum, Akad. Verlag 2000.

**Balzert, Heide:** UML kompakt: mit Checklisten, Heidelberg, Berlin: Spektrum, Akad. Verlag 2001.

**Balzert, Helmut**: Lehrbuch der Software-Technik, 2. Aufl., Heidelberg, Berlin: Spektrum, Akad. Verl. 2001.

**Bandura, A.**: Self-efficacy: Toward a unifying theory of behavioral change. Psychological Review, 84 - 2, 1977, S. 191-215.

**Bandura, A.:** Social foundations of thought and action: A social cognitive theory. Englewood Cliff, NJ: Prentice-Hall 1986.

**Baumert, Jürgen; Klieme, Eckhard; Neubrand, Michael; Prenzel, Manfred; Schiefele, Ulrich; Schneider, Wolfgang; Stanat, Petra; Tillmann, Klaus-Jürgen; Weiß, Manfred (Hrsg.):** PISA 2000: Basiskompetenzen von Schülerinnen und Schülern im internationalen Vergleich. Opladen: Leske + Budrich 2001.

**Baumert, Jürgen; Klieme, Eckhard; Neubrand, Michael; Prenzel, Manfred; Schiefele, Ulrich; Schneider, Wolfgang; Stanat, Petra; Tillmann, Klaus-Jürgen; Weiß, Manfred (Hrsg.):** PISA 2000 - Deutschland: Erfassung fächerübergreifender Problemlösekompetenzen in PISA, Max-Planck-Institut für Bildungsforschung, Berlin 2001.

**Baumert, Jürgen; Klieme, Eckhard; Neubrand, Michael; Prenzel, Manfred; Schiefele, Ulrich; Schneider, Wolfgang; Stanat, Petra; Tillmann, Klaus-Jürgen; Weiß, Manfred (Hrsg.):** PISA 2000 - Deutschland: Fähigkeit zum selbstregulierten Lernen als fächerübergreifende Kompetenz, Max-Planck-Institut für Bildungsforschung, Berlin 2001.

**Baumert, Jürgen; Klieme, Eckhard; Neubrand, Michael; Prenzel, Manfred; Schiefele, Ulrich; Schneider, Wolfgang; Stanat, Petra; Tillmann, Klaus-Jürgen; Weiß, Manfred (Hrsg.):** PISA 2000 - Deutschland: Aspekte von Kooperation und Kommunikation, Max-Planck-Institut für Bildungsforschung, Berlin 2001.

**Baumgartner, Peter; Payr, Sabine:** Lernen mit Software, 2. Aufl., Innsbruck et al.: Studien-Verlag 1999.

**Beck, Erwin; Guldimann, Titus; Zutavern, Michael (Hrsg.):** Eigenständig lernen, St. Gallen: UVK, Fachverlag für Wiss. und Studium 1995.

**Bloom, Benjamin S.:** Taxonomie von Lernzielen im kognitiven Bereich, 5. Aufl., Weinheim et al.: Beltz Verlag 1976.

**Blumstengel, Astrid**: Entwicklung hypermedialer Lernsysteme, Online im Internet: http://dsor.uni-paderborn.de/organisation/blum_diss/main_index_titel.html,1998, 13.12.00.

**Bodendorf, Freimut:** Computer in der fachlichen und universitären Ausbildung, in: Handbuch der Informatik, Bd. 15.1, Hrsg.: Endres, Albert; Krallmann, Hermann; Schnupp, Peter, München, Wien: Oldenbourg 1990.

**Bodendorf, Freimut:** Typologie von Systemen für die computergestützte Weiterbildung, in: Computer in der betrieblichen Weiterbildung, Hrsg.: Bodendorf, Freimut; Hofmann, Jürgen, in: Handbuch der Informatik, Bd. 15.2, Hrsg.: Endres, Albert; Krallmann, Hermann; Schnupp, Peter, München, Wien: Oldenbourg 1993, S. 63-82.

**Bodendorf, Freimut; Hofmann, Jürgen:** Computer in der betrieblichen Weiterbildung, in: Reihe: Handbuch der Informatik, Bd. 15.2, Hrsg.: Endres, Albert; Krallmann, Hermann; Schnupp, Peter, München et al.: Oldenbourg Verlag 1993.

**Boekaerts, M.:** Self-regulated learning: A new concept embraced by researchers, policy makers, educators, teachers and students, Learning and Instruction, 7/2, 1997, S. 161-186.

**Boekaerts, M.:** Self-regulated learning: Where we are today, International Journal of Educational Research, 31, 1999, S. 445-475.

**Boekaerts, M.:** The adaptable learning process: Initiating and maintaining behavioural change, Applied Psychology, 41/4, 1992, S. 377-397.

**Bolduan, Christina; Black, J. M.:** Integrierte Lernsysteme für effizienteres Training: Praktische Erfahrungen der Integration im multinationalen Konzern, in: Personal, 1/2001, S. 36-39.

**Booch, G.:** Object-oriented design with applications, Redwood City: Benjamin/ Cummings 1991.

**Bremer, Claudia:** Die Integration verschiedener Lehr- und Lernmethoden in Online-Veranstaltungen, in: IM Information Management & Consulting, 1/1999, S. 49-57.

**Breuer, Klaus:** Computerunterstütztes Lernen auf der Basis eines Informationsprogramms, Eine explorative empirische Studie zu den Lernmöglichkeiten von Studierenden bei der selbstgesteuerten computerunterstützten Informationssuche und -verarbeitung, Hochschuldidaktische Forschungsberichte, 17, Hamburg: AHD 1981.

**Breuer, Klaus; Hillen, Stefanie; Berendes, Kai:** Entwicklung und Elaboration Mentaler Modelle zu komplexen betriebswirtschaftlichen Erklärungsmustern über die computergestützte Modellbildung und Simulation, Reihe: Arbeitspapiere, 37, Mainz: Lehrstuhl für Wirtschaftpädagogik: Prof. Dr. K. Beck; Prof. Dr. K. Breuer (Hrsg.) 2001.

**Brown, A. L:** Metakognition, Handlungskontrolle, Selbststeuerung und andere, noch geheimnisvollere Mechanismen, in: Weinert, F. E.; Kluwe, R. H. (Hrsg.): Metakognition, Motivation und Lernen, Stuttgart: Kohlhammer 1984, S. 60-108.

**Brown, A.; Collins, A.; Duguid, P.:** Situated cognition and culture of learning, Educational Researcher, 18, 1989, S. 32-42.

**Bruns, Beate; Gajewski, Petra:** Multimediales Lernen im Netz: Leitfaden für Entscheider und Planer, 2. Aufl., Berlin, u. a.: Springer 2000.

**Bullinger, Hans-Jörg; Braun, Martin:** Virtualisierung des wissenschaftlichen Lehrens und Lernens, in: IM Information Management & Consulting, 1/1999, S. 27-33.

**Bundesministerium für Bildung, Wissenschaft, Forschung und Technologie (Hrsg.):** Das lebenslange Lernen, Leitlinien einer modernen Bildungspolitik, Kassel: Bertelsmann Verlag - Wirtschaft, Bildung, Verwaltung 1996.

**Bundsministerium für Bildung und Forschung (Hrsg.):** Berufsbildungsbericht 2000, Bonn 2000.

**Burkhardt, Rainer:** UML-Unified Modeling Language: Objektorientierte Modellierung für die Praxis, Bonn: Addison-Wesley-Longman 1997.

**Coad, P.; Yourdon, E.:** Object-Oriented Design, Engelwood Cliffs: Prentice-Hall 1991.

**Collins, A.; Brown, J.; Newmann, S.:** Cognitive apprenticeship: Teaching the crafts of reading, writing and mathematics, in: Resnick, L. (Hrsg.): Knowing, learning and instruction, Hillsdale, N.J.: Erlbaum 1989, S. 453-494.

**Dambrowsky, Marc**: Neue Wege in der unternehmensinternen Aus- und Weiterbildung. Deutsche Bank University. in: Praxis der Wirtschaftsinformatik, Jg. 2001, H. 218 der Gesamtfolge, S. 67-82.

**Deci, E.; Ryan, R.:** Die Selbstbestimmungstheorie der Motivation und ihre Bedeutung für die Pädagogik. Zeitschrift für Pädagogik, 39, 1993, S. 223-238.

**Deitering, Franz G.:** Selbstgesteuertes Lernen, 2., unveränderte Aufl., Göttingen et al.: Verlag für angewandte Psychologie 2001.

**Dick, Egon:** Multimediale Lernprogramme und telematische Lernarrangements: Einführung in die didaktische Gestaltung, in: Reihe: Multimediales Lernen in der Berufsbildung, Hrsg.: Blume, Dieter; Holz, Heinz; Schenkel, Peter; Tillmann, Heinrich; Zimmer, Gerhard, Nürnberg: BW Bildung und Wissen, Verlag und Software 2000.

**Diepold, Peter:** Internet: Neue Chancen für die Lehre, in: Handbuch Hochschullehre-Highlights Bd. 2: Neue Medien in der Hochschullehre: Perspektiven – Modelle – Methoden, Hrsg.: Balogh, Heike, Stuttgart et al.: Raabe 1996, B 1.7.

**Dietrich, Stephan**: Der Lehrende als Lernberater, in: Selbstgesteuertes Lernen in der Weiterbildungspraxis, Dietrich, Stephan (Hrsg.), Bielefeld: Bertelsmann 2001, S. 123-135.

**Dietrich, Stephan:** Selbstgesteuertes Lernen – eine neue Lernkultur für die institutionelle Erwachsenenbildung?, in: Selbstgesteuertes Lernen – auf dem Weg zu einer neuen Lernkultur, Hrsg.: Dietrich, Stephan; Fuchs-Brüninghoff, Elisabeth, in: DIE Materialien für Erwachsenenbildung, Bd. 18,

Frankfurt am Main: Deutsches Institut für Erwachsenenbildung (DIE) 1999, S. 14-23.

**Dohmen, Günther**: Das informelle Lernen: Die internationale Erschließung einer bisher vernachlässigten Grundform menschlichen Lernens für das lebenslange Lernen aller, Bonn: Bundesministerium für Bildung und Forschung 2001.

**Dohmen, Günther:** Konzeption und Konsequenzen des Lebenslangen Lernens: 25 Thesen, in: Lebenslanges Lernen: Erfahrungen und Anregungen aus Wissenschaft und Praxis, Nacke, Bernhard; Dohmen, Günther (Hrsg.), Würzburg: Echter 1996.

**Döring, Nicola:** Lernen mit dem Internet, in: Information und Lernen mit Multimedia, Hrsg.: Issing, Ludwig J.; Klimsa, Paul, 2., überarb. Aufl., Weinheim: Psychologie Verlags Union 1997, S. 305-336.

**Dubs, Rolf:** Selbständiges, eigenständiges oder selbstgeleitetes Lernen: Liegt darin die Zukunft?, in: Zeitschrift für Berufs- und Wirtschaftspädagogik, 2/1993, S. 113-117.

**Edelmann, Walter:** Lernpsychologie, 5. vollst. überarb. Aufl., Weinheim: Psychologie Verlags Union 1996.

**Eiwan, Barbara:** Lehren und Lernen mit dem Computer: eine experimentelle Studie um Einfluss von Lerner- und Programmermerkmalen auf Lernprozess und Lernergebnis, Regensburg: Roderer 1998.

**Euler, Dieter:** Didaktik des computerunterstützten Lernens: Praktische Gestaltung und theoretische Grundlagen, in: Bd. 3 der Reihe Multimediales Lernen in der Berufsbildung, Hrsg.: Holz, Heinz; Zimmer Gerhard, Nürnberg: BW Bildung und Wissen, Verlag und Software GmbH 1992.

**Euler, Dieter:** High Teach durch High Tech? Überlegungen zur Neugestaltung der Universitätslehre mit Hilfe der neuen Medien, in: Entwicklungsperspektiven im Elektronic Business: Grundlagen – Strukturen – Anwendungsfelder, Hrsg.: Scheffler, Wolfram; Voigt, Kai-Ingo, Wiesbaden: Gabler 2000, S. 53-79.

**Euler, Dieter**: Multimediale und telekommunikative Lernumgebungen zwischen Potentialität und Aktualität: Eine Analyse aus wirtschaftspädagogischer Sicht, in: Medien-Generation. Beiträge zum 16. Kongress der Deutschen Gesellschaft für Erziehungswissenschaft, Gogolin, Ingrid; Lenzen, Dieter (Hrsg.), Opladen: Leske + Budrich 1999, S. 77-98.

**Fasching, Thomas:** Internet und Pädagogik: Kommunikation, Bildung und Lernen im Netz, München: KoPäd Verlag 1997.

**Federico, Pat-Anthony:** Hypermedia Environments and Adaptive Instruction, in: Computers in Human Behavior, 15/1999, Ed.: Tennyson, Robert D., Pergamon, S. 653-692.

**Fichten, W.:** Unterricht aus Schülersicht: Die Schülerwahrnehmung von Unterricht als erziehungswissenschaftlicher Gegenstand und ihre Verarbeitung im Unterricht, Frankfurt: Lang 1993.

**Fischer P., Mandl, H.:** Selbstwahrnehmung und Selbstbewertung beim Lernen. Metakognitive Komponenten der Selbststeuerung beim Lernen mit Texten (Forschungsbericht 10), Tübingen: Deutsches Institut für Fernstudien an der Universität Tübingen, 1980.

**Fischer, Frank; Mandl, Heinz:** Lehren und Lernen mit neuen Medien, in: Forschungsbericht Nr. 125, Hrsg.: Institut für Pädagogische Psychologie und Empirische Pädagogik, Lehrstuhl Prof. Dr. Heinz Mandl, Ludwig-Maximilians-Universität München, 7/2000.

**Fischer, Peter Michael; Mandl, Heinz:** Selbstdiagnostische und selbstregulative Aspekte der Verarbeitung von Studientexten: Eine kritische Übersicht über Ansätze zur Förderung und Beeinflussung von Lernstrategien, in: Zur Psychologie der Textverarbeitung, Ansätze, Befunde, Probleme, Hrsg.: Mandl, Heinz, München et al.: Urban und Schwarzenberg 1981, S. 389-477.

**Fischermanns, Guido**: Weiterbildung und neue Medien, in: Bankinformation und Genossenschaftsforum, 9/2000, S. 10-14.

**Flavell, J., Miller, P., Miller, S.:** Cognitive Development. Englewood Cliffs 1993.

**Fowler, Martin:** Analysemuster - Wiederverwendbare Objektmodelle, Ein Pattern-Katalog für Business-Anwendungen, Bonn, u.a.: Addison-Wesley-Longman 1999.

**Friedrich, Helmut Felix; Mandl, Heinz:** Psychologische Aspekte autodidaktischen Lernens, in: Unterrichtswissenschaft, Zeitschrift für Lernforschung, 3/1990, S. 197-218.

**Friedrich, Helmut; Mandl, Heinz:** Analyse und Förderung des selbstgesteuerten Lernens, in: Psychologie der Erwachsenenbildung, Hrsg.: Weinert, Franz E.; Mandl, Heinz, in: Enzyklopädie der Psychologie, Themenbereich D, Praxisgebiete, Serie I, Pädagogische Psychologie, Bd. 4, Hrsg.: Birbaumer, Niels; Frey, Dieter; Kuhl, Julius; Prinz, Wolfgang; Weinert, Franz E., Göttingen et al.: Hogrefe-Verlag 1997, S. 237-295.

**Fuchs-Brüninghoff, Elisabeth**: Selbstgesteuertes Lernen – eine (un)realistische Lernkultur? in: Selbstgesteuertes Lernen in der Weiterbildungspraxis, Dietrich, Stephan (Hrsg.), Bielefeld: Bertelsmann 2001, S. 34-38.

**Gabele, Eduard; Zürn, Brigitte:** Entwicklung interaktiver Lernprogramme: Bd. 1: Grundlagen und Leitfaden, Stuttgart: Schäfer-Poeschel Verlag 1993.

**Gage, Nathaniel L.; Berliner, David C.:** Pädagogische Psychologie, 5., vollst. überarb. Aufl., Weinheim: Psychologie Verlags Union 1996.

**Gamma, Erich; Helm, Richard; Johnson, Ralph; Vlissides, John:** Design Patterns: Elements of reusable object-oriented software, Reading, MA, USA: Addison-Wesley-Longman 1994.

**Gerdes, Heike:** Lernen mit Text und Hypertext, in: Reihe: Aktuelle Psychologische Forschung, Bd. 18, Hrsg.: Buchner, Axel; Funke, Joachim, Lengerich et al.: Pabst Science Publishers 1997.

**Gerstenmaier, Jochen; Mandl, Heinz:** Wissenserwerb unter konstruktivistischer Perspektive, in: Zeitschrift für Pädagogik, 6/1995, S. 867-888.

**Geyken, Alexander; Mandl, Heinz**: Unterstützung des selbstgesteuerten Lernens in einer Tele-CBT Umgebung, in: Unterrichtswissenschaft, 21. Jg. 1993, S. 215-232.

**Glöckel, Hans:** Vom Unterricht: Lehrbuch der allgemeinen Didaktik, 3. Aufl., Heilbrunn: Klinkhardt Verlag 1996.

**Gloor, Peter A.:** Elements of Hypermedia Design: Techniques for Navigation and Visualization in Cyberspace, Boston: Birkhäuser 1997.

**Gnahs, Dieter; Seidel, Sabine**: Die Praxis des selbstgesteuerten Lernens – ein Überblick, in: Selbstgesteuertes Lernen – auf dem Weg zu einer neuen Lernkultur, Nuissl, Ekkehard (Hrsg.), Frankfurt/M.: Deutsches Institut für Erwachsenenbildung 1999, S. 71-88.

**Gottwald, Franz-Theo; Sprinkart, K. Peter:** Multi-Media-Campus: Die Zukunft der Bildung, Düsseldorf, Regensburg: Metropolitan 1998.

**Götz, Klaus; Häfner, Peter:** Computerunterstütztes Lernen in der Aus- und Weiterbildung, in: Reihe: Neue Formen des Lernens im Betrieb, Schriftenreihe des Arbeitskreises Pädagogische Hochschulen/Wirtschaft in Baden-Württemberg, Bd. 1, Hrsg.: Pieper, Jürgen; Schwark, Wolfgang, Weinheim: Deutscher Studien Verlag 1991.

**Gräsel, Cornelia; Bruhn, Johannes; Mandl, Heinz**: Lernen mit Computernetzen aus konstruktivistischer Perspektive, in: Unterrichtswissenschaft, 1/1997, S. 4-18.

**Grässle, Patrick; Baumann, Henriette; Baumann, Philippe:** UML projektorientiert, Geschäftsprozessmodellierung, IT-System-Spezifikation und Systemintegration mit UML, Bonn: Galileo Press 2000.

**Greff, Günter; China, Ralf**: Personalmanager entdecken Lernportale, in: Personalwirtschaft, 1/2001, S. 37-40.

**Gretsch, Christian A.:** Lernen und lehren mit Internet: Eine Einführung in Internet für das Selbststudium und den Unterricht, 2. Aufl., Aarau: Bildung Sauerländer, 2000.

**Guldimann, Titus:** Eigenständiger Lernen: durch metakognitive Bewusstheit und Erweiterung des kognitiven und metakognitiven Strategierepetoires, Bern, Stuttgart, Wien: Haupt 1996.

**Gust, Rolf**: Computerunterstütztes Lernen am Arbeitsplatz: Voraussetzungen, Bedingungen und Probleme in kleinen und mittleren Unternehmen, in: Arbeit, 4/1996, S. 455-471.

**Gutenberg, Erich:** Grundlagen der Betriebswirtschaftslehre, Bd. 1: Die Produktion, 23., unveränd. Aufl., Berlin et al.: Springer 1979.

**Haack, Johannes:** Interaktivität als Kennzeichen von Multimedia und Hypermedia, in: Information und Lernen mit Multimedia, Hrsg.: Issing, Ludwig J.; Klimsa, Paul, 2., überarb. Aufl., Weinheim: Beltz Verlag 1997, S. 151-166.

**Hacker, Hartmut:** Elemente des Curriculums, in: Reihe: Schulpädagogik: eine Einführung, Hrsg.: Einsiedler, Wolfgang; Oblinger, Hermann, Donauwörth: Auer Verlag 1979.

**Harteis, Christian**: Beschäftigte im Spannungsfeld ökonomischer und pädagogischer Prinzipien betrieblicher Personal- und Organisationsentwicklung, in: Kompendium Weiterbildung: Aspekte und Perspektiven betrieblicher Personal- und Organisationsentwicklung, Harteis, Christian; Heid, Helmut; Kraft, Susanne (Hrsg.), Opladen: Leske + Budrich 2000, S. 209-217.

**Hasebrook, Joachim:** Multimedia-Psychologie: eine neue Perspektive menschlicher Kommunikation, Heidelberg et al.: Spektrum Verlag 1995.

**Herold, Helmut; Klar, Michael; Klar, Susanne:** Objektorientierung – Angewandte Objektorientierung mit C++ und UML, München et al: Addison-Wesley 2001.

**Himmel, Wolfgang**: Die Einrichtungsleitung und das selbstgesteuerte Lernen, in: Selbstgesteuertes Lernen in der Weiterbildungspraxis, Dietrich, Stephan (Hrsg.), Bielefeld: Bertelsmann 2001, S. 101-110.

**Hochschulrektorenkonferenz:** Moderne Informations- und Kommunikationstechnologien (Neue Medien) in der Hochschullehre, in: Dokumente zur Hochschulreform 111/1996, Hrsg.: Hochschulrektorenkonferenz, Bonn 1996.

**Hoppe, Uwe:** Teachware für Finanzdienstleister: Entwicklung – Integration – Einsatz, Wiesbaden: Dt. Univ.-Verlag 2000.

**Issing, Ludwig J.:** Mediendidaktische Aspekte der Entwicklung und Implementierung von Lernsoftware, in: Interaktive Medien für die Aus- und Weiterbildung: Marktübersicht, Analysen, Anwendung, in: Reihe: Multimediales Lernen in der Berufsbildung, Bd. 1, Hrsg.: Zimmer, Gerhard, Nürnberg: BW Bildung und Wissen, Verlag und Software 1990, S. 103-111.

**Jacobson, I; Christerson, M.; Jonsson, P; Övergaard, G.:** Object-Oriented Software Engineering, A Use Case Driven Approach, Workingham: Addison-Wesley 1992.

**Jacobson. I. ; Booch , G. ; Rumbaugh, J. :** The Unified Software Development Process, Longman: Addison-Wesley 1999.

**Kaiser, Arnim; Kaiser Ruth:** Metakognition: Denken und Problemlösen optimieren, Neuwied, Kriftel: Luchterhand 1999.

**Kammerl, Rudolf:** Computerunterstütztes Lernen – Eine Einführung, in: Computergestütztes Lernen, Hrsg.: Kammerl, Rudolf, München, Wien: Oldenbourg 2000, S. 7-22.

**Kargl, Herbert**: DV-Controlling, 4. unwes. veränd. Aufl., München, Wien: Oldenbourg 1999.

**Kargl, Herbert:** Fachentwurf für DV-Anwendungssysteme, 2., erg. Aufl., München; Wien: Oldenbourg 1990.

**Kargl, Herbert:** Management und Controlling von IV-Projekten, München et al.: Oldenbourg Verlag 2000.

**Keil-Slawik, Reinhard:** Multimedia in der Hochschullehre, in: Virtueller Campus: Forschung und Entwicklung für neues Lehren und Lernen, Hrsg.: Simon, Hartmut, Münster et al.: Waxmann 1997, S. 27-42.

**Kerres, Michael:** Multimediale und telemediale Lernumgebungen, Konzeption und Entwicklung, 2., vollst. überarb. Aufl., München et al.: Oldenbourg 2001.

**Kleber, Eduard Werner:** Tests in der Schule: Instrumente zur Gewinnung diag-nostischer Informationen zur Lernsteuerung und Lernkontrolle, München et al.: Ernst Reinhardt Verlag 1979.

**Knowles, Malcom Shepherd:** Self Directed Learning, A guide for learners and teachers, Chicago: Follet 1975.

**Konrad, Klaus:** Kontrollüberzeugungen und Kontrollhandlungen in der Interaktion mit dem Computer in der Schule, Beiheft 3, Zeitschrift Empirische Pädagogik, Landau: Empirische Pädagogik 1993.

**Konrad, Klaus:** Lernen eigenständig reflektieren, überwachen und kontrollieren: Explorative Analyse handlungsleitender Kognitionen, in: Reihe: Berichte des Zentrums Nr. 22, Hrsg.: Zentrum für empirische pädagogische Forschung, Landau: Verlag Empirische Pädagogik 1997.

**Konrad, Klaus; Traub, Silke:** Selbstgesteuertes Lernen in Theorie und Praxis, München: Oldenbourg 1999.

**Konrad, Klaus; Wosnitza, Marold:** Neue Formen des Lernens in Schule, Aus- und Weiterbildung: Einführung in die Thematik motivierten selbstgesteuerten Lernens mit Bibliographie, in: Berichte des Zentrums für empirische pädagogische Forschung, Nr. 13, Hrsg.: Zentrum für empirische pädagogische Forschung, Landau: Empirische Pädagogik 1995.

**Kraemer, Wolfgang**: Das E-Business der Personalentwicklung, in: Personalwirtschaft, 1/2001, S. 22-27.

**Kraemer, Wolfgang**: Virtuelle Corporate University – Executive Education Architecture und Knowledge Management, in: Electronic Business und Knowledge Management: Neue Dimensionen für den Unternehmungserfolg, Scheer, August-Wilhelm (Hrsg.), Heidelberg: Physica-Verl. 1999, S. 491-525.

**Kraemer, Wolfgang**: Vom Knowledge Management zum Learning Service Providing – Leitfaden zur Einführung von E-Learning, in: E-Business – Wer geht? Wer bleibt? Wer kommt?, Scheer, August-Wilhelm (Hrsg.), Heidelberg: PysicaVerl. 2000, S. 327-349.

**Kraft, Susanne**: Selbstgesteuertes Lernen – Möglichkeiten und Perspektiven für die Erwachsenenbildung, in: Selbstorganisiertes Lernen als Problem der Erwachsenenbildung, Derichs-Kunstmann, Karin; Faulstich, Peter; Wittpoth, Jürgen u. a. (Hrsg.), Frankfurt/M.: Dt. Inst. für Erwachsenenbildung 1998, S. 215-225.

**Krammer, Hein P. M.; Bosch, Jan; Dijkstra, Sanne:** Scalability in Instructional Method Specification: An Experiment-Directed Approach, in: Automating Instructional Design: Computer-Based Development and Delivery Tools, Eds.: Tennyson, Robert D.; Barron, Ann E., in: Series F: Computer and Systems Sciences, Vol. 140, NATO ASI Series, Berlin et al.: Springer-Verlag 1995, S. 217-244.

**Krapp, A.:** Konzepte und Forschungsansätze zur Analyse des Zusammenhangs von Interesse, Lernen und Leistung, in: Krapp, A.; Prenzel, M. (Hrsg.): Interesse, Lernen und Leistung, Münster: Aschendorff 1992, S. 9-52.

**Krapp, Andreas; Weidenmann, Bernd (Hrsg.):** Pädagogische Psychologie - Ein Lehrbuch, 4., vollständig überarb. Aufl., Weinheim: Psychologische Verlags Union, Beltz 2001.

**Kruchten, P.:** The Rational Unified Process, An Introduction, Longman: Addison-Wesley 1998.

**Kuhl, Julius:** Wille und Freiheitserleben: Formen der Selbststeuerung, in: Motivation, Volition und Handlung, Hrsg.: Kuhl, Julius; Heckhausen, Heinz, in: Enzyklopädie der Psychologie, Themenbereich C, Theorie und Forschung, Serie IV, Motivation und Emotion, Bd. 4, Hrsg.: Birbaumer, Niels; Frey, Dieter; Kuhl, Julius; Prinz, Wolfgang; Weinert, Franz E., Göttingen et al.: Hogrefe-Verlag 1996.

**Kuhlen, Rainer:** Hypertext: Ein nicht-lineares Medium zwischen Buch und Wissensbank, Berlin et al.: Springer-Verlag 1991.

**Kulik, J. A.; Kulbik, Ch. C.:** Meta-analysis in education, in: International Journal of Educational Research, 13, 1989.

**Kurbel, Karl:** Programmentwicklung, 5., vollst. überarb. u. erw. Aufl., Wiesbaden: Gabler 1990.

**Laurel, Brenda; Oren, Tim; Don, Abbe:** Issues in Multimedia Interface Design: Media Integrations and Interface Agents, in: Multimedia Interface Design, Eds.: Blattner, Meera M.; Dannenberg, Roger B., New York: ACM Press 1992, S. 50-64.

**Lefrancois, Guy R.:** Psychologie des Lernens, 3. unveränd. Aufl., Berlin et al.: Springer 1994.

**Lehmann, Axel:** Lehrunterstützende Informatik, in: Studieren und Forschen im Internet: Perspektiven für Wissenschaft, Wirtschaft, Kultur und Gesellschaft, Hrsg.: Gross, Gudrun; Langer, Uwe; Seising, Rudolf, Frankfurt am Main et al.: Lang 1997, S. 69-78.

**Leuschner, Hans; Reuther, Ursula**: Lernen am Arbeitsplatz – neue Lernkulturen, in: Literatur- und Forschungsreport Weiterbildung, 2/1999, S. 77-95.

**Leutner, Detlev:** Adaptive Lehrsysteme: Instruktionspsychologische Grundlagen und experimentelle Analysen, in: Reihe: Fortschritte der psychologischen Forschung, Hrsg.: Frey, Dieter; Keupp, Heiner; Lantermann, Ernst D.; Silbereisen, Rainer K.; Weidenmann, Bernd, Weinheim: Psychologie Verlags Union 1992.

**Leutner, Detlev:** Adaptivität und Adaptierbarkeit multimedialer Lehr- und Informationssysteme, in: Information und Lernen mit Multimedia, Hrsg.: Issing, Ludwig J.; Klimsa, Paul, 2., überarb. Aufl., Weinheim: Beltz Verlag 1997, S. 139-149.

**Leutner, Detlev:** Instruktionspsychologie, in: Handwörterbuch Pädagogische Psychologie, Hrsg.: Rost, Detlev H., Weinheim: Psychologie Verlags Union 1998, S. 198-205.

**Lienert, Gustav A.; Raatz, Ulrich:** Testaufbau und Testanalyse, 5., völlig neubearb. und erw. Aufl., Weinheim et al.: Beltz Verlag 1994.

**Liening, A.:** Intelligente Tutorielle Systeme (ITS). Eine kritische Analyse unter besonderer Berücksichtigung ihrer Einsatzmöglichkeiten in der Wirtschaftsdidaktik, Münster 1992.

**Ludwig, Jupp**: Tele-Learning: Pauken im Web, in: Diebold Management Report, 9/2000, S. 23-26.

**Mader, Günter**: Virtuelles Lernen: Begriffsbestimmung und aktuelle empirische Befunde, Innsbruck, Wien: Studien-Verl. 1999.

**Mager, Robert F.:** Lernziele und Unterricht, Weinheim et al.: Beltz Verlag 1965.

**Magnus, Stephan**: E-Learning: Die Zukunft des digitalen Lernens im Betrieb, Wiesbaden: Gabler 2001.

**Mandl, Heinz**: Lernen in Computernetzwerken. Ansätze – Perspektiven – Qualitätskriterien, in: Betriebliche Weiterbildung im Internet: Didaktik – Produktion – Organisation, Loebe, Herbert; Severing, Eckart (Hrsg.), Bielefeld: Bertelsmann 2000. S. 27-36.

**Mandl, Heinz; Fischer, P. M.; Frey, H.-D.; Jeuck, J.:** Wissensvermittlung durch ein computerunterstütztes Rückmeldungssystem, in: Lernen im Dialog mit dem Computer, Hrsg.: Mandl, Heinz; Fischer, P. M., München: Urban und Schwarzenberg 1985, S.179-190.

**Mandl, Heinz; Friedrich, Helmut (Hrsg.):** Lern- und Denkstrategien. Analyse und Intervention, Göttingen: Hogrefe 1992.

**Mandl, Heinz; Gruber, Hans; Renkl, Alexander:** Lernen und Lehren mit dem Computer, in: Psychologie der Erwachsenenbildung, Hrsg.: Weinert, Franz E.; Mandl, Heinz, in: Enzyklopädie der Psychologie, Themenbereich D, Praxisgebiete, Serie I, Pädagogische Psychologie, Bd. 4, Hrsg.: Birbaumer, Niels; Frey, Dieter; Kuhl, Julius; Prinz, Wolfgang; Weinert, Franz E., Göttingen et al.: Hogrefe-Verlag 1997, S. 437-468.

**Mandl, Heinz; Reinmann-Rothmeier, Gabi:** Auf dem Weg zu einer neuen Kultur des Lehrens und Lernens, in: Lernen mit Medien: Ergebnisse und Perspektiven zu medial vermittelten Lehr- und Lernprozessen, Hrsg.: Dörr, Günter; Jüngst, Karl Ludwig, Weinheim, München: Juventa 1998, S. 193-205.

**Mandl, Heinz; Reinmann-Rothmeier, Gabi; Gräsel, Cornelia:** Gutachten zur Vorbereitung des Programms „Systematische Einbeziehung von Medien, Informations- und Kommunikationstechnologien in Lehr- und Lernprozesse“, Hrsg.: Bund-Länder-Kommission für Bildungsplanung und Forschungsförderung, Bd. 66, 1998.

**Martin, J.; Odell, J.:** Object-Oriented Analysis & Design, Englewood Cliffs: Prentice-Hall 1992.

**McAleese, Ray:** Hypertext: Theory into Practice, Oxford: Blackwell Scientific Publ. 1989.

**Merk, Richard:** Weiterbildungsmanagement: Bildung erfolgreich und innovativ managen, 2., überarb. Aufl., Neuwied et al.: Luchterhand 1998.

**Merrill, David M.:** Component Display Theory, in: Instructional-Design Theories and Models: An Overview of their Current Status, Ed.: Reigeluth Charles M., New Jersey: Lawrence Erlbaum Associates 1983, S. 279-333.

**Meutsch, Dietrich:** Kognitive Prozesse beim Lernen, in: Computer Based Training, Hrsg.: Seidel, Christoph, Göttingen: Hogrefe Verlag 1993, S. 149-181.

**Meyer, Bertrand:** Erfolgsschlüssel Objekttechnologie: Managementführer zur Neuorganisation des Softwareprozesses, München: Hanser Verlag 1996.

**Meyer, Rolf; Diekow, Andreas:** Projekt 1: REFA-Konzept zum selbstorganisierten Lernen, in: Selbstgesteuertes Lernen, Dokumentation zum KAW-Kongreß vom 4. bis 6. November in Königswinter, Hrsg.: Bundesministerium für Bildung und Forschung, Bonn: BMBF Publik 1999, S. 51-65.

**Meyer-Dohm, Peter**: Die Bedeutung von Weiterbildung für Unternehmenskultur und Unternehmensentwicklung, in: Literatur- und Forschungsreport Weiterbildung, 1/1998, S. 63-69.

**Microsoft Press:** Computer-Fachlexikon: mit Fachwörterbuch (deutsch-englisch/ englisch-deutsch), Unterschleißheim: Microsoft Press 2001.

**Milius, Frank**: E-Learning Framework, in: Information Management & Consulting, 1/1999, S. 35-43.

**Mohr, Hans:** Wissen – Prinzip und Ressource, Berlin et al.: Springer 1999.

**Monnerjahn, Rolf:** Die Bedeutung von Lernsoftware in einem zeitgemäßen und traditionsgerechten Unterricht, in: Computerunterstütztes Lernen an allgemeinbildenden Schulen Teil II: Abschlußbericht des Modellversuchs CULAS, Hrsg.: Rissberger, Alfons, Mainz: v. Hase & Koehler 1993, S. 15-36.

**Müller-Böling, Detlef:** Neue Medien – Hoffnungsträger für die Hochschulentwicklung?, in: Hochschulentwicklung durch neue Medien: Erfahrungen – Projekte – Perspektiven; mit einer Bestandsaufnahme über Multimedia-Projekte an deutschen Hochschulen, Hrsg.: Hamm, Ingrid; Müller-Böling, Detlef, Gütersloh: Verlag Bertelsmann Stiftung 1997, S. 25-44.

**Neber, Heinz:** Selbstgesteuertes Lernen (lern- und handlungspsychologische Aspekte), in: Selbstgesteuertes Lernen: psychologische und pädagogische Aspekte eines handlungsorientierten Lernens, Hrsg.: Neber, Heinz; Wagner, Angelika C.; Einsiedler, Wolfgang, Weinheim, Basel: Beltz 1978, S. 33-44.

**Nenniger, Peter; Wosnitza, Marold:** Motiviertes selbstgesteuertes Lernen - eine Alternative zum methodischen angeleiteten Unterricht? In: Dubs, R.; Luzi, R. (Hrsg.): 25 Jahre IWP: Schule der Wissenschaft, Politik und Praxis, St. Gallen: Universität St. Gallen, IWP 1997, S. 545-560.

**Nenninger, P.; Staka, G.; Binder, R.; Hagmann, S.; Spevacek, G.:** MOSLISB - ein Instrument zur Erfassung motivierten selbstgesteuerten Lernens. In: Beck, K.; Dubs, R. (Hrsg.): Kompetenzentwicklung in der Berufserziehung: Kognitive, motivationale und moralische Dimensionen kaufmännischer Qualifizierungsprozesse, Beiheft 14, Zeitschrift für Berufs- und Wirtschaftspädagogik, Stuttgart: Franz Steiner Verlag 1998, S. 118-130.

**Niegemann, Helmut M.:** Computergestützte Instruktion in Schule, Aus- und Weiterbildung: Theoretische Grundlagen, empirische Befunde und Probleme der Entwicklung von Lehrprogrammen, Frankfurt am Main et al.: Peter Lang, Europäischer Verlag der Wissenschaften 1995.

**Nielsen, Jakob:** Multimedia and Hypertext: The Internet and Beyond, London: Academic Press 1995.

**North, Klaus; Varlese, Nadja**: Motivieren für die Wissensteilung und die Wissensentwicklung, in: Wissensmanagement, 1/2001, S. 43-46.

**Noß, Martina**: Selbstgesteuertes Lernen am Arbeitsplatz, Wiesbaden: Gabler 2000.

**o. V.:** ariadne.unil.ch, 10.03.2002.

**o. V.:** http://www.omg.org/uml/

**o. V.:** Software-Atlas Version 2.1, Gesellschaft zur Prüfung von Software mbH, Ulm: GPS 2002.

**o. V.:** www.adlnet.org, 10.03.2002.

**o. V.:** www.aicc.org, 10.03.2002.

**o. V.:** www.ieee.org/groups/ltsc/index.html, 10.03.2002.

**o. V.:** www.imsproject.org, 10.03.2002.

**o. V.:** www.w3.org, 10.03.2002.

**OECD (Organisation für wirtschaftliche Zusammenarbeit und Entwicklung):** Internationale Berichte der PISA 2000 Studie OECD, http://www.pisa.oecd.org/Nat Reports/cntry.htm, 2002.

**Oestereich, Bernd (Hrsg.); Hruschka, P.; Josuttis, N.; Kocher, H.; Krasemann, H.; Reinhold, M.:** Erfolgreich mit Objektorientierung: Vorgehensmodelle und Managementpraktiken für die objektorientierte Softwareentwicklung, 2., aktualisierte und erg. Aufl., München: Oldenbourg Wissenschaftsverlag 2001.

**Oestereich, Bernd, Weiss, Christian:** Objektorientierte Geschäftsprozessmodellierung mit der UML - Trainingsordner, Hamburg: OOSE GmbH 2002.

**Oestereich, Bernd:** Die UML-Kurzreferenz für die Praxis: kurz, bündig, ballastfrei, München; Wien: Oldenbourg 2001.

**Oestereich, Bernd:** Objektorientierte Softwareentwicklung: Analyse und Design mit der Unified Modeling Language, 5., völlig überarb. Aufl., München, Wien: Oldenburg 2001.

**OOSE.de GmbH:** Object Engineering Process, http://www.oose.de/oep, 2002.

**Opwis, K.:** Reflexionen über eigenes und fremdes Wissen. In: Klix, Friedhart., Spada, Hans (Hrsg.): Wissen. Enzyklopädie der Psychologie, Göttingen: Hogrefe Verlag für Psychologie 1998.

**Page-Jones, Meilir:** Praktisches DV-Projektmanagement: Grundlagen und Strategien; Regeln, Ratschläge, Praxisbeispiele, München; Wien: Hanser, 1991.

**Pätzold, Günter; Lang, Martin:** Lernkulturen im Wandel: Didaktische Konzepte für eine wissensbasierte Organisation, Bielefeld: Bertelsmann 1999.

**Pawlowski, Jan M.; Adelsberger, Heimo:** Standardisierung von Lerntechnologien, in: Wirtschaftsinformatik, 1/2001, S. 57-68.

**Pekrun, Reinhard; Schiefele, Ulrich:** Emotions- und motivationspsychologische Bedingungen der Lernleistung, in: Psychologie des Lernens und der Instruktion, Hrsg.: Weinert, Franz E., in: Enzyklopädie der Psychologie,

Themenbereich D, Praxisgebiete Serie I, Pädagogische Psychologie, Bd 2, Hrsg.: Birbaumer, Niels; Frey, Dieter; Kuhl, Julius; Prinz, Wolfgang; Weinert, Franz E., Göttingen et al.: Hogrefe-Verlag 1996, S. 154-180.

**Petersen, Thieß:** Handbuch zur beruflichen Weiterbildung: Leitfaden für das Weiterbildungsmanagement im Betrieb, Frankfurt/Main; Berlin; Bern; Bruxelles; New York; Wien: Lang 2000.

**Pichler, Martin**: WBT-Einführung: Ängste ausschalten, Lernerfolg optimieren, Online im Internet: http://www.wirtschaftundweiterbildung.de/viewArticle.cfm?articleID=1 687, Juni 2001, 09.11.2001.

**Pohl, Christian:** Methodik und Realisation von Systemen zur effizienten Wissensvermittlung durch Hypermedia, Frankfurt am Main et al.: Peter Lang 1999.

**Pohl, Wilfried; Zimmermann, Volker**: Konzepte und Strategien zur Realisierung einer virtuellen betrieblichen Aus- und Weiterbildung, in: Unternehmungsnetzwerke und virtuelle Organisation, Winand, Udo; Nathusius, Klaus (Hrsg.), Stuttgart: Schäffer-Poeschel Verlag 1998, S. 339-346.

**Polya, George:** How to solve it, Princeton Univ. Press: Princeton, N.J., 1948.

**Polya, George:** Schule des Denkens: vom Lösen mathematischer Probleme, Bern: Francke 1949.

**Probst, Gilbert; Raub, Steffen; Romhardt, Kai:** Wissen managen: wie Unternehmen ihre wertvollste Ressource optimal nutzen, 3. Aufl., Wiesbaden: Gabler 1999.

**Reglin, Thomas:** Betriebliche Weiterbildung im Internet: Didaktik - Produktion - Organisation, Bielefeld: Bertelsmann 2000.

**Reglin, Thomas**: CORNELIA-Lehrgänge für die betriebliche Weiterbildung, in: Betriebliche Weiterbildung im Internet: Didaktik – Produktion – Organisation, Loebe, Herbert; Severing, Eckart (Hrsg.), Bielefeld: Bertelsmann 2000, S. 38-58.

**Rehäuser, Jakob; Krcmar, Helmut:** Wissensmanagement im Unternehmen, in: Managementforschung 6, Wissensmanagement, Hrsg.: Schreyögg, Georg; Conrad, Peter, Berlin, New York: de Gruyter 1996, S. 1-40.

**Reimann, Peter:** Bildung mit neuen Medien: Lernen in der Informationsgesellschaft, in: Bereit für die Wissensgesellschaft?: Bildung und Ausbildung auf dem Prüfstand, Hrsg.: Heidelberger Club für Wirtschaft und Kultur e.V., Berlin et al.: Springer 1998, S. 193-203.

**Reinmann-Rothmeier, Gabi**: Bildung mit digitalen Medien: Möglichkeiten und Grenzen für Lehren und Lernen, in: Bildung in virtuellen Welten:

Praxis und Theorie außerschulischer Bildung mit Internet und Computer, Schindler, Wolfgang; Bader, Roland; Eckmann, Bernhard (Hrsg.), Frankfurt am Main: Abt. Verl. 2001, S. 275-300.

**Reinmann-Rothmeier, Gabi; Mandl, Heinz:** Kompetenzen für das Leben in einer Wissensgesellschaft, in: Lernen für die Zukunft – Lernen in der Zukunft: Wissensmanagement in der Bildung, Hrsg.: Höfling, Siegfried; Mandl, Heinz, München: Hanns-Seidel-Stiftung 1997, S. 97-107.

**Reinmann-Rothmeier, Gabi; Mandl, Heinz**: Lernen in Unternehmen, in: Unterrichtswissenschaft, 21. Jg. 1993, S. 233-260.

**Reinmann-Rothmeier, Gabi; Mandl, Heinz**: Lernen in Unternehmen: Von einer gemeinsamen Vision zu einer effektiven Förderung des Lernens, in: Berufliche Bildung im lernenden Unternehmen: Zum Zusammenhang von betrieblicher Reorganisation, neuen Lernkonzepten und Persönlichkeitsentwicklung, Dehnbostel, Peter; Erbe, Heinz-H.; Novak, Hermann (Hrsg.), Berlin: Ed. Sigma 1998, S. 195-216.

**Reinmann-Rothmeier, Gabi; Mandl, Heinz:** Lernumgebungen mit Neuen Medien gestalten, in: Telelearning: Aufgabe und Chance für Bildung und Gesellschaft, Hrsg.: Günther, Wilfried; Mandl, Heinz, Bonn: Economica 1997, S. 105-113.

**Reinmann-Rothmeier, Gabi; Mandl, Heinz**: Lernumgebungen mit Neuen Medien gestalten, in: Bildung im Netz: Auf dem Weg zum virtuellen Lernen, Beste, Dieter; Kälke, Marion (Hrsg.), Düsseldorf: VDI Verlag GmbH 1996, S. 65-74.

**Reinmann-Rothmeier, Gabi; Mandl, Heinz**: Unterrichten und Lernumgebungen gestalten, in: Pädagogische Psychologie, Ein Lehrbuch, 4. Aufl., Krapp, Andreas; Weidenmann, Bernd (Hrsg.), Weinheim: Beltz 2001, S. 601-646.

**Reinmann-Rothmeier, Gabi; Mandl, Heinz:** Wissensvermittlung: Ansätze zur Förderung des Wissenserwerbs, in: Wissen, Hrsg.: Klix, Friedhart; Spada, Hans, in: Enzyklopädie der Psychologie, Themenbereich C, Praxisgebiete, Serie II, Kognition, Band 6, Hrsg.: Birbaumer, Niels; Frey, Dieter; Kuhl, Julius; Prinz, Wolfgang; Weinert, Franz E., Göttingen et al.: Hogrefe-Verlag 1998, S. 457-500.

**Reinmann-Rothmeier, Gabi; Mandl, Heinz; Prenzel, Manfred:** Computerunterstützte Lernumgebungen: Planung, Gestaltung und Bewertung, Hrsg.: Arzberger, Heinz; Brehm, Karl-Heinz, Erlangen: Publicis-MCD-Verlag 1994.

**Richter, Gérald**: Telelearning als Erfolgsfaktor für Gesellschaft und Unternehmen, in: Information Management & Consulting, 1/1999, S. 7-10.

**Rigny, Joseph W.**: Learning Strategies: A Theoretical Perspective, in: Learning Strategies, Ed.: O'Neil, Harold F., Jr.: New York et al.: Academic Press, S. 165-205.

**Royer, J., Cisero, C., Carlo, M.**: Techniques and Procedures for Assessing Cognitive Skills, In: Review of Educational Research, 63, 1993, S. 201-243.

**Rumbaugh, J.; Blaha, M.; Permerlani, W.; Eddy, F.; Lorenson, W.**: Object-Oriented Modelling and Design, Englewood Cliffs: Prentice-Hall 1991.

**Sageder, Josef:** Didaktische Aspekte des Einsatzes von Computern für Lehren und Lernen, in: Computer Based Training, Hrsg.: Seidel, Christoph, Göttingen: Hogrefe Verlag 1993, S. 59-86.

**Sander, Jörg:** Mediengestütztes Bildungsmanagement: virtuelle Lernwelten für Unternehmen, Wiesbaden: Dt. Univ.-Verlag; Wiesbaden: Gabler 1999.

**Schäfer, Roland:** Computergestützte Lernumgebungen in der Betriebswirtschaftslehre: Analyse und Konstruktion aus Sicht des selbstgesteuerten Lernens, in: Reihe: Forschungsbeiträge zur Wirtschaftsinformatik, Hrsg.: Ferstl, Otto K.; Sinz, Elmar J., Wiesbaden: Deutscher Universitäts-Verlag 2000.

**Schanda, Franz:** Computer-Lernprogramme: Wie damit gelernt wird, wie sie entwickelt werden, was sie im Unternehmen leisten, Weinheim et al.: Beltz Verlag 1995.

**Scheer, August-Wilhelm:** ARIS – Vom Geschäftsprozess zum Anwendungssystem, 3. Aufl., Berlin: Springer 1998.

**Scheer, August-Wilhelm:** Geleitwort, in: Mediengestütztes Bildungsmanagement: virtuelle Lernwelten für Unternehmen, Hrsg.: Sander, Jörg, Wiesbaden: Dt. Univ.-Verlag; Wiesbaden: Gabler 1999.

**Scheer, August-Wilhelm:** Wirtschaftsinformatik: Referenzmodelle für industrielle Geschäftsprozesse, 7., durchges. Aufl., Berlin, u. a.: Springer, 1995.

**Schiefele, Ulrich; Pekrun, Reinhard:** Psychologische Modelle des fremdgesteuerten und selbstgesteuerten Lernens, in: Psychologie des Lernens und der Instruktion, Hrsg.: Weinert, Franz E., in: Enzyklopädie der Psychologie, Themenbereich D, Praxisgebiete Serie I, Pädagogische Psychologie, Bd. 2, Hrsg.: Birbaumer, Niels; Frey, Dieter; Kuhl, Julius; Prinz, Wolfgang; Weinert, Franz E., Göttingen et al.: Hogrefe-Verlag 1996, S. 249-278.

**Schmidt, Helmut; Stark, Gerhard**: Elemente erfolgreicher Lernarrangements mit Computer-Based-Training in mittelständischen Unternehmen, in: Lernarrangements und Bildungsmarketing für multimediales Lernen: Berichte aus der Berufbildungspraxis, Zimmer, Gerhard; Holz, Heinz (Hrsg.), Nürnberg: BW Bildung und Wissen 1996, S. 39-56.

**Schmuller, Joseph:** UML – Einstieg in die visuelle Objektmodellierung mit der Unified Modeling Language, München: Markt + Technik Verlag 2000.

**Schoop, Eric:** Benutzernavigation in Hypermedia-Lernsystemen, in: Hypermedia in der Aus- und Weiterbildung: Dresdner Symposium zum computerunterstützten Lernen, Hrsg.: Schoop, Eric; Witt, Ralf; Glowalla, Ulrich, in: Schriften zur Informationswissenschaft, Bd. 17, Hrsg.: Hochschulverband für Informationswissenschaft, Konstanz: Universitätsverlag 1995, S. 151-154.

**Schulmeister, Rolf:** Grundlagen hypermedialer Lernsysteme: Theorie – Didaktik – Design , 2., aktual. Aufl., München et al.: Oldenbourg Verlag 1997.

**Schwarzer, Ralf**: Telelernen mit Multimedia in der Informationsgesellschaft, in: Multimedia und Telelearning: Lernen im Cyberspace, Schwarzer, Ralf (Hrsg.), Frankfurt/Main, New York: Campus Verlag 1998, S. 9-18.

**Schwickert, Axel C.**: Web Site Engineering: Ökonomische Analyse und Entwicklungssystematik für eBusiness-Präsenzen, Stuttgart; Leipzig Wiesbaden: B.G. Teubner 2001.

**Seel, Norbert M.:** Psychologie des Lernens: Lehrbuch für Pädagogen und Psychologen, München, Basel: Reinhardt 2000.

**Servatius, Hans-Gerd**: Telelearning in der beweglichen Organisation, in: Information Management & Consulting, 1/1999, S. 11-16.

**Seufert, Sabine:** Computer Assisted Learning (CAL): Grundlagen, Varianten, Entwicklung, Wiesbaden: Gabler 1996.

**Seufert, Sabine; Back, Andrea; Häusler, Martin**: E-Learning – Weiterbildung im Internet, Kösel, Kempten: SmartBooks Publishing AG 2001.

**Severing, Eckart; Keller, Christel; Reglin, Thomas u. a.**: Betriebliche Bildung via Internet: Konzeption, Umsetzung und Bewertung – Eine Einführung für Praktiker, Bern, Göttingen, Toronto u. a.: Verlag Hans Huber 2001.

**Shlaer, S; Mellor, S.:** Object Lifecycles – Modelling the World in States, Englewood Cliffs: Prentice-Hall 1991.

**Simons, P. R. J.:** Lernen selbstständig zu denken - ein Rahmenmodell. In Mandl, H.; Friedrich, H. F. (Hrsg.), Information und Lernen mit Multimedia, 2. Aufl., Weinheim: Beltz Psychologie Verlags Union 1992, S. 46-61.

**Simons, P. Robert Jan:** Lernen, selbständig zu lernen: Ein Rahmenmodell, in: Lern- und Denkstrategien, Hrsg.: Mandl, Heinz; Friedrich, Helmut F., Göttingen et al.: Hogrefe Verlag 1992, S. 249-264.

**Sonntag, Karlheinz**: Lernen im Unternehmen: Effiziente Organisation durch Lernkultur, München: Beck 1996.

**Spies, Josef**: Die Flexibilität des Lernens mit Neuen Medien, in: Betriebliche Weiterbildung im Internet: Didaktik – Produktion – Organisation, Loebe, Herbert; Severing, Eckart (Hrsg.), Bielefeld: Bertelsmann 2000, S. 206-210.

**Spinner, Helmut:** Informationsgesellschaft, in: Handwörterbuch zur Gesellschaft Deutschlands, Hrsg.: Schäfers, Bernhard; Zapf, Wolfgang, Opladen: Leske + Budrich 2001, S. 319-334.

**Staehle, Wolfgang H.:** Management: eine verhaltenswissenschaftliche Perspektive, 8., überarb. Aufl., München: Vahlen 1999.

**Steppi, Hubert:** CBT- Computer Based Training: Planung, Design und Entwicklung interaktiver Lernprogramme, Stuttgart: Klett Verlag 1989.

**Stockhinger, Wolfgang**: Berufliche Weiterbildung und CBT: Ende des guten alten Seminars? in: Bildung im Netz: Auf dem Weg zum virtuellen Lernen, Beste, Dieter; Kälke, Marion (Hrsg.), Düsseldorf: VDI Verlag GmbH 1996, S. 75-80.

**Stoiber, Alfred:** Computergestützte Lernsysteme: Grundlagentheoretische Diskussion und Anwendung, Wiesbaden: Gabler Verlag 1997.

**Stork, Werner:** Die Organisation der betrieblichen Weiterbildung: eine institutionenökonomische Analyse mit Beispielen aus Deutschland und Chile, Wiesbaden: Deutscher Universitäts-Verlag 1999.

**Straka, Gerald A. (Hrsg.):** LOS - Learning Organized Self-Directed Research-Group: European views of self-directed learning: historical, conceptional, empirical, practical, vocational, Münster: Waxmann 1997.

**Straka, Gerald A.:** „... denn sie wissen nicht was sie tun" – Lernen im Prozess der Arbeit, Online im Internet: http://alf.zfn.uni-bremen.de/~los/german/band3/kap2_1.htm, 1999, 10.11.2001.

**Straka, Gerald A.:** Information im Netz und selbstgesteuertes Lernen, in: Lernen mit Medien: Ergebnisse und Perspektiven zu medial vermittelten

Lehr- und Lernprozessen, Hrsg.: Dörr, Günter; Jüngst, Karl Ludwig, Weinheim, München: Juventa 1998, S. 179-191.

**Straka, Gerald A.**: Lernen in der Arbeit – ohne Lehren? in: Lernen, Wissensmanagement und berufliche Bildung, Dehnbostel, Peter; Dybowski, Gisela (Hrsg.), Bielefeld: Bertelsmann 2000, S. 110-123.

**Straka, Gerald A.:** Selbstgesteuertes Lernen – das Survival Kit in der Informationsgesellschaft?, in: Zum Bildungswert des Internet, Hrsg.: Marotzki, Winfried; Meister, Dorothee M.; Sander, Uwe, in: Bildungsräume digitaler Welten, Bd. 1, Opladen: Leske + Budrich 2000, S. 217-229.

**Straka, Gerald A.; Macke, Gerd:** Lern-Lehr-Theoretische Didaktik, Reihe: Lernen, organisiert und selbstgesteuert - Forschung - Lehre - Praxis, Bd. 3, Münster; New York; München; Berlin: Waxmann 2002.

**Straka, Gerald A.; Stöckl, Markus**: Lernen im Unternehmen, Online im Internet: http://alf.zfn.uni-bremen.de/~los/german/band8/kap2_3.htm, 2001, 10.11.2001.

**Straka, Gerald A.; Stöckl, Markus**: New learning formats and venues in the context of information and communication technologies, in: Vocational education and training – the European research field, Volume II, Tessaring, Manfred (Hrsg.), Thessaloniki: CEDEFOP – European Centre for the Development of Vocational Training 1998, S. 183-214.

**Straka, Gerald; Nenninger, Peter; Spevacek, Gert; Wosnitza, Marold:** Motiviertes selbstgesteuertes Lernen in der kaufmännischen Erstausbildung - Entwicklung und Validierung eines Zwei-Schalen-Modells, in: Zeitschrift für Berufs- und Wirtschaftspädagogik, Beiheft 13 (1996), Stuttgart: Franz Steiner Verlag 1996.

**Strzebkowski, Robert:** Realisierung von Interaktivität und multimedialen Präsentationstechniken, in: Information und Lernen mit Multimedia, Hrsg.: Issing, Ludwig J.; Klimsa, Paul, 2., überarb. Aufl.; Weinheim: Psychologie Verlags Union 1997, S. 269-303.

**Tergan, Sigmar-Olaf:** Grundlagen der Evaluation: Ein Überblick, in: Qualitätsbeurteilung multimedialer Lern- und Informationssysteme: Evaluationsmethoden auf dem Prüfstand, Hrsg.: Tergan, Sigmar-Olaf, in: Reihe: Multimediales Lernen in der Berufsbildung, Hrsg.: Blume, Dieter; Holz, Heinz; Schenkel, Peter; Tillmann, Heinrich; Zimmer, Gerhard, Nürnberg: BW Bildung und Wissen, Verlag und Software 2000, S. 22-51.

**Tergan, Sigmar-Olaf:** Hypertext und Hypermedia: Konzeption, Lernmöglichkeiten, Lernprobleme, in: Information und Lernen mit Multimedia, Hrsg.:

Issing, Ludwig J.; Klimsa, Paul, 2., überarb. Aufl., Weinheim: Beltz Verlag 1997, S. 123-137.

**Terhart, Ewald:** Lehr-Lern-Methoden: Eine Einführung in Probleme der methodischen Organisation von Lehren und Lernen, 3., ergänzte Aufl., Weinheim, München: Juventa 2000.

**The Cognition and Technology Group at Vanderbilt:** Anchored instruction and its relationship to situated cognition, Educational Researcher, 19, 1990, S. 2-10.

**The Cognition and Technology Group at Vanderbilt:** Technology and the design of generative learning enviroments, Educational Technology, 31, 1991, S. 34-40.

**Tsichritzis, Dennis:** Daten, Information, Wissen – Aspekte von Produkten in der Informationsgesellschaft, in: Mehrwert Information – Kommunikationsformen, Märkte und Arbeitsweisen in der Informationsgesellschaft, Hrsg.: Organisationsforum Wirtschaftskongress e.V., Stuttgart: Schäffer-Poeschel 1995, S. 105-114.

**Tully, Claus J.:** Lernen in der Informationsgesellschaft: Informelle Bildung durch Computer und Medien, Opladen: Westdeutscher Verlag 1994.

**Tulodziecki, Gerhard; Straka, Gerald A.:** Medien lern-lehrtheoretisch betrachtet, in: Berufliches Lernen im Wandel – Konsequenzen für die Lernorte? Dokumentation des 3. Forums Berufsbildungsforschung 1997 an der Friedrich-Alexander-Universität Erlangen-Nürnberg, Hrsg.: Arbeitsgemeinschaft Berufsbildungsforschungsnetz, Euler, Dieter, Nürnberg: Institut für Arbeitsmarkt und Berufsforschung der Bundesanstalt für Arbeit 1998, S. 101-110.

**Vering, Juliane**: Sorgfältig auswählen, in: Personalwirtschaft, 1/2001, S. 28-36.

**Wedekind, Joachim:** Neue Medien – Neues Lernen?, in: Neue Lernverfahren: Zweite Festschrift für Walther Zifreund aus Anlass seiner Emeritierung, Hrsg.: Klinzing, Hans Gerhard, Tübingen: Dgvt-Verlag 1998, S. 71-80.

**Weidenmann, Bernd:** Abbilder in Multimedia-Anwendungen, in: Information und Lernen mit Multimedia, Hrsg.: Issing, Ludwig J.; Klimsa, Paul, 2., überarb. Aufl., Weinheim: Beltz Verlag 1997, S. 107-121.

**Weidenmann, Bernd**: Lernen mit Medien, in: Pädagogische Psychologie: Ein Lehrbuch, 4. Aufl., Krapp, Andreas; Weidenmann, Bernd (Hrsg.), Weinheim: Beltz 2001, S. 415-466.

**Weiser, Christian Richard**: Gruppenorientierte Systeme in der computergestützten betrieblichen Aus- und Weiterbildung: Ordnungsrahmen und Fallstudie, St. Gallen, Diss. 1998.

**Wirfs-Brock, R; Wilkerson, B.; Wiener, L:** Designing Object-Oriented Software, Englewood Cliffs: Prentice-Hall 1990.

**Wosnitza, Marold:** Motiviertes selbstgesteuertes Lernen im Studium: Theoretischer Rahmen, diagnostisches Instrumentarium und Bedingungsanalyse, Landau: Verlag Empirische Pädagogik 2000.

**Wright, Patricia:** Hypertext as an Interface for Learners: Some Human Factors Issues, in: Designing Hypermedia for Learning, Eds.: Jonassen, David H.; Mandl, Heinz, in: Series F: Computer and Systems Sciences, Vol. 67, NATO ASI Series, Berlin et al.: Springer-Verlag 1990, S. 169-184.

**Zeidler, Beate:** Computergestütztes Fremdsprachenlernen, in: Computergestütztes Lernen in der beruflichen Weiterbildung: Was leisten Lernprogramme?, Hrsg.: Klein, Rosemarie, in: Reihe: Europool: Werkstattbericht, Bd. 2, Hrsg.: Akademie für Jugend und Berufe, Hattingen 1997, S. 28-34.

**Zimmer, Christine et al.:** Erfahrungsbericht zur Telelehrveranstaltung „Informatik und Gesellschaft" im Sommersemester 1999, in: IIG-Berichte, 1/2000.

**Zimmer, Gerhard:** Didaktische Leitlinien zum „Wissensmanagement" in den Studienmodulen der Virtuellen Fachhochschule, in: Limpact: Leitprojekte – Informationen Compact, Hrsg.: Bundesinstitut für Berufsbildung, 2/2000, S. 3-6.

**Zimmer, Gerhard:** Mit Multimedia vom Fernunterricht zum Offenen Fernlernen, in: Information und Lernen mit Multimedia, Hrsg.: Issing, Ludwig J.; Klimsa, Paul, 2., überarb. Aufl., Weinheim: Beltz Verlag 1997, S. 337-352.

**Zimmerman, B. J.:** Commentary: towards a cyclically interactive view of self-regulated learning. International Journal of Educational Research, 31, 1999, S. 545-551.

## KONZEPTE DES LEHRENS UND LERNENS

Herausgegeben von K. Breuer, G. Tulodziecki und K. Beck

Band 1 Dieter Reising: Kognitive Komplexität als Differenzierungskriterium. Entwicklung und Evaluation eines Unterrichtskonzepts für die Berufsfachschule. 1986.

Band 2 Rüdiger R. Kummer: Computersimulation in der Berufsschule. Entwicklung und Evaluation eines Konzepts zur Förderung kognitiver Komplexität im Politik- und Wirtschaftslehre-Unterricht. 1991.

Band 3 Günter Fiedler: Anwendungsaufgaben im naturwissenschaftlichen Unterricht. Theoretische Grundlagen, Entwicklung und vergleichende Evaluation eines Unterrichtskonzeptes zur Verbesserung der Anwendungsfähigkeit von Naturgesetzen. 1991.

Band 4 Peter Steinbüchel: Technisches Denken und Handeln. Unterrichtskonzepte für berufsbildende Schulen. 1994.

Band 5 Klaus Beck (ed.): Teaching-Learning Processes in Vocational Education. Foundations of Modern Training Programmes. 2002.

Band 6 Katharina Höhn: Struktur- und Prozessinnovationen in pädagogischen Handlungsfeldern. Entwicklung, Implementation und Evaluation einer beruflichen Abschlussprüfung über den Zugang der systemdynamischen Modellbildung. 2002.

Band 7 Stefanie Hillen / Gunnar Paul / Frank Puschhof: Systemdynamische Lernumgebungen. Modellbildung und Simulation im kaufmännischen Unterricht. 2002.

Band 8 Klaus Breuer / Klaus Beck (eds.): Are European Vocational Systems up to the Job? Evaluation in European Vocational Systems. 2002.

Band 9 Frank Arnold: Computerbasierte Lernumgebungen zur Unterstützung selbstgesteuerter Lernprozesse. Eine objektorientierte Modellierung mit der Unified Modeling Language (UML). 2004.

Band 10 Stefanie Hillen: Systemdynamische Modellbildung und Simulation im kaufmännischen Unterricht. Elizitation und Elaboration von Mentalen Modellen in komplexen betriebswirtschaftlichen Gegenstandsbereichen. 2004.

www.peterlang.de

Printed by
CPI books GmbH, Leck

FSC
www.fsc.org
MIX
Papier | Fördert gute Waldnutzung
FSC® C083411

Kolibri 360 GmbH
Ferdinand-Jühlke-Straße 7
99095 Erfurt, Deutschland
produktsicherheit@kolibri360.de